UNE HISTOIRE FAMILIALE DE LA PEUR

DU MÊME AUTEUR

LES DISCIPLES DE SCHULZ, éd. Noir sur Blanc, 2001.
SINGER, PAYSAGES DE LA MÉMOIRE, éd. Noir sur Blanc, 2002.

AGATA TUSZYŃSKA

UNE HISTOIRE FAMILIALE DE LA PEUR

Traduit du polonais par
Jean-Yves Erhel

Traduit avec le concours du
Centre National du livre

BERNARD GRASSET
PARIS

L'édition originale de cet ouvrage a été publiée par Wydawnictwo Literackie, Cracovie, Pologne, en 2005, sous le titre :

RODZINNA HISTORIA LĘKU

ISBN (10) : 2-246-68401-3
ISBN : 978-2-2466-8401-5

À mes parents

Le secret

Ce livre est en moi depuis des années. Comme ce secret. Depuis l'instant où j'ai appris que je n'étais pas celle que je croyais être. Depuis ce moment où ma mère s'est résolue à me dire qu'elle était juive.

J'avais dix-neuf ans, mais je n'ai pas réalisé sur-le-champ la signification de ces paroles. Ni leur conséquence. Il s'est écoulé au moins dix ans avant que je commence à me familiariser avec cette idée, et quelques années encore avant que je parvienne à en faire quelque chose. J'ai grandi dans une famille polonaise. J'ai longtemps vécu dans un dédoublement schizophrène, ne sachant mettre au jour cette vérité que j'estimais épouvantable. Ce livre relate mon histoire.

Je suis née en Pologne, à Varsovie, quelques années après la guerre. J'avais les yeux bleus et des cheveux blonds, ce qui constituait un motif incompréhensible de fierté pour ma mère, aux yeux et aux cheveux noirs.

Aujourd'hui, je sais qu'elle voulait avoir un enfant polonais, de crainte que puisse lui échoir, à lui, un sort comparable à celui qui avait été le sien. Et bien que la guerre semblât appartenir au passé, dans la nouvelle Pologne socialiste où tous devaient être égaux elle s'est résolue à dissimuler son origine.

Nous sommes une mémoire. Nous sommes ce dont nous nous souvenons. Et ce dont se souviennent les autres nous concernant.

Je pense de plus en plus souvent que nous sommes davantage encore l'oubli. Ce que nous oublions. Ce que, dans un geste d'autodéfense, nous rayons de notre mémoire, nous chassons de notre conscient, nous esquivons dans nos pensées. Ce que nous invalidons pour que ce soit plus facile ou plus léger, pour ne pas souffrir ou ne pas raviver la souffrance.

Je ne me rappelle pas quand ma mère m'a dit qu'elle était juive. Je ne me rappelle ni ce jour, ni la saison, ni le lieu, à table ou devant la fenêtre, ni le ton de sa voix, ni la teneur de ses paroles. Je n'ai pas souvenir d'une telle conversation. Je ne me souviens de rien.

Peut-être a-t-elle dit que, pendant la guerre, elle s'était cachée dans une cave. Cela ne signifiait rien de plus, beaucoup de Polonais se sont cachés dans des caves et des abris. Peut-être a-t-elle dit qu'elle avait dû fuir les Allemands – comme beaucoup d'autres, encore une fois, des Polonais pourchassés par les Allemands, pris dans des rafles, fusillés dans les rues ou dans les forêts, envoyés dans des camps.

Elle ne se rappelle pas comment elle s'y est prise, mais elle n'a certainement pas commencé par les persécutions et le mur, les marques, les signes distinctifs, l'étoile jaune. Elle a commencé par me raconter des histoires. De rideau, d'abord. Ensuite, de manchon et de fourrure de petit-gris. Ensuite, de fiacre devant le mur du ghetto. Rien d'emblée. Peu à peu. Pour que ce soit plus facile.

Elle me voulait sans bosse. Elle était heureuse d'avoir mis au monde une fillette aux yeux bleus et aux cheveux clairs. La fillette avait un père polonais. Elle m'a éduquée pour vivre dans ce pays.

Elle ne voulait pas charger les épaules d'un enfant d'un fardeau qu'il ne serait pas en mesure de porter. Elle ne voulait pas que sa fille grandisse dans la peur et un sentiment d'injustice. Elle estimait qu'on pourrait toujours commencer à lui parler lorsqu'elle serait capable de supporter ce poids et, éventuellement, de se défendre.

Elle affirme qu'elle me l'a dit lorsque j'ai eu dix-neuf ans. Je n'ai aucune raison de ne pas la croire.

Chaque famille a une histoire. Bien des familles polonaises ont une histoire tragique. A cette époque on ne partageait pas toujours avec les enfants le récit des épreuves liées à la guerre – la résistance, l'Armée de l'Intérieur, la participation aux combats de l'insurrection de Varsovie ou en forêt. Il leur a fallu des années pour commencer à raconter ce qu'ils avaient vécu, aussi bien la douleur que l'héroïsme. Cela tissait des liens entre les générations, leur donnait mutuellement des forces. Mais l'expérience de ma mère n'était pas de cette nature. C'était plus. Davantage. Pas seulement dans l'étendue de la douleur et de la tragédie, mais aussi dans les conséquences. Il n'y avait pas de quoi se vanter, à quoi se rattacher, ni où puiser. Ni l'héroïsme de la mort, ni les modèles patriotiques, la sainteté de la tradition, ni l'espérance d'un avenir. Il fallait le dissimuler. Ce quelque chose.

Des années ont dû passer avant que je trouve en moi la force de l'admettre. Avant que mon esprit qui s'en défendait en soit pénétré. J'avais besoin de temps. Toujours sans l'accepter, mais en pesant intérieurement cette éventualité. C'est arrivé au bout de dix ans.

Est-ce arrivé ? Puis-je dire : je suis juive ?

Non.

Ma mère m'a-t-elle effectivement raconté ses histoires de guerre ? A-t-elle raconté ou a-t-elle seulement voulu raconter, mais sans en avoir la force ? Non, on ne boit pas l'inimitié avec le lait de la mère. On hérite de la peur.

Sur la fourrure. Il faut aérer la fourrure. Surtout une fourrure aussi convenable que la fourrure de petit-gris. Et une fourrure qui, en outre, était restée plusieurs années en garde du côté aryen. Quand maman et sa mère ont quitté le ghetto et ont gagné leur première cachette, elles sortaient le soir en promenade. Elles avaient peur que quelqu'un les voie et les dénonce, mais elles voulaient prendre l'air et se dégourdir un peu. Grand-mère voulait aussi aérer la fourrure. Laquelle commençait, de toute façon, à se gâter. Peut-être avait-elle déjà trop longtemps manqué d'air auparavant. La fourrure dépérit plus vite que l'homme. Le cœur serré, grand-mère l'avait fait découper en menus morceaux. Sur une photo d'après-guerre, à Zakopane, maman a un manchon du petit-gris qu'il n'avait pas été possible de sauver.

Sur le rideau. En fait, cette histoire est une histoire de sel. Elles se cachaient toutes les deux dans un petit appartement au 18 de la rue Krasinski, dans la Cité IV où elles avaient habité avant la guerre. Chez deux sœurs qui avaient travaillé comme domestiques dans le voisinage. Dans le coin cuisine. Derrière un rideau à fleurs bleu foncé. Le fiancé de l'une des sœurs, Helenka, vint la voir. Elle lui avait préparé une soupe de gruau, mais elle ne l'avait pas assez salée. Il s'en plaignit. Elle s'en fut chercher du sel chez une voisine. Mais il décida d'en trouver lui-même. Derrière le rideau. Maman avait douze ans et retenait son souffle. Sa mère avait saisi le rideau. Il comprit. Elles durent déménager.

Si la soupe avait été trop salée, ou tout simplement assez salée, elles auraient pu rester ensemble quelque temps encore derrière le rideau. Jusqu'au moment où un marteau ou un plat auraient été soudain nécessaires, car c'est également là qu'on les rangeait.

Si le fiancé l'avait voulu, il aurait pu les expédier sur-le-champ à la Gestapo.

Si...

S'il est vrai qu'elle me l'a raconté, elle n'a pas dû me le raconter dans l'ordre. Bien qu'elle se soit passée avant, l'histoire du fiacre ne se prêtait pas à être racontée la première. Peut-être ne convenait-il d'ailleurs pas de la raconter du tout ?

Quand ma maman est sortie du quartier clos qu'était le quartier juif, c'était l'été. Une froide journée d'août. La fillette, de petite taille, avec des nattes noires, portait plusieurs paires de collants rayés et deux robes l'une sur l'autre, et encore un petit manteau bleu marine avec un col et un fichu noué sous le menton. Elle marchait près de sa maman qui lui serrait la main bien fort. Elles devaient passer par le bâtiment des tribunaux, rue Leszno. Elle savait qu'il lui fallait marcher d'un pas assuré, sans hésitation. Constamment dans la foule, dans la foule c'était le mieux, comme les autres, beaucoup d'autres – Juifs et non-Juifs, tout simplement des clients –, monter des marches, suivre des couloirs, et de nouveau des marches, à descendre. Rien de plus. Et tant à la fois. Laborieusement. Elle n'avait pas vu sa mère ôter son brassard. Personne ne leur prêtait attention.

Elle ne se rappelle pas les visages de ces gens qui avaient surgi devant elles comme un autre mur. Plusieurs hommes et une femme avec un fichu, elle aussi, d'où dépassaient des mèches de cheveux. Elles avaient peur des Allemands. Mais ce n'étaient pas des Allemands. « La youpine, file ce que tu as, entendirent-elles, sinon on t'embarque à la Gestapo. »

Elles se recroquevillèrent, comme surprises en flagrant délit. La mère de ma maman tenta de se défendre, de contester, d'expliquer, enfin de supplier. Sans le moindre résultat. C'est alors qu'un fiacre arriva.

Le cocher polonais, avec de grandes moustaches, prit leur défense : « Laissez cette femme tranquille, cria-t-il, que lui voulez-vous ? Vous ne voyez pas qu'elle tient un enfant presque mort de peur ? » Et s'adressant à elles : « Montez ! »

En hâte, elles sautèrent dans le fiacre. La mère donna une adresse convenue. Dans sa voix, il y avait bien plus que du soulagement. Ils se mirent en route. La fillette s'accrochait aux pans de son manteau, les rues défilaient. Elles roulèrent longtemps.

Elles ne reconnaissaient pas la ville. Jamais, d'ailleurs, elles ne l'avaient bien connue. Le crépuscule tombait. Les vitrines scintillaient. Des tramways et des limousines allemandes, noires, les croisaient. Un groupe sortit en riant d'un restaurant au coin d'une rue. Les chapeaux décorés des femmes semblaient sortir tout droit de chez une modiste. Un peu plus loin, sur une grande place près d'une église, quelques garçons jouaient au ballon. La ville était occupée d'elle-même. Le monde ne s'arrête pas à l'*Umschlagplatz*, pensaient-elles l'une et l'autre. Le fiacre s'engagea dans l'allée Szucha, un instant plus tard il s'arrêtait devant le bâtiment de la Gestapo.

Le cocher se retourna sur son siège : « Et que croyais-tu donc, youpine, que je ne te livrerais pas là où est ta place ? » Il riait en les poussant vers une entrée latérale.

Des policiers polonais attendaient les fugitives du ghetto. Ils les enfermèrent dans une pièce et exigèrent de l'argent. La peur, de nouveau, était plus forte que tout autre sentiment. Derrière la porte, elles entendaient les voix des Allemands et le bruit de leurs bottes. Dans le ghetto, cela signifiait la mort. La fillette regarda sa mère ôter sa bague et son alliance, et ensuite sa montre. Au bout d'un moment, sans un mot, elle commença à déboutonner son manteau. Elle tendit la main vers son porte-jarretelles. Ensuite elle en décortiqua une à une des pièces de vingt dollars en or cousues dans la toile. Une, deux, trois, elle les posa sur la table en bois. Six. Elles étaient maintenant figées, l'une et l'autre. « C'est peu, dit une voix d'homme, c'est peu. » Elles n'avaient plus rien.

Elle demanda si elle pouvait téléphoner. Ils délibérèrent un instant, mentionnant des sommes qui firent tourner la tête de la fillette. La mère les répéta d'une voix sourde dans le combiné. Avec qui a-t-elle parlé, qui est prêt à payer une telle somme pour nous ? Un seul homme lui vint à l'esprit, le mari de sa tante, celui qui avait organisé leur fuite hors du ghetto. Ils fixèrent le lieu et l'heure. L'argent fut remis à l'adresse indiquée.

Elles étaient du côté aryen.

Cette histoire vit en moi contre mon gré. Elle renaît et repousse dans les variantes successives d'un rêve. Elle revient. Je ne parviens pas à m'en libérer.

Dans ce rêve, c'est moi la fillette en collant rayé. Le châle noué sous le menton est certainement le mien, il est couleur d'océan, à moi aussi le petit seau rempli de sable que je tiens à la main. Je ne donne pas de coups de pied dans les cailloux comme les autres enfants juifs aux yeux sombres, et dans ce rêve je me demande pourquoi je ne le fais pas. J'ai pourtant les yeux noirs et suffisamment effrayés. Il faut les cacher. J'accompagne maman. Je ne sais pas toujours bien si c'est ma maman à moi ou sa maman à elle, ma grand-mère que je n'ai pas connue. Elle se tient très droit, sans naturel, elle serre ma main. Un soleil froid brille.

Nous marchons d'un pas régulier bien que je voudrais courir. Courir et crier, comme si, après avoir erré des heures dans une forêt sombre, je découvrais soudain une clairière. L'air, de l'autre côté, a un autre goût. Il exprime la vie.

Je sais ce qui va arriver. J'ai entendu beaucoup d'histoires de ce genre.

Je ne me rappelle pas le visage de ces gens qui se sont dressés devant nous comme un autre mur. Je songe à la fillette, car enfin personne ne l'a mise en garde, elle a douze ans et elle a peur des Allemands. Mais ce ne sont pas des Allemands. « La youpine, file ce que tu as », entendent-elles, entendons-nous. Et puis le son métallique du mot : Gestapo, sta, po... tence. Potence. Je n'aurais pas connu ce mot à cet âge-là. Il n'y avait pas encore de livres sur la guerre. Je l'ai connu plus tard, bien que je portais encore du sable dans mon seau.

Maman, ou peut-être grand-mère, cache son visage dans ses mains, comme un enfant, répétant sans fin : « Laissez-nous, laissez... ». Je suis incapable de bouger. Je les regarde, et peu à peu je reconnais les visages des uns et des autres... des voisins, des relations, des amis. Je les regarde droit dans les yeux. Le sol ne s'ouvre pas.

Alors un fiacre arrive.

Le cocher a des moustaches, des moustaches polonaises comme mon arrière-grand-père juif, Henryk, du Petit-Rynek, l'autre place du Marché à Leczyca. Il les fait même bouger comme lui lorsqu'il tenait sa petite-fille, ma maman, sur ses genoux et qu'il lui chantait la chanson de la femme du savetier aux souliers en papier.

« Laissez cette femme tranquille, a-t-il crié, que lui voulez-vous ? Vous ne voyez pas qu'elle tient un enfant presque mort de peur ? »

D'un haussement d'épaules il nous invite à monter dans son fiacre. Son cheval sourit.

Mais ce n'est pas l'aïeul Przedborski, c'est son frère polonais. Ce n'est pas pour rien que tant de générations ont vécu ensemble sous le même toit. Au nom de cette maison commune vieille de deux siècles, en son nom polonais, il ne peut permettre qu'on nous offense. Il nous prend sous son aile protectrice et voici que le fiacre enchanté roule à grand bruit sur le pavé varsovien et nous emporte, nous emporte, nous. Grand-mère est sur le point de prononcer, d'une voix étranglée, des paroles maladroites de remerciement, pleines d'un sentiment de honte et de reconnaissance et plus encore, elle est sur le point de parler quand, brusquement, nous tournons. Le sable se répand hors de mon seau. « Un seau, ai-je songé, que vient faire un seau ici ? » Une clepsydre peut-être, du sable, le temps qui s'écoule. Instants ultimes.

Nous approchons de l'allée Szucha.

« Tu pensais, youpine, que je ne te livrerais pas là où est ta place ? »

Que faire de ce rêve ? ai-je pensé. Que faire de ce récit ? La vie est chère, chère, il faut s'en acquitter, se racheter. La bague de fiançailles et l'alliance n'ont pas suffi, la montre Omega en or n'a pas suffi, ni les pièces d'or cousues dans le porte-jarretelles. Ils donnaient encore une chance à la mère et à sa fille. Un parent riche. Ça ne se trouve pas toujours, un parent riche. Bienvenue du côté aryen.

Au réveil je tiens toujours cette fillette par la main. Et je la protège de ses frères polonais. Mais ensuite je me demande quel rôle j'aurais pu tenir moi-même par rapport à elle. Je me demande si je n'aurais pas eu peur de jouer avec elle dans ma cour, si je lui aurais apporté à manger, le soir, ma tartine de pain au sucre. Si j'aurais eu assez de forces, comme d'autres, pour la cacher dans mon armoire ou dans mon grenier. Y compris lorsque l'argent était épuisé et qu'il n'y avait plus d'espoir.

Le plus facile est de ne rien savoir de tout cela.

Est-ce bien ce qui t'importait, maman ?

Mes parents sont partis de rien. Ils se sont mariés en 1955, année rendue mémorable par le Festival international de la Jeunesse et des Étudiants où, pour la première fois depuis la guerre, des jeunes du monde entier sont venus à Varsovie. Ils se sont installés peu après dans une pièce en sous-location dans un appartement commun à deux autres familles. Ce fut ma première maison, je ne m'en souviens pas. Au bout de quelques années ils se sont vu attribuer leur propre logement, ce qui était un privilège rare pour des jeunes gens. Des cubes de béton identiques, uniformément plantés dans un champ où, tout récemment encore, on bêchait des pommes de terre. Dans ce quartier ouvrier de Wola, éloigné du centre de la ville, on avait donné à la rue le nom du révolutionnaire Marcin Kasprzak. Une photo grise de ces années-là montre une poussette bizarre à petites roues, aux flancs rabattus, près d'un portique pour battre les tapis qui deviendrait bientôt le cœur de la cour. A l'intérieur se trouve une fillette potelée aux lèvres gonflées, comme moqueuses.

Notre logement au premier étage se composait de deux pièces

avec cuisine et balcon. Il était clair et propre. Dans mon petit lit muni d'un filet j'ai vite commencé à marcher. Peu de temps auparavant mon unique grand-mère, la mère de mon père, sans demander la permission de personne, m'avait emmenée à l'église et baptisée. Le parrain avait oublié la cérémonie, il jouait aux cartes.

Mon père était issu d'une famille de cheminots de Lodz. Maman n'avait de famille qu'à Varsovie. Mes parents étaient jeunes et voulaient vraiment vivre. S'amuser et rire, oublier leur enfance de guerre. Ils soutenaient la réalité nouvelle. Pendant leurs études à la faculté de journalisme ils avaient milité au sein de ZMP, l'Union de la jeunesse polonaise, porté des cravates rouges, participé aux meetings et applaudi aux assemblées de leur cellule, pleins d'ardeur ils avaient discuté les thèses du marxisme et du léninisme. Ils voulaient bâtir leur vie sans regarder en arrière. Les vieilles toiles et les cadres dorés leur semblaient être une survivance des époques précédentes. Au mur, chez eux, ils avaient accroché des reproductions de l'avant-garde parisienne. Miró et Picasso, que je ne savais pas encore appeler par leurs noms, m'effrayaient depuis que j'étais toute petite par les grimaces de leurs visages, la multiplicité des oreilles et des nez. Les canapés en peluche et les fauteuils Biedermeier insultaient l'esthétique moderne de mes parents. Ils commandaient leurs meubles chez un concepteur à la mode qui considérait notre salon comme un champ de manœuvres pour ses idées. La combinaison du métal noir, du verre et des matières plastiques criardes formait un tout qui faisait sensation mais n'était guère fonctionnel. Les tabourets colorés à trois pieds, en forme de cônes renversés aux sommets tronqués, constituaient une torture raffinée. Ces petits seaux rouges, jaunes et verts épousaient étroitement les fesses. Pas facile de s'y asseoir, plus difficile encore de s'en libérer. Ce paysage de caprice moderniste était sauvé par les livres dont la multitude, avec le temps, envahissait de plus en plus les étagères qui se révélaient toujours insuffisantes.

Notre maison était remplie de lumière. Le dimanche matin, plus paresseux que les autres matinées, j'observais les taches jaunes du soleil qui ondoyaient sur le parquet couleur de miel de la grande pièce. Je fermais tantôt un œil, tantôt l'autre et je les voyais chaque fois sous une perspective différente, un cadrage différent, bien que sans bouger la tête. Je ne comprenais pas ce changement d'optique et il me semblait être le résultat de quelque maladie grave dont j'avais honte.

Je me souviens vaguement de mon père à la maison. Jamais je ne me rappelle mes parents ensemble dans le grand lit, jamais à table ni en promenade. Sur ma photographie préférée maman est assise sur les genoux de papa dans une cabine de plage en osier au bord de la mer. Ils sont enlacés et ils rient, comme si tout devait et pouvait encore arriver.

Au lycée, déjà, en 1947, mon père avait fondé une station de radio locale. Il voulait être reporter sportif. Il s'était présenté peu après à un concours d'entrée à la radio mais on l'avait refusé, assurant qu'il n'avait aucune chance dans le reportage à cause de sa voix trop « pointue », ainsi qu'on l'avait qualifiée. Il n'avait pas renoncé.

« Ici l'hélicoptère, ici l'hélicoptère, c'est Bogdan Tuszynski qui vous parle » – c'est ainsi qu'il attaquait ses reportages des étapes successives de la Course cycliste annuelle de la Paix sur le parcours Varsovie-Berlin-Prague. La voix de mon père, la Pologne entière la connaissait.

Le sport était alors une question d'importance nationale. Faute, peut-être, d'autres résonances d'ordre patriotique, cette course cycliste passionnait tout le monde – adultes et enfants. On aurait dit, tout au long des années soixante, que pendant ces deux semaines de mai il ne se passait rien d'important dans le pays. En ville, dans la rue, les hommes se rassemblaient devant les haut-parleurs qui transmettaient les diverses primes de montagne et au finish. L'écho des postes de radio, au maximum de leur puissance dans presque chaque appartement, se répercutait dans les cours. Dans la mienne aussi. De tous les côtés me parvenait la voix de mon père. La tension atteignait son comble juste avant l'arrivée. Des milliers de Polonais retenaient leur souffle. Lorsqu'il était de bonne humeur, pour finir il me saluait.

La relation par mon père, au fil des étapes, des luttes de l'équipe polonaise, était quelque chose de plus que le simple compte rendu d'un spectacle sportif. Il était devenu le porte-parole des sentiments collectifs, le fondateur d'une légende nationale. Le fait de partager des émotions communes le rapprochait de l'auditeur, ils se sentaient mutuellement proches. Chacun le considérait comme un des siens. Mon père qui venait à peine, alors, d'avoir trente ans, était devenu un personnage populaire dans tout le pays. Où qu'il apparût – dans un magasin, à la poste, au café – on le reconnaissait à sa voix. J'en étais fière.

Je me souviens de quelques-uns de ses retours nocturnes après un long voyage. Il me réveillait en pleine nuit, je m'asseyais par terre tout ensommeillée et lui, il défaisait ses valises qui répandaient un parfum de monde lointain. Dedans, c'était plein de couleurs, elles débordaient de vêtements bruissants, de foulards pour maman, de soie, de lainage fin qu'on aurait cherché en vain dans les boutiques Gallux, de dentelle, de parfums Chanel et de la saveur incomparable du chocolat au lait Suchard. Lui-même semblait différent, comme si les lieux qu'il avait visités avaient laissé sur lui leurs propres empreintes. Il fallait s'habituer de nouveau à lui, à son odeur et au toucher de ses mains, mais alors il repartait encore. Mon père était toujours en route.

Les voyages à l'étranger, à cette époque où il fallait chaque fois solliciter un passeport, représentaient un grand luxe. C'était une porte donnant sur un monde qui nous était absolument inaccessible, dont les butins avaient pour moi le goût du Coca-Cola et des chocolats dans des petits papiers brillants. Je ne les jetais pas et j'en admirais les couleurs qui ne pâlissaient pas.

Les retours de mon père ponctuaient le calendrier de notre vie quotidienne. Nous avions appris toutes les deux à attendre. Moi, patiemment ; maman, moins. Il envoyait de loin des cartes postales en couleurs. Je les disposais en constellations innombrables – mes réussites enfantines sur le parquet. Innsbruck, Tokyo, Mexico City, Paris, Berlin... à eux seuls, déjà, ces noms de villes suscitaient l'inquiétude et des rêves sans fin. Avant même de faire mon entrée à l'école j'avais reçu un globe terrestre en cadeau. Plus tard, j'ai commencé à collectionner les cartes de géographie et à apprendre par cœur les capitales et les drapeaux des pays étrangers.

J'ai lu très tôt et beaucoup. Et avec une certaine avidité. Je m'échappais dans des mondes imaginaires, comme si celui auquel je prenais part n'était pas assez réel. J'aimais les contes avec des enchanteurs et un collier qui exauce les vœux. Maman me lisait des poèmes. Bientôt je choisis les livres moi-même – à côté de *Mary Poppins* et d'*Anne de Green Gables*, des souvenirs sur l'époque de la guerre, des mémoires concernant l'occupation et les camps, Auschwitz et Birkenau. J'ignore pourquoi, mais j'avais besoin de cette lecture-là.

J'aimais jouer à cache-cache, certainement davantage que les enfants de mon âge. J'aimais me déguiser, essayer constamment de nouveaux costumes et m'appliquer de la poudre et des fards sur le visage. Je passais beaucoup d'heures dans l'armoire. Il y avait un grand miroir sur la porte. Je m'y enfermais parfois comme dans un palais ou une forteresse. J'aimais rester dans un coin, mais j'aimais aussi paraître sur scène. J'avais six ans lorsque j'ai joué la fille du roi dans un spectacle de maternelle. J'étais attirée par les mondes différents du mien.

D'abord, il y eut la route. Les seuls instants de sécurité de mon enfance, lorsque nous allions en visite à Lodz chez mamie, dans la famille de mon père. Tout avait un sens, car mes parents étaient ensemble. Mon père au volant de l'Octavia Skoda noire, maman à son côté, moi sur le siège arrière. Ils n'avaient pas à s'occuper de moi – et ainsi j'étais heureuse. J'entendais leurs voix, je sentais leur présence. Il ne pouvait rien arriver de mal. Allongée, j'observais des fragments de ciel fuyant sous mes pieds ou peut-être sous les roues, hors de mon champ de vision. Un nouveau fragment d'azur faisait place au suivant et au suivant, le duvet des nuages et les joues des nuées se fondaient en un long ruban, comme la queue d'un gigantesque cerf-volant que je tenais au bout d'un fil invisible. Ensuite je me sentais mal et je m'asseyais pour regarder un autre kaléidoscope par la vitre. Derrière la glace, les haies, les cours, les arbres et les champs, les enclos et les fermes filaient à la même vitesse. Ils n'étaient pas à moi et pourtant, quelque part, au-delà de Sochaczew, au-delà de Lowicz, dans les faubourgs de Lodz, ils étaient profondément miens.

Les trains traversaient la maison de banlieue de mamie. Verres et petits verres tintaient dans le buffet en bois, l'eau glougloutait dans les vases, la soupe de tomates débordait dans l'assiette du dessous. Infaillible, grand-mère déclarait : « Le rapide de Gdynia », ou bien : « L'omnibus d'Opole ». Les trains franchissaient la table ronde avec sa nappe du dimanche dans la grande pièce. Ils réveillaient les chats assoupis dans les taches de soleil bien chaudes, troublaient la paix du puits et des arbres fruitiers. Au 4 de la rue Perlowa, non loin des voies, chacun les connaissait. Mes poupées de Varsovie elles-mêmes, au bout de quelques jours, se rappelaient sans faute le tableau des arrivées et des départs de la gare de Lodz-Kaliska. « Les voyageurs regagnent leurs royaumes en train », leur expliquais-je, tout comme à moi-même. Et puis je courais devant la maison pour faire signe aux chanceux qui se trouvaient aux fenêtres et que les wagons emportaient vers un but inconnu de moi mais qu'ils avaient choisi. La route était un rêve, une promesse d'aventure.

Mon arrière-grand-père Jan, le père de grand-mère Mania et de ses nombreux frères et sœurs, était cheminot. Il allait et venait en uniforme, qu'il portait comme s'il était né avec bien qu'il fût né dans un logement de domestiques dans un village misérable des environs de Koluszki. Enfant, il avait fait paître les vaches et souffert de la faim. Jeune employé des chemins de fer impériaux qu'on appelait alors, en russe, *jeleznodorojnaïa*, il conduisait les trains sur des milliers de kilomètres au cœur de la Russie, jusqu'en Extrême-Orient. Il se rendit là-bas plusieurs fois et tarda souvent à revenir, pas seulement pour des raisons de service. Sa femme, Rozia, l'accueillait toujours de nouveau. Elle lui donna onze enfants. Cinq survécurent. L'aînée était ma grand-mère Mania.

La maison où nous allions, une maison en bois d'un étage proche de la gare, le grand-père l'avait bâtie au milieu des années trente. Même s'il gagnait bien sa vie, il avait dû mettre longtemps de l'argent de côté. A cette époque il ne buvait pas une goutte. Il avait lui-même choisi, commandé et séché le bois. Son premier petit-fils, Bogus, mon père, jouait sur les genoux de son grand-père avec les tampons des chemins de fer et une montre de gousset au bout de sa chaîne qui décomptait les minutes jusqu'à l'arrivée des trains ou leur départ. Il apprenait les chiffres et la ponctualité.

Des années plus tard, mon arrière-grand-père restait assis pendant des heures sur une petite banquette devant la maison, en bottes lustrées et en casquette de cheminot à visière et galon doré, comme s'il était toujours en service. Il notait des colonnes de chiffres dans un carnet avec un crayon à encre. Il grommelait quelque chose entre ses dents. Il comptait le temps, ou de l'or. J'étais sa première arrière-petite-fille. Il me laissait tirer sa moustache grise et froisser son pantalon d'uniforme frais repassé.

Sa femme lui survécut avec sa petite natte grise très mince, son visage sec, ridé, hâlé par le soleil et des marches de plusieurs heures en forêt. Elle m'apprenait à ramasser les champignons. Pour elle, cette fête de la cueillette des champignons a gardé son goût de surprise jusqu'au bout et je suis sûre que l'attente d'un automne pluvieux a sensiblement prolongé sa vie. Elle est morte à quatre-vingt-dix ans passés.

Sa fille, ma mamie Mania, a vécu pour les autres. Toute la nombreuse famille, avec des douzaines de cousines et de parents, reposait sur elle. Elle connaissait leurs maux, leurs régimes, leurs soucis avec les enfants et leur situation financière. Elle consolait, dorlotait, aidait. Mamie était toujours de mon côté, même lorsqu'il lui fallait contredire mon père, son fils bien-aimé. Mais lui, il ne se trompait pas.

Elle préparait des kilomètres de pâtes, des milliers de boulettes à la vapeur et de quenelles aux prunes, marinait et séchait des champignons. Lorsque personne ne la voyait elle pleurait. Elle brodait joliment des animaux et des oiseaux avec du cordonnet de couleur, des monogrammes sur les sacs pour la garderie et pour l'école. Elle faisait des kilims pleins de feuilles d'automne. Elle avait les yeux bleus et m'emmenait dans les prés au-delà des voies. Je l'accompagnais parfois le dimanche à la grand-messe. Et, après l'église, à la kermesse où elle m'achetait de la barbe à papa et une bague dorée avec une pierre couleur de rubis ou de saphir. Elle ne me refusait rien.

Le monde de la rue Perlowa était un monde simple, comme le plancher de la cuisine frotté une fois par semaine à la brosse en paille de riz. Comme le frais vestibule où se trouvaient les seaux remplis d'eau, les bottes en caoutchouc, les souricières et les bidons de lait. Le lait venait des vaches, les légumes des plates-bandes dans le jardin. On cueillait les pommes dans les arbres ou bien on écoutait la pluie. On lisait les signes de la terre, non ceux des livres. Rien ne se dissimulait sous la doublure de ce quotidien-là.

Mon père travaillait de plus en plus. Et tout était sensiblement différent lorsque nous étions seules.

Maman m'emmenait à Kazimierz, une petite cité pittoresque sur la Vistule au milieu des ravins dans laquelle le temps s'arrêtait. La place du Marché entourée d'immeubles Renaissance, avec son puits en bois au centre, avait l'air d'un tableau. A côté, l'église paroissiale et le couvent, les ruines mystérieuses du château et le mont des Trois-Croix. J'ai souvent joué là-bas avec des enfants généralement de passage, comme moi, sur une grande colline boisée située un peu à l'écart des routes. Au milieu des fougères, dans la litière des aiguilles de pin et la mousse, sur les sentiers et dans les broussailles, nous tombions parfois sur des morceaux de dalle de pierre. Nous les assemblions, essayant de réunir un bas-relief de mains, d'oiseaux, de livres. Nous époussetions avec des feuilles des fragments d'inscriptions dans une langue incompréhensible. Nous découvrions le ventre de la terre. Quelqu'un déclara qu'il y avait eu un cimetière juif ici.

Je ne connaissais pas de Juifs.

Il paraît que le cinéma à la voûte en bois où j'allais voir des films pour les enfants dans cette même localité sur la Vistule avait été leur église autrefois. On disait d'elle : « La synagogue ». J'avais du mal à me rappeler ce nom. Des silhouettes d'hommes vêtus de noir emplissaient les tableaux et les aquarelles que des artistes vendaient sur la place du Marché. Sur les tableaux ils avaient des barbes, des chapeaux ou des petites coiffures rondes et des boucles encadrant leurs visages. Je voyais de la nostalgie dans leurs yeux.

A la maison j'ai rarement entendu le mot « juif ». Seulement dans la bouche de mon père et toujours sur un ton moqueur. A ses yeux, les Juifs incarnaient la cause imprécise mais omniprésente de tout ce qui n'allait pas comme il l'entendait. Il considérait qu'ils régnaient partout et privaient les autres des privilèges qui leur revenaient. Il leur imputait la responsabilité des décisions impopulaires, des soucis du moment dans son travail, du manque de pneus pour sa Skoda. Parfois il montrait du doigt des personnages sur l'écran de télévision comme s'il avait appris à les distinguer des autres. Eux. Les autres. Il n'était pas pensable qu'ils puissent se trouver non seulement dans notre maison, mais même dans le cercle de nos relations.

Je ne comprenais pas tout ce que cela signifiait. Je n'avais jamais rencontré un Juif.

Mes parents se sont séparés quand j'avais sept ans. Je ne savais pas pourquoi mon père nous avait quittées. Longtemps j'ai préparé ses savates dans l'entrée, persuadée qu'il allait revenir.

Devant mes amies j'avais honte du fait qu'il n'habitait pas avec nous et je disais qu'il n'était sorti que pour un moment. La situation était d'autant plus délicate que tous le connaissaient et l'admiraient. La directrice de l'école disait de moi : « La fille du rédacteur Tuszynski ». Il ne m'en paraissait que plus important encore, et plus honteux le mystère de son absence. Chacune de ses paroles, aussi, n'en était qu'un plus grand oracle.

J'enviais les robes blanches de première communion des autres fillettes, longues, avec des dentelles, leurs gants blancs et leurs couronnes. J'enviais la procession fleurie du mois de mai et les paroles qu'elles prononçaient en faisant des révérences : « Saint, saint, saint – révérence –, le Dieu des légions... » Je ne comprenais pas les raisons pour lesquelles j'étais exclue. Mais je ne cherchais pas à les connaître. Comme si je sentais tout de même, quelque part sous ma peau, que cela ne devait pas me concerner.

Je m'étais alors liée d'amitié avec une autre fillette qui n'allait, elle non plus, ni à l'église ni au catéchisme. Nous jouions ensemble sur le portique aux tapis et nous enfouissions dans le sol des petits morceaux de verre coloré. Nous avions fondé une confrérie épistolaire qui communiquait quotidiennement à l'aide d'une correspondance cachetée avec des sceaux de paraffine de couleur ou d'une authentique cire à cacheter. Nous répondions mutuellement aux premières questions, les plus importantes.

Nous aimions les défilés du 1er Mai. Dans notre voisinage immédiat se trouvaient plusieurs établissements industriels : les usines de radio Marcin Kasprzak, la fabrique de lampes Rosa Luxemburg et Polfa, qui fabriquait des médicaments. Les orchestres des usines commençaient à jouer des marches dès le matin, les ouvriers en vêtements de fête se rassemblaient dans les rues avec banderoles et fanions. Il régnait une atmosphère solennelle et pleine d'enthousiasme. Nous nous rassemblions devant l'école en uniformes de pionniers et en mi-bas blancs, toujours neufs ce jour-là. On désignait les plus âgés pour la garde d'honneur du drapeau et quatre volontaires pour porter la devise de Maxime Gorki, le patron de notre école – « L'homme, cela sonne fièrement ». Plus tard nous défilions avec les autres devant les tribunes face au Palais de la Culture Joseph Staline, grande pièce montée cadeau de l'Union soviétique à notre capitale. Nous chantions *La Fête de Mai*, nous lancions : « Vive le 1er Mai ! », nous agitions joyeusement des fanions et des fleurs en crépon rouge. Et ensuite, avec la satisfaction du devoir accompli, nous mangions des glaces Bambino à la vanille.

Je me considérais à la fois comme meilleure et pire que les autres. Je m'adaptais facilement à toutes sortes de conditions et de situations que je démêlais sans problème, mais il était rare que je prenne une initiative. J'aimais être en groupe, intégrée, quelque part au fond de moi je me sentais alors distinguée des autres et, de manière un peu vague, plus importante que les autres. J'exécutais toutes les tâches sans objection. Je m'efforçais de plaire aux autres en exauçant leurs vœux supposés ou réels. J'étais un écho.

Ce sentiment d'être pire que les autres restait superficiel, mais je ne parvenais pas à en trouver l'origine. Il me semblait que je ne sais pour quelle raison je devais m'efforcer d'être meilleure que les autres. Que c'était important et que beaucoup de choses en dépendaient. Meilleure, car je suis en vérité pire que les autres. Mais nul ne doit le découvrir.

J'apprenais bien. On me faisait lire à haute voix, pour toute la classe, mes rédactions sur l'oiseau de papier ou sur *Grand Cœur* de De Amicis [1]. Je récitais des poèmes dans les assemblées solennelles. Je rapportais des bulletins avec des cinq sur cinq et des insignes d'élève modèle. Et pour moi comme pour maman cela paraissait évident. Ma photo, comme première de la classe, figurait dans le tableau vitré de la rue Wolska toute proche, juste

1. Edmondo De Amicis (1846-1908) : cet écrivain italien, membre du Parti socialiste, est l'auteur de nombre d'œuvres politiquement engagées, et notamment de *Grand Cœur* (*Cuore*, 1886), recueil de récits moraux dont le héros est un enfant, traduit dans de nombreuses langues. (N.d.T.)

à côté de l'un des rares grands magasins de la ville. Mon père n'avait pas le temps d'aller la voir. L'été il s'inquiétait de savoir si je jouais au ballon et si je faisais du vélo, l'hiver il vérifiait que j'allais bien à la patinoire. Je me rendais au camp avec les pionniers et j'obtenais tous les badges possibles à l'exercice sur le terrain.

Je voulais être grande. Surtout pour commencer à vivre. Ne pas attendre que ce soit la vie qui décide. Je voulais être grande parce que les adultes savent et n'ont pas peur. Mon univers enfantin avait éclaté en deux moitiés qu'on ne pourrait jamais recoller. Les années passant, il m'était de plus en plus difficile de croire qu'elles avaient jamais constitué un tout. La force, dans tous les sens du terme, restait du côté de mon père. Résolu, sûr de lui, connu, avec l'appui d'une vaste famille, il était solidement planté sur la terre et sur ses jambes. Bien qu'associée à un autre homme, maman me paraissait désarmée.

Pour Noël, maman et moi décorions un sapin. Comme ailleurs, il répandait un parfum de forêt, mais ce n'était pas le même. Il me faisait l'impression d'un parent pauvre à qui la parure de fête ne convient nullement. Le plus vrai et le plus joyeux, c'était le sapin de Noël chez mamie à Lodz. On y suspendait des angelots, des jouets et des noix, une ballerine aux chaussons d'or et une petite souris avec un bonnet rouge et des clochettes. A la cime luisait l'étoile de Bethléem. « Dans le silence de la nuit une voix se répand, debout bergers, Dieu nous est né... » On saupoudrait l'ample petit arbre d'étoiles que mamie avait tressées avec des lanières de papier pendant des soirées en compagnie de ses sœurs. Le gâteau embaumait. On attendait la fête de la Nativité. « Ils sont venus, ils ont trouvé l'Enfant dans la crèche... » – on chantait des chants de Noël. On se préparait à accueillir le Sauveur.

Sur notre table de fête reposait l'hostie, mais elle paraissait inférieure aux autres, ailleurs. Je fus longtemps sans comprendre ce qu'elle symbolisait. Il me semblait qu'elle était vieille, de l'année passée, toujours la même. Elle avait un goût de poussière et lorsqu'il fallait la partager j'éprouvais seulement de la gêne. Il y avait un mensonge quelque part, mais j'étais incapable de le déceler. Quelque chose d'inexpliqué, de mystérieux se cachait dans l'écorce de cette enfance.

Les fêtes longtemps attendues par les autres me mettaient dans l'embarras. J'attendais qu'elles s'achèvent. La vie, ces jours-là, se passait ailleurs. Nous étions toujours seules alors, maman et moi. Cela me faisait mal. Une menace imprécise était suspendue dans l'air et tous les rituels me semblaient taillés pour d'autres mensurations, comme coupés sur le patron d'un modèle étrange. Nous étions hors parenthèse. Notre mise à l'écart s'accentuait. Les voisins d'étage, des fenêtres d'en face, formaient des cercles solides, étroitement unis dans la joie de la prière commune ils étaient inaccessibles. Plus que jamais, j'étais loin d'eux.

La surprise des cadeaux ne me réjouissait pas spécialement non plus. Mes rêves quotidiens concernaient généralement de nouveaux livres et ils étaient exaucés à chaud. Ma mère n'approuvait pas les dépenses inconsidérées, guidée par le principe : il faut avoir de l'argent parce qu'on ne sait jamais ce qui arrivera. Cela lui venait de la guerre.

Le père de maman, le grand-père de la rue Pulawska, avec son diplôme d'ingénieur obtenu avant la guerre, dirigeait une entreprise de rénovation s'occupant de la reconstruction de la capitale. Il aimait son cabinet de travail avec un vaste bureau et deux téléphones noirs. Il élevait souvent la voix. On le photographiait en compagnie de hauts fonctionnaires de l'État lors des cérémonies d'ouverture, de plus en plus nombreuses, de nouveaux édifices et de cités nouvelles, à l'inauguration de monuments et de cimetières de soldats soviétiques dont il supervisait la construction. Son travail le conduisait en Chine et en Union soviétique d'où il rapportait des collections de compas, de lampes ou d'appareils photo de marque Smiena. Il tenait scrupuleusement des comptes quotidiens, limitant les dépenses au minimum indispensable. Il considérait nombre de choses comme des extravagances, pas seulement les cigarettes et l'alcool mais aussi le ressemelage des chaussures lorsque ce chapitre ne figurait pas au budget prévisionnel.

Il m'aidait à écrire des lettres en russe à Valerka, de Leningrad, avec laquelle, à l'école, on m'avait affecté une correspondance obligatoire. « Alors, qu'y a-t-il, hein ? » me demandait-il en m'accueillant, et il me tordait l'oreille. Ce devait être là une expression de tendresse de la part de cet homme puissant et sévère qui ignorait l'affection ou, peut-être, l'avait oubliée. Jamais il ne parla de mamie. En 1949, il s'était marié pour la seconde fois, un mariage de raison avec une voisine sèche et hautaine du même étage. Leur mariage avait été célébré par le maire de Varsovie. Ils ne manquaient pas un des concerts hebdomadaires à la Philharmonie de Varsovie. Il paraît qu'il avait l'oreille absolue, il avait joué du violon dans sa jeunesse. Lors des soirées du vendredi dans le salon familial ils se produisaient, lui et ses sœurs, dans un répertoire de musique de chambre de Ravel et de Brahms.

J'ignorais d'où venaient et qui étaient leurs parents. Je n'ai vu aucune photographie ancienne. Je ne pouvais me vanter de mes cousines du côté de ma mère. Ni de leurs tombes. Ni des tombes de leurs ancêtres. Il n'y avait parmi eux ni valeureux insurgés ni héros d'aucune guerre. On ne cultivait nulle légende familiale. Nul cérémonial non plus.

L'odeur la plus importante de mon enfance était celle de la cuisine de tante Bronka, la sœur de mon grand-père. Elle adorait cuisiner et régaler ses hôtes. Ils habitaient dans une cité de maisonnettes en bois du côté d'Ujazdow, au cœur de la ville, non loin de la Diète et de quelques vieux parcs, comme à la campagne. Dès l'entrée je sentais cette odeur qu'avec le temps j'ai reconnue comme étant celle de l'ail. J'étais en sixième lorsque tante Bronka quitta brusquement la Pologne avec sa famille. Des ustensiles de cuisine firent alors leur apparition chez nous. Des écuelles en terre fêlées pour le lait caillé et un grand choix d'accessoires de pâtisserie. Les raclettes en plastique pour nettoyer les planches à pâtisserie avaient encore le goût des cakes, des charlottes et des petits croissants aux raisins. Avec inquiétude et le rouge au visage, la nuit, ma mère écoutait la radio occidentale. Et ensuite elle écrivait de longues lettres à l'étranger. A l'emplacement réservé à l'expéditeur elle donnait des noms sans cesse nouveaux qu'elle inventait. Elle signait ses lettres du nom de notre basset, Nutka. Elle avait peur.

Mon grand-père cessa de prononcer le nom de sa sœur adorée et peu après il s'allongea sur son divan et refusa de se lever. Dans une conversation que je saisis, j'appris qu'on avait barbouillé sa porte d'excréments. On le chassa du Parti et on le mit à la retraite d'office. Il cessa de travailler.

Des années plus tard, j'appris ce qu'avait été mars 1968 dans l'histoire de mon pays. La traque antijuive provoqua la dernière grande vague d'émigration des Juifs de Pologne. Ceux qui étaient restés après la guerre et après le pogrome de Kielce et qui n'avaient pas saisi les possibilités de quitter le pays en 1956. Ceux qui se sentaient le plus polonais.

Dans le petit jardin du quartier d'Ujazdow quelqu'un d'autre cueillait les fraises et les cerises. Même à Lodz, rue Perlowa, ce n'était plus comme autrefois. Mamie était tombée malade. Nous lui rendions visite à l'hôpital. Tant qu'elle en eut la force elle nous écrivit des lettres. Elle mourut pendant les vacances. J'avais douze ans, mais à l'enterrement ce n'est pas moi qui pleurai. Ce fut mon père. Devant le monument de marbre blanc avec une photo sépia qui ne lui ressemblait pas on avait installé un petit banc. Nous lui rendions visite là-bas, même si je savais depuis le début que c'est là-bas qu'elle était le moins présente. Bien plus tard j'ai pris conscience de ce que signifie pour moi son absence.

Il me fallait tout affronter seule. Mon père, je le partageais déjà non seulement avec sa nouvelle femme, mais encore avec deux fillettes. Plus de mamie, plus de consolation. Je ne parvenais pas à surmonter l'humiliation et j'ignorais en quoi consistait ma faute. Je rentrais rassurée et triste des déjeuners du dimanche chez mon père (soupe de tomates, côtelette de porc, compote de poires). Notre maison me semblait vide et tout effort pour obtenir le pardon de mon père – vain.

Je me trouvais à l'arrêt du tramway dans les Allées de l'Indépendance par un début d'après-midi dominical. J'étais seule. Maintenant, ils s'étaient décidés à me laisser sortir seule dans la rue. Je serrais dans ma main un billet de mille zlotys tout raide. Pension alimentaire – la somme que mon père donnait chaque mois, depuis quelques années, pour mes frais d'entretien. La manière dont mes parents s'étaient entendus à mon sujet après leur séparation. Le billet était habituellement neuf, comme sorti tout droit de la presse. Je savais que je ne pouvais pas le perdre. Lorsque j'étais plus petite, j'imaginais que c'était une forte somme. Plus tard j'ai connu la valeur de l'argent et je me suis demandé pourquoi je valais si peu pour lui.

Nous attendions toutes. D'ordinaire dans la maison, dans ses appartements successifs qui changeaient en fonction de ses possibilités et de l'accroissement de la famille. Il sonnait plusieurs fois avec impétuosité et il ouvrait la porte d'entrée, chargé de grandes valises et de sacs. Ensuite il saluait sa femme et leurs deux fillettes avant que vienne mon tour. La plus vieille. L'étrangère. Celle d'une autre mère.

J'avais toujours l'impression de les déranger. De déranger quand ils se saluent après être restés des semaines sans se voir. De déranger quand ils veulent se réjouir ensemble et célébrer une fois de plus, en toute tranquillité, la cérémonie du partage des cadeaux. Combien de fois me suis-je promis de ne jamais plus me trouver chez lui à ce moment-là. Combien de fois me le suis-je répété afin de bien m'en souvenir, de ne pas l'oublier. Mais je revenais. Je revenais, attirée par une force inconcevable. Comme humiliée sur le lieu de ma défaite. Ensuite je filais dans la salle de bains ou en bas, dans le bureau de mon père où il y avait une armoire dans laquelle on pouvait se cacher. De là on ne pouvait rien entendre, ni leur joie ni mon désespoir.

Lorsque ma première demi-sœur était née, j'avais neuf ans. A Lodz, chez mamie, on avait apporté un balluchon que tous les membres de la famille avaient accueilli avec enthousiasme. Lorsqu'il fut dépaqueté, une fillette maigre à la peau très blanche apparut. Elle criait. En même temps qu'elle, des jouets étaient arrivés – éléphanteaux et petits lièvres piaulants, lombrics colorés, hochets raffinés en forme de petits cœurs et chaînettes multicolores accrochés au lit ou à la poussette. La richesse et la profusion des équipements de ce petit être m'avaient impressionnée.

J'avais neuf et douze ans de plus que mes sœurs. C'est beaucoup quand on est enfant. Lorsqu'elles étaient nées j'avais senti que, pour moi, tout allait décroissant. J'avais besoin de mon père. Je n'ai pas su lui dire, alors, à quel point. Il semblait parfois si lointain. Je ne découvrais nulle faute en moi. J'ai compris trop tard que, pour lui, je n'étais pas seulement sa fille mais un pion sur l'échiquier de son petit jeu avec ma mère. Il ne pouvait lui pardonner ni de l'avoir abandonné ni son manque d'amour. Mais moi je ne savais rien de cela. A mes yeux et dans ma tête c'est lui qui avait quitté la maison. Souvent j'avais l'impression qu'il ne m'aimait pas, et alors c'était peut-être tout de même moi la cause de son départ ?

Je revenais chaque dimanche. Je m'asseyais sur ses genoux. Il riait de moi, de mes grands pieds, de mon nez, de mes cheveux, mais je ne savais pas rire. Ses méchancetés faisaient mal. Même le fait que je lisais beaucoup provoquait des remarques mordantes. Il me semblait que les cinq sur cinq de mes bulletins scolaires ne produisaient aucune impression sur lui. Je n'ai pas souvenir d'éloges dans sa bouche, ni de la confirmation que je répondais à ses attentes. Je ne savais que faire pour le contenter. Or c'était bien là ce que je voulais.

Pourquoi suis-je revenue vers lui pendant tant d'années ?

Je l'ai cherché ensuite, pendant des années, dans les hommes de son âge. Même aujourd'hui, maintenant que je sais et comprends tout, il m'est difficile de vivre avec cela. Difficile de me défaire du regret et de la soif d'adhésion.

Il paraît qu'il était fier de moi. Jamais je n'ai ressenti cela lorsque j'étais enfant.

Je me rappelle les cartes postales de mon enfance. Brillantes, colorées, parfois rondes ou très allongées. Il les signait toutes : *Tata* (Papa). Lorsque je vois aujourd'hui une carte qu'il signe comme il le faisait il y a tant d'années, cette époque et la nostalgie me reviennent.

Il écrivait toujours au stylo à bille Parker, noir ou bleu. Le « T » se tient à l'écart sur une petite jambe ferme, la barre – comme un toit – est attachée par un fil presque invisible à la base et elle est ferme elle aussi, et énergique. Le « a » ressemble à un « o » doté d'une brève queue dessinée avec douceur et il est lié au « t » suivant, semblable à une croix accrochée à un tout petit « a ». *Tata.* Papa. Mon papa. Quand je vois cela, j'ai les larmes aux yeux.

Sur le chemin de l'école, je passais près de l'ancien orphelinat du docteur Janusz Korczak. Je connaissais ses livres, mais je n'avais pas la moindre idée du fait qu'il était juif et qu'il était allé à la mort avec ses pupilles juifs.

J'étais en première au lycée quand Arturek, un rouquin, mon condisciple, a fait un exposé élogieux en cours d'éducation civique au sujet d'Hitler qui avait résolu le problème juif. Il a dit qu'Hitler avait purifié la Pologne de la « gale juive », ce qu'on avait tenté avant la guerre sans résultat. L'éducatrice, enseignante de russe, n'a pas protesté. Je ne comprenais toujours pas de quoi il était question.

Je ne comprenais pas pourquoi maman avait fondu en larmes

à la projection d'un film présentant le ghetto de Varsovie. On ne pouvait la calmer. Je ne savais rien du quartier juif d'avant-guerre à Varsovie, et dans les poèmes qu'elle me lisait les rues Pawia et Mila n'avaient rien de commun avec cela. Le tailleur Izaak Gutkind pouvait bien s'appeler Jan Kowalski, le prénom d'Izaak n'avait aucune particularité, il sonnait comme Mieczyslaw ou Piotr. Pour moi, les Juifs étaient aussi éloignés que les Égyptiens, aussi exotiques que les Indiens. Je n'en connaissais certainement aucun. J'ai longtemps vécu dans cette conviction.

J'obtins mon baccalauréat avec mention.

Le monde des livres me tenait lieu de quotidien. Je me sentais mieux au bal avec Anna Karénine qu'à une surprise-partie chez une camarade de la cour voisine. A une promenade réelle j'en préférais une en compagnie de la dame au petit chien de Tchekhov. La fiction littéraire n'offrait que des privilèges, elle permettait une participation sans conséquences. Là-bas j'étais en sécurité. Certes, Emma Bovary s'était empoisonnée, mais on pouvait reprendre la lecture au début. Je ne voyais rien de ridicule dans le combat de Don Quichotte contre les moulins à vent. Au lieu d'admirer mes tantes et mes institutrices j'admirais Phèdre et Antigone, et la Cousine Bette et l'Oncle Vania constituaient ma plus proche famille. Je rapiéçais mon propre destin, me procurant ces émotions qui m'étaient toujours inaccessibles.

Je suis restée longtemps sans me rendre compte que je vivais dans la peau d'autrui. Je n'avais aucun pressentiment. Je ne posais aucune question. Jamais il ne m'était venu à l'esprit que maman, ma maman, était juive. Elle aurait tout aussi bien pu être chinoise. Je ne pouvais penser de la sorte. Être juif était quelque chose d'indigne. Était une faute. C'est ce qui résultait des propos de mon père.

Ma mère affirme qu'elle s'est résolue à me dire la vérité sur son origine juive et sur le sort des Juifs pendant la guerre lorsque j'ai eu dix-neuf ans. Mais je ne m'en souviens pas. Suivant son instinct, je ne l'ai pas seulement caché au monde, je me le suis aussi caché à moi-même. Je considérais son secret comme une humiliation et un signe distinctif, quelque chose dont il convient d'avoir honte. S'il en avait été autrement elle ne me l'aurait pas caché. Ces Juifs dont j'avais si peu entendu parler auparavant et qui étaient l'objet d'attaques incompréhensibles de la part de mon père se révélaient soudain être de ma famille.

Elle s'était tue afin d'élever un mur, comme elle dit, entre moi et tout le mal que je pouvais rencontrer dans ce pays en raison de son origine. Je m'efforce de comprendre que c'était la plus grande preuve d'amour d'une mère pour son enfant.

Après la guerre, en Pologne, beaucoup de Juifs rescapés ont préféré taire leur origine. Ils avaient survécu et décidé de se couper de tout cela. Ils avaient décidé de n'être plus jamais des Juifs. Mieux vaut ne pas l'avouer, on ne sait jamais quand ils te pourchasseront de nouveau. Ils ne voulaient pas se sentir comme des bêtes traquées. Cette peur de l'humiliation, ils voulaient l'épargner à leurs enfants. Tout valait mieux que le mépris.

La famille de ma mère habitait la terre polonaise depuis deux siècles. Au début du XXe siècle, les grands-parents du côté de son père – les Przedborski et les Herman – appartenaient à l'« aristocratie » juive assimilée de la petite ville de Leczyca, distante de cent kilomètres de Varsovie. Ils possédaient des immeubles, une imprimerie, un dépôt de vins et d'eaux-de-vie. Ils avaient une fonction sociale comme conseillers municipaux. Du côté de sa mère, les Goldstein étaient plus pauvres et orthodoxes sur le plan religieux.

Lorsque la guerre a éclaté ma maman devait entrer en deuxième année du cours élémentaire. Elle se souvient qu'une partie de la famille de Leczyca était arrivée à Varsovie et qu'ils étaient allés tous ensemble dans le ghetto. Ils avaient habité là-bas près de deux ans, dans des conditions de plus en plus déplorables. Et ensuite, les uns après les autres, on les avait conduits à l'*Umschlagplatz* et emmenés à Treblinka. Son arrière-grand-mère était partie et sa grand-mère, les sœurs et les frères de celle-ci, sa fille avec sa famille, les cousins et les cousines. Plus de vingt personnes. Ceux qui étaient restés dans le ghetto de Leczyca avaient péri dans un camp à Chelmno-sur-le-Ner, la localité voisine.

Seuls ceux qui avaient réussi à passer du côté aryen et à se cacher avec de faux papiers avaient été sauvés. Outre maman et sa mère, qui a été tuée en pleine rue juste à la fin de la guerre, la tante de maman et son fils avaient été sauvés. Et la sœur de sa tante, mariée à un Polonais. Leur frère – mon grand-père – a passé les cinq ans de l'occupation dans un oflag, un camp pour les officiers, à Woldenberg.

Tout cela, je ne l'ai pas appris tout de suite. On m'a dévoilé le passé peu à peu et toujours en chuchotant. Comme s'il valait toujours mieux ne pas le savoir. Comme s'il était plus sûr d'avoir les papiers d'un autre. Être comme tout le monde, ne pas se distinguer. Être Polonais en Pologne. Maintenant aussi la peau d'un autre devait aider à survivre bien que la guerre fût finie depuis longtemps et que les Allemands n'étaient plus là.

J'étais trop petite pour comprendre ce qui se passait en Pologne en mars 1968. Je ne connaissais pas les raisons pour lesquelles ma tante et sa famille avaient quitté le pays. La traque antisémite avait chassé de Pologne ce reliquat de Juifs qui, après la guerre, avaient décidé de rester ici et s'y sentaient chez eux. L'atmosphère de mars devait rappeler à ma mère l'époque de la chasse aux Juifs et la conforter dans la conviction qu'elle agissait judicieusement en m'isolant de tout ce qui avait le moindre rapport avec tout cela.

Elle voulait à tout prix m'épargner la peur et l'humiliation qu'elle avait connues. Elle voulait me protéger du monde polonais qui – estimait-elle – n'était pas exempt de menaces. Elle me dissimulait la vérité, me privant de ma véritable identité au nom de l'amour et de ma sécurité.

Les raisons pour lesquelles, pendant les années qui ont suivi, j'ai si habilement masqué cela en moi, refusant de prendre conscience de ma seconde moitié, restent pour moi obscures. J'ai continué de vivre comme avant, comme si je ne savais rien. Mais tout de même, en cachette, avec les papiers aryens de ma mère.

La maison

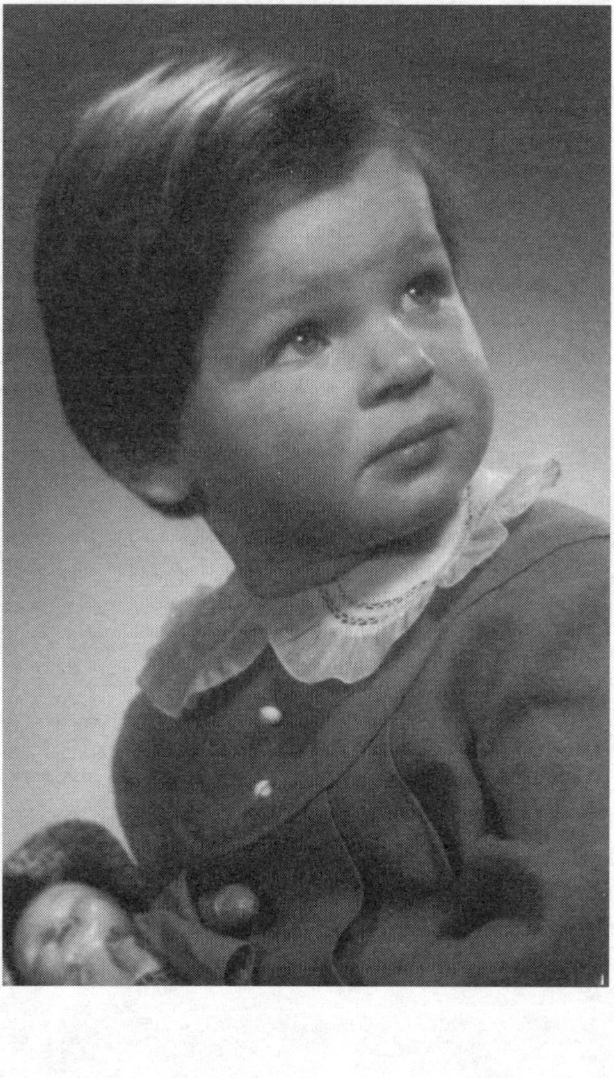

Bogdan I

Mes parents. Pourquoi restent-ils constamment, pour moi, derrière la vitre ? Ils esquivent toute description. Mes propos, mes tentatives glissent sur eux comme s'ils étaient vêtus d'imperméables, d'armures. Ou comme si je voulais leur porter préjudice. Je ne veux pas leur porter préjudice. Je ne veux même pas la vérité. Chacun gardera la sienne. Je veux le souvenir qui, une fois encore, me permet d'être avec eux. Et ensuite je les laisserai. Mais différents, après les avoir une fois encore mis à l'épreuve.

Mes parents, c'est-à-dire la maison. La maison doit avoir les murs de leurs bras. Et un toit.

Je n'ai pas eu de parents. Je ne m'en souviens pas. J'ai eu une mère. J'ai eu un père. Chacun à part. Chacun nettement à part.

Pourquoi ne puis-je voir mes parents avec des yeux d'enfant ? Sont-ils trop proches ou trop lointains ? Qu'est-ce qui m'empêche de les serrer tout contre moi, après tant d'années, pour sentir cette odeur. Notre odeur commune. Nous avons tout de même formé une famille, autrefois.

Le fait d'avoir cessé d'être une famille ne me permettra-t-il plus jamais de me les rappeler ?

Ils ne se laissent pas tenir par la main, l'un et l'autre, chacun la sienne, rien de tel – maman et papa, à la promenade dominicale dans le parc. Ensemble. Maman et papa avec une fillette endimanchée en robe bleue. Elle a déjà mangé sa barbe à papa et maintenant elle marche tranquillement près de ses parents, regarde tantôt l'un, tantôt l'autre, s'assure qu'ils sont là et poursuit son chemin. Elle n'est pas fatiguée. Plusieurs fois elle a demandé qu'ils la tiennent pour sauter les flaques. Hier il a plu, mais cela s'est calmé et tout est clair alentour.

Une promenade comme celle-là a-t-elle jamais eu lieu ?

Je ne me rappelle pas le rythme des cérémonies communes. En règle générale, je craignais un peu les dimanches.

Il m'est plus facile d'évoquer grand-mère Dela, que je n'ai pas connue. Et mon arrière-grand-père Henryk. Plus difficile d'évoquer ceux que je puis toucher. Bien qu'il suscite la nostalgie, ce qui n'est pas se laisse raconter, apporte l'apaisement. Les vivants et les proches font mal, leur vie en nous n'est pas close, elle se prolonge. Se prolonge dans la lutte, dans l'amour ou son absence. Dans un grand besoin de proximité.

Les inconnus sont la somme de mes connaissances et de mon imagination, les proches et ceux qui sont présents sont réunis par toute une tresse de sentiments et de rapports réciproques. Une histoire commune. Nous sommes des témoins.

Quel est le regard que je pose sur mes parents ? Où est le lieu d'où je les regarde ? Je les regarde de bas en haut, comme petite fille, ou plus tard, ou plus tard encore – aujourd'hui ?

Pendant des années j'ai ignoré leur passé. Peut-être n'en étais-je pas curieuse non plus. Ni du passé profond ni de ce passé quotidien qui s'est présenté quelque part hors du champ de mon expérience enfantine.

Mon père.

Suis-je injuste à son égard ?
Après tant d'années, suis-je toujours incapable de lui pardonner ? Je ne me suis jamais résignée à son absence à mes côtés.

Que ne puis-je oublier ? Qu'il n'était pas avec nous ? Il ne voulait pas s'éloigner. Ce n'était pas sa décision, pas non plus son désir. Il a été mis devant le fait accompli. Il n'a pas eu le choix. Il a essayé. Il a perdu.
Il a essayé d'expliquer à sa femme qu'ils avaient un enfant. Il a essayé de comprendre qu'elle était amoureuse et il a cru que cela passerait. Il en a appelé au sens du devoir. Il a imploré.

Tout cela, je l'ignorais.
Et même maintenant que je le sais il m'est difficile de l'imaginer. Jamais je ne l'ai vu vaincu. Je n'ai jamais pensé qu'il était capable de souffrir d'amour.
Une fois je l'ai vu pleurer. A l'enterrement de sa mère, mamie. J'ai eu peur, alors.
Il est rare que je pense à lui avec tendresse. A l'exception, peut-être, des moments où je regarde ses photos de jeunesse, radieux, tenant à la main son micro bien-aimé. Et encore, toujours, même aujourd'hui, tout aussi rarement, lorsque je vois sa signature au bas d'une carte postale ou d'une lettre, cette signature dont je garde le souvenir depuis mon enfance, ce même « Papa ». Alors il m'émeut.

Je me suis sentie abandonnée par lui. Le fait que je sache aujourd'hui qu'il n'en a pas été ainsi par sa faute, qu'il en a souffert, qu'il ne pouvait pas, ne savait pas comment, ne soulage pas, n'aide pas. Il n'a pas su aimer son enfant. Il n'a pas su parce qu'il ne savait pas et voilà tout – ou bien aussi parce que la femme qui était la mère de sa fille l'avait trahi. Qu'en résulte-t-il ? Quelle a été la succession des événements ? Cela a-t-il une signification ? Mais peut-être est-ce ma faute, peut-être n'ai-je pas su être aimée ?

Peut-être m'aimait-il. Comme d'autres l'ont dit, il faisait mon éloge devant eux, ce qui, au lieu de me combler de joie, a encore accru mon amertume. J'étais petite et je sentais déjà cela. Mes succès, qu'il minimisait devant moi, il les considérait comme un motif de fierté devant les autres. Qui de nous le premier a fermé la porte à l'autre ? Pendant des années elle est restée impossible à ouvrir.

Maman solitaire, reposant sur moi et sur ma vie. Mon père entouré d'une deuxième famille, avec deux petites-filles, une de chacune de ses deux filles, et des projets pour de nouveaux livres d'histoire du sport. Il ne faiblit pas dans son effort de création. Comme toujours il crie sur le gouvernement, sur la droite, sur la gauche, sur l'Église, sur les Juifs. Il crie sur le manque de respect, un respect qu'il a pourtant bien mérité. Bien mérité, car il a effectivement beaucoup fait.

Parfois j'arrive à voir en lui un gamin des quartiers populaires de Lodz, un fils d'ouvriers, un petit-fils de cheminot qui s'est élevé avec ambition. Il avait rêvé d'une carrière de reporter sportif et il a réalisé son rêve. Il a choisi seul des études de journalisme, il a réussi seul ses examens, sans l'aide de personne, ce gamin des quartiers de Baluty, de Widzew, de Mania, après la guerre, après une scolarité clandestine, après trois déménagements, après le départ de son père. Vaillant. Sans une parole de récrimination. Il mangeait des tartines de saindoux que sa mère ou sa tante lui apportaient dans un pot de terre. Du vif-argent, plein d'énergie et d'allégresse, inépuisable dans l'action. Peut-être est-ce cela qu'avait aimé en lui la jeune fille dont l'enfance s'était passée dans la peur ?

Il est demeuré quelque chose de cela en lui. Une volonté de lutte et de travail, la discipline qu'il est capable de s'imposer à lui-même. Maman s'est permis de se sentir lasse. Elle se repose d'une vie qui se poursuit. Il m'est difficile de comprendre cela, parce que c'est quelque chose dont je suis moi-même incapable.

On a baptisé Bogdan, mon père, le 27 août 1932 à la paroisse Saint-Joseph de Lodz. Le premier petit-fils des grands-parents Karlinski avait alors sept semaines passées.

Sa patrie était le Lodz ouvrier : Mania, Koziny, Baluty.

Le petit Bogus a des photos. Avec un nounours et avec un ballon. Sur la neige, plus petit que le bonhomme de neige. Dans un pré, près d'une vache, plus petit encore. Avec un ballon de baudruche et en costume de Cracovie. Et le couronnement : la première communion.

De son enfance, mon père se rappelle l'odeur du jambon cuisiné dont on faisait ensuite la soupe de Pâques, et la visite au curé. Le curé venait plutôt après Noël, mais son souvenir est justement celui-là : d'une seule haleine, sans cette pose d'une demi-année entre la Nativité et la résurrection du Christ. Le jambon, la soupe de betterave et le curé – loué soit-il.

Il se souvient que son père ne voulait pas le prendre sur ses genoux pour ne pas froisser son pantalon.

Il se souvient du *gryzka*, ce petit pain typique de Lodz, un petit pain sucré aux raisins. Et plus tard, qu'il gardait les buts.

« Le train de Kutno », disait le grand-père en lorgnant les deux aiguilles sur le 12. Lorsqu'il était d'humeur, il le laissait jouer avec les tampons portant le nom des gares ou bien avec sa montre de cheminot qu'il appelait oignon, dans un étui en métal.

Grand-père Jan Karlinski, moustachu, cheminot, travaillait et buvait. Au travail il était ponctuel, il sifflait toujours à l'heure les trains en partance, en uniforme, comme il convient. Mais lorsqu'il rentrait à la maison, à peine avait-il ôté sa casquette qu'il expédiait son petit-fils chercher un demi-litre : « Bogus, disait-il, file chercher une *halbka*[1]. » D'abord on n'avait rien voulu lui donner, le gosse était petit, mais ensuite, pour le grand-père, on l'avait servi. A l'occasion il rapportait toutes sortes de choses de la boucherie : du saucisson, du pâté et un peu de saucisse sèche. Grand-mère Rozia buvait aussi parfois quelque chose avec son mari, elle se faisait une vodka au citron ou bien elle faisait revenir, à la poêle, du sucre qu'elle mélangeait à l'alcool. Il se souvient aussi de cette odeur de sucre brûlé.

Parfois il jouait aux cartes, mais jamais pour de l'argent. Et quand venaient des collègues du grand-père, ou la famille, la grand-mère servait des sprats dans des boîtes à quinze zlotys et de la saucisse de Lituanie, des cornichons confits au sel et des champignons marinés maison. Et de la vodka.

La maman de Bogdan allait travailler à la *gumowka*, comme on appelait la fabrique de bottes, son papa au dépôt de locomotives, engagé aux chemins de fer par grand-père Karlinski. Lui, il restait avec mamie Rozia.

Bogus se rappelle l'école maternelle. Il avait un petit tablier brodé avec un écusson, le plus beau puisque maman brodait si joliment. Un petit champignon et des petites cerises. Et il se produisait dans des spectacles. Il apprenait des poèmes par cœur qu'il déclamait ensuite à la maison. Il restait souvent assis à tourner les pages et il faisait semblant de lire : « Un petit page allait par monts et par vaux... » Et ensuite, lorsqu'il eut appris,

1. Un demi-litre de vodka ; à partir de l'allemand *halb* : moitié, demi. (N.d.T.)

il fit la lecture à sa grand-mère dans les livres d'école. Elle fermait les yeux, elle écoutait. Elle s'étonnait qu'il en fût capable. Il aimait sa grand-mère et la respectait, lui baisait toujours la main. Elle ne l'a pas seulement élevé, elle lui a aussi donné le sentiment d'être en sécurité. Elle était toujours là et elle était un appui, le grand-père voyageait, le père disparaissait, il était rarement à la maison. A l'égard de sa mère, depuis le début, il s'est senti comme un tuteur.

Il jouait encore au ballon au stade du LKS, le Club sportif de Lodz, il assistait aux matches et aux compétitions, il s'essayait aussi à l'accordéon avec son père. Il se préparait pour l'école à la fin d'août.

Peu de temps après, son père, le caporal Roman Tuszynski, partit à la guerre. Il fut nommé à la tête d'une équipe de mitrailleuses lourdes au Régiment de chasseurs de Kaniow. Il fut bientôt fait prisonnier. De son stalag dans la forêt de Kampinos il envoyait des lettres tendres à sa femme et à son fils. Il s'en évada, revint à la maison et se présenta au dépôt de locomotives. Il travailla pendant toute la durée de l'occupation comme aiguilleur. Parfois il leur jetait du charbon sur le remblai. Parfois il buvait, et alors il se querellait.

La mère de Roman, Maria Paulina, née Hausman, mon arrière-grand-mère, d'origine autrichienne, se déclara Allemande sans hésitation. Elle signa la *Reichliste*. Elle quitta Lodz pour Sompolno où elle rejoignit l'élite allemande locale. Elle prenait son petit-fils chez elle en vacances. Bogus, le fils de son bien-aimé fils unique, était son grand favori. Elle se pliait à ses désirs autant qu'elle le pouvait, elle cuisait et cuisinait en suivant les recettes dans les livres. Aujourd'hui encore, mon père se rappelle son bouillon de pigeon du temps de l'occupation avec des petites boulettes de pâtes fondues comme une friandise des plus somptueuses. Grand-père Andaszek, le deuxième mari de Maria Paulina, l'emmenait à la pêche au bord de la rivière. Comme s'il n'y avait pas eu la guerre.

Roman Tuszynski connaissait l'allemand, qu'il avait appris à la maison, mais il n'adhéra pas à la *Reichliste*. En tant qu'employé des chemins de fer, de toute façon, il dépendait de l'administration allemande. Il avait été un soldat de septembre[1] et il se sentait Polonais. Lorsque la résistance polonaise fit sauter les voies de chemin de fer et les lignes électriques, Roman y eut sa part.

De Sompolno, Bogdan se rappelle l'Allemande chez qui ils logeaient et l'officier de la Gestapo. Il prêtait l'oreille aux conversations des fils de celle-ci : ils combattaient au front, ils parlaient de la puissance du Reich. Il les accompagnait aux bains de la ville où ceux-ci lorgnaient les femmes. Après Stalingrad ils ne revinrent pas. Auparavant, les camarades de son âge avaient disparu de Sompolno, ils étaient juifs.

La maison des grands-parents Karlinski à Lodz avait cessé d'être le lieu sûr qu'elle était avant. Bogdan avait commencé à avoir peur. Il avait peur parce que le grand-père Karlinski avait été fait prisonnier et qu'ensuite on avait emmené la tante Stefa travailler en Allemagne. Il avait peur parce qu'un poste de radio était enterré dans le jardin. Il avait peur parce que la Gestapo recherchait les hommes.

Et ensuite Roman s'occupa de marché noir. Il précipitait la marchandise des locomotives dans les réservoirs d'eau. Il voyageait et faisait du commerce, du lard et de l'alcool frelaté. Il commençait à manipuler d'énormes sommes d'argent. Son fils l'aidait parfois à vendre certains produits. Ou bien il allait avec sa mère chercher des coupons d'étoffe qu'elle rachetait à une amie à prix coûtant. Elle les coupait ensuite sur la table de la cuisine et y entortillait Roman pour dissimuler le plus de marchandise possible. Il portait d'amples manteaux et des sacs taillés dans de la bâche avec un double fond spécialement cousu. On parvenait plus ou moins à survivre.

---

1. C'est-à-dire l'un de ceux qui avaient fait face à l'invasion allemande en septembre 1939. (N.d.T.)

Mon père avait peut-être dix ans lorsqu'il a commencé à suivre des cours clandestins chez le professeur Kowalski, du collège des Bernardins. Dans la journée, le professeur travaillait comme comptable dans une usine, et ensuite il enseignait. Ils se réunissaient à quelques-uns, dans diverses maisons à tour de rôle. Il y avait toujours quelqu'un en faction dans la rue pour donner l'alerte au cas où des gendarmes se présenteraient.

Il étudiait le polonais en secret. Il faisait du sport en secret. Il attendait que cesse la guerre, ce qui lui permettrait enfin de ne plus avoir peur de tous ces secrets. En 1945 il fit sa première année au collège des Bernardins, 73 rue Sporna, dans le quartier de Doly.

Il se souvient de sa mère à cette époque, de son visage pâle, amaigri par la guerre, de ses cheveux gris bien qu'elle n'eût que trente-six ans. Elle venait de donner naissance à un autre fils, Wlodek, un petit frère, elle le nourrissait encore mais elle était si fragile, on aurait dit qu'elle allait se briser. Si chétive et tellement abattue. Elle était allée voir Bogdan au camp de scouts pendant les premières vacances de l'après-guerre et elle avait éclaté en sanglots quand ils étaient partis ensemble en promenade. Elle avait pleuré devant lui bien qu'il n'eût que treize ans, elle avait pleuré en lui disant qu'elle ne s'entendait pas avec son père.

Il le savait. Il avait eu soudain devant les yeux toutes ces soirées où elle l'avait attendu, ajoutant de la dentelle aux serviettes et aux mouchoirs. Les mètres de cordonnet croissaient sur ses genoux en une toile d'araignée multicolore, elle passait de longues minutes à les entrelacer d'un geste mécanique, des quarts d'heure, des heures. Elle ne disait rien, seule sa main droite s'agitait de plus en plus vite, nouant boucle après boucle. Roman était parti chercher des cigarettes ou du pain, il revenait au bout de quelques jours. Parfois il se justifiait, parfois il ne fournissait aucune explication. Elle se laissait berner. Son fils compatissait et ne savait comment l'aider.

Juste après la libération, Roman Tuszynski se présenta au Service de la Sécurité des Chemins de fer sur les Territoires recouvrés [1]. Il fut promu lieutenant. Il avait toujours aimé l'uniforme, les bottes lustrées, son reflet dans la glace et le pistolet à la ceinture. Il quitta la maison sans regret mais sa femme ne pouvait se résigner au fait de l'avoir perdu. Elle prit ses fils et monta dans un train pour Szczecin. Quelque part près de Pila des gardes rouges ivres firent irruption dans le compartiment. Ils virent la mère. Bogdan n'a jamais plus crié comme alors. Il avait une dizaine d'années et se sentait responsable d'elle. Il en a toujours été ainsi.

A la gare, personne ne les attendait. Ils se rendirent à l'adresse indiquée mais le père n'ouvrit pas la porte. Ils restèrent longtemps dans l'escalier, des gens qui leur étaient étrangers passaient près d'eux, enfin une femme sortit du logement du père. Ma grand-mère fit tout pour empêcher la dissolution de la famille, mais les choses ne s'arrangèrent pas, ni là-bas ni plus tard. Bien que Roman gagnât bien sa vie elle partit travailler, elle cousait des écussons pour l'armée, elle tenait une boutique. Dans la rue un chien l'accompagnait, un berger allemand. A Jelenia Gora, où elle l'avait de nouveau suivi, c'est une autre chambre vide qui l'attendait. Les retours de Roman au petit matin, l'odeur de l'alcool, des parfums qui lui étaient étrangers et l'humiliation. Un beau jour, en rentrant de l'école Bogdan trouva sa mère gisant sur le parquet dans l'immense salle de bains qui datait des Allemands. Tout ce sang, d'où lui venait tout ce sang, si noir. Deux lames de rasoir. De nouveau il réussit à être adulte. Ambulance et hôpital. On la sauva.

Lorsque mon père pense « père », que voit-il ? Voit-il toutes ces images à la fois ? Ou bien uniquement son profil coiffé d'un chapeau derrière la vitre de la Chevrolet de service, en bas,

1. Les territoires repris à l'Allemagne, à l'ouest, en compensation des territoires cédés à l'Union soviétique, à l'est. (N.d.T.)

devant la maison de la rue Perlowa, qui s'éloigne bien qu'il ait promis, cette fois, de rester pour de bon.

Après la guerre ils étaient comme de jeunes loups. C'est la définition de mon père. Affamés de tout et surtout d'études et de sport. Avant la guerre, déjà, il jouait au ballon et ensuite, au club scolaire du Cavalier armé, à Lodz, il avait montré d'excellentes dispositions comme gardien de but. Bon réflexe et bon blocage. Il boxait un peu aussi. Il était maigre, il pesait 56 kilos, poids plume. Au total il a disputé neuf combats, dont huit victorieux. Son direct du droit en a envoyé plus d'un au tapis, c'est ce qu'il affirme aujourd'hui.

Dans ses écoles successives il a créé des petits journaux dont il assurait la rédaction, il décrivait les événements de la vie scolaire. Il lisait attentivement *Przeglad Sportowy* – « La Revue sportive » –, il allait voir des matches. Lors du championnat de boxe de 1946, quelqu'un lui montra un monsieur élégant avec un chapeau et une badine. C'était le journaliste Kazimierz Gryzewski. Quelques jours plus tard il lui envoyait une lettre : « Cher monsieur le rédacteur, je vous ai vu au championnat de boxe. Je m'intéresse au sport et je voudrais beaucoup écrire sur le sport. Comment peut-on y arriver ? »

La réponse lui parvint dans les colonnes du journal : « Bogdan Tuszynski, Lodz, 4 rue Perlowa. Veuillez vous adresser à ce sujet au rédacteur Wieslaw Kaczmarek, *Kurier Popularny*, rue Piotrkowska, à l'angle de la rue Moniuszko. »

Il fut tellement saisi qu'il se rendit au rendez-vous avec sa maman. Il avait quinze ans. Il se vit confier sa première tâche sur-le-champ : la rédaction d'un compte rendu des rencontres de boxe pour la jeunesse. Des six pages qu'il rapporta, il n'en resta qu'une après mise en forme. Ce fut sa première initiation dans le journalisme. Et le début de sa collaboration au *Kurier* sous l'œil du rédacteur Kaczmarek, son premier maître.

Il se sentait lié à Lodz, la ville de ses parents, cette même ville rouge où s'étaient dressées des barricades ouvrières en 1905. Il pensait à Lodz avec fierté comme à une ville palpitante de vie socialiste où chacun, fils d'ouvrier comme fils de paysan, trouve sa place. Il avait foi en un lendemain lumineux car on reconnaissait des droits à ceux qui jusqu'alors n'en avaient pas eu. Sa grand-mère et sa tante qui avaient dû travailler lorsqu'elles étaient jeunes pouvaient maintenant étudier. Il soutenait avec enthousiasme l'action de lutte contre l'analphabétisme et pour la propagation du savoir.

En 1949 on organisa un concours pour recruter un reporter de radio. Ses collègues le poussèrent à se présenter, il savait raconter les matches de façon intéressante. On lui concéda, évidemment, le savoir et l'intelligence, mais on l'écarta en raison de sa voix, trop haut perchée selon les jurés, inappropriée à la radio. Un an plus tard il passait son bac.

Sur son bulletin, pratiquement rien que des « bien » et des « très bien ». Deux mentions « passable » – en polonais et en biologie.

Son père ne le félicita pas. Ni alors ni plus tard. Il ne lui a jamais adressé une bonne parole.

Sa mère voulait qu'il devienne médecin, le mieux aurait été gynécologue, après la guerre des enfants allaient naître. Il décida de déposer un dossier à l'École supérieure de Commerce maritime de Sopot, mais dans le train qui le ramenait à la maison il lut l'annonce de l'ouverture d'une section de journalisme à la Faculté des sciences humaines de l'université de Varsovie. Il lui fallait essayer.

Il se rendit à Varsovie. Quelqu'un lui expliqua comment aller de la gare à l'université. Il fit le trajet à pied. Pendant les examens il dormit sous le piano de la grande salle de gymnastique de la maison des étudiants, place Narutowicz. Il ne connaissait personne en ville. Il avait dix-huit ans, le costume attribué aux cheminots, trop chaud pour le mois d'août, une petite croix en bois et un petit bocal de saindoux que sa mère lui avait donné pour la route. Il avait une volonté de fer et des rêves.

Dans sa requête au rectorat, il choisit le journalisme comme matière principale. Aux rubriques respectives de sa biographie, il a noté : je suis de nationalité polonaise, de citoyenneté polonaise. Ma langue maternelle est le polonais. Il a signé énergiquement, soulignant sa signature d'un trait horizontal. Au-dessous figure une annotation : « Qualifié ».

Il lui semblait – c'est ce qu'il dit, c'est ainsi qu'il s'en souvient et c'est un sentiment dont il est fier –, il lui semblait donc avoir attrapé Dieu par les jambes. La guerre était finie, c'était le début d'une Pologne qu'on pouvait construire de ses propres mains.

Il prêta le serment académique le 13 octobre 1950. « Je remets entre les mains de Sa Magnificence le Recteur l'engagement solennel d'aspirer avec persévérance à acquérir la connaissance, de ne pas porter préjudice au bon renom de la Faculté, d'être, dans la considération absolue des professeurs et des autorités universitaires, respectueux des statuts, des règlements et des autorités de la Faculté. »

On lui remit sa carte d'étudiant, son livret d'études et une carte de réduction pour le tramway.

Il bénéficia d'une bourse et d'une chambre à la résidence universitaire de la rue des Grenadiers, de l'autre côté de la Vistule. On lui attribua également une aide financière l'année suivante. Il ne recevait de chez lui que cinquante zlotys, l'équivalent de deux kilos de saucisson ordinaire.

Halina I

Il n'y a pas de photos. Pas une de Leczyca. Pas une avec sa maman. Pas une de son enfance. Sur la première photographie d'après-guerre, Halina est grave.

Derrière les portes du lycée Batory la guerre avait pris fin. Nulle trace de décombres en vue. Dans l'herbe verte, comme auparavant, de nouvelles générations de violettes. Ce détail n'est pas absolument sûr. Au lieu du printemps 1945 ce pourrait être déjà l'automne, et alors des marrons luisants se répandraient sous leurs pas. Dans ce secteur les vieux arbres avaient survécu aux attaques aériennes et aux incendies. Un ordre nouveau fixé par la cloche en laiton et l'enchaînement des heures de cours devait détourner l'attention de tout ce qui s'était passé.

En première année, au premier étage, ou peut-être bien en deuxième année, au même étage, un professeur d'histoire plein d'enthousiasme parlait de la victorieuse armée soviétique à laquelle nous devions être reconnaissants de son aide à nous affranchir du joug hitlérien. Il ne lui était pas nécessaire d'être très véhément pour convaincre, la majorité des fillettes partageaient son point de vue.

Elle était assise à l'avant-dernier banc. Noire, les cheveux bouclés, de ces cheveux bouclés jusqu'à la racine, réunis en deux nattes. Des cocardes bleu marine à reflets. Et des lunettes. Romka, une amie, celle qui la connaît depuis le plus longtemps et dont les souvenirs remontent à sa jeunesse, répond formellement de ces lunettes. Romka pensait alors qu'il n'y a que les vieux à porter des lunettes. Dans la classe, seule Halina portait des lunettes rondes à monture de fer passée derrière les oreilles. De grands yeux bruns. Des taches de rousseur. Le teint clair.

Elle se distinguait parmi les fillettes vêtues de jupes taillées dans des couvertures, vêtues de gilets de coutil, de chemises reprisées et de corsages rapiécés. Elle était propre et soignée. Son chandail, en particulier, couleur cerise mûre, attirait le regard. Personne d'autre n'avait un si joli chandail. Ni une serviette en cuir noir fermée par une agrafe dorée, dans laquelle elle rangeait ses livres après chaque leçon. Elle le faisait avec soin et lentement, comme si elle avait peur qu'ils se brisent. Elle glissait à côté ses cahiers couverts de papier gris avec son nom calligraphié sur une étiquette spéciale : Halina Przedborska. A l'encre verte. Un plumier en bois avec un petit couvercle coulissant était destiné à la plume et aux crayons.

Les autres portaient sous le bras leurs manuels attachés par une quelconque lanière, écrivaient avec un crayon rongé dans un unique et misérable cahier, empruntaient des livres. Ils voulaient faire rapidement connaissance et se lier d'amitié, c'était la nécessité du moment. Ils étaient encore des enfants mais ils posaient sur le monde un regard dénué d'illusions. Ils savaient trop de choses. L'enseignement pouvait-il les changer ? Ils avaient trois mois pour assimiler les connaissances d'une année entière et ils préféraient apprendre tous ensemble, bien que le rythme nouveau de la vie faisait davantage penser à un jeu qu'à la réalité. Que pouvaient-ils apprendre de l'histoire dans les livres ? Quels mots pouvaient remplacer les images dont ils avaient été les témoins ?

Peut-être vaut-il effectivement mieux retenir la version selon laquelle ils ont commencé au printemps, avant la prise de Berlin. Halina est sûre et certaine de n'avoir achevé qu'une année à l'école primaire de la Société ouvrière des Amis des enfants, à Zoliborz, avant l'occupation, et d'être entrée au lycée après la guerre. En première année ou en deuxième, elle n'est pas sûre. Elle a oublié quelle matière elle avait travaillée dans les groupes avec sa maman. Elle allait au tableau avec réticence. Elle se manifestait rarement et seulement lorsqu'on l'interrogeait. La tête légèrement inclinée. Elle répondait sans rien omettre et dans l'ordre. Elle était capable de se rappeler les diverses constellations et les propriétés des éléments, de réciter une loi de Newton et le théorème de Pythagore. Sans difficulté, mais sans curiosité non plus. Elle investissait toute son énergie dans l'étude, comme si elle remplissait son devoir. Comme si elle voulait ainsi valider sa propre existence. Elle n'aimait pas jouer au ballon. Elle ne savait pas faire de vélo. Les livres l'intéressaient vraiment, qu'ils se terminent bien ou mal. Une habitude de la guerre. A l'école, jamais on ne parlait de la guerre.

Elle regardait rarement droit devant elle. Et elle clignait constamment les paupières. Un jour, Romka lui a demandé pourquoi. Elle ne le lui a pas demandé d'emblée, elles se connaissaient déjà depuis plusieurs semaines. Halina a répondu qu'elle avait beaucoup lu, pendant la guerre, dans une très mauvaise lumière. Rien de plus.

Plus tard encore, alors qu'elles se connaissaient mieux, elle a obtenu une autre réponse : « Derrière l'armoire où je me cachais il faisait sombre. Or il fallait bien que je fasse quelque chose de toutes ces journées. Je me suis abîmé la vue. » Peut-être a-t-elle aussi mentionné la cave.

Une seule et unique fois, et plus jamais. Ne surtout pas s'attendrir, ne surtout pas inspirer la pitié.

Romka avait vécu l'occupation à Varsovie. Elle avait vu ce qui se passait, dans le ghetto aussi, son père l'avait un jour conduite près du mur, rue Sienna, afin qu'elle voie de quoi l'homme est capable. Mais lorsqu'elle rencontra Halina elle ne fit pas le rapprochement avec ces faits. Elle n'identifia pas cette camarade aux cheveux noirs avec les habitants déguenillés, affamés du quartier clos. Elle ne se rendait pas compte, elle qui avait été chassée de sa maison après l'insurrection de Varsovie, que cette jeune fille avait subi un sort encore pire que le sien. Plus tard elle médita sur le fait que, comme Polonaise, elle avait tout de même été privilégiée. Elle pouvait aller au parc, on ne manquait pas de pâtes à la maison. Elle se souvint d'un enfant qui était venu chez eux pendant plusieurs mois, en 1942, à la tombée de la nuit, et à qui sa mère donnait du lait et une tranche de pain. Mais ensuite il avait cessé de venir. Pourquoi ses parents n'avaient-ils pu sauver un seul enfant juif ?

Elles ne parlaient pas de cela, alors, entre elles. Je ne sais pas comment la petite Halina aurait réagi à pareille épreuve. Je ne sais pas non plus ce qu'elle connaissait du parcours des Varsoviens pendant l'occupation, de l'insurrection, des égouts, des agentes de liaison, des *Szare Szeregi* [1], du camp de Pruszkow [2] et des retours, ensuite, dans des logements sans plancher ni fenêtres. Romka était restée seule avec sa mère, sans argent, avec un petit poêle en fer récupéré sous les décombres. Elles avaient transporté quelques ustensiles hors des ruines, elles faisaient du feu dans la cour afin d'y faire cuire ce qu'elles mangeaient avec une seule et unique cuillère couverte de vert-de-gris. De tout cela elles ne parlaient pas beaucoup. De même qu'il ne leur

1. Les *Rangs gris*, le mouvement de résistance des scouts polonais, associé à l'AK, l'Armée de l'Intérieur du gouvernement polonais à Londres. (N.d.T.)

2. Pruszkow, au sud-ouest de Varsovie, servit de camp de transit pour la population de la capitale pendant l'insurrection (1er août-20 octobre 1944). (N.d.T.)

serait pas venu à l'esprit d'évoquer le tailleur juif qui avait cousu le dernier pardessus de Romka avant la guerre et qui lui disait comme nul autre : « Jeune fille, si vous voulez bien vous tourner... » Le fait qu'il fût juif n'avait aucune signification particulière pour Romka ni pour ses parents, elle aurait été offensée s'il en avait été autrement. Et c'est justement pourquoi elle gardait le silence à son sujet. Et c'était peut-être aussi la raison pour laquelle, instinctivement, elle avait détaché le mot « ghetto » de sa nouvelle camarade. Dans la conversation, elle aurait pu le lui rappeler. Car enfin, tout cela appartenait au passé. Maintenant il fallait commencer quelque chose de neuf. Bien que la ville n'existait plus.

Leurs mondes d'avant-guerre n'avaient aucune chance de se rencontrer, l'intelligentsia juive assimilée établissait rarement des contacts avec les ouvriers polonais. Sur le plan professionnel, éventuellement : ingénieur – exécutant. Les filles de deux pères comme ceux-là ne jouaient pas ensemble dans le parc, elles ne pouvaient se lier d'amitié que dans une Pologne libérée.

Chez Halina, rue Koszykowa, dans l'appartement au dernier étage d'un vieil immeuble qu'ils occupaient avec une autre famille, il y avait un parquet ciré jaune, des rideaux aux fenêtres, toutes les vitres en place et de l'eau chaude dans la salle de bains. Lorsqu'elle y vint, Romka crut être au paradis. Elle pensa installer son lit dans la cage d'escalier pour y passer une nuit, mais elle eut un peu honte.

Jamais il ne lui vint à l'esprit d'envier la fille de l'ingénieur Przedborski.

Elle ignorait que dans cette cuisine magnifique la petite Halina vivait le supplice de préparer les repas quotidiens de son père. Elle n'avait aucune expérience et elle avait beau s'efforcer de tout faire exactement comme dans les recettes des livres de cuisine, les boulettes de pâte s'agglutinaient pour ne former qu'un bloc, les crêpes brûlaient dans la poêle et les côtelettes se desséchaient comme des semelles. Son père était furieux. Elle ne se plaignait à personne mais elle pleurait souvent. Ou bien elle s'asseyait sur un petit tabouret et implorait l'aide de sa mère : « Maman, toi tu vois tout, répétait-elle, dis-moi ce que je fais mal, je veux vraiment apprendre et que papa ne crie pas. » Sa maman devait être dans une autre partie du ciel car la petite Halina n'a pas appris à faire la cuisine.

Elle appréciait les gâteaux de tante Bronka chez qui elle passait souvent entre l'école et la maison. Parfois elle emmenait Romka avec elle, mais rue Gornoslaska en sa compagnie elle se sentait maladroite. Elle buvait vite son thé couleur de foin et prenait congé avec soulagement. Elle préférait se retrouver avec sa camarade dans le parc Ujazdowski qu'elles traversaient ensemble, elles riaient bruyamment et parlaient de n'importe quoi, du nouveau professeur de géographie, d'une robe colorée, des poires blettes chutant des arbres. Face à l'espace ouvert, une insouciance à donner le vertige. Elle ne savait dire ce qui lui arrivait, elle retrouvait l'équilibre dans le mouvement.

Elle avait besoin de temps pour s'habituer à sa nouvelle vie, à elle-même, à une autre solitude que celle qui avait été la sienne jusqu'alors. Je sais qu'il lui fallait être brave. Peu de temps auparavant, dans une conversation qu'elle avait saisie entre son père et sa tante, elle avait appris la mort de sa mère. De sa mère avec qui elle avait vécu les pires années de la guerre, qui lui avait tenu lieu de famille et dont l'amour avait compensé son enfance perdue. Il lui fallait maintenant se débrouiller elle-même avec cette perte et la douleur. Se mesurer au chaos de la liberté recouvrée, à la joie et au soulagement, aux contradictions de son nouveau destin. Elle apprenait une autre duplicité que celle qui avait été la sienne jusqu'alors.

J'ignore si elle avait pris conscience du miracle qu'était le salut de trois des frère et sœurs Przedborski, dont son père. Eux mis à part, toute la famille – plusieurs générations – avait péri ; grands-parents, tantes, cousins, ils avaient été si nombreux à s'asseoir à la table de fête à Leczyca. Comment vivait-elle leur absence ? A quel point leur extermination était-elle bien réelle dans le quotidien de la tranquillité d'après-guerre ? Était-ce la tranquillité ?

Ses proches pansaient leurs blessures, son père et sa tante vivaient le quotidien, se réjouissaient que l'enfer ait pris fin, commençaient à reconstruire Varsovie, la Pologne, une nouvelle Pologne dans laquelle tous se sentiraient bien et justement traités. Ce n'étaient pas des slogans, ils croyaient sincèrement aux promesses du socialisme, ils voulaient sincèrement croire que c'était la vérité la plus vraie. Ils ne se demandaient pas, comme d'autres, s'il fallait ou non partir. Ils voulaient être comme tous ceux qui les entouraient, leurs semblables. Ils effaçaient les traces afin de ne jamais plus porter de brassard avec une étoile. Ils ne parlaient que très rarement de ce qui s'était passé et n'en disaient que l'indispensable.

Ils avaient choisi le silence comme cachette. En cela ils n'étaient pas isolés.

Et comme les autres rescapés de la guerre, ils s'étaient fait enregistrer dans les comités juifs qui avaient vu le jour sur le territoire polonais juste après la libération. La première année, la Commission d'enregistrement et de statistique du Comité central des Juifs avait enregistré plus de deux cent quarante mille personnes. On leur accordait une aide matérielle et on leur servait d'intermédiaire dans la recherche des disparus. Ils étaient allés là-bas, dans un premier mouvement, comme ils étaient allés vers ces maisons qui n'existaient plus, avec l'espoir que le vide n'est pas définitif et qu'il en reste d'autres, encore, qui leur ressemblent. Ils partageaient leur détresse, leurs décisions de quitter la Pologne ou de n'être plus jamais juifs.

Sur la fiche d'enregistrement dont le carton rose a pâli, maman figure à côté de son père. Ils se sont fait enregistrer tous les deux au cours de l'été 1946. Cherchaient-ils toujours des parents, croyaient-ils que quelqu'un d'autre avait été sauvé et se manifesterait à eux ? A moins qu'ils n'aient compté sur des secours financiers ? Przedborska Halina, née le 3 juillet 1931 ; parents : Szymon et Adela Goldstein – le nom authentique –, de Leczyca et de Kolo, du passé, de la vérité. Adresse au 1er septembre 1939 : 18 rue Krasinski. Plus loin, l'occupation dans les rubriques correspondant aux changements d'adresse au cours de la guerre : 58 rue Leszno, ghetto. Comme si elle informait de son déménagement dans un autre quartier parce qu'elle s'est lassée du précédent. Il y a une certaine évidence dans cette mention, comme si « ghetto » se rapportait à « juifs », de même que « camp », « captivité », « côté aryen ». Mais en même temps on voit ici la hâte de commencer une nouvelle vie, par une nouvelle adresse, d'après-guerre. Rue Koszykowa 14/8 traduit déjà l'existence hors des murs, la libération. Et la libération, elle ne l'oubliera jamais, c'étaient les soldats soviétiques accueillis sur la route de Garwolin.

Cette mention est l'unique indice officiel d'appartenance. Le seul par lequel elle avoue que sa mère était juive. Comme si elle la tenait encore par la main, et avec elle des générations entières. Liée à eux, inscrite dans une séquence de leur commune destinée. Ensuite elle se débrouillera autrement. Une Juive sans défense doit se changer en Polonaise – armée ou, du moins, capable de se protéger. C'est ce que pensait l'enfant dont on exigeait qu'elle fût adulte.

La jeunesse de la petite Halina aurait été différente si Dela avait été sauvée, si elle avait eu près d'elle, après tout cela, quelqu'un à qui on peut dire « maman ». Je crois vraiment qu'elles auraient pu tout apprendre ensemble depuis le début, apprendre la confiance dans le monde.

Mais il n'y avait pas de mère. Elle était restée seule bien qu'on les eût destinées toutes deux à la mort.

J'ignore ce qu'en pensait la petite Halina. Que lui avait-il fallu oublier pour vivre ? Que voulait-elle oublier ? Comment y était-elle parvenue, qui en avait parlé avec elle ? Ma maman n'avait pas la moindre camarade juive, personne avec qui elle aurait pu parler de cela. Personne à qui parler. Bronka pleurait. Ce devait être d'instinct, un réflexe défensif : claquer la porte au passé porteur d'humiliation.

Il lui fallait vivre, il lui fallait être sauvée – c'était le vœu de sa mère. Continuer à vivre, après la guerre, après la libération, après la victoire. Elle ne connaissait pas les nouvelles règles du jeu. Elle se contentait de regarder autour d'elle. Elle imitait ceux qui lui étaient proches. Ils se taisaient. La chasse aux Juifs semblait avoir cessé, mais pouvait-on s'y fier ? Reconquérir une certitude ?

Aujourd'hui elle ne s'en souvient pas, mais pourtant elle savait, elle devait être au courant du pogrome de Kielce. Et d'autres cas d'assassinats de Juifs, certainement, aussi, dans les forêts, dans les trains, lorsqu'ils regagnaient leurs maisons. Ils rentraient chez eux, mais de nouveaux locataires avaient déjà pris leur place – leurs armoires, leurs lits, la resserre. Eux, les autres, ne voulaient pas de ceux-là. Et ils avaient appris pendant la guerre qu'ils avaient le droit de le montrer. Les historiens estiment qu'au cours des premières années qui ont suivi la guerre on a assassiné, en Pologne, environ deux mille personnes d'origine juive.

Ils n'avaient plus nulle part de « chez-soi ». Dans les deux années qui ont suivi la fin de la guerre, plus de la moitié des survivants ont quitté la Pologne. Ceux qui sont restés, comme le père d'Halina, voulaient vraiment croire qu'ils avaient le droit de vivre dans leur pays.

Elle ne voulait pas regarder derrière elle, en elle, il n'y avait eu que la peur et la honte. Une menace confuse. Son nouveau destin devait nier l'obscurité, masquer le passé, rompre avec les sources et les causes de la peur. Le nouveau destin polonais aryen, net, clair, ne pouvait être souillé par la peur, c'est-à-dire par le passé, c'est-à-dire par le souvenir du ghetto, c'est-à-dire par le Juif. Cela devait rester un secret.

Le 1er juin 1947, la petite Halina Przedborska fut baptisée à la paroisse Saint-Vincent-de-Paul d'Otwock.

Comment se prémunir contre un nouveau malheur, ou même seulement contre un léger faux pas ? Pendant la guerre on ne pouvait se les permettre. Il faut avoir des documents, des papiers aryens, sa polonité consignée sur papier dès lors qu'elle n'est pas incontestable sur son visage. Des yeux noirs, des cheveux noirs, la regarde-t-on autrement, se débarrasser du réflexe qui la pousse à vérifier. Il faut avoir un papier, quelque chose à quoi on peut toujours se référer. Un document avec un cachet et une croix. Pourquoi avec une croix, n'a-t-on pas édifié la nouvelle Pologne sous les bannières rouges ? Il devait être indifférent aux communistes de savoir qui est qui mais, à tout hasard, un papier portant le sceau de la religion est toujours bon.

Est-ce bien là ce qu'elle pensait ? Ma maman alors âgée de seize ans était-elle à ce point adulte pour évaluer ainsi ses chances ? Est-ce qu'une jeune fille juive experte à se dissimuler pouvait le faire ? Qu'est-ce qui l'a conduite à l'église d'Otwock, juste à côté du cimetière catholique dans lequel était enterrée sa mère ? Parce que ce n'était ni la foi, ni la fascination du costume religieux, ni la musique des orgues.

Elle avait appris la prière pendant l'occupation, dès sa première cachette à Zoliborz. Non parce qu'elle savait ou qu'elle voulait croire. « Que Ta volonté soit faite, sur la terre comme au ciel... » Elle avait bien souvent répété la prière afin de ne pas se tromper. Ainsi l'avaient voulu les dames qui la gardaient, chez elles, dans la cave, et qui l'avaient ensuite envoyée plus loin. Elles lui avaient parlé de Jésus-Christ et de la croix, ce qu'elle ignorait aussi auparavant. « Pardonne-nous nos offenses comme nous pardonnons... », s'excusait-elle. Plus tard aussi il lui était arrivé de prier, « ... du mal, amen », quand les Allemands étaient tout proches, dans les logements successifs où elle était passée, cette fois en tant qu'Alicja Szwejlis, aryenne. La petite fille qu'elle était savait aussi s'agenouiller pendant la prière et joindre les mains, « Notre Père qui es... ». Elle avait constamment des soucis avec le signe de la croix, « ... et du Saint-esprit », du côté gauche. « Amen ». Elle avait maintenant de bons papiers, polonais, sûrs. Avec la croix. Il lui en fallait de semblables après la guerre.

Qui a bien pu lui souffler cette idée ? Qui s'est chargé des formalités ? Est-il possible que ce soit son père, communiste, bâtisseur, évitant habituellement les églises en passant bien au large ? Non, il ne lui serait jamais venu à l'esprit de s'en remettre à la protection du Tout-Puissant. Il ne priait aucun dieu. Il croyait au Parti. Ce geste n'en paraît que plus surprenant. Alors peut-être son beau-frère, Oles, celui qui les avait sauvés et qui ne faisait confiance à personne ? Lui aussi, à tout hasard, il avait baptisé ses trois fils nés de mères juives. A l'église où la petite Halina reçut le Saint-Sacrement, Oles – Aleksander Majewski – est intervenu comme témoin.

Ma maman ne se rappelle pas cette cérémonie, elle ne se rappelle pas si elle avait dû apprendre la religion et si elle avait connaissance de l'agneau de Dieu qui efface les péchés du monde. Elle ne se rappelle pas quand le prêtre a prononcé, au-dessus d'elle, la formule « Halina, je te baptise au nom du Père, du Fils et du Saint-Esprit », et si l'eau bénite avait un goût quelconque.

Nul ne l'avait obligée à quoi que ce soit. Elle le voulait, ou peut-être a-t-elle seulement compris qu'il fallait qu'elle le veuille. Ce qui l'emportait sur tout le reste, sans doute, c'est l'envie de vivre, si puissante qu'elle autorisait presque tout. C'était donc un devoir, un défi né d'une nécessité telle qu'il en était presque irrépressible. Difficile de préciser cette faille entre ma mère alors âgée de seize ans et cette jeune fille qu'elle était et voulait être. Les parents de cette jeune fille-là, le père – Szymon, 44 ans, ingénieur – et la mère – Adela Zmialowska, qu'il avait épousée en 1930 – étaient de confession catholique romaine.

Le père Jan Raczkowski n'a eu aucun soupçon. Le droit de timbre de dix zlotys a été acquitté.

Certaines camarades affirment qu'Halina était toujours renfermée. Comme si elle cachait quelque chose dont elle ne pouvait se libérer. Elle ne se confiait véritablement à personne. Elles ne s'en inquiétaient pas. Alors qu'elles étaient restées amies pendant tout ce temps, elle n'a raconté que près d'un demi-siècle plus tard à Romka comment sa mère était morte. Elle n'avait pas partagé ce souvenir, peut-être dans la crainte de n'être pas en mesure de le transmettre. Elle était dépassée, peut-être n'aurait-elle pas supporté d'être consolée. Elle ne connaissait pas d'autres enfants du ghetto. Si elle en avait connu, j'ignore si elle aurait voulu jouer avec eux et à quoi, au jeu de la mémoire ?

Les échos du passé la hantaient-ils, rêvait-elle de la guerre ? Elle savait contrôler les jours, mais quelle était sa peur, la nuit ? Parfois, rue Gornoslaska, après un bouillon aux haricots blancs, recette du Petit-Rynek, ou un foie à la juive qu'ils n'appelaient pas par son nom, Bronka parlait de Leczyca. Quoi que ce fût – à propos des spécialités culinaires de la mamie de la rue Poznanska, du dépôt de vins et d'eaux-de-vie, ou de la manière de hacher et de faire mariner la viande, du tokay, de la vaisselle du *Séder*[1] ou de la vue sur le pré –, ni elle ni son cousin Marys ne voulaient rien entendre. Tout le reste était plus important, l'école, les camarades, les jeux, la nouvelle vie, la bonne vie sans la peur. On pouvait apprendre, rencontrer, marcher dans les rues le front haut. Normalement, comme les autres. Ils ne voulaient pas même de l'écho du passé. Ce qui commençait paraissait tellement important, le plus important. Ils voulaient reconstruire le monde, les maisons et la vie, à neuf, sur des fondations en béton, sans se retourner. Comme dans le conte, un seul regard en arrière pouvait tout anéantir.

1. La commémoration de la sortie d'Égypte, le premier soir de la Pâque juive. (N.d.T.)

Elle ne se rappelle pas avoir appris la fondation de l'État d'Israël. Pour elle, cela ne signifiait rien. L'année 1948 ne s'est pas inscrite dans son souvenir. Le 19 avril, elle n'était pas à l'inauguration du monument en l'honneur des héros du ghetto de Varsovie. On l'a dévoilé pour le cinquième anniversaire du déclenchement de l'insurrection, sur le terrain de l'ancien quartier juif. Taillé dans le granit noir suédois des réserves d'Hitler qui devait en ériger ses monuments de la victoire. Elle évitait ce secteur.

La reconstruction. Elle la vivait en tant que fille d'un père qui consacrait une bonne partie de sa vie aux plans destinés à relever Varsovie de ses ruines. Elle n'y a pas pris une part directe comme Baska, une amie proche, qui se souvient davantage de leur jeunesse commune qu'elle ne s'en souvient elle-même. Elles se tenaient alors compagnie depuis la classe préparatoire au baccalauréat au lycée Kochanowski où elle était passée après le lycée Batory, et elles se tiennent compagnie encore aujourd'hui.

Baska était une enfant de l'insurrection de Varsovie. On avait incendié leur logement, ils avaient tout perdu, ils avaient réintégré un océan de ruines. Même des années plus tard, lorsqu'elle le raconte, elle a peine à croire que les choses se sont passées ainsi. De façon si dramatique. Et si optimiste à la fois. Elle se rappelle le quartier de la Vieille-Ville, une gigantesque ruine avec un crassier haut d'un étage. Ils embarquaient les enfants dans des camions militaires après l'école, les conduisaient place Krasinski, distribuaient des marteaux et des pioches pour pouvoir détacher le ciment des briques. On manquait de matériaux de construction, d'outils, de moyens de transport, mais les gens débordaient d'énergie, dopés par une soif de vie, négation de l'extermination.

Baska le souligne. Les gens regagnaient leur pays, des gens de toute sorte, et dès qu'ils avaient partagé leurs souvenirs ils voulaient faire quelque chose, agir pour la Pologne. Pour leur pays, pour leur ville qui gisait en ruine. « C'est difficile aujourd'hui d'en prendre la mesure. Aujourd'hui on se livre à des discussions politiques mais à cette époque régnait une autre atmosphère. Dans ce pays nous avions quelque chose à faire. »

Ma maman aussi le sentait, et son père. Et ses camarades, la fille d'une femme de ménage du Comité central et la fille d'un cordonnier du quartier de Mokotow.

Toutes savaient qu'Halina était juive. Elles s'en souviennent encore aujourd'hui et elles le racontent. Elles savaient qu'elle avait été dans le ghetto avec sa maman institutrice pendant l'occupation et qu'ensuite elle s'était cachée. Mais de la même manière elles savaient que la famille de Barbara restait fidèle à la tradition de l'AK, l'Armée de l'Intérieur, et qu'elle avait combattu dans l'insurrection de Varsovie. Ou que tel autre était un rescapé d'Auschwitz. Ou n'était pas revenu d'un autre camp de concentration. Chacun souffrait de quelque blessure, plus ou moins douloureuse. On ne se préoccupait pas de renchérir sur les préjudices. Il n'y avait pas de cicatrices plus importantes et de cicatrices qui l'étaient moins. Les fillettes se distinguaient tout simplement par leurs destins de guerre. Elles avaient eu des maisons différentes et d'autres parents. Comme on se distingue par le charme, la couleur des yeux, les goûts. C'est tout. C'était une information, ce n'était pas un problème, et lorsqu'elles eurent partagé cela comme le font toutes les fillettes – les amies se racontent toutes sortes de choses –, lorsqu'elles se furent raconté cela, donc, elles n'y revinrent plus. Pendant longtemps, des années entières. Elles avaient bien assez à se dire avec les événements courants. L'adhésion à ZMP, l'Union de la jeunesse polonaise, par exemple.

Un beau jour, la directrice était entrée en classe et avait dit, d'un ton catégorique et ne supportant aucune objection : « Mesdemoiselles, il faut s'inscrire à ZMP. » Et les jeunes filles s'étaient inscrites, huit sur neuf. Presque toutes croyaient sincèrement aux idéaux socialistes. Le plus difficile ce fut pour Barbara, elle dut cacher ses liens avec les Enfants de Marie. Elles ne considéraient pas l'adhésion à cette organisation comme un geste politique. Elles étaient en accord avec elles-mêmes, elles soutenaient de tout cœur le système de cette époque. Maintenant, elles se sentaient liées davantage encore par la discipline de l'organisation et les rituels communs, par exemple les défilés et les activités sociales. En outre, elles ne pouvaient pas ignorer que l'adhésion à ZMP constituait un laissez-passer pour les écoles supérieures.

Le 21 décembre 1949, c'était le soixante-dixième anniversaire de Staline, l'édificateur du premier pays socialiste au monde – ainsi qu'elles l'écrivaient dans leurs journaux muraux –, grand chef et éducateur des masses travailleuses de tous les pays, grand ami de la Pologne, éducateur de toute la jeunesse progressiste du monde. Elle y croyait, elle voulait y croire, comme lorsqu'à la fin de la guerre, alors qu'avec d'autres enfants elle attendait ses parents, elle avait cru l'éducatrice leur promettant que les Russes allaient venir et que personne, désormais, ne leur ferait plus de tort. Ils étaient venus et rien de mal, effectivement, ne s'était produit, ce dont il fallait être reconnaissant au camarade Staline.

On célébrait son anniversaire depuis le début du mois. Des assemblées se déroulaient dans les cercles de ZMP avec des causeries sur la vie et l'action de Staline, on organisait des concours ayant pour thème la connaissance de ses réalisations. On récompensait les meilleurs par des livres d'écrivains soviétiques glorifiant le combat héroïque contre l'envahisseur fasciste et célébrant l'édification du socialisme. Je suis sûre que ma maman en a obtenu un. Je me souviens de Fadeïev sur les rayonnages à la maison.

Elle avait complété très tôt sa propre bibliothèque. Elle savait parler avec beaucoup de conviction de la supériorité du système actuel sur l'ancien, donnant comme exemple l'accès aux livres bon marché. Créé en mars de cette année-là, le Comité de Propagation du Livre fit paraître des volumes de classiques polonais au prix de cent zlotys, et donc l'équivalent de trois kilos de pain, de sept œufs, d'un quart de litre de vodka. Il lui fallut vérifier ce dernier point parce qu'à la maison on n'achetait pas d'alcool.

Elle tenait méticuleusement cette comptabilité qu'elle rapportait dans les journaux scolaires, pleine d'enthousiasme et de fierté. On avait déjà publié quelques dizaines de titres sur les deux cents prévus, avec un tirage d'au moins cinquante mille exemplaires pour chacun. Avant la guerre, les œuvres les plus en vogue paraissaient à quelques milliers d'exemplaires. Grande différence. Elle sut très tôt qu'elle voudrait s'intéresser de plus près aux questions touchant le livre. La première « Semaine de l'Instruction publique, du Livre et de la Presse », en cette année 1949, lui parut être un événement digne d'attention, tout comme l'action de lutte contre l'analphabétisme.

Les matinées du dimanche, pendant lesquelles la plupart des camarades d'Halina se rendaient à l'église, elle les passait à la maison. Elle considérait que tout est bien ainsi. Elle ne s'étonnait pas du fait que prient et les catholiques et les militantes de ZMP. Regina, qui présidait l'organisation dans leur classe, était issue du quartier prolétaire de Wola, elle ne manquait ni les défilés du 1er Mai ni aucun des offices du dimanche. Dévouée à une cause, assidue et pieuse – cela ne devait pas nécessairement entrer en conflit. Chez son père il y avait conflit, mais tous n'étaient pas aussi à cheval sur les principes que Szymon. D'ailleurs, lui aussi faisait des exceptions.

Après le petit déjeuner dominical ils allaient parfois se promener ensemble. Ou bien son père et sa belle-mère avec son chapeau allaient se promener et la petite Halina restait seule. Les rituels de la foi ne lui manquaient pas. Jamais elle n'avait essayé de s'enraciner dans le catholicisme. Il ne lui avait pas été donné dans l'enfance, il ne lui rappelait rien de connu. A part la prière, apprise comme un rôle pour une autre menace, elle en savait peu de choses. Elle n'avait pas réfléchi à la Bible. Elle n'en éprouvait pas le besoin. Elle ne savait comment se comporter à la messe.

Avant le baccalauréat, toutes les fillettes de la classe d'Halina allaient par deux se confesser chez les sœurs de Nazareth. La classe tout entière, également, allait communier. L'une après l'autre, elles s'agenouillaient devant l'autel et recevaient le corps de Jésus. Toutes, sans exception.

Aujourd'hui encore, ma maman le nie catégoriquement. Elle pourrait jurer qu'elle n'est jamais allée se confesser. Qu'elle n'a jamais communié non plus. C'est ainsi qu'elle se rappelle les choses.

Une note de religion figure clairement sur son attestation du baccalauréat, portée à l'encre foncée d'un tracé ferme. Très bien. Ses camarades s'en souviennent. Il convient donc de supposer qu'elle a pris part à tous les rituels religieux obligatoires à l'école. Mais qu'ensuite elle a tout effacé. Dans sa miséricordieuse mémoire.

D'abord mixte, le lycée Stefan Batory a été transformé en lycée de garçons. Halina et ses camarades ont passé le baccalauréat dans le lycée de filles nº XI, le lycée Jan Kochanowski, rue Czerniakowska, en classe de lettres.

Sur la photo elle a l'air sage, tablier bleu marine, petit col rond blanc et bras croisés sur le banc devant elle. Élève modèle, passable en latin et en éducation physique, volontaire, le visage grave, à côté de mademoiselle Ronthaler, professeur de polonais et surveillante. Sur les neuf bachelières, trois ont été admises en section de journalisme à la Faculté de philosophie et de sciences humaines de l'université de Varsovie. A l'automne de 1950, leur baccalauréat en poche, elles abordaient une nouvelle étape de leur jeunesse. Peut-être la plus importante.

Bogdan II

Bogdan se souvient encore de son – de leur – grand enthousiasme des premières années de la Pologne d'après-guerre. Il se souvient de leur reconnaissance pour l'Armée soviétique qui avait apporté la délivrance. A cette époque on ne parlait pas, comme aujourd'hui, du joug du communisme, mais de l'édification de la patrie socialiste « sur le modèle de l'État frère des ouvriers et des paysans ». On considérait avec sérieux le slogan : « Prolétaires de tous les pays, unissez-vous. »

Il ne savait pas ce qu'il en était réellement. Autrement dit, il ne savait pas ce qu'il y avait sous cette réalité-là. A cette époque, comme nombre d'autres, il ne s'en rendait pas compte. Ils ne se sentaient pas captifs des serres de la peste rouge, ils n'utilisaient ni le terme de « régime » ni celui de « fouet ». Il n'y avait rien de honteux dans leur engagement à cette époque. Ni alors ni bien plus tard il n'a eu connaissance de mots pareils. La Pologne et l'avenir : c'est ce qui importait. Ils voulaient œuvrer à la consolidation des conquêtes de l'État populaire et démocratique. Il ne se rendait pas compte qu'il y avait des informateurs et des mouchards à la faculté. Il percevait tout cela autrement. Tout cela était inscrit dans cette époque.

Dans chaque enquête individuelle il soulignait son origine ouvrière et sa généalogie de gauche. Il informait de l'adhésion de ses parents au PPS, le Parti socialiste polonais, bien que sa mère n'en fût pas membre actif, des liens de son père, après la guerre, avec le PZPR, le Parti ouvrier unifié, bien qu'il n'eût pas maintenu de contacts avec son père. Son activité sociopolitique avait commencé dès son arrivée au collège avec son entrée dans les rangs du « scoutisme rouge » qui rassemblait la jeunesse ouvrière sous la bannière des socialistes. Il avait fait sienne leur idéologie dès l'école. C'est aussi à cette époque qu'il était devenu membre de ZMP, mais – ainsi qu'il l'affirmait dans les enquêtes – c'est seulement à l'université qu'il était entré pour la première fois en contact avec « l'authentique travail de l'organisation de la jeunesse » et « la vision scientifique du monde ». On l'avait élu secrétaire de groupe.

Il débordait d'énergie, il s'inséra dans le courant du travail social. Il pratiquait le sport, se rendait aux soirées dansantes, écrivait ses premiers textes. Il commença à collaborer au populaire quotidien *Przeglad Sportowy*, « La Revue sportive ». Il se sentait privilégié. Il avait dix-neuf ans et savait exactement ce qu'il voulait. Ils étaient peu nombreux ceux qui planifiaient leur avenir avec autant de clarté et une telle détermination. Il était habile, il écrivait vite et beaucoup. Il réussissait si bien qu'un beau jour l'un de ses professeurs le pria de modérer l'allure parce que les autres ne pouvaient pas suivre. « Vous savez, il y a toutes sortes de gens ici, des gens de la campagne, des fermes collectives, c'est une question de justice. »

Ce sont sans doute ses succès sportifs qui firent que le réalisateur Leonard Buczkowski s'intéressa au jeune Tuszynski. Il tournait « Les Vaillants du ciel » *(Pierwszy Start)* – l'histoire édifiante d'un gamin de la campagne qui veut devenir pilote de planeur. Une équipe de gaillards de l'association « Au service de la Pologne » l'a vaillamment aidé. Dans le rôle d'un télégraphiste, Bogdan en faisait partie. Le jeune acteur Stanislaw Mikulski s'y produisait dans divers épisodes, le lycéen Roman Polanski figurait dans un plan. Le geste caractéristique de Bogdan avec lequel il relevait ses cheveux lui tombant sur le front s'est trouvé fixé sur la pellicule.

Il tomba bientôt amoureux.

Il savait tout d'elle. Elle le lui avait elle-même raconté. Ce fut un élément important de leur relation. Aussitôt il se sentit responsable d'elle. Il voulait être son protecteur.

Tels quels, ils me paraissent d'une indécente jeunesse, sveltes, radieux. Toujours ensemble, dans un groupe, dans un collectif. En cravate rouge. S'ils défilent, c'est crânement. S'ils chantent, c'est à pleine voix et toujours des chants pour la foule. S'ils agissent, c'est avec conviction. En permanence au comble de l'euphorie. Dans les tranchées, dans les activités sociales, les actions de propagande à la campagne, le ramassage des doryphores. Et dans les cortèges du 1er Mai.

« Regrette de n'avoir pas été là – écrivait une étudiante à sa camarade, ce pouvait être ma maman, son amie, chacune d'entre elles. – Quelque chose de phénoménal. Moi au premier rang avec un fanion rouge dressé vers le ciel, en cravate rouge, les yeux rivés avec admiration sur le camarade président Bierut. Le flot s'est écoulé ainsi pendant des heures, une journée entière. Et ensuite, le défilé militaire. Quelle puissance ! »

Devant les tribunes ils brandissaient les portraits des dirigeants et des travailleurs les plus méritants. Ils portaient des mannequins représentant les saboteurs, les koulaks et les bousilleurs, des silhouettes grotesques d'ennemis : Mikolajczyk[1] en lèche-bottes de l'Oncle Sam, Churchill le cigare à la bouche, les Américains en uniformes de SS. Ils portaient des banderoles avec les engagements des travailleurs et les pourcentages de la norme réalisés. De gigantesques dessins de chewing-gum, symbole du relâchement et de la corruption de l'Occident. Les stations de métro qui devaient voir le jour et des petites scènes de la salle de lecture municipale.

Ils se souviennent des premiers défilés de leurs années d'étudiants comme d'une idylle.

Dans les écoles supérieures, on débattait des questions posées par la série « sur l'éducation communiste ». Et parmi elles, des thèmes du genre : « Pourquoi nous faisons nôtres les principes de la morale communiste ». Ou bien : « Sur le patriotisme et l'internationalisme ». « Le visage moral et idéologique du membre de ZMP – jeune patriote et cogérant du pays » jouissait d'un engouement particulier.

La première année de la section de journalisme à l'université de Varsovie après la guerre, première année d'une faculté distincte, formait un milieu contrasté. D'un côté, les jeunes membres de ZMP après le baccalauréat, de l'autre, sensiblement plus âgés, des étudiants de vingt et quelques années, même d'une trentaine d'années, ainsi que des « camarades » des deux sexes délégués par les organisations du Parti afin de poursuivre des études. Pas seulement plus âgés, nettement plus expérimentés aussi.

Les jeunes débordaient d'énergie, ils voulaient construire le socialisme en partant des fondations car ils avaient profon-

1. Stanislaw Mikolajczyk (1901-1966) : vice-Premier ministre et Premier ministre du gouvernement polonais à Londres (1940-1944) puis, à la libération de la Pologne, vice-Premier ministre du gouvernement provisoire d'unité nationale et chef du Parti paysan. Il choisit l'exil aux États-Unis après la victoire des communistes aux élections de 1947. (N.d.T.)

dément foi dans l'ordre nouveau. Ils avaient foi aussi dans la mission du métier de journaliste. Le journal, comme disait Lénine, c'est « un organisateur, un propagateur, un agitateur ». Le journal, c'est le « pain culturel ». Ils avaient conscience de sa force. La presse devait mobiliser l'opinion publique la plus large pour les tâches devant lesquelles se trouvait le pays, pour le combat en faveur de la paix. « De banal artisan servant la classe bourgeoise – écrivait Bogdan –, le journaliste, dans notre système, s'est hissé à la fonction de militant social devant lequel se dressent des objectifs glorieux. » C'est ce qu'on leur inculquait, ils devaient être politiquement vigilants, il leur fallait prêter l'oreille à l'opinion du peuple, stigmatiser le mal, réagir, rédiger des lettres, des plaintes, des réclamations. Les étudiants militants étaient placés sous la houlette du doyen de la faculté, d'abord Jerzy Kowalewski, ensuite Aleksander Litwin.

Sur les fiches d'examen figurent toutes les matières que devait valider l'étudiant de la section de journalisme au cours des trois années d'études. Mes parents y ont étudié de 1950 à 1953. C'est l'économie politique du capitalisme qui occupait le plus de temps, quatre heures par semaine, chez le professeur Edward Lipinski. On consacrait deux heures au matérialisme dialectique et historique chez Adam Schaff. Les étudiants devaient obligatoirement valider des activités d'organisation du travail – dans un quotidien, un hebdomadaire, à la radio – ainsi que les techniques d'imprimerie, l'information et le compte rendu. Au total plus de vingt matières parmi lesquelles la préparation militaire. En deuxième année s'y ajoutaient l'*Histoire du Grand Parti Communiste (bolchevique)*, la logique, la stylistique, la littérature.

Les cours avaient lieu en commun, les exercices par groupes. Des équipes de lecteurs remaniaient des nouvelles de Prus, de Sienkiewicz, de Konopnicka[1], *La Chaussée de Volkolamsk*, de Bek, et *Et l'acier fut trempé*, d'Ostrovski. Le mot imprimé devait

1. Autant de grands classiques de la littérature polonaise. (N.d.T.)

atteindre les masses et les fortifier dans l'esprit du réalisme socialiste. Ils s'exprimaient avec mépris sur les films « made in Hollywood », ils s'enthousiasmaient pour l'art fondé sur la vie simple, ils débattaient des dilemmes moraux des rectifieurs et des chefs d'équipe.

Ils apprenaient leurs cours en groupes, scindés en collectifs de quelques-uns qui répondaient d'eux-mêmes, s'engageaient à obtenir de bons résultats et à s'entraider. Ils se sentaient en confiance dans ces petits organismes, mais là aussi on exigeait qu'ils soient vigilants.

Certains savaient refuser de fournir des informations, d'autres n'y parvenaient pas. Est-ce que le collègue B. va à l'église ? Est-ce que le père du collègue G. a appartenu à une organisation clandestine ? Pourquoi a-t-on vu la collègue E. au dancing alors qu'elle était en stage étudiant à Gdansk ?

Lorsqu'ils ont commencé leurs études, à l'automne de 1950, on pouvait être chassé de l'université pour avoir raconté une blague. Il suffisait que quelqu'un s'empresse de le faire savoir là où il fallait : « Tel ou tel collègue m'a raconté une blague sur l'URSS. » On organisait des réunions à l'échelon de la faculté pour y débattre de l'horreur de porter des pantalons étroits ou de se livrer à des gesticulations de zazous en dansant. En règle générale, les dénonciations concernant la participation à l'insurrection de Varsovie ou l'appartenance à l'AK, l'Armée de l'Intérieur, étaient réellement dangereuses. Quelqu'un de leur groupe se souvient d'un propos accusateur au sujet d'une collègue menacée d'être exclue des rangs de l'organisation parce qu'elle écrivait, pendant les cours, avec un stylo américain. Cela devait avoir une signification plus profonde.

Les brochures de propagande à usage interne mettaient en garde : « Les formes tapageuses du travail de l'ennemi sont les inscriptions hostiles, entre autres celles qui sont liées à la question de Katyn, et la détérioration des journaux muraux. L'ennemi déprave également la jeunesse par l'ivrognerie, la débauche – dans lesquelles il entraîne même les membres de ZMP. Il arrive que la dépravation soit voilée de manière spécifique en faisant sienne la morale communiste, dans le genre : c'est pour jouir de la vie que nous avons la morale communiste. Les résidants des cités universitaires y sont particulièrement exposés. »

Pendant ses études, mon père n'a pas eu d'autre maison à Varsovie. Tout comme les collègues de son groupe, les cinq de Rypin : Daniel, Czarek, Edek, Wlodek et Witek. Ils formaient une amicale compagnie, quatre couples dont Halina et Bogdan. Ils passaient beaucoup de temps ensemble, ils étudiaient en commun et c'est en commun qu'ils se distrayaient.

Mon père aimait rire, plaisanter. Il était difficile de ne pas le remarquer en société. Il lui fallait se distinguer, parfois à n'importe quel prix. Un copain, style « il est des nôtres ». Sans doute ne prenait-il pas toujours garde à ce qu'il disait. Il faisait confiance aux gens et au monde. Au temps.

J'ai du mal à imaginer mes parents ainsi : toujours ensemble, aux cours, dans la cour, après les activités, dans les veillées. Toujours proches, à un bras de distance, à côté, par les genoux, par les épaules. Lui, généralement en mouvement, toujours « entre » – entre un match et un rendez-vous, une réunion, un retour à la maison. Il ne pouvait tenir en place, il lui fallait agir. Elle, grave et calme. Comme si elle portait un lourd fardeau, comme si elle s'efforçait de se redresser. Mais elle aimait aussi rire, surtout en sa présence. Et par moments, pour les autres ils paraissaient tous deux insouciants. De cela aussi elle lui était reconnaissante.

Tels quels, ils me paraissent si dissemblables, issus de maisons, de milieux tellement différents, avec des bagages d'expériences et d'hérédité si distincts. D'un autre Dieu. Et pourtant, bien des choses les réunissaient. Bien des choses au-delà de ce premier sentiment juvénile. Avant tout, ils voulaient vivre, enfin vivre, marcher, respirer, construire le bonheur. La tête haute, elle et lui. Avec les mêmes privilèges. La même promesse des faveurs du destin. En Pologne, dans leur pays. La fille d'un ingénieur et le fils d'un cheminot, la petite-fille de marchands et le petit-fils de paysans issus d'autres étoiles, de ce même morceau de terre polonaise.

Comment est-il arrivé, comment a-t-il pu se faire qu'on qualifie d'ennemi du peuple ce gamin du Lodz ouvrier et qu'on le prive de ses droits de membre d'une organisation à laquelle il était si dévoué ? Personne ne s'en souvient. Toute la faculté avait été rassemblée pour cette réunion. Nul ne sait plus restituer le déroulement de cette traque organisée ni la succession des accusations.

A partir de cet instant quelque chose a commencé à changer dans la vie de mon père.

Mai 1952, certainement mai car il se rappelle les marronniers en fleurs. Un matin, il avait quitté la maison des étudiants rue des Grenadiers, ses chaussures de football accrochées à l'épaule. Il figurait dans la représentation de l'université, au cours de l'après-midi ils devaient disputer un match du championnat des écoles supérieures. Il était pressé. Il se rendait de l'autre côté de la Vistule en autobus. Il voulait jeter un coup d'œil à ses notes avant le cours. Saluer Halina.

A peine eut-il franchi le porche de l'université qu'on l'appela à l'administration de ZMP pour les écoles supérieures. A droite du porche, au premier étage. Il s'en souvient parfaitement, il se souvient qu'il y avait plusieurs hommes dans la pièce. Sans préambule, l'un d'eux lui colla un pistolet dans le dos. Bien que cela paraisse invraisemblable, c'est le souvenir qu'il en garde : « Toi, fils de pute, tu viens avec nous. » En bas, près de l'Institut de Géographie, une voiture attendait. On le conduisit au Palais Mostowski [1].

Ses camarades de la maison des étudiants l'avaient vu partir

1. Le siège des Services de la Sécurité Intérieure, la police politique. (N.d.T.)

pour l'université, mais il ne s'y montra ni avant midi ni après. Halina commença à s'inquiéter. Cela ne s'était encore jamais produit. Le soir, ils partirent à sa recherche.

Quelqu'un l'avait vu, le matin, quand on l'avait cueilli sous le porche central. Quelqu'un d'autre le fit savoir à Halina. Elle fut prise de panique. Elle ne savait quoi faire. Et bien qu'elle ne lui eût jamais rien demandé auparavant, cette fois elle courut voir son père. Je n'en suis pas absolument sûre, elle non plus ne se souvient plus, mais quelqu'un dut intervenir. Sinon tout cela aurait pris une autre tournure. Ce fut alors la seule arrestation dans une promotion qui comptait plus de cent étudiants.

« Dans le courant de la première quinzaine de ce mois de mai, Tuszynski a été arrêté par les autorités des services de Sécurité pour avoir commenté une émission de la BBC dans un lieu public de manière préjudiciable à nos relations actuelles. » C'est ce qui est consigné dans une note portant le sceau « confidentiel ».

Ma maman ne se rappelle rien de ces journées-là. Mais elle a aussitôt raconté sa visite au Palais Mostowski à une amie, grâce à qui je puis l'imaginer là-bas.

L'avait-on convoquée ou s'était-elle présentée d'elle-même, personne n'est en mesure d'établir les faits aujourd'hui. C'est un jeune blondinet venu de sa campagne, « un demi-analphabète, tu vois, au visage tout en largeur », qui l'interrogea.

On reprochait à Bogdan de raconter des blagues antisoviétiques et d'écouter Radio Europe-Libre, avec d'autres, dans l'appartement de la rue Pulawska. Elle nia. Tout comme elle nia qu'il eût désastreusement commenté, pour des raisons politiques, un quelconque match des Russes. Elle ne se souvient pas de quel match, le sport ne l'intéressait pas, elle avait une attitude indulgente à l'égard de ce qu'on appelle la culture physique. Elle était amoureuse et prête à tout pour défendre son gars.

« Est-il vrai... ? – Le blondinet ne cédait pas. – Est-il vrai, parce qu'il y a cette accusation à l'encontre de Tuszynski, qu'il est antisémite ? »

Ils se souviennent tous qu'il lui était arrivé de blaguer à propos des Juifs. Mais nul ne prenait ses plaisanteries au sérieux, elle non plus. Alors elle se leva de sa chaise et, debout, face à l'officier assis, elle déclara : « Regardez-moi bien. C'est mon fiancé. »

Dans ce geste un rien théâtral, plein d'assurance, elle me plaît. Risquait-elle quoi que ce soit en faisant cela ? Il paraît que non. Elle avouait qu'elle était juive, comme si cela balayait automatiquement l'accusation absurde.

Elle se battit pour sa libération. Elle défendit l'homme qu'elle aimait vraiment. Pour moi il y a là quelque chose d'extraordinaire, mais je me trompe peut-être. Je ne la connaissais pas ainsi. J'ignore si, dans n'importe quelle autre circonstance, elle a jamais avoué aussi ouvertement et crânement son origine.

Outre les accusations d'antisémitisme, d'avoir raconté des blagues antisoviétiques et d'avoir écouté une radio occidentale, on reprochait à Bogdan d'avoir accroché une croix au-dessus de son lit à la maison des étudiants et de répandre de « fausses informations sur le massacre de Katyn » ; il avait déclaré que c'était l'œuvre des Russes. Ce genre de délit coûtait alors deux à trois ans de prison. Là-dessus, tous sont d'accord.

L'accusation concernant Katyn paraît être la plus sérieuse. Celle concernant l'antisémitisme était une accusation compréhensible mais, en même temps, honteuse. On ne parlait pas de cela, on ne soulevait pas la question. On en tirait rarement les conséquences. C'est ce qu'affirment ses camarades. Quant à l'écoute des radios hostiles, ce ne devait pas être nécessairement une preuve de dépravation idéologique. Il arrivait qu'on donne l'absolution à ceux qui étaient impliqués dans ce genre d'affaire s'ils étaient capables de réagir convenablement à la propagande hostile. L'accès à ce que dit et pense l'ennemi pouvait être précieux. Mais Katyn – là, c'était dangereux.

A la faculté, les filles disaient qu'Halina lui avait fait un rempart de sa poitrine. Est-ce vraiment ce qui a aidé Bogdan ? A moins que ce ne soit l'intervention de son futur beau-père, ce dont nul n'est absolument certain mais qui paraît vraisemblable, même à Bogdan qui n'aimait pourtant pas Szymon. Celui-ci a dû concourir à sa libération. Qui, en effet, sinon lui ? Qui, sinon lui, en raison de ses origines, avait des relations dans ce qu'on appelle les services ?

Ils libérèrent Bogdan de nuit, après sept jours de détention. Ils lui demandèrent de se présenter à l'administration de ZMP pour les écoles supérieures afin d'examiner l'affaire et de fournir de nouvelles explications. « C'est eux qui s'occuperont de vous. » Le responsable administratif était l'un de ses proches camarades.

La réunion fut convoquée à la mi-juin 1952 dans une grande salle au premier étage du Palais Jean-Casimir. Il y a cinquante ans de cela, c'est récent, mais personne ne se rappelle plus si c'était dans la salle Brodzinski ou une autre dont les fenêtres donnent sur la Vistule. Personne ne se rappelle plus si on avait réuni seulement la section de journalisme ou les autres facultés aussi. Avec le recul des années, quelqu'un voit un podium au milieu de la salle, quelqu'un d'autre voit des camarades parlant depuis la chaire. On avait disposé les tables et les chaises sur trois rangs. Ou bien sur deux avec un passage au milieu. Quelques dizaines de personnes étaient présentes, ou bien plusieurs centaines. Derrière, des inconnus étaient assis sur des tables, des fonctionnaires de l'UB[1]. Un demi-siècle s'est écoulé.

Ses camarades se levaient l'un après l'autre, ceux-là mêmes avec qui il jouait au ballon, se détendait, buvait, ceux avec qui

1. Urzad Bezpieczenstwa Wewnetrznego : les Services de la Sécurité Intérieure, la police politique de la République populaire. (N.d.T.)

il logeait. Ils tenaient des propos accusateurs. Ils répétaient ce qu'il avait dit au cours d'un dîner ou en se rasant, au café ou en jouant aux cartes. De Katyn, il avait dit que ce crime n'avait pas été commis par les Allemands, et de l'Union soviétique qu'elle menait une politique de paix mais qu'elle déclencherait la guerre le moment venu. Concernant les difficultés économiques, il était mécontent et imputait ce mécontentement à son environnement plutôt que d'en chercher les causes véritables.

« Bien qu'il soit l'ami d'une certaine Przedborska, d'origine juive, il est pourtant antisémite, ce qui se manifeste dans ses déclarations. »

Ceux qui cherchaient à formuler des objections furent remis en place avec un « assis ! » catégorique. Un ou deux déclarèrent qu'ils allaient le surveiller et s'occuper de lui sur le plan idéologique. Lui-même, un moment, tenta de se défendre, invoquant le prolétariat de Lodz et un malentendu. Une décision unanime du collectif l'expulsa des rangs de ZMP comme élément hostile et idéologiquement étranger.

La signature de la note portant la mention « confidentiel » et la date du 17 juin 1952 est illisible.

Ils traversèrent ensemble la vaste cour de l'université. Elle lui tenait la main. Personne ne vint à eux.

Bogdan se souvient encore aujourd'hui qu'elle était à ses côtés.

L'exclusion de ZMP signifiait alors, presque toujours, le bannissement immédiat de l'école. On garda Tuszynski à l'université.

L'affaire suivait déjà son cours lorsqu'il se présenta à l'examen de matérialisme dialectique chez le professeur Adam Schaff. Il se rappelle cet examen parce qu'il le passa en même temps que quatre filles, quatre juives comme il dit, et que chacune obtint cinq sur cinq. Le concernant, Schaff écrivit de sa propre main :

« Insuffisant » – ce qu'il ne faisait pas, à ce qu'on dit, en général. Quelqu'un l'aurait entendu dire que des gens comme lui, indignes de la confiance de l'organisation, ne méritent pas d'autre appréciation en marxisme-léninisme.

Des assistants du professeur Schaff affirment qu'il est peu vraisemblable que le principal philosophe marxiste se soit engagé dans une histoire pareille. Il avait des tâches plus importantes. Il n'opérait pas à cet échelon. Il n'était pas mesquin. En outre, il était rare qu'il fasse passer lui-même les examens. C'étaient eux, détenteurs de la signature de Schaff, qui interrogeaient les étudiants.

Mon père fut recalé. Cet « insuffisant » (2 sur 5) apparaît dans son livret, de la main du professeur. Adam Schaff, ce n'était pas un secret, était juif. Est-il possible qu'il ait réagi à l'accusation d'antisémitisme qu'on avait avancée contre Tuszynski ? Ou voulait-il lui donner personnellement une leçon, ou quelqu'un le lui avait-il conseillé ?

Bogdan passa son rattrapage en matérialisme dialectique à l'automne. Avec un quatre sur cinq.

En tant qu'ennemi du peuple, on s'efforça de lui compliquer la vie à la faculté. C'est ce qu'il dit aujourd'hui, c'est ce qu'il croit vraiment et il sait qui il faut en accuser. Il se sentit totalement détruit. Les professeurs juifs étaient-ils effectivement tout spécialement prévenus contre lui ou leurs persécutions n'étaient-elles que le fruit de son imagination et de son parti pris ? Nul ne se demandait alors si les étudiants d'origine juive sont de brillants sujets, nul ne les avait comptés, il n'était venu à l'esprit de personne d'associer les capacités et la généalogie. Personne n'en parlait, pas plus qu'on ne parlait de l'encadrement scientifique juif. Personne ne se souvient de conflits de ce genre. Personne ne se demandait qui étaient les grands-parents de l'auteur de l'*Introduction au marxisme*, le manuel le plus fréquemment réédité.

Bogdan n'a jamais parlé en mauvais termes de ses camarades

juifs de l'université. Il continue d'affirmer que lorsqu'ils ont fait connaissance, Halina et lui, leur origine n'avait aucune signification, ne comptait pas, ne posait aucun problème. Ses camarades ont le même souvenir. Son aversion ne concernait-elle que ceux d'« en haut » ?

On a dit qu'il avait fait un travail de pionnier avec son mémoire de fin d'études, « Le sport au service de l'impérialisme américain », jugé positivement comme brochure de propagande. Il a passé son examen le 23 juin 1953 avec mention très bien. Il a obtenu son diplôme de fin d'études supérieures dans le domaine des sciences philosophiques et sociales, section journalisme.

En juillet 1953, Halina lui écrivait dans une lettre qu'elle venait d'avoir une conversation franche avec le recteur Litwin qui lui permettait, à elle, de poursuivre des études de lettres, condition nécessaire à l'obtention de la licence, et qui l'aidait, lui, à trouver un emploi à la radio. « Le rédacteur Tuszynski commence à travailler à la radio de Varsovie le 1er septembre – écrivait-elle avec fierté. – Tu t'en réjouis ? »

« Je suis très satisfait du travail qui m'est confié – a-t-il écrit dans sa requête –, je me trouve dans la plénitude de mes forces pour consacrer toutes mes facultés à ma tâche professionnelle, afin d'ajouter, dans la parcelle de travail qui est la mienne, ma petite brique à l'édification du socialisme dans notre pays. »

Dans une appréciation datée de mai 1954, on le définit comme politiquement honnête, « un homme qui nous est dévoué ».

Halina II

Qui a remarqué l'autre le premier ?

Est-ce elle qui l'a remarqué : blond, svelte, aux yeux bleus ? Ou lui : fine, brune, au regard sombre. Et où était-ce ? Dans la cour de l'université ou à une assemblée de ZMP, au rectorat ou en cours ? C'est arrivé vite, comme s'ils attendaient cela tous les deux. Alors, peut-être en cours de matérialisme dialectique ou d'histoire. Disons en histoire. Nul ne sait comment et quand, mais tous se souviennent qu'ils ont vite formé un couple.

Lorsqu'ils ont fait connaissance, au début de l'automne de 1950, ma maman avait dix-neuf ans, il était plus jeune qu'elle d'un an. L'un et l'autre étaient nés la première semaine de juillet. Halina pesait 49 kilos tout habillée et voulait prendre du poids. Lui, il boxait encore récemment en catégorie poids plume.

Il était son premier garçon, elle était sa première fille. Presque d'emblée, elle lui avait tout raconté sur elle-même. Ils s'étaient rendus sur la tombe de la mère d'Halina à Otwock. Il lui avait promis de veiller sur elle.

Lorsque la guerre avait éclaté, ma maman avait huit ans révolus. Deux ans plus tard elle arpentait les rues du ghetto, cherchant des arbres verts. Le mur séparant le quartier juif du quartier polonais était haut. Elle devait lever haut la tête, et même alors un cadre étroit de barbelés et de verre brisé cernait le ciel. Elle connaissait quelques endroits d'où l'on parvenait, de loin, à regarder le jardin Krasinski, de l'autre côté. Elle aimait songer à ce jardin, elle savait que sa tante Frania s'y promenait parfois avec son nouveau-né dans sa poussette. On disait qu'elle était de l'autre côté parce qu'elle avait bonne apparence.

Au cours de l'été 1942, ma maman quitta le ghetto. Il lui était interdit de marcher dans les rues. Elle passa son douzième anniversaire seule dans une cave du quartier de Zoliborz, dans cette même maison où elle avait habité avec son père avant la guerre. Elle avait peur. Elle lisait pendant des heures à la lueur d'une bougie. On disait qu'elle avait mauvaise apparence, on avait donc changé son prénom et son nom et on lui apprit ensuite à passer de cachette en cachette et à ne rien demander. On lui avait aussi appris à prier, avec le signe de la croix.

En juillet 1944 des amis de son père l'envoyèrent dans une colonie pour orphelins à Wilga. Là-bas elle s'appelait Alisia Szwejlis. Sa maman lui rendit visite une fois. Elle vint à pied d'Otwock où elle travaillait à la pension de madame Czaplicka. Elle ne put l'emmener, alors, mais elle promit de revenir aussi vite qu'elle le pourrait. Elle ne revint pas. Ni après la fuite des Allemands ni plus tard, lorsque les tuteurs vinrent chercher leurs enfants.

Ma maman se décida à se regarder pour la première fois dans un miroir au bout de cinq ans. La fillette qu'elle vit lui plut.

« Jolie petite Halusia », dit-elle. « Jolie petite Halusia », répéta-t-elle.

La guerre ne lui avait rien laissé. Sinon la vie et la peur.

Mon père avait sept ans révolus lorsque la guerre avait commencé. Il habitait avec sa famille dans la maison de son grand-père, à Lodz. Il avait des cheveux clairs et des yeux bleus, perçants. Sur une photo de première communion datant de mai 1940 il a l'air bien-portant. Il est au milieu des arbres en fleurs avec un bouquet, en complet fort convenable, avec des culottes courtes et en chemise au col rabattu. Près de lui, sa mère, Marianna, en costume galonné de blanc et coiffée d'un chapeau.

Il est sorti de la guerre convaincu qu'avec un brin de chance il se tirerait d'affaire dans l'existence.

Ç'aurait pu être l'inverse. C'est mon père qui aurait pu lire dans une cave et avoir peur de l'obscurité, et maman se serait montrée en robe de communion dans un parc bordant une église. Il aurait été plus difficile à un gamin d'être sauvé. Maman aurait été côté soleil et papa côté ombre.

Halina a écrit des lettres d'amour à Bogdan à l'encre verte, sur des feuilles de cahier blanches aujourd'hui jaunies. D'une écriture nette, légèrement anguleuse, elle comptait les jours et les heures, les jours et les heures, elle attendait. Elle attendait de pouvoir de nouveau se jeter dans ses bras, elle attendait de pouvoir se blottir contre lui pour oublier tous les soucis et les ennuis. Elle attendait, car elle l'aimait de plus en plus et de plus en plus fort. Comme si elle n'avait personne d'autre à aimer.

C'est lui qui a conservé ses lettres. Douze lettres, les douze commençant par « chéri », « mon adoré », « mon petit chat ». Je suis incapable aujourd'hui de trouver pour ces mots d'autre qualificatif que « vains ».

Il était côté soleil, il ignorait tout de ce qui l'effrayait, elle, en elle-même, de ce qui revenait, se pressait dans sa tête et ne la laissait pas dormir. Lorsqu'elle était seule dans l'appartement du deuxième étage, le dimanche après-midi, parce que les occupants des lieux étaient partis se promener, elle écoutait la radio, assise à la table en chêne. « Dans ce petit café où, pour la première fois, tu m'as murmuré "je t'aime"... » – le vieux tango interprété par les sœurs Trida. Triste et languissante mélodie. Semblable à la pluie derrière la fenêtre et au rythme monotone de la pendule.

Ce même rythme lent du temps qui ne veut pas passer. Ces appartements où l'on perçoit chaque grincement, où l'on entend quelqu'un qui arrive, qui apporte quelque chose à manger, la radio – pas le droit d'écouter la radio, pas si fort, si quelqu'un entendait –, est-ce déjà le soir, combien de temps encore ?

Seule et seule, comme alors. « Le livre fermé est posé sur le divan, le tricot est tombé par terre et je n'ai même pas envie de le ramasser... » Elle sortait pour aller jusqu'à la boîte aux lettres, pour envoyer un nouvel exprès, ou bien elle attendait le facteur.

La veille au soir elle était allée à la gare, car elle avait pensé que Bogdan revenait. Il était allé à Tczew pour des questions familiales. Mais son attente avait été déçue. Elle a mis longtemps pour revenir de la gare à la maison. Ensuite, elle a écrit : « On ne peut pas faire ça. Montrer une assiette de nourriture bien chaude à un affamé... et la reprendre sans même l'y laisser goûter. Méchant ! » Elle s'est demandé si elle irait attendre le train encore une fois, mais elle redoutait un nouveau retour solitaire à la maison. En outre, il se faisait tard et son père ne supportait pas qu'elle fût dehors le soir.

Une fois, il l'avait laissée sur le paillasson la moitié de la nuit, punie pour un retard de cinq minutes.

Son père à elle. Il était si lointain. Séparé d'elle non seulement par son propre silence mais encore par sa femme à qui il était totalement soumis. Elle avait un prénom curieux : Zena. Halina en voulait à ce père d'avoir si vite et si radicalement changé de vie. Certes, il n'avait pas revu maman depuis dix ans, mais il n'y avait que cinq ans qu'elle n'était plus là. Comment avait-il pu oublier ? Peut-être faut-il oublier, sinon comment vivre ? Mais ne pouvait-on pas trouver une autre femme, une femme comme Marysia qu'elle aimait tant ? Que s'était-il vraiment passé entre eux ? Halina lui rendait parfois visite en secret, elle en recevait des cadeaux, des robes de colis venus de Londres ou des fripes. Après transformation elles convenaient parfaitement pour aller danser avec ses *trumniaki*[1] – des chaussures de tennis fatiguées qu'elle avait teintées elle-même. Si Zena savait... On pouvait se confier à Marysia, mais Zena ne l'avait jamais serrée contre elle. Son père non plus. Elle était capable de s'enfermer dans sa chambre ou de déclamer ces questions fondamentales qu'elle se posait. Pourquoi son père avait-il fait cela ? Il voulait quelqu'un pour faire la cuisine ? Mais elle, elle ne cuisine pas. Nous avons mademoiselle Jozia qui vient faire le ménage, il faut que Zena aille aux assemblées. Il voulait avoir des discussions idéologiques au petit déjeuner ?

Elle se rappelait les paroles de sa tante Bronka dans l'obscurité, tard le soir, à Ujazdow. Ils pensaient qu'elle dormait. Ils parlaient d'une voix étouffée. Presque en chuchotant. Bronka s'adressait à son frère avec précaution, comme à un enfant.

Halina savait depuis longtemps qu'elle entendrait cela un jour. Elle ne pouvait pas ne pas le savoir. L'absence de sa mère lui causait une douleur permanente, à chaque pas. Si elle avait vécu, jamais elle n'aurait laissé son enfant ainsi. Maman n'est pas là et ne sera jamais là.

C'est les jours de pluie que sa maman lui manquait le plus. Elle avait encore les bas en fil d'Écosse que sa maman lui avait apportés à la colonie, à Wilga, pendant l'été de 1944. Ils étaient devenus trop petits pour elle, mais elle les conservait dans un

1. Des chaussures noires élégantes qui rappellent celles dont on chausse les morts avant la mise en bière ; un mot formé à partir de *trumna* : cercueil. (N.d.T.)

tiroir. Elle les pressait contre son visage. Elle tentait d'y retrouver l'odeur de cet instant-là.

De ces années-là, Zena se rappelle que la petite Halina était inaccessible. Lointaine est peut-être un bien grand mot pour caractériser ses rapports avec son père, mais ils n'allaient certainement pas au-delà de la correction. Elle affirme, à l'étonnement de ma maman, qu'elle en était très affectée. Leurs rapports mutuels étaient de l'ordre d'une relation, rien de familial. Elle entendit la petite Halina se plaindre à Bronka du fait que son père, après sa libération, ne s'était pas empressé d'aller la chercher. Zena considérait que c'était outrageant pour Szymon. Car enfin, il lui avait alors fallu venir à bout de plus d'une absence.

Le temps ne leur avait pas été donné de faire connaissance et de s'aimer. Szymon et la petite Halina, le père et sa fille. Et ensuite, ils n'avaient pas su. Avant la guerre il était rarement dans leur maison de Leczyca, d'où il partait pour son travail à Varsovie. Ils se voyaient le samedi et pendant les fêtes. Elle était davantage attachée aux grands-parents qu'à lui. Elle ne l'avait pas vu de toute l'occupation, cinq ans, le ghetto, les cachettes, toujours avec maman. Il n'était pas auprès d'elles dans les moments les plus difficiles. Il était apparu lorsque rien ne pouvait plus être sauvé. Et il y avait tant de choses qu'il ne comprenait pas.

L'écho chaleureux de Leczyca, elle ne le retrouvait que dans la maison de tante Bronka à Ujazdow. Là-bas régnait le mouvement, c'est-à-dire la vie, la cuisine, la lessive, les voisins, les collègues, les conversations, les cartes. La tante ne servait pas seulement le même bouillon aux haricots et les mêmes quenelles de poisson qu'au Petit-Rynek, mais elle donnait à la petite Halina le sentiment de n'être pas abandonnée de tous. Et de n'être pas de nulle part. Elle apportait la certitude que, d'une manière ou d'une autre, l'avenir s'arrangerait. Cette veuve de guerre qui, outre son mari, avait perdu sa famille, apportait le réconfort aux autres. Le réconfort qui lui faisait défaut à elle-même comme à son frère Szymon et à leur sœur Frania, éternellement soucieuse, Frania portant tout le poids de la famille et des chagrins.

Dans la maison de son père, rue Pulawska, la froideur régnait. Halina s'échappait pour retrouver ses camarades, Bogdan, la faculté. Assidue dans ses études et concentrée, elle prenait des notes dont les autres, dans le groupe, profitaient ensuite. Dès le début elle s'était intéressée à la littérature.

Elle aimait apprendre avec soin, alors que lui s'y efforçait avec plus ou moins de bonheur. Elle prenait en note les cours d'histoire, avec application, le vocabulaire anglais et les techniques d'imprimerie. Elle portait une attention particulière à l'*Histoire du Grand Parti Communiste (bolchevique)* à laquelle on attachait beaucoup d'importance. Ses camarades recopiaient les cours de matérialisme dans ses cahiers.

Lorsque Bogdan se rendait à Lodz, chez lui, où l'on avait souvent besoin de lui, elle s'efforçait encore davantage de se charger de ce qui le concernait. Elle assistait aux assemblées administratives de ZMP, téléphonait au sujet de ses stages. Elle écrivait et se morfondait, pendant les cours aussi. Il lui fallait alors se rappeler : ne pas s'asseoir trop près. Ce qu'elle faisait généralement. Par habitude. Sa vue n'était pas des meilleures, en outre elle aimait bien savoir ce qui se passait.

« Tout suit son cours ancien, éculé – écrivait-elle pendant l'automne de 1951 –, la machine de la vie universitaire travaille comme toujours et ne perçoit sans doute absolument rien des énormes changements intervenus dans l'un de ses cercles microscopiques. Qui sait que je me sens si mal et que tout m'est si pénible sans Toi, que ce petit univers bruyant et bondé est maintenant vide pour moi, que rien ne m'occupe, n'a pour moi la moindre signification. Mes pensées sont constamment auprès de Toi. Je compte les heures jusqu'à la réception de Ta lettre. »

C'est à cause des vacances qu'ils étaient le plus longtemps séparés. Pour elle, alors, le temps traînait, traînait, traînait, les journées s'étiraient épouvantablement en longueur. Elle déclinait la nostalgie sous toutes ses formes. Elle lisait ses lettres, regardait des photos, pensait à lui. Elle ne supportait pas de devoir attendre la fin des vacances pour qu'ils puissent de nouveau être ensemble en permanence. « Toujours ensemble – n'est-ce pas ? »

Elle se sentait seule. La présence de Bogdan lui donnait des forces, son absence désorganisait sa vie. Elle devenait étourdie, elle perdait les livres qu'elle avait empruntés. Une fois, elle laissa même son sac dans un bazar, avec tout son contenu, par bonheur une cliente honnête le lui rapporta. Heureusement, sinon comment se serait-elle justifiée devant son père. « Reviens, autrement je vais laisser ma propre tête quelque part... » implorait-elle. Il revenait, et tout était de nouveau à sa place.

Il était devenu son point de repère. Elle comptait sur lui, elle rêvait d'un petit coin qui leur serait commun, rien qu'une chambre à la maison des étudiants de la rue Malczewski, pourvu qu'ils puissent être seuls. Seuls.

Il devint très vite naturel qu'il soit là. Qu'il laisse son costume chez elle, l'unique costume qu'il avait, et ses chaussures convenables, qu'il vienne quand il n'y avait personne, qu'elle lui repasse ses chemises en toile. Il avait si peu et elle recevait tant de lui. Il était toujours sans le sou, elle lui proposait de l'argent mais il refusait, il assurait qu'il allait bientôt gagner sa vie, qu'ils seraient indépendants.

Il tint ses promesses.

Quand elle y réfléchit aujourd'hui, elle ne sait ce qu'il y avait de plus important dans cet amour. Elle a oublié la flamme. Elle se souvient de ce qu'elle pensait : il avait les yeux bleus, il était polonais, il l'avait accueillie comme l'une des siens.

Ils voulaient se marier sur-le-champ mais le père d'Halina n'était pas d'accord. D'abord les études, répétait-il, le plus important c'est une formation. Pour le reste, il serait bien temps plus tard. On ne sait s'il voulait mettre les sentiments de sa fille à l'épreuve ou s'il avait l'espoir, peut-être, qu'elle change d'avis. Il semblait clair qu'il comptait sur un gendre différent de celui-là. Difficile de dire si son statut social et ses origines étaient en question, ce qui aurait nettement contrasté avec les idéaux de l'ingénieur Przedborski, ou si leurs tempéraments si différents étaient en cause. Il le traitait avec une condescendance indulgente. C'est à peine s'il lui adressait la parole.

Ils partageaient un sentiment d'aversion réciproque.

Chez Bogdan, à Lodz, ils la recevaient comme ils savaient le faire, le mieux du monde. La première fois, ce fut un dimanche. Il y avait des parfums de lessive, de nourriture et d'église. La mère avait mis une nappe de fête, elle avait préparé une *czernina*, la soupe au sang d'oie, et sous le coup de l'émotion elle ne remarqua pas comme il était difficile à la jeune Halina de l'avaler. Tous faisaient leur possible : eux, avec l'hospitalité polonaise, unique au monde, doublée de sollicitude et de tendresse – une demoiselle si maigriotte, il faut manger pour éviter un malheur ; elle, elle s'efforçait de dissimuler combien elle se sentait maladroite. Ils étaient si éloignés des familles qu'elle connaissait. Et en même temps, elle voulait tellement être avec eux, savoir être avec eux, rire de ce dont ils riaient, bruyamment, manger cette soupe et les petits champignons marinés, boire parfois de la vodka au sucre caramélisé, s'essuyer les lèvres du revers de la main, faire ses besoins dans le seau derrière le rideau, cueillir des groseilles directement sur les buissons. Répondre aux questions directes.

Ne pas manifester de supériorité, accéder aux valeurs naïves. De quel droit se sentait-elle plus importante qu'eux, privilégiée peut-être ? Parce qu'elle avait lu davantage de livres et savait se tenir à la philharmonie ? Parce qu'elle connaissait des mots qu'ils ne connaissaient pas ? Pourtant, c'est elle qui avait dû vivre enfermée dans une armoire, pas eux, ce n'est pas eux qu'on avait pourchassés mais elle, la pire c'était elle. Alors, pire ou meilleure ?

En quoi, dans sa tête, son grand-père Goldstein du dépôt de charbon se différenciait-il du grand-père Karlinski qui faisait partir les trains ? Leurs prières, seules, étaient différentes. Mais eux, les jeunes, ne s'obstinaient pas dans la foi.

Elle aurait préféré qu'ils soient autres, les parents de Bogdan, sa famille, mais ce n'était pas le cas, ils n'avaient pas de bibliothèque en chêne avec des générations de livres, ils ne récitaient pas *Ballades et romances*[1], ils n'entretenaient pas le culte de Beethoven ni de Brahms. Et pourtant ils s'intéressaient à elle, ils s'ouvraient à elle, ce qui n'était jamais arrivé à Bogdan avec son père à elle et sa femme. Eux, ils lui permettaient de se sentir ici chez elle, comme à la maison. A-t-elle apprécié cela à sa juste valeur ou bien l'a-t-elle considéré comme lui étant dû ?

Rien n'est dû à personne. Cela, c'était une leçon de la guerre. L'avait-elle apprise ?

Lors de sa première visite rue Perlowa, elle dit à la mère de Bogdan, ma bonne mamie Mania, qu'elle voulait avoir une grande famille et beaucoup d'enfants. Beaucoup, au moins six. Mamie, pas encore mamie à cette époque-là – la maman, j'ignore si elle l'a jamais appelée maman –, sourit et demanda : « Mon enfant, sais-tu bien ce que tu dis ? » Ou quelque chose de ce genre : « Sais-tu bien ce que ça signifie d'élever six enfants ? » Peut-être ne le savait-elle pas, mais alors, rue Perlowa, auprès de son gars aux yeux bleus c'est justement à cela qu'elle aspirait le plus : bâtir une famille, une grande famille polonaise. S'entourer d'un mur protecteur d'amour et de polonité. Ne pas avoir peur. J'ignore si elle savait alors analyser cela. J'ignore si à cette table-là, il y a un demi-siècle, qui que ce soit s'est demandé pourquoi ces deux jeunes-là tenaient tant l'un à l'autre.

La mère de Bogdan lui parut sage et pleine de sollicitude.

Halina était aussi éprise de Bogdan que de sa polonité. La

1. Le premier recueil de poèmes d'Adam Mickiewicz (1798-1855) dont la publication, en 1822, ouvrit l'ère du romantisme polonais. (N.d.T.)

simplicité de la rue Perlowa et de ses habitants, employés des chemins de fer, y contribuait également. « Prolétaires de tous les pays unissez-vous », la manchette de *Trybuna Ludu*, « La Tribune du Peuple », immuable au fil des années. Pourquoi aurait-elle dû être contre, elle devait admirer le progrès social, l'aspiration à se hisser plus haut, la victoire sur les difficultés, l'ambition. Le nouveau monde promis, rêvé, n'éliminait personne ; prolétariat rouge, tous ensemble vers un avenir meilleur – socialiste.

Jusqu'à quel point Bogdan croyait-il lui-même à cet avenir ? Parfois il plaisantait, il racontait des blagues insupportables, notamment lorsqu'ils buvaient du vin à la maison des étudiants ou qu'ils prenaient trop de bière avec leur repas au Bristol. Pour les repas ils avaient des coupons, la bière ils la payaient de leur poche. Il arrivait alors qu'on entende, une fois ou l'autre, des phrases sur Katyn, sur les difficultés économiques, parfois même on entendait dire que les Juifs sont coupables de quelque chose, mais cela ne la dérangeait pas, elle savait qui il était, elle lui faisait confiance.

Des années plus tard elle apprit que son propre cousin, Marys, militant de ZMP au lycée Batory, avait tenté de s'immiscer dans leurs relations. Il ne considérait pas Bogdan comme un partenaire convenable pour Halina, il lui avait téléphoné à plusieurs reprises afin qu'il cesse de la rencontrer. Sans résultat.

Elle fut très affectée par son arrestation et ensuite par les assemblées accusatrices et tout ce qui leur était associé. Bogdan s'effondra. Il se sentit lésé et trompé. Par ses camarades aussi qui, soudain, intervenaient contre lui. Il se demandait constamment qui avait rapporté cela, un proche, c'était quelqu'un de la maison des étudiants, quelqu'un qui avait vu la croix au-dessus de son lit et entendu ce qu'il disait avant de se coucher. C'est à cette époque qu'il cessa d'être un gamin, il mûrit et s'efforça de ne pas dire tout ce qu'il pensait. Il regarda autrement ceux qu'il avait appelés ses amis. Il se plaignait qu'ils le détruisent, le persécutent, l'espionnent, veulent le faire recaler aux examens. Les types de l'UB et les autres. De vagues « eux ».

Elle passa le mois d'août 1953 avec son père à la montagne, à Krynica. Elle avait vingt-deux ans et c'était la première fois qu'ils partaient ensemble si longtemps. Ils avaient déjà passé des vacances communes auparavant, mais toujours en compagnie de la famille. Cette fois ils devaient tous deux bénéficier de soins dans un établissement de santé, Szymon pour maigrir, Halina pour prendre des forces et pour ses nerfs. Elle a relaté ce séjour en détail dans ses lettres à Bogdan, déçue de l'absence de proximité avec son père.

Ils faisaient des excursions ensemble, se rendaient à Gora Parkowa, arpentaient la promenade. L'après-midi ils jouaient aux cartes. Des journaux à la salle de lecture, de l'eau à l'établissement thermal, des films soviétiques au cinéma. Ils parlaient beaucoup, elle avait l'impression que c'était « en toute franchise », ils parlaient de tout mais pas de questions personnelles. Ils dénigraient aussi bien ceux qu'ils connaissaient que des inconnus, pas un mot sur Zena ni sur les nouvelles études projetées par Halina. Ils évitaient aussi de parler de Bogdan et de leur relation. Ils n'abordaient rien de ce qui était vraiment important.

Cela lui manquait, bien qu'elle n'estimait pas que quelque chose pût brusquement changer. Manifestement, pensait-elle, il fallait désormais qu'un mur les sépare. Elle le qualifiait d'un mot, peut-être pas le mieux choisi mais significatif : « infranchissable ». Leur quotidienne fréquentation ne contribua pas à l'aplanir. Elle écrivit à Bogdan à ce sujet, à cœur ouvert, comme à personne d'autre.

Peut-être s'étaient-ils trop éloignés l'un de l'autre, son père et elle. Peut-être ne s'étaient-ils jamais rencontrés. Et peu importe aujourd'hui que la faute en incombe à son absence pendant la guerre, à son inaptitude en matière d'éducation, à la rudesse innée de son comportement. J'ignore quelle influence a eue, ici, le deuxième mariage de Szymon. L'attitude et le caractère de sa fille. Peut-être lui rappelait-elle son premier amour, Dela, ou le fait qu'il l'avait oubliée ? Halina était-elle trop de Leczyca ou pas assez ? Était-ce sa natte qui appelait les souvenirs ou ses yeux ? Une quelconque raison fait qu'ils n'avaient pas appris à se montrer chaleureux. Peut-être ne le pouvaient-ils pas, peut-être la proximité leur faisait-elle peur. Et ils en étaient restés là.

Bogdan était d'autant plus important, lui qui était gai, avec une tignasse blonde, un millier d'idées. Il ne lui suffisait pas d'écrire sur le sport, il voulait aussi en parler. Il n'y avait pas encore de télévision, il se présenta à la radio, rue Mysliwiecka. L'examen devant la commission de sélection fut pour lui une défaite. Selon le verdict des professionnels, il avait une voix trop aiguë, ce qui excluait qu'il passe à l'antenne. Mais Bogdan n'aimait pas se soumettre. Il avait déjà entendu cette appréciation. Il se mit à l'ouvrage. Il élabora lui-même un ensemble d'exercices pour abaisser le ton de sa voix. En professionnel conscient de la nécessité d'un entraînement régulier, il s'asseyait plusieurs heures chaque jour devant une glace. On ne le dépouillait pas si aisément de ses rêves. Il ne se tenait pas pour battu. Alors elle l'admira.

« D'abord la licence, ensuite le mariage », déclara son père.

Halina Przedborska passa son examen final à la Faculté des lettres de l'université de Varsovie le 28 janvier 1955. Elle obtint la mention « très bien » pour son travail sur l'œuvre de Ksawery Pruszynski [1]. Deux jours plus tard, le 30 janvier, elle se présentait avec Bogdan devant un fonctionnaire de l'état civil du quartier de Mokotow, à Varsovie. Au nom qu'elle avait porté avant de contracter mariage, « Przedborska », elle ajouta celui de son mari, « Tuszynska ».

Elle portait un ensemble de lainage brun, commode, sans

1. Ksawery Pruszynski (1907-1950) : journaliste, écrivain, diplomate, il a combattu en Norvège et en Normandie pendant la Deuxième Guerre mondiale. Czeslaw Milosz le considère comme une personnalité particulièrement attachante parmi les « écrivains-soldats ». (N.d.T.)

solennité, sa belle-mère n'avait pas donné de quoi en acheter un autre. Ce qu'elle avait devait suffire pour le coiffeur et la réception. Le jeune marié, en complet bleu marine un peu étroit datant vraisemblablement du baccalauréat, accueillait les invités. Elle se tenait à ses côtés, pas auprès de son père. Il étreignit sa maman et son frère qui étaient venus de Lodz par un train du matin, il tendit la main à Szymon et à sa femme. Ces deux-là ne soufflèrent pratiquement pas un mot, les gratifiant pour finir d'un sec : « Félicitations ». Beaucoup de camarades de l'université étaient venus, tous dans leurs meilleurs vêtements. Le fonctionnaire bégayait, ce qui détendit un peu l'atmosphère. Ils riaient en se jurant fidélité.

Ils se rendirent à pied chez le père d'Halina, rue Pulawska. Difficile d'établir avec certitude si un repas de famille fut servi. Si oui, alors c'était la première fois que les Przedborski recevaient la famille de Lodz chez eux. Le petit frère de Bogdan, Wlodek, alors âgé de onze ans, a gardé le souvenir d'une maîtresse de maison de belle prestance et de gâteaux qu'il avait engloutis sans retenue, ce qu'il dut payer sur le chemin du retour à Lodz. D'autres disent que la réception se limita à un buffet froid de hors-d'œuvre – sans harengs, Zena était allergique –, en revanche les cornichons confits au sel de la rue Perlowa, le boudin au gruau et le saucisson firent un tabac. Les aînés laissèrent bien vite les jeunes entre eux. Peut-être après le premier toast porté à leur réussite avec un demi-sec venu de la boutique aux rideaux jaunes[1] ? Ils dansèrent jusqu'à minuit sur la musique d'un phono.

Cette année-là, dans leur souvenir, fut une année d'amusement et de joie. Pendant l'été ils participèrent au Festival mondial de la Jeunesse et des Étudiants qui se déroulait à Varsovie avec pour slogan : « Paix et Amitié ». Il rassembla des milliers d'hôtes venus de l'étranger ; il montrait pour la première fois un peu de différence et d'exotisme. Ils dansèrent de nouveau sur

1. Un magasin réservé à la nomenklatura. (N.d.T.)

des tubes polonais et soviétiques, dans les parcs, sur les planches devant le Palais de la Culture, dans les appartements de leurs amis. Dans une robe neuve de soie grise très courte, à bretelles, associée à un petit boléro à manches trois quarts, elle avait belle allure. Il fallait constamment donner ses talons aiguilles noirs au cordonnier, mais elle n'avait plus à entendre de commentaire de personne. Elle avait reçu un collier de perles artificielles de son mari et elle le regardait comme on regarde un tableau.

Elle disait qu'il était le seul homme qui lui fût véritablement proche, qui l'aimait, la comprenait et était bon pour elle. Elle voulait être son Souriceau.

Elle n'avait rien emporté de la rue Pulawska. Elle n'oublia pas de restituer les portemanteaux en bois. Sans dot, elle était partie vivre sa vie. Ils avaient emménagé dans un logement en sous-location au Rond-Point de Washington, qu'ils partageaient avec des camarades de la section de journalisme.

Deux ans plus tard, trois chaudrons en aluminium pleins de couches bouillaient dans la modeste cuisine.

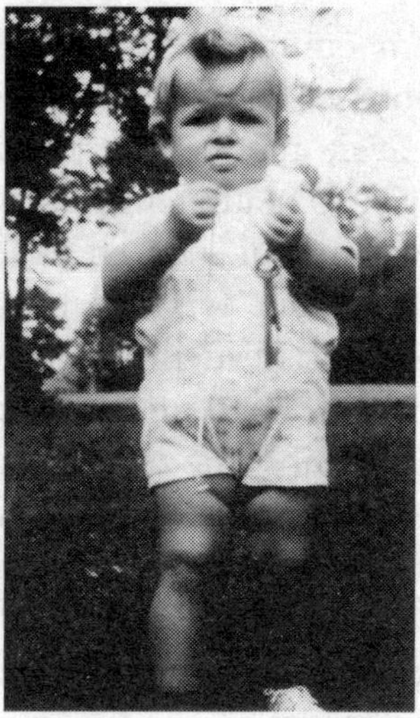

La maison

9, rue Kasprzak. Ce fut notre première adresse. La première dont je me souvienne. La première que j'aie noté comme adresse de l'expéditeur sur des enveloppes. Mais je ne me souviens pas des champs autour de l'usine des Établissements de matériel de radio Marcin Kasprzak, du paysage suburbain, de l'horizon plat. Tout cela, c'est sur les photos où figure une petite fille qui apprenait tout juste à marcher.

C'est seulement à l'école que j'ai appris que Marcin Kasprzak était un révolutionnaire et qu'on l'avait exécuté sur les talus de la Citadelle, la prison tsariste. Dans ce quartier ouvrier on avait donné à deux rues des noms de militants du mouvement ouvrier. Cela aussi je l'ai appris plus tard, lorsque j'ai appris à faire la distinction entre les meilleurs quartiers et les plus mauvais, les vieux quartiers, aux traditions royales ou intellectuelles, et les quartiers neufs que promettait la patrie socialiste.

Mes jeunes et heureux parents avaient emménagé dans une cité nouvelle au centre du quartier industriel de Wola à la fin de 1957. Sans l'aide de Szymon, qui avait rendu d'éminents services dans la reconstruction de Varsovie, ils n'auraient pu que rêver de leur propre appartement. C'est lui qui leur en avait facilité l'attribution hors des listes d'attente, leur évitant lettres, inscriptions et autres formalités. C'était un cadeau inestimable pour l'époque, bien que la mise de fonds sur le livret d'épargne-logement qu'ils reçurent de lui en même temps que les clefs se montait à soixante-quinze zlotys symboliques. Il leur faudrait maintenant régler eux-mêmes les échéances suivantes, à la sueur de leur front. Ils savaient combien ils étaient privilégiés. Ils avaient deux chambres avec cuisine et une loggia donnant sur une cour qui devait un jour se parer de verdure.

Il paraît qu'il y avait possibilité de s'installer à Zoliborz, dans le vieux quartier de l'intelligentsia prisé par les Varsoviens, mais cela aurait exigé de la patience. Ils avaient renoncé. Ils avaient hâte de se retrouver. Le voisinage d'une usine de lampes et d'un laboratoire pharmaceutique ne les dérangeait pas. Ils ne firent pas de manières. Dans le prolongement de la rue ils voyaient le Palais de la Culture et de la Science, cadeau de l'URSS à Varsovie. Mon père ne connaissait pas bien la ville, maman voulait s'installer au plus vite dans ses propres murs. Pour eux il n'y avait ni meilleure adresse ni pire, il y en avait une, commune – la leur. Souvent je regrette de ne pas les avoir connus ainsi.

Mais peut-être maman préférait-elle être loin de sa cour d'avant la guerre à Zoliborz, dans la Cité IV de la Coopérative varsovienne de Logement, peut-être une vie nouvelle exigeait-elle un nouveau départ et d'être coupé de ses souvenirs. Peut-être, quelque part, inconsciemment, était-elle satisfaite de cet environnement qui lui était étranger, de ces voisins employés de tramway et serruriers. Personne ne la connaissait et elle ne connaissait personne. Tout de même, ce devait être là son adresse polonaise.

Dommage qu'ils n'aient pas attendu. Chaque quartier me semble plus beau que celui-là. Mais au fil des années, tant que mon monde à moi a été marqué par le bac à sable et le portique pour battre les tapis puis par la classe, je ne me suis pas rendu compte que c'était mieux ailleurs. Et aujourd'hui seulement, en revenant dans les contrées qui furent celles de mes ancêtres avant la guerre, je sais que maman voulait effacer le passé. Être au plus loin de la cave où il lui avait fallu se cacher. J'aurais dû ne jamais l'apprendre. Rue Kasprzak elle fut l'épouse de son mari polonais et la mère d'une fille aux yeux bleus. Toujours.

Pendant les quatre années suivantes, Bogdan et Halina ont scrupuleusement réglé les échéances mensuelles d'un montant de quatre-vingt-quinze zlotys – la valeur d'un litre et demi de vodka. Comme rédacteur sportif à la radio, mon père gagnait alors neuf cents zlotys bruts plus les primes.

En 1954, Bogdan se retrouva dans l'équipe assurant la couverture de la plus importante manifestation sportive internationale se déroulant sur le territoire polonais, la Course cycliste annuelle de la Paix. Lorsque, deux ans plus tard, on introduisit – nouveauté pour l'époque – le direct à partir d'un hélicoptère, il fut promu reporter. Il se trouve que ses collègues qui avaient été désignés souffraient du mal de l'air ; lui, il avait fait du vol à voile. Il accepta sans hésiter un seul instant. Il aimait les défis. Lors de chacune des étapes de la course il intervenait à l'antenne à plusieurs reprises dans la journée. « Allô, allô, ici l'hélicoptère. Bogdan Tuszynski vous parle. »

Je ne savais pas encore parler qu'à la question : « Où est papa ? » je répondais en montrant la radio.

J'ai d'abord nommé mon père (« papa »), ensuite ma mère (« maman »). Le troisième mot que j'ai choisi, longtemps le plus important, c'était « donne ». Je tendais les bras à qui voulait bien me porter. Je restais avec qui me faisait la lecture. Je ne connaissais rien de plus triste que la fin du conte.

Mamie savait tourner le bouton de la lourde radio dans sa caisse brune de telle sorte qu'elle trouvait la voix de papa. Je pensais alors qu'il suffit d'approcher et de chercher sur les graduations pour l'avoir tout près de soi. Ce n'est que lorsqu'il m'emmena pour la première fois avec lui lors d'une émission que je vis un microphone et le studio et que je compris en quoi cela consistait.

A la table de la cuisine, à Lodz, mamie était très fière de son fils. Et moi avec elle.

Comme reporter sportif à la Radio polonaise, mon père commença à voyager à l'étranger. Il était l'un des rares élus. A l'époque où il fallait chaque fois solliciter un passeport, remplir des questionnaires et obtenir des invitations, la facilité avec laquelle il voyageait était digne d'envie. Son métier lui ouvrait le monde à une échelle incomparable. Je ne suis pas sûre de pouvoir imaginer ce que cela signifiait alors. La possibilité de franchir le rideau de fer, le saut hors de la grisaille quotidienne vers les couleurs carnavalesques des gens de l'autre bord. Les néons, les rues animées avec des cafés, des vitrines tentatrices. Il évoluait dans des contrées inaccessibles aux autres. A son retour, il changeait pour un moment les Carmen locales contre des Winston.

Il me semble que ses impressions ne différaient pas des miennes, tout enfantines. Je me rappelle l'excitation du premier chewing-gum Wrigley au goût de menthe qu'il me rapporta. Je l'économisai en le mâchant plusieurs jours et en le replaçant dans sa feuille argentée. La bouteille qui avait contenu du Coca-Cola était un précieux trophée, pendant pas mal d'années elle fit fonction de vase. J'ai rallongé mes premiers vrais jeans Levi Strauss aussi longtemps que cela a été possible.

Mon père travaillait beaucoup, et il a encore travaillé davantage lorsqu'il a fondé une famille. Il allait aux Jeux olympiques et aux championnats du monde. Outre le cyclisme, il avait le hockey et l'athlétisme pour spécialités. Journalistes et sportifs recevaient un équipement pour le voyage : costumes et chemises, cravates aux emblèmes des manifestations, chaussures, valises, porte-documents. Je sais que maman le regardait avec admiration. Il embaumait un monde lointain, une combinaison de tabac, d'eau de Cologne et de quelque chose encore d'indéfinissable. Il était l'homme du succès. Il commençait alors, ou peut-être a-t-il commencé un peu plus tard, à collectionner les mignonnettes d'alcool. Comme tout ce qui provenait de « là-bas », elles brillaient de toutes les couleurs de leurs étiquettes, elles adoptaient des formes exotiques. L'une d'elles ressemblait même à un encrier rempli. Avec le temps, il lui fallut les disposer sur plusieurs rangs sur une étagère.

Il était rarement à la maison car il se trouvait à la radio ou bien il assistait à une course ou à quelque compétition dans le pays ou à l'étranger. Mais ils faisaient leur pelote, il s'y efforçait, il rapportait des cadeaux de l'étranger, il mettait de l'argent de côté. Avec le temps, il acheta sa première voiture, je ne sais plus si c'était un combi Wartburg ou une Skoda « Octavia », il a eu les deux. Et les deux ont fait sensation chez les voisins. Les propriétaires de Syrenka indigènes s'étonnaient de l'élégance de leurs lignes, de leurs carrosseries brillantes, de leurs garnitures en matières synthétiques. L'autorité de mon père ne cessait de croître. Il rentrait rue Kasprzak avec allégresse, avec entrain, avec la promesse confuse d'un monde meilleur et d'un meilleur sort.

Leurs collègues venaient leur rendre visite, les collègues de maman voulaient voir l'enfant mais le soir, en général, il dormait déjà. Halina ne permettait pas qu'on entre dans ma chambre. « Doucement, doucement, l'enfant dort », prévenait-elle dans un chuchotement théâtral, et elle fermait la porte. Dès le début elle m'a protégée du monde.

Juste après ses études, maman était entrée à *Zycie Warszawy*,

« La Vie de Varsovie », qui avait la réputation d'être le mieux fait des quotidiens publiés à l'époque. Elle avait pris au sérieux sa tâche à la rédaction locale, bien qu'elle eût commencé par traiter de problèmes de canalisations défaillantes, de l'ouverture d'une maroquinerie ou de l'approvisionnement des épiceries en citrons. Elle fut rapidement transférée au service culture. Elle courait les librairies et les salons du livre, elle guettait les nouveautés de l'édition, elle se renseignait sur ce que les écrivains avaient en chantier. A la rédaction de *Zycie Warszawy*, un journal plus vivant que les quotidiens du Parti bourrés de propagande, on trouvait encore des professionnels d'avant-guerre, des as dans leur branche. Il y avait auprès de qui apprendre le métier de journaliste.

Je ne suis pourtant pas sûre que les ambitions professionnelles étaient le moteur de sa vie. Sans doute pas. De nouvelles boucles d'oreilles, un nouveau fichu, une sortie au théâtre, au café, une promenade : elle savait prendre du bon temps.

Mais surtout, elle était ma maman. « Le monde tout entier appartient à l'enfant. » C'est ce qu'Halina disait toujours. Cela, ses amies s'en souviennent.

Je fus baptisée en guise de cadeau d'anniversaire. J'avais un an. Tout avait été arrangé par ma mamie Mania. Assurément, maman était d'accord, pour le bon ordre, pour avoir la paix, pour les papiers polonais. J'ignore si elle aurait su régler cela elle-même, si elle aurait cherché à le faire. La paroisse Saint-Sauveur, à Lodz, était à quelques pas à peine de la rue Perlowa où habitaient les grands-parents Karlinski. Mamie Mania accueillait sa première petite-fille parmi les chrétiens. Ils célébrèrent cela par une petite réception solennelle. Peut-être mon père était-il rentré de la Course de la Paix, mais peut-être n'était-il pas là, il ne s'en souvient pas. Je ne pense pas qu'il accordait de l'importance à cela. J'ai dû avoir aussi une petite croix, mais je ne sais pas où elle est passée. Il n'y a pas non plus de photo. Aucune trace, sinon l'attestation paroissiale. Mais, si nécessaire, elle peut suffire à tout.

Mon papa se trouvait promu au rang de protecteur. Dans sa maison sans père, il se sentait responsable de sa maman et de son petit frère, de sa grand-mère. Rue Kasprzak, il avait une épouse et une fille. Élevé sans père, en conflit avec lui, rempli de contradictions, il avait besoin de quelqu'un de proche, d'un ami éprouvé avec lequel il pourrait partager ses problèmes ou bien seulement bavarder. Au début de son union avec Halina il avait tenté de se rapprocher de son beau-père. Il s'était efforcé d'en briser la froideur, l'attitude de refus. Mais Szymon ne cachait pas que ce gendre n'était pas à son goût.

Bogdan affirme que son beau-père le traitait comme un merdeux. Sans aucun respect. Ni pour lui-même ni pour ce qu'il faisait. Difficile à concevoir, mais c'est ce qu'il ressentait. Mon père aimait les gens ouverts, avec lesquels on peut établir un contact. Szymon parlait peu, n'engageait pas lui-même la conversation, il était hautain, important. Ils se rencontraient rarement.

J'étais encore toute petite, pour mon anniversaire maman avait invité ceux qui lui étaient le plus proches. Szymon était venu avec Zena, ses deux sœurs et leurs familles. Bien que je n'en sache rien, ils avaient dû apporter des cadeaux. Je ne connais ces histoires que par ce qu'on m'en a rapporté mais elles forment un tout cohérent. Zena n'avait pas d'enfants à elle et moi, braillant à sa vue, elle m'observait avec une aversion frisant le dégoût. Les tantes s'enthousiasmaient pour l'unique fille de la famille.

Maman posa sur la table un gâteau au fromage et des liqueurs. Courtoisement, ils trempèrent leurs lèvres pour le toast de circonstance. Ils ne se sentaient pas à l'aise dans ce cercle malgré les liens de parenté et d'alliance : mon grand-père Szymon, qui occupait un poste important, membre de la nomenklatura du Parti, et ses deux beaux-frères – Danek, codétenu de l'oflag de Woldenberg et collègue de travail, et Oles, Polonais, foncièrement anticommuniste, qui ne parlait pas autrement de ceux qui gouvernaient le pays qu'en les traitant de « sauvages ». Ils s'empoignaient, répétant les mêmes arguments année après année.

Bogdan, une génération plus jeune, issu d'un autre monde, dénué de passion politique, se joignait à eux comme il pouvait. Il racontait ces mêmes plaisanteries auxquelles il devait sa popularité parmi ses collègues, entre autres sur les Juifs. Il racontait avec verve, comme on le faisait des *szmonces*, les vieilles blagues juives d'avant la guerre. Il prenait un accent caricatural.

J'ignore si mon père ne se rendait pas compte de ce qu'il disait. Mais peut-être voulait-il les persuader qu'il était bien des leurs ? Un peu intimidé, forçant légèrement le trait, il se trouvait face à une famille étrangère, différente de la sienne, plus difficile à décoder.

Il s'y efforçait mais n'y parvenait pas. Ne savait-il pas comment ils réagissaient à ses plaisanteries ?

Marys, le fils de tante Bronka, enrageait mais sa mère considérait Bogdan avec bienveillance. Elle tenait ses plaisanteries peu délicates pour un témoignage de camaraderie et pas pour une moquerie. Il voulait se faire admettre. Il était seul face au clan. Il donnait à comprendre qu'il savait mais que cela ne le dérangeait vraiment pas.

Bogdan était un homme d'un monde un peu différent. Il aurait aussi paru étranger aux intellectuels purement polonais. Mais les Przedborski croyaient vraiment que le nouveau régime était un régime sans discrimination. Ils se considéraient comme progressistes. Ils n'avaient nulle raison de ne pas faire confiance à quelqu'un qui avait fait son choix dans leur famille pour la seule raison qu'il manquait parfois de tenue. « Le plus important, c'est qu'il est bon pour l'enfant », « Ce serait pire s'il buvait » – Bronka répétait ses expressions favorites. Ils avaient accepté Bogdan.

Au travail, ma mère signait ses articles de son nom de jeune fille : Przedborska. Mais dans l'espace de la Cité, pour les gens des entreprises voisines, à la maternelle que je fréquentais et, ensuite, à l'école, elle était « Tuszynska », comme son mari et plus tard ex-mari. Comme moi. Blonde, donc en sûreté. Mes yeux et mon apparence constituaient le meilleur bouclier. Qui aurait pu déceler en moi des traces d'ancêtres juifs ?

Mes parents vivaient autrement que les parents de mes camarades de la cour. Les termes « émission », « transmission », « préparation de copie » et « metteur en page » étaient plus importants pour moi et plus compréhensibles que d'autres touchant à ce qu'on produisait dans les entreprises voisines. Notre différence impliquait une distinction mais aussi un fort sentiment de responsabilité.

J'allais à l'imprimerie avec maman. Je savais en quoi consiste un journal bien avant de pouvoir le lire. Je me rappelle le vacarme du grand hall avec des machines sans cesse en mouvement. Chacune libérait des feuilles de papier imprimé – le journal. Plusieurs hommes tout barbouillés évoluaient à leurs postes de travail respectifs. On appelait l'un d'eux Monsieur le Compositeur. Lorsque Monsieur le Compositeur en avait le temps, il fondait pour moi des petites lettres avec mon prénom en caractères de divers corps. Il me montrait comment naissaient les livres.

Dans notre maison, rue Kasprzak, il n'y avait rien de plus important. On pouvait consulter les livres et les toucher, les caresser et les respirer, les serrer contre soi et les garder sous l'oreiller. Je pouvais toujours compter sur eux. Et j'étais toujours en manque – pas seulement d'histoires mais aussi de livres en tant qu'objets. Chaque livre avait son poids et son visage, différent selon qu'il était ouvert ou fermé. Certains se laissaient apprivoiser comme la rose du Petit Prince. La lecture n'était pas seulement la connaissance d'un code, elle offrait aussi la possibilité de fouiller dans les tiroirs des catalogues de bibliothèques.

Depuis que j'étais enfant, je connaissais bien les bâtiments de la radio dans les Allées de l'Indépendance. Mon père m'y emmenait souvent à l'enregistrement et au montage. Dans le vaste hall d'entrée il y avait un gardien qui laissait passer mon père avec un sourire, il plaisantait toujours et me saluait. Je sentais que papa était important. Et moi à ses côtés. Nous montions au deuxième ou au troisième étage par un large escalier. Il formait un profond entonnoir à l'intérieur, comme une cage ouverte avec un grand trou au milieu. Peu après on y installa un filet car quelqu'un avait sauté du dernier étage et s'était écrasé sur le sol en pierre.

Lorsque nous passions dans le couloir, des voix enregistrées nous parvenaient de chaque studio. Voix masculines ou féminines, voix d'oiseaux et bruits de la forêt, conversations et monologues. Certaines glissaient le long des boucles de la bande ou bien couraient à un rythme accéléré en quête de quelque halte. D'autres faisaient entendre un bruissement de petit ruisseau confus pour changer bientôt de rythme et prendre de la hauteur et, un instant plus tard, retomber dans la monotonie. En général mon père se hâtait vers le studio, mais moi je m'arrêtais devant chaque porte, m'efforçant d'en déchiffrer les mystères. Ensuite nous pénétrions dans l'une des pièces et la porte étanche se refermait derrière nous. Dans le studio je devais rester assise en silence tout au long de l'enregistrement. Dans la salle de montage j'observais le travail de mon père avec ce même ravissement que j'éprouvais en regardant l'illusionniste sortir des foulards colorés et des colombes d'un haut-de-forme.

Il posait les mains sur les bobines plates de la table de montage. Il prêtait une oreille attentive aux différentes phrases qu'il rembobinait ensuite avec précaution, une fois et une autre encore, cherchant les passages qu'il fallait corriger. Lorsqu'il découvrait un endroit où la langue avait fourché, un bégaiement, un mot se répétant inutilement, un « ben » ou un « disons », il disposait ce fragment de la bande devant lui, le retrouvait et l'enlevait à l'aide de petits ciseaux pointus. Et il collait le reste de la bande avec un adhésif blanc. Il repassait encore une fois la phrase maintenant sans fioriture superflue. Je l'admirais alors. Il nettoyait de la même manière tous les « eeeeee » et les « éééééééé », chaque toussotement ou chaque faux pas. Il m'a montré l'art du montage peut-être même avant que je sache lire ou juste après. Avec le temps, il me permit de couper l'adhésif en petits morceaux que je préparais sur le rebord de la table de montage. Pouvant l'aider, je me sentais importante. C'est lui qui m'a confié la clef de l'art de polir et de parfaire la forme des mots. J'ai vu très tôt sur quoi repose le secret d'une construction de la réalité.

Au bout de quelques années maman quitta la rédaction de *Zycie Warszawy*. Une camarade d'études travaillait au *Dziennik Ludowy*, « Le Quotidien populaire », l'organe du Parti paysan qui s'adressait au lecteur de la campagne. Le service culture était plus réduit qu'à *Zycie Warszawy*, on avait moins d'exigences. Elle avait davantage de temps pour son enfant. Elle dut s'y ennuyer un peu, elle se désintéressait des problèmes de l'agriculture. Elle ne faisait pas la différence entre le seigle et le blé, l'arrachage et la récolte. Elle ne savait pas – elle ne le sait pas davantage aujourd'hui – ce qu'était un blé de printemps et un semis d'automne.

Et pourtant elle s'est accoutumée à la rédaction du *Dziennik Ludowy*. Elle prenait plaisir aux premières théâtrales et à rendre compte des livres. Elle apportait à la maison les nouveautés que les journalistes recevaient des éditeurs. Nos étagères se garnissaient essentiellement de titres de choix. Elle n'avait nul souci d'un autre bien.

Maman aimait inviter. Elle invitait des amis d'études, leurs amis communs auxquels tant de choses les rattachaient. Plus tard des gens des rédactions firent leur apparition, de sa rédaction à elle et de la sienne à lui. Parfois ils dansaient, pas seulement à la Saint-Sylvestre. Bogdan invitait des collègues du service des sports.

J'ignore à quel moment ma maman se mit à inventer des prétextes pour ne pas prendre part à ces rencontres. Ira, la plus ancienne collaboratrice de mon père à la rédaction sportive de la Radio polonaise, se souvient qu'un jour Halina lui demanda de faire les honneurs de la maison en son absence. Elle avait laissé la vodka au congélateur, les salades de hors-d'œuvre dans le réfrigérateur, elle lui montra où étaient les assiettes, les verres, les couverts et les serviettes et elle s'assura qu'Ira s'occuperait des invités. A la question de savoir où elle allait, elle répondit en plaisantant plus ou moins qu'elle avait un rendez-vous.

Je ne sais pas où elle allait. Les collègues de Bogdan aimaient boire, lui aussi. Halina ne touchait pas à l'alcool et n'y touche toujours pas. Est-ce qu'elle ne l'aimait pas ? Ou bien en redoutait-elle les effets, la perte de son propre contrôle auquel elle avait tant travaillé ? Peut-être commençait-elle déjà à organiser sa vie sans mon père. Les après-midi et les soirées, les soirées et les nuits. Mais ensuite, ensuite c'est auprès de lui qu'elle commença à se sentir à l'étroit. Voilà comment j'imagine les choses.

Vint le temps où la maison de la rue Kasprzak fut une maison sans père. Et rien à faire pour qu'il en soit autrement, bien que j'aie disposé ses savates à l'entrée et que j'aie cru fermement qu'il reviendrait si j'étais meilleure.

Je ne me rappelle pas ce jour-là, ce jour précis où il a déménagé. Il partait souvent, il faisait ses bagages, il revenait. Je ne sais pas comment ses vêtements ont progressivement diminué dans l'armoire, ni où j'étais lorsqu'ils eurent des conversations sérieuses. Je n'ai pas remarqué le moment où son blaireau a disparu pour de bon de la salle de bains. Maman non plus ne me paraissait pas différente. Et c'est seulement lorsque, par hasard, elle lui a claqué la portière de la voiture sur la main droite que j'ai pensé qu'elle était distraite.

Étais-je à ce point peu observatrice ou avait-elle fait tant d'efforts pour dissimuler ? Un nouvel amour et la tristesse, la désillusion et les difficultés, la nécessité de la séparation, les inconvénients du déménagement. Il faut protéger l'enfant, pour le bien de l'enfant.

C'était maintenant son deuxième secret.

Je ne savais pas que c'était ma maman, sept ans après son

mariage, qui s'était éprise d'un autre homme. Elle ne voulut pas entendre les conseils de ses collègues plus averties : rien ne vaut de briser une famille. Elle ne voulait pas attendre. Elle ne voulait pas soumettre son nouvel amour à l'épreuve du temps ni mener une double vie. Elle ne voulait pas gaspiller un seul instant.

Je n'ai pas su non plus que Bogdan était prêt à tout pour oublier et à tout recommencer, il le lui a demandé, au moins par égard pour l'enfant. Je n'ai pas su qu'il avait payé la séparation au prix de sa santé. Ni à quel point il s'était senti blessé. Je n'en avais pas la moindre idée.

La douleur ne l'a pas quitté.

Ce qui lui fait le plus mal aujourd'hui, c'est qu'elle n'a rien dit à l'enfant. Que l'enfant a été élevée en pensant que son père l'avait rejetée. Il considère cela comme inacceptable.

Je ne savais pas qu'il avait rencontré Agnieszka, mon amie, en promenade avec sa mamie rue du Faubourg-de-Cracovie, un après-midi. Il leur avait proposé de les déposer chez elles. Elle était assise sur le siège arrière de la voiture, petite fille en petit manteau rouge et chapeau en forme de fausse oronge, elle s'efforçait de ne pas entendre ce qu'il disait et de ne pas voir ses larmes. Elle s'en souvient comme d'une scène de film pour adultes regardée malgré l'interdit des parents.

A quel point ma vie en aurait-elle été changée si je l'avais alors su ? Peut-être aurais-je appris à voir le tort qui lui avait été fait là où, pendant des années, je n'avais vu que sa faute ? Et où cela nous aurait-il conduits ?

Personne ne m'a dit pourquoi papa avait disparu. Le plus simple était de chercher la faute en moi-même. Il avait cessé de m'aimer. Je ne voyais pas d'autre raison à son départ, aucune autre n'était compréhensible. Je n'associais pas son absence à la présence de Maciek. Je n'y avais pas réfléchi.

Maciek, c'était Maciek. Grand, gauche, lourd, toujours un

journal à la main et une cigarette qu'il avait changée, avec le temps, pour la pipe. Le tabac hollandais Amphora dans un paquet rouge me paraissait alors être l'attribut luxueux de la masculinité. Maman avait fait sa connaissance à la rédaction, un après-midi où elle était allée rendre son travail de la journée. Comme rédacteur technique, il supervisait la composition du journal. Il paraissait plus vieux qu'elle. Il se passionnait pour la politique. Il me fit des exposés, plus tard, sur la situation au Proche-Orient auxquels je compris peu de chose. Il s'enfermait pour de longues séances dans la salle de bains où il lisait. Il n'occupait la place de personne, jamais il ne s'installa chez nous, il n'était ni remplaçant ni successeur.

J'avais la nostalgie de mon père.

Je sentais que nous étions seules. Un jour, tard dans l'après-midi, maman passa me prendre à l'école et nous revînmes ensemble à la maison. Ce n'était pas loin. Un ivrogne nous prit à partie. Il nous suivit un certain temps. Je sentis alors pour la première fois combien il était facile de nous faire du mal. Combien la couche de glace sur laquelle nous avancions toutes deux était mince. Deux sentiments – panique et dépit. Interdiction d'avoir peur. Il me faut combattre pour moi et pour ma mère. Nous sommes seules, et seules il nous faut nous en sortir.

Ma maman était jolie – pas grande, mince, avec des yeux noirs. Elle portait des lunettes. Dans les années soixante, les montures félines qui allongeaient les yeux en amande étaient à la mode. Les siennes étaient grises, mouchetées comme une peau de panthère.

Sur les photos, elle porte au cou les colliers de graines que je lui faisais en travaux manuels. Teints en rouge et lourds – mais elle voulait me faire plaisir. Distribution des bulletins en deuxième ou peut-être troisième année d'école primaire. Remplie de fierté, elle tient le mien à la main – rien que des cinq sur cinq.

Mais c'est mon père que la directrice de mon école primaire, scoute d'avant-guerre ayant participé à l'insurrection de Varsovie, admirait passionnément. Jamais elle ne m'a appelée autrement que « la fille du rédacteur Tuszynski », et dans mon cahier de liaison elle portait d'élogieuses appréciations que je ne méritais pas toujours.

Il était facile de s'approprier ne fût-ce qu'un peu de sa popularité et de son éclat. Je ne le pouvais pas. Quelque part au fond de moi j'éprouvais comme un sentiment de détournement. Comme l'impression d'un mensonge. Il est peut-être mon père, mais personne ne sait qu'il ne l'est pas vraiment puisqu'il n'habite pas avec nous, puisqu'il ne fait que passer me voir.

Qui m'a dit ou fait comprendre, et quand, que le sport est pire que les livres, le stade pire que la bibliothèque ? Car enfin, quelqu'un a bien dû m'en faire prendre conscience. Je ne me rappelle pas les mots, mais c'est en moi. C'était et c'est toujours en moi. L'effort physique était inférieur, dans certaine hiérarchie, à l'effort intellectuel. Cela devait bien venir de quelque part, cela s'est plus ou moins ancré dans mon esprit. De nouveau, je ne suis pas sûre de la chronologie. En a-t-il toujours été ainsi dans ma vie ou seulement après le divorce de mes parents ?

Ma maman ne parlait pas d'amour. Très tôt elle m'a donné à lire les contes de De Amicis, *Grand Cœur*. Le fils cruel arrache le cœur de sa mère pour assouvir l'un de ses caprices. Alors qu'il est en chemin pour confier ce cœur – à qui et pourquoi, je ne m'en souviens plus –, il trébuche et tombe. Le cœur lui échappe des mains. Et alors il entend la voix toute douce de sa mère : « Mon fils, j'espère que tu n'as rien ? »

Je me suis révoltée en secret contre cette histoire et, en même temps, je me sentais coupable. Je ne puis dire exactement sur quoi reposait ce sentiment. Il ne m'a toujours pas quittée.

Bien des années plus tard, j'ai appris que cette histoire appartenait au canon des livres de lecture dans le ghetto. Maman en a-t-elle eu connaissance là-bas ?

Le collier bleu de mon livre préféré pâlissait à mesure que se réalisaient des vœux successifs. Je voulais constamment la même chose : être invisible et voir ce qui se passe en réalité. Pénétrer sous la doublure du monde. M'introduire dans les maisons, dans les chambres, dans les conversations les plus secrètes. Voir où est papa lorsqu'il est loin et à quoi pense maman lorsqu'elle ne sourit pas.

Je voulais fendre le grand bâtiment et voir ce qui se passait dans chaque appartement. Ouvrir la maison – le monde, le fendre dans le sens de la longueur, ou dans le sens de la largeur, ou par le milieu et regarder.

Que voulais-je donc atteindre ?

A la maison, on ne m'a donné aucune religion. Mais cela ne me manquait pas. Sauf lorsque l'église devenait une scène et vous garantissait de longues robes blanches avec des dentelles et des couronnes. En allant à l'église et en en revenant, mes camarades paradaient dans la cour comme des princesses. Sans cela, je n'aurais jamais su qu'on me privait de quelque chose. Je m'y résignais.

Je n'ai pas eu de première communion, je ne suis pas allée en procession. Le mois de mai offrait des compensations sous forme de kermesses et de Foires du Livre dominicales. Mêlée à la foule dans les salles de marbre du Palais de la Culture, je raflais les dépliants, les marque-pages et diverses mascottes des éditeurs occidentaux dans les stands étrangers. Je me rappelle le bonheur qui était le mien en remplissant de mes butins successifs les sacs de réclame en plastique, également des raretés dans la Pologne de cette époque. Environnée par cette foule polyglotte, je me sentais autrement distinguée que n'importe quand devant l'autel.

Dans ma maison, on ne parlait pas des choses les plus importantes. Comme si les réponses étaient dans les livres ou suspendues dans l'espace.

Maman dit que j'étais trop petite pour qu'on m'explique tout cela. Les hommes, l'amour, le passé. Peut-être. Peut-être n'aurais-je pas su moi non plus, à sa place, en parler à ma fille ? A cette époque où un enfant naturel était encore un scandale inouï, les divorces eux aussi restaient une affaire honteuse. Dans ma classe de trente élèves il n'y avait pas un seul enfant de couple divorcé. Cela renforçait mon infériorité. Il importait d'autant plus de parler, de discuter. Il n'était pas permis de se taire. Ni dans cette affaire ni dans les autres. Le secret se retourne généralement contre celui qui veille à le préserver.

Le divorce était-il un acte de courage ? Ma mère fut-elle courageuse en optant pour l'amour et en décidant d'élever l'enfant sans son père ?

Comme journaliste, elle avait une situation et gagnait convenablement sa vie. L'entretien de l'enfant ne représentait pas un problème, les unions professionnelles venaient en aide, elles organisaient des vacances, fournissaient diverses allocations, des billets gratuits. Dans ce milieu tout le monde vivait modestement, bien qu'à son aise, il n'existait pas de grandes différences. Même ceux qui gagnaient le moins avaient de quoi acheter du jambon, du filet de porc et des primeurs au printemps. Nous accueillions la première tomate, les premières fraises par le rite du pincement d'oreille à la première bouchée. Le plus important était qu'elle avait un logement, le loyer n'engloutissait pas grand-chose.

La Pologne lui semblait être un pays d'un certain bien-être et de relative liberté. Elle ne se plaignait pas des lacunes dans l'approvisionnement et de ce que les courses avaient de pénible, à l'époque elle ne se plaignait encore de rien. Elle parvenait à se procurer les produits nécessaires, le beurre, les ampoules, le linge. Elle se rappelait encore la guerre, la vie après la guerre au milieu des décombres. Or maintenant poussaient des maisons et des routes, la Pologne renaissait dans l'effort – comme on l'écrivait dans les articles de propagande.

J'ignore si maman a jamais regretté ce qui est arrivé. Il me semble qu'elle ne se sentait pas coupable. Envers personne. Elle n'a pas tenté de se défendre d'un nouvel amour. Elle n'a pas voulu s'en refuser le droit. Elle était bien faite, pas grande, elle avait une belle poitrine, je n'étais pas alors en mesure d'en juger mais je le vois bien aujourd'hui sur les photos. Elle plaisait aux hommes. Elle plaisait beaucoup. Et quand elle court à l'audience du divorce, le 1er avril 1964, en jupe noire et fin maillot à col roulé couleur de banane mûre, elle est effectivement ravissante. Ils ont dissous un mariage de neuf ans sans invoquer de faute. Pour maman, le divorce signifiait une nouvelle vie ; pour mon père, une tragédie.

Maman affirme que sept ans c'est un chiffre magique dans ses rapports avec les hommes.

Le tribunal a confié à la mère l'éducation, l'instruction ainsi que l'administration des biens de leur enfant mineur. Au père on accordait le droit de maintenir des contacts personnels avec sa fille et le contrôle de son évolution. Le contrôle dans tout ce que cela impliquerait. On avait estimé à mille zlotys mensuels la participation de mon père aux frais d'entretien de l'enfant. C'était un quart de son salaire de base. Sans les piges.

Je n'aimais pas les dimanches. J'en avais peur. Cela m'est resté. Le dimanche était un temps réservé aux familles heureuses. Un jour de rituels établis, pour nous inaccessibles. Messe, promenade, déjeuner en famille, goûter avec tarte aux pommes maison. Tous ensemble, chaque chose à sa place. Maman, papa, moi, comme dans un livre de lecture. La maman de la maman, mamie. Le papa de la maman, grand-père. Ce n'était ainsi dans aucune des maisons qui m'étaient proches. Ni rue Kasprzak, sans papa. Ni chez mon père, rue Batory, où j'étais étrangère. Ni chez grand-père, rue Pulawska, où Zena venait d'une autre histoire. Même à Lodz, car mamie n'avait pas de mari ; et ensuite elle nous manqua bien vite, elle aussi. Donc ce n'était plus tout à fait ça. Ni chez Frania, avec deux tantes. Peut-être encore chez Bronka. Oui, chez Bronka tout avait l'air parfaitement ordinaire. J'appris à me passer de cet ordinaire-là.

Dès le début, dès que je commençai à faire la navette entre le logement de mon père et celui de ma mère avec un billet de mille zlotys, elle me parut abusivement lésée. Comme s'il me fallait la défendre – en moi et contre moi-même. J'ai bien vite appris à ne pas répéter dans un endroit ce qui se passait dans l'autre. A ne pas dire comment il était auprès de sa nouvelle épouse ni elle, déjà, certainement, avec Maciek. Et j'ai su me taire dès le début. D'où, aussi, l'aptitude à vivre dans le déguisement et à m'adapter à diverses réalités, souvent fort éloignées les unes des autres.

Adapter, ajuster, savoir jouer sur la corde qui convient, avec de nombreux visages en sachant se défaire de chacun. Et ne laisser personne te connaître vraiment.

Rue Perlowa

L'arrière-grand-mère Rozia

Mamie Mania avait une maman, l'arrière-grand-mère Rozia, avec une natte gris souris qu'elle attachait en un petit chignon. Elle habitait cette même maison de Lodz, rue Perlowa, entrée à gauche dans le vestibule. Sous sa fenêtre donnant sur un petit jardin il y avait une table en bois avec un tiroir et, dans un angle, une cuisinière à charbon. A côté, une cuvette en émail ébréchée accompagnée d'une timbale pour verser l'eau et d'un seau. Et au mur un brocart portant cette inscription brodée au fil bleu marine : « A qui se lève matin Dieu prête main ». Mais peut-être cette sentence était-elle accrochée chez mamie et y avait-il ici quelque chose sur la bonne ménagère qui... je ne sais plus ce qu'elle fait... Là-bas régnait le froid. Peut-être le poirier noueux donnait-il davantage d'ombre. Mais pour moi c'était associé à l'arrière-grand-mère, robuste et hâlée par le soleil et les chemins. Elle était vieille.

Je n'aimais pas qu'elle me serre contre elle. Je n'aimais pas son odeur, son odeur de souris, d'amidon et de sueur, de sueur séchée par le vent. Elle portait des robes à fleurs sur lesquelles elle passait toujours un tablier. Des lunettes rondes, aux verres plus bombés d'année en année.

Sur les photos qui traînaient dans les tiroirs parmi d'autres choses inutiles – des clous, des bobines de fil, des caoutchoucs de bocaux –, elle était jeune. Mince et blonde, elle avait des yeux joliment dessinés et un collier au cou. Elle aimait les larges cols rabattus. Au fil des ans elle ressemblait de plus en plus à sa mère, dont le visage évoquait une boule de pain.

Je ne pouvais imaginer qu'elle avait été jeune fille et qu'elle avait marché pieds nus six jours par semaine, à l'exception du dimanche où toute la famille se rendait à l'église. Sa mère, son père, ses frères et ses sœurs, ils étaient une dizaine dans une cabane au toit de chaume dans un hameau des environs de Rokiciny. Elle savait traire les vaches, soigner les cochons, nourrir les poules. Elle savait ce que mangent les animaux et elle était sûre qu'ils prennent une voix humaine, la nuit de Noël, pour parler. Ses parents, Agnieszka et Jozef Krzesniak, n'étaient jamais allés en ville mais elle, elle était allée à Lodz et elle avait épousé quelqu'un des environs, Jan Karlinski. Il s'était fait une bonne place, il était contrôleur des chemins de fer sur la ligne Varsovie-Vienne. A-t-elle vraiment jamais eu dix-huit ans ? Et quand était-ce ? Du temps du tsar, qui régnait également sur le Royaume de Pologne, à l'époque de ce russificateur forcené que fut le gouverneur général Hurko, quand on enseignait la langue polonaise en russe comme une langue étrangère ? A l'époque, les premiers trams tirés par des chevaux sortaient dans les rues où apparaissaient l'éclairage électrique et, dans les appartements, le téléphone Bell qui permettait de franchir l'espace. La jeune paysanne en savait peu de chose. En revanche, elle avait pu entendre parler de la lutte du parti « Prolétariat » pour les droits des ouvriers et de son slogan : « Prolétaires de tous les pays, unissez-vous ! »

Elle commença à mettre des enfants au monde. Le premier,

un deuxième, le douzième. Elle mettait des enfants au monde et faisait la cuisine. De la soupe aux choux et du potage à l'orge mondé, du potage au gruau et du bouillon, du gruau de sarrasin au lait caillé agrémenté de lardons. Des boulettes de pâte au levain, des galettes de pomme de terre, des raviolis aux myrtilles. Elle avait un peu de fruits et de légumes qui lui venaient du jardin, de Polésie elle rapportait du miel, des canneberges et des œufs. Elle préparait des confitures et de la marmelade de carottes pour l'hiver. Elle faisait toujours des réserves. A la campagne ils faisaient du boudin au gruau, de la saucisse et du saucisson avec leurs propres cochons. Tant que leurs parents ont vécu et encore longtemps après. Elle arrosait le veau de vinaigre, elle le couvrait de poivre et d'une feuille de laurier pour l'« attendrir » : le mot me revient de mon enfance.

Je n'aimais pas la soupe au sang d'oie, spécialité de mon arrière-grand-mère. Ni son grand édredon qui m'enveloppait plus vite et plus étroitement que la familière couverture piquée en damas saumoné, imprégnée de mes rêves tendres comme l'âge des dents de lait. Je ne permettais pas qu'elle m'embrasse pour me souhaiter bonne nuit. En chemise blanche amidonnée, avec sa natte grise lui tombant jusqu'aux hanches, elle entrait dans le vaste lit conjugal à tâtons, tel un fantôme. Elle s'y engloutissait généralement seule car mon arrière-grand-père, cheminot, était toujours en voyage. Il n'écrivait pas de lettres, il ne savait pas, sans doute personne ne le lui avait-il jamais appris. Son déménagement au cimetière ne se distingue en rien, pour moi, d'un banal départ.

Je m'endormais avec un goût métallique étranger dans la bouche. Je disparaissais parmi les valises et les coffres dans les gares et sur les quais. Je me perdais au milieu de trains suants fendant la nuit sans s'arrêter. Je m'éveillais encore lourde de sommeil après un voyage de plusieurs heures dans l'inconnu. Des portions indigestes de paysages, de conversations, d'accessoires saisonniers changeants tourbillonnaient devant mes yeux.

Au-delà de la fenêtre envahie par les géraniums, un coq lançait ses salutations angéliques.

Dans la journée je parvenais à éviter ses caresses. Je me cachais dans le jardin ou bien je courais jusqu'au remblai du chemin de fer pour agiter la main au passage des trains – le rapide de Kalisz ou l'omnibus de Gdynia. Dans la maison de la rue Perlowa les heures s'écoulaient immuablement.

Les trains étaient toujours à portée de main. Et de pensée. Et de souvenir. Je ne savais pas, alors, que mon arrière-grand-mère Rozalia avait le voyage dans le sang, tout comme le courage d'affronter le monde. Comment expliquer autrement ses escapades dans l'inconnu ? Peut-être qu'avec un mari menuisier ou horloger elle n'aurait jamais découvert cela en elle, mais les billets de son cheminot de mari lui avaient signalé une possibilité d'aventure. Ces billets gris à bande rouge, les employés du chemin de fer les obtenaient gratuitement pour eux-mêmes et leurs familles à raison de douze par an, valables sur l'ensemble du territoire jusqu'aux frontières de l'État. Grand-mère Rozia s'était engagée dans cette voie, souvent sans but, comme ça, de gare en gare, passant d'une vue derrière la vitre à un autre paysage. Je ne regretterai jamais assez de n'avoir pas su voir cela en elle. Il reste des photos, sur des quais, avec des sacs, des valises, des enfants, aux fenêtres et sur les marchepieds de trains en partance.

D'abord, elle cuisait du filet de porc, ensuite elle faisait des gâteaux, elle enveloppait des bouteilles de thé au citron sucré. Au buffet, elle n'achetait que de l'eau bouillante. Pour que cela coûte le moins cher possible. Pain, beurre, petits pains, elle rangeait le tout dans une minuscule valise. Et ils partaient. Quand on pouvait s'arrêter quelque part pour la nuit sans trop dépenser, souvent chez les religieuses, alors ils s'arrêtaient. Si ce n'était pas possible, eh bien ils rentraient d'excursion. Elle avait d'abord emmené les cinq sans exception, plus tard seuls les plus jeunes lui étaient restés. Ils allaient partout. En pèlerinage à Czestochowa, au monastère de Sainte-Barbe. Et à Zakopane, pour voir les vraies montagnes, respirer le grand air. Comme preuve qu'ils y étaient allés, Stefa gardait un petit calvaire montagnard en bois sculpté. Et grâce à sa grand-mère le petit Bogdan avait encore le souvenir du bruissement d'un torrent qui datait d'avant la guerre. Ils ont visité Gdynia quand c'était encore la campagne, pas du tout un grand port. Ils se sont baignés dans la mer, une fois ils ont pris un canot à moteur. Ils sont allés à Poznan pour l'ouverture d'une exposition internationale, en trente et quelques, et là-bas, pour la première fois, Stefa a vu un nègre. Elle ne pouvait en détacher son regard. Ils ont négligé Varsovie, ils n'y avaient personne.

Rozia avait appris tout ce que la vie exigeait d'elle. Et elle comprenait qu'il devait en être ainsi. Repriser, remédier, remplir les marmites et les assiettes. Du petit déjeuner au dîner, avec prière et oraison. Du berceau au cercueil. Mettre de l'ordre, accueillir, prendre congé. Elle savait être attentive et elle savait rassasier. Il fallait qu'elle sache.

Pendant l'occupation elle a passé de la viande en fraude. Emmitouflée dans des flèches de lard et du collet, ou avec des côtelettes et du filet de porc et de veau qu'elle avait attendri de ses mains, elle a parcouru quotidiennement bien des kilomètres. D'autant plus vieille, d'autant plus forte. Elle faisait passer la frontière verte aux gens. Elle s'était substituée au grand-père emmené en captivité.

Sa fille Stefa qui, de toute sa progéniture, a vécu le plus longtemps, se plaignait de ce que les enfants de Rozia lui avaient fendu le cœur. Le fils ne voulait rien entendre, sa sœur Sabine n'apprenait rien et Marianna n'a pas trouvé le bonheur qui, pourtant, lui revenait. Je ne comprenais pas cela.

La mort me semblait être la sœur de mon arrière-grand-mère. Elle survécut à son mari, elle survécut à presque tous ses enfants. De mise en terre en mise en terre, ce n'est qu'au bout de presque un siècle de service quotidien qu'elle consentit à s'en aller. Dans le cercueil qu'on ouvrit à la requête de ses voisins, malgré les petits-enfants et les arrière-petits-enfants de la ville, elle reposait avec une grâce de jeune fille. Elle sentait bon la prairie.

Mon arrière-grand-mère était assise sur un petit banc devant la maison. Elle pouvait rester assise ainsi pendant des heures. Elle regardait le jardin, les pommiers et les poiriers rabougris, les cerisiers en fleurs, elle veillait ou somnolait. Sa silhouette immobile imperceptiblement recroquevillée, comme si elle pressait contre elle un enfant invisible, s'est à jamais inscrite en ce lieu entre la fenêtre et le puits. Ses mains étaient massives. Jointes sur son tablier, enlacées comme de vieilles racines, elles semblaient mener une existence à part. Elles ne lui appartenaient pas. Elles appartenaient à la terre, elles en avaient la couleur et la force. Au repos, enflées et dures. Engourdies, comme des vestiges de fouilles figés dans la pierre. Tant qu'elles avaient travaillé, creusé, porté, sarclé, coupé, lavé, tant qu'elles avaient servi les autres elles avaient vécu, en soi elles n'étaient qu'un fardeau.

Mon arrière-grand-mère n'avait que ses mains. Surtout ses mains. C'était son moyen de communication avec le monde. Elle parlait peu.

Je le sais seulement maintenant, j'ai grandi pour comprendre qu'elle faisait la cuisine comme on exprime sa tendresse. Elle considérait que rassasier sa famille était sa caresse essentielle. Quotidienne, donc banale et usée, c'est pourquoi nous l'avons à peine remarquée. Mais elle ne savait pas prendre soin de nous autrement.

Mon arrière-grand-mère ne savait ni lire ni écrire. Sa mère non plus. Elle n'estimait pas que ce pût être utile. Elle prêtait l'oreille à la terre et aux saisons, aux araignées et aux mouches, aux prunes et aux pommes, aux oiseaux et à la pluie. Elle savait s'entendre avec les bêtes à l'écurie et à l'étable, avec le soleil et avec la lune. C'est ce qu'elle a enseigné à ses enfants.

Wania

Ce fut bref. Mon arrière-grand-père, le papa de ma grand-mère. Comme dans un brouillard. Des moustaches blanches, un sourire en dessous. Une image vue d'en bas. Quand il se penchait – des yeux bleus, doux.

J'étais trop petite pour me souvenir. Trop petite pour faire sa connaissance. Je savais que du temps du tsar, encore, il était dans les chemins de fer. Il y a longtemps.

Il n'avait pas neuf ans lorsqu'il est parti au manoir comme domestique. Il ne se plaignait pas, ils le traitaient bien, il aidait à l'écurie et à l'étable, il portait, charriait, nettoyait et rangeait. Des activités simples auxquelles il était habitué à la maison. On ne comptait pas les enfants dans sa famille qui ne cessait de croître. Le village de Rokiciny, près de Koluszki – Koluszki, gare de correspondance, rêve inaccessible pour un garçon aux chaussures partagées à plusieurs –, comptait peut-être vingt chaumières disposées de guingois le long de la route. L'église avec son Jésus aux pieds nus et au corps grisâtre se trouvait non loin de l'auberge et de l'unique échoppe où l'on pouvait trouver du savon et du gruau de millet. Après les emplettes on se rendait à la foire au village voisin. Là-bas, à côté des marchands polonais il y avait des Juifs avec lesquels il était facile de marchander bien qu'ils ne touchaient pas à la vodka, même pour conclure une affaire.

Il a fui la maison, quitté ses parents et la misère. Il rôdait près des trains à Koluszki, cherchant un emploi. A la gare ils n'avaient besoin de personne, ni aux wagons, ni aux locomotives, ni au nettoyage. Quant au service des voyageurs, il n'en avait même pas rêvé. Ils le regardaient avec un air soupçonneux car on aurait dit un premier communiant, bien qu'il eût seize ans révolus et qu'il fût déjà allé dans la grange avec Rozalia, la fille du voisin Krzesniak.

Pour elle aussi c'était pénible. Ils habitaient le pavillon des domestiques, le père s'occupait des chevaux chez le nobliau et on avait pris la fille pour aider à s'occuper des enfants du manoir. Petite, taciturne, habituée au travail depuis toujours. Il l'avait ensuite rencontrée encore une fois et une autre, elle était partie jusque chez les Anglais, à la fabrique de fil. Ce n'est pas pour cela, absolument pas, qu'il avait finalement choisi, entre plusieurs trains possibles, celui de Lodz. Les choses s'étaient tout bonnement présentées ainsi, il errait sur le quai désert, une nouvelle nuit froide l'attendait, il n'avait de quoi se payer un billet ni dans une direction ni dans l'autre. Il n'avait guère réfléchi en sautant dans l'omnibus de Lodz-Kaliska.

Il a dit au contrôleur qu'il paierait son billet en travaillant.

— Quel est ton prénom ? a demandé le fonctionnaire russe.

— Janek.

— C'est-à-dire Wania ?

— Wania, a-t-il convenu.

Au début il a été assistant du machiniste.

Il a épousé Rozalia. Il a commencé à voyager sur les grandes lignes. D'abord comme contrôleur. Lorsqu'il revenait les enfants naissaient. Deux, quatre, huit, ils naissaient et ils mouraient. Pendant la Première Guerre on l'a retenu plusieurs mois en Russie. Sa carte des chemins de fer russes, *Jeleznaïa doroga*, établie en 1915 au nom de Jan Karlinski, fils de Szczepan, était valable cinq ans. A la rubrique « emploi » on a écrit : contrôleur serre-frein. Ce qui signifie qu'il avait aussi la responsabilité des freins. Sur la photo il apparaît élégant, en cravate et chemise blanche au ras du cou. Il porte l'uniforme avec un plaisir évident, bien que sa veste croisée à boutons dorés semble être un peu grande. Cheveux courts, clairs, comme la moustache. Sans barbe. Il se tient droit. Il signe d'un zigzag illisible.

Dans des cahiers cartonnés il notait les gares successives : Vladivostok, Odessa, Lvov, cela occupait les heures, il écrivait au crayon à encre, en caractères cyrilliques qu'il avait péniblement appris à l'école tsariste. Dans le compartiment de service il buvait un verre de *kipiatok* – de l'eau chaude –, il n'avait pas grand-chose à faire. Les paysages défilaient derrière la vitre. Il notait l'heure et la minute de l'arrivée et du départ – il n'y avait aucun retard – et des paroles de chansons russes. Il n'a rien écrit de plus. Des cartes de chemin de fer, des billets, une lampe de poche, des crayons venant des dotations d'après-guerre dans les chemins de fer reposent dans une petite valise en carton au grenier, à côté de sacs contenant des vêtements usagés. Peut-on encore leur donner un sens ?

« *Wanka z Pietra prijechal*[1] », riait mon arrière-grand-mère lorsqu'il revenait de voyage, de loin. Il avait une autre odeur. Mais elle ne faisait aucune remarque, l'important c'est qu'il était là de nouveau, il y avait tant de choses à régler. « Hé, mon vagabond » – elle lui tapotait la joue, mais en veillant bien à ne pas ébouriffer sa moustache.

Il voyageait, il gagnait sa vie, il travaillait. Il était plus souvent loin de Lodz qu'à la maison mais Rozia, sa légitime épouse, préparait patiemment les petits déjeuners, lavait, veillait à tout, cousait. Sans une plainte. Pendant sept ans il n'a pas touché à

1. En russe : « Wania est revenu de Pétersbourg ». (N.d.T.)

la vodka, il n'a fait que mettre de l'argent de côté pour la maison. L'un après l'autre les enfants naissaient, pour les achats il ne suivait pas le rythme. Il ne savait plus qui était qui, sauf pour l'aînée, la petite Marianna, parce qu'elle avait été la première, et la première à l'appeler « papa ». Et elle avait si vite acquis une telle sagacité, elle grimpait sur ses genoux et demandait qu'on lui raconte le voyage. Elle jouait avec les tickets en carton épais et apprenait à lire le nom des gares : Ra-dom, Ka-lisz, Cra-covie. Elle voulait être contrôleur, comme lui. Il riait lorsqu'elle ployait, si petite, si maigriotte, sous le poids de son sac en cuir et qu'elle l'invitait d'une voix grave à présenter son billet au contrôle. Elle apprenait les horaires par cœur. Elle était la première aussi à avoir chanté les chansons des légions qu'avait apportées l'un des frères de son père, légionnaire de Pilsudski.

Avec le temps ils avaient changé d'adresse, passant de la rue Wapienna, la rue de la Chaux, à la rue Perlowa.

Qui a nommé rue Perlowa cette rue de la misère ouvrière de Lodz ? Cette rue pavée au voisinage de vieilles usines et du cimetière, butant contre le haut remblai des voies de chemin de fer, ce n'était pas la perle du quartier. Toute Perlowa qu'elle fût. La maison du grand-père se trouvait tout au bout, près du remblai.

Il a gagné à la sueur de son front chaque corde de bois dont on a fait les murs et la porte et le toit. Il a gagné chaque mètre carré de la terre où ont été plantés les pommiers et les cerisiers, les groseilliers et, finalement, les tournesols. En a-t-il égrené des heures, dans le martèlement monotone des roues, pour des clous et du ciment, des vitres et du parquet. Il a érigé la clôture et le puits. Ils ont passé les premières fêtes à la lueur des lampes à pétrole mais, dans la pénombre, le sapin de Noël n'en paraissait que plus élégant.

Généralement, le grand-père apportait un sapin de Noël frais coupé de la forêt. Mais souvent ils se sont attablés sans lui pour le souper solennel. Dans le buffet fendu, près des petits verres utilisés dans les grandes occasions, près des carafes et du service à café se trouvait le graphique du grand-père. Il avait noté de sa propre main les dates et les heures de ses déplacements afin que la grand-mère sache quoi et comment. Le travail, c'était l'essentiel. Fête ou pas fête, il était en voyage.

C'était une maison de femmes dans laquelle les hommes, souvent absents, exerçaient l'autorité de loin.

Jan Karlinski, mon arrière-grand-père, aimait se faire photographier. Plus volontiers en uniforme, sur le quai, près de la locomotive. Une lampe à carbure à la main. Il s'était déjà hissé au rang de chef de train : salaire de 220 zlotys, doublé avec les heures supplémentaires, et casquette à liseré doré. C'est de la casquette qu'il était le plus fier. Il gagnait, avec les suppléments, dix fois autant qu'un ouvrier ordinaire, plus de cinq cents zlotys d'avant-guerre, plus de cent dollars. On le considérait comme un aristocrate du rail.

« Prêts ! » criait-il en levant bien haut le bras portant la lanterne afin que le contrôleur le voie. Alors, celui-ci ayant confirmé, il criait : « Déééééépart ! » et il baissait le bras. Le train se mettait en route.

Il était formaliste, ô Seigneur, pour être formaliste il l'était ! C'est ce que disaient ses enfants. Son pantalon devait être repassé, ses chaussures lustrées. Chacun s'activait à sa propre tâche autour de lui, avec une brosse, avec un chiffon, avec le fer à braise. Il lui fallait également avoir au cou un petit col blanc proprement doublé, un pour chaque jour. Il restait toujours en service.

Même lorsqu'il eut cessé de travailler il s'asseyait chaque jour pour remplir des récépissés, il assurait le service des trains, donnait le départ, réglait les problèmes. « Volga, Volga... », chantait-il dans sa moustache. « Volga, Volga... » A sa mort, l'argent qu'il a laissé a suffi et pour l'enterrement et pour le monument.

Mamie Mania

Ma mamie était allongée derrière la porte au bout du long couloir de l'hôpital. J'avais mal au cœur lorsque je suis entrée, mais je me suis efforcée de le cacher. Les murs couleur de pudding à la vanille faisaient penser à la peau du lait, l'odeur de chloroforme était suffocante. Le monde d'où je venais s'étranglait en respirant la première promesse du printemps. Les fenêtres ouvertes donnaient sur la verdure. Ici, côté hôpital, j'avais honte parce que mon cœur était gonflé de joie et que je voulais de nouveau courir entre les arbres. Mamie, fragile, emprisonnée dans une literie empesée sur un lit métallique à roulettes, appartenait à un autre ordre de choses. Comme si les droits de la vie qui avaient jusqu'alors prévalu avaient cessé d'être en vigueur. Dans ses yeux je ne retrouvais pas l'étincelle familière de notre entente secrète, la chaleur associée à quelque chose qui ne liait que nous deux, à quoi nul autre que nous n'avait accès. Elle était terne et elle sentait autrement. Une fois, elle a tenté de me caresser la tête, mais le bras piqué d'aiguilles de transfusion s'est affaissé sur la literie.

« Mamie, est-ce que ça fait mal ? Est-ce que ça fait plus mal que quand je me suis cogné le genou et que tu as collé du sparadrap ? Tu as posé un baiser et ça a tout de suite passé. Où faut-il t'embrasser ? »

Elle était allongée devant moi mais, quelque part dans son corps, au-dedans, quelque chose se passait qui me l'enlevait. Je le sentais.

Je ne lui fis que peu de visites car on la transféra ensuite dans un service où les enfants n'étaient pas admis, on vérifiait les sacs et les vêtements, à la recherche de germes contagieux, on prenait les fleurs souillées. Il était maintenant interdit de poser des pots – les bocaux colorés apportés de Lodz – sur la table de nuit blanche auprès du lit. Mamie n'avait pas d'appétit, même pour la compote de poires qu'avait préparée sa sœur. Ni pour les oranges dénichées à grand-peine. Elle avait les veines toutes piquées. Je n'étais plus maintenant sa petite-fille chérie. A cause de la souffrance. A son plus jeune fils, qu'elle avait toujours favorisé car sa naissance devait secourir son amour et sauver son mariage, elle préférait mon père, le fils aîné. Je ne comprenais pas, alors, qu'elle cherchait un soutien. Elle qui avait toujours été ce soutien-là.

Ensuite on l'a mise au pavillon d'isolement où elle était plus seule encore. Elle occupait de moins en moins de place au monde. Son temps se recroquevillait de plus en plus. Elle écrivait des lettres de plus en plus brèves. J'entendais parfois mon père parler d'elle en chuchotant avec sa nouvelle épouse. Ils parlaient d'une carte du sang, d'îlots blancs et rouges et de circulation déséquilibrée dans son organisme. Je compris qu'elle souffrait d'une défaillance de rouge, qu'elle en avait besoin. Pour elle je me mis à peindre des fleurs avec ces peintures criardes d'affiches que j'utilisais pour les embellissements du 1er Mai. Pour elle je mettais de côté des bonbons à la framboise et à la fraise, je demandais qu'on lui emmène des tomates et des betteraves à l'hôpital. Avec l'argent de ma tirelire je lui achetai un foulard rouge. Je faisais des rêves dans lesquels nous fuyions ensemble dans un attelage pourpre tiré par des chiens au pelage arc-en-ciel.

Je ne comprenais pas ce qui se passait, à cette époque-là on ne parlait pas de cela avec les enfants. On appliquait un emplâtre de silence sur toute question délicate. Je ne la sentais pas approcher. J'ignorais tout du cheminement de la mort.

Jusqu'alors, ils étaient tous présents ceux que j'avais trouvés là. Lointains ou proches, mais présents. Je n'avais pas éprouvé de perte irréparable. Car même mon père qui ne partageait pas notre quotidien n'avait pas cessé d'être présent. Il avait changé d'adresse mais il n'était pas inaccessible.

Je jouais à la marelle devant la maison de mon père, un deux trois, un pas de côté, un autre pas et un de côté et demi-tour, lorsqu'il s'approcha et dit : « Mamie est morte. » Ce fut comme s'il m'avait frappée. Il me prit par la main sans un mot et me conduisit là-haut. Ils habitaient au dixième étage d'un grand immeuble. Du haut du balcon je vis la même ville que quelques heures plus tôt. A l'endroit où, jusqu'alors, se trouvait l'hôpital de la rue Szaserow, flottait une clarté laiteuse.

Je rentrai seule chez ma mère, en tramway. « Je n'ai plus aucune mamie », dis-je sur le seuil.

Elle m'appelait « Agunia » ou bien « Agusia ». Dans le tas de jouets avec lequel on avait accueilli ma première demi-sœur, elle en avait choisi un pour moi. Cela n'était venu à l'esprit de personne d'autre. Elle me serra très fort contre elle et, lorsqu'elle le put, me prit aussi dans son lit la nuit jusqu'à ce que je m'habitue au fait que désormais, pour moi, tout serait différent. Elle avait des yeux de bleuet, les mêmes que les fleurs dans la prairie.

Je savais qu'elle avait du travail plein les bras et la maison tout entière sur les épaules. Elle aimait avec sagesse et partageait avec justesse.

Dans la maison de la rue Perlowa rien ne manquait, mais on vivait modestement. Du pain et du saindoux, c'était une friandise. Je n'aimais pas le saindoux ni les lardons. Pire, il me semblait que c'était là un signe d'infériorité. J'ignore d'où je tenais cela. J'éprouvais un mépris involontaire pour les tartines de saindoux et les lardons, et pourtant elle en nourrissait sa famille, ma mamie aux yeux bleus si bonne et si proche. Ce fut le premier signe d'étrangeté.

Je ne faisais pas la fine bouche devant les pommes de terre au lait caillé, ni devant le *barszcz* avec des pommes de terre à la graisse, mais je sentais que j'étais d'ailleurs. Comment se faisait-il et comment était-il possible que je puisse le percevoir à travers la nourriture ? Était-ce parce que ma mère appelait cela une nourriture « de paysans » ? Elle n'avait pas supporté la *czernina*, la soupe au sang de canard ou d'oie qu'on lui avait servie lors de son premier repas à Lodz, juste après l'annonce de leurs fiançailles. On avait tout fait pour la régaler, mais on était manifestement passé à côté de ses préférences culinaires. De même, les nouilles fraîches à la vapeur arrosées de graisse lui avaient paru mal convenir à pareille occasion.

Là-bas, le rythme des saisons dictait le quotidien. Le petit jardin scandait la succession des cultures dans les plates-bandes et les étapes de la floraison des arbustes et des arbres fruitiers. Le plus important c'était l'automne. On ramassait les champignons dans des seaux ou des paniers ronds de gros osier tressé. Les récoltes de champignons étaient la fête la plus importante, on comptait en journées entières leurs laborieux épilogues : épluchage, lavage, séchage, cuisson, marinade. Venir à bout de certaines cueillettes mobilisait jusqu'au milieu de la semaine, à partir de là on attendait une nouvelle aube pour se lancer encore dans ces mêmes parcelles forestières. Ils connaissaient chaque clairière et chaque layon, les coins à bolets et à cèpes, à girolles dans les futaies, à oronges et à chanterelles. Il n'y avait que Noël pour rivaliser avec les cérémonies de la cueillette des champignons, bien que Noël fût moins long, même avec plusieurs jours de préparatifs.

Les sœurs Karlinski – Marianna, Stefa et Wiesia –, les filles de mon arrière-grand-mère Rozia et de mon arrière-grand-père Wania, se mettaient au travail environ trois semaines avant la veillée. En secret, afin de n'être vues de personne. Dans de longues bandes de papier blanc brillant spécialement découpées elles tressaient des étoiles, comme des nattes. Elles découpaient des petites ballerines en carton, collaient des ailes et des éventails. Elles garnissaient d'ouate leurs angelots. Elles fignolaient des Cracoviennes en petits foulards avec des colliers et des rubans. Et quand, le jour de Noël, le sapin se dressait dans la grande pièce, outre leurs propres décors elles y suspendaient différentes friandises, des pommes, des pains d'épice, des chocolats dans des papiers colorés. Pour finir, elles enrubannaient chaque branche d'une chaînette argentée. Prêtes pour le mystère de la Nativité.

Mamie était là, tout simplement. Comme le fourneau et le feu. Comme le jour et la nuit. Elle était la garantie des vérités les plus simples. La voix puissante de la radio proclamait midi en faisant entendre le *hejnal* du clocher de Notre-Dame. Le rythme de l'enfance marqué par l'écho de la flèche décochée de l'arc. Le sonneur suspendait sa note. La mélodie s'interrompait [1]. Alors mamie s'occupait du repas dominical. Le sifflet du cheminot, avec sa ficelle, près de la cuvette, et sur la toile cirée de la cuisine, la pince à billets. Le billet, chose précieuse, promesse d'aventure.

Les trains ont traversé mon enfance. Et ils continuent de circuler. A travers la table, au milieu du repas, l'omnibus de Gdynia. Entre le potage et le poulet, mais parfois plus tôt. Le rapide d'Opole avec la compote de fraises. Aujourd'hui, mamie fait le ménage dans d'autres firmaments. Elle veille sur une autre étoile.

---

1. Toutes les heures, à Cracovie, une sonnerie de clairon retentit du haut de l'église Notre-Dame. Le sonneur interrompt chaque fois brusquement sa mélodie, rappelant symboliquement ainsi la flèche de l'assaillant tartare qui, au XIIIe siècle, vint se planter dans la gorge du guetteur posté à cet endroit. (N.d.T.)

Je ne savais pas grand-chose d'elle, sinon qu'elle était à moi et unique. Elle m'a montré comment naît Dieu et comment le pouvoir chancelle. L'hiver, elle m'endormait avec un cantique et elle éveillait le printemps dans la coquille d'un œuf de Pâques bénit. Là-bas, j'étais au calme et au chaud.

Elle est morte au printemps de 1969. Je n'avais pas douze ans. Trop tôt pour comprendre qui elle était.

Sur sa photo de première communion, Marycha – c'est ainsi qu'ils appelaient Marianna à la maison – est maigriotte et enfantine malgré les boucles de ses cheveux coiffés très haut. Elle est sous un buisson de lilas. Un peu plus tard on l'a photographiée à la manière des nymphes fin de siècle, à demi allongée, couverte d'un fichu décoratif, les cheveux libres sur les épaules. A ses pieds, une brassée de roses blanches. Derrière, une toile représentant une allée de grands arbres. Carrefour symbolique ? A cette époque, elle avait encore l'avenir devant elle, comme les autres fillettes de la pension privée de madame Laszczycka. Elle apprenait à calligraphier, à dessiner et à tirer l'aiguille. Elle récitait des poèmes. Elle faisait les plus jolies broderies de sa classe, sur des serviettes et des nappes. Elle déchiffrait la toile d'araignée des patrons les plus compliqués. Elle créait aussi les siens, elle avait cela dans les doigts et sous les paupières. Elle mariait infailliblement les couleurs. Sur les kilims, les brocarts, les jetés de table, les nappes, on reconnaissait sa main.

La vie a corrigé ses rêves. Elle a d'abord travaillé comme auxiliaire dans une pharmacie puis elle est allée à l'usine de contreplaqué, enfin à l'usine de caoutchouc. Au lieu de bouquets elle a fait des bottes.

On ne sait pas où et comment elle a fait la connaissance de Romuald Tuszynski. Ni pourquoi elle ne voulait que lui. Elle avait d'autres soupirants, bien faits, avec des situations, mais lui seul comptait. Trop.

Romek venait voir Marycha deux fois par semaine. Toujours élégant et soigné. Et lorsque Marycha lui faisait du thé, les enfants plus jeunes, ses sœurs et son frère, flairaient ensuite son verre parce qu'il sentait le parfum. Ils se moquaient un peu d'elle mais, en vérité, Romek leur en imposait : serrurier de précision, de trois ans plus jeune qu'elle, grand, élégant, le cheveu châtain. Mais il était jaloux, il ne la laissait aller avec personne. Elle tomba enceinte.

Ils se marièrent à Lodz, à Saint-Joseph, au printemps 1932. Elle avait préparé la noce chez ses parents, rue Wapienna, avec sa mère et ses sœurs. Son ventre la gênait déjà et il lui était pénible d'être à la cuisine pour y pétrir la pâte des raviolis, celle du gâteau au pavot, faire mariner les harengs, préparer les salades et tout ce qu'il y avait à couper – oignons, pommes de terre, légumes –, et tout le couvert à laver bien comme il faut et la table à dresser. Au dernier moment, faire d'élégants canapés avec des petits pains anglais. C'est ce qu'elle voulait. Elle était lasse et ses jambes avaient enflé, mais elle dansa avec le jeune marié comme si son bonheur devait en dépendre.

Jan Karlinski donna ce qu'il put à sa fille aînée pour les meubles, deux cents zlotys, la moitié de son salaire mensuel. Rozalia prépara le trousseau. Un édredon, deux oreillers, deux paires de draps, quelques nappes blanches et crème, solides, et du linge – six paires de chemises et de culottes. Grosse affaire, ce mariage : Jan Karlinski économisait alors pour la maison et un premier petit-fils allait bientôt naître.

Le père de mon papa, Romuald Tuszynski. Mon grand-père que j'ai à peine connu. Je ne me souviens pas de lui lorsque j'étais enfant, il n'était déjà plus à la maison rue Perlowa. Mamie ne m'a jamais dit un seul mot de lui, comme si elle n'avait pas eu de mari. De toute mon enfance mon père ne l'a pas mentionné. Comment se sont-ils aimés, mes grands-parents, Romuald a-t-il jamais répondu à l'amour de sa femme ? Comment l'a-t-elle aimé, elle, démonstrativement ou en silence, avec passion ou plaintivement, avec dévouement, jusqu'au bout malgré tout ? Quand les choses ont-elles commencé à se gâter entre eux, pourquoi et quand est-ce devenu insupportable ?

Le dimanche, en tenue des grands jours, mamie allait déjeuner chez sa belle-mère, la mère de Romuald, avec son mari et son fils. Au milieu des années trente ils avaient un peu d'argent, ils travaillaient tous les deux, elle pouvait maintenant se permettre l'acquisition d'un meilleur costume de lainage et d'une pelisse convenable. Mais quels qu'aient été ses vêtements et ses efforts, pour Maria Paulina Hausman, une Viennoise, Marycha restait une prolétaire des faubourgs ouvriers de Lodz. La mère de Romuald, corpulente, col de renard, lunettes, donnait à comprendre sans ambiguïté à toute la famille Karlinski qu'ils devaient se sentir honorés de fréquenter son fils unique et elle-même. Elle s'estimait pétrie dans la meilleure glaise.

Effectivement, elle était originaire de Vienne et son père était autrichien. Homme aisé, il construisait des routes et des ponts. Il était arrivé à Lodz vers la fin du XIXe siècle. Il s'était installé dans le quartier de Koziny, rue Wlodzimierska, non loin du vieux cimetière. On ne savait ni comment ni où sa fille, Maria Paulina, avait fait la connaissance de Walery Tuszynski, un coiffeur, polonais. Il était propriétaire d'un salon de coiffure pour hommes. Elle s'en éprit dès le premier regard et le conduisit au mariage malgré l'opposition du père. J'ignore ce qui dérangeait le plus le vieil Hausman : le milieu d'où était issu son futur gendre ou sa nationalité ? Ils se marièrent en 1912, peu de temps après naissait un fils, Romuald. La jeune mère reçut de son mari une brassée de lilas blanc.

J'ignore quand elle a raconté cette histoire à ma mamie. Et la suite de cette histoire.

Walery Tuszynski partit bientôt à la guerre. Il combattit longtemps, jusqu'à ce que la Pologne redevienne la Pologne [1]. Il ren-

1. Après 123 ans de partages entre ses puissants voisins, l'Autriche, la Prusse et la Russie. (N.d.T.)

tra victorieux à Lodz en 1918. Mais ce n'était pas le même homme qui rentrait. Il éclatait soudain de rire, discourait hors de propos ou pleurait, rien de ce qui convenait à un soldat. Il ne pouvait dormir, à peine s'était-il assoupi qu'il réveillait sa légitime épouse d'un cri. Elle changeait sa chemise, le consolait comme un enfant, mais il ne se calmait pas. « Laisse-moi, laisse, toi... l'Allemande ! » lui dit-il un jour pour la première fois. Mais ensuite il ne le répéta que trop souvent.

Un beau jour, il se rendit de bonne heure au salon sans avoir déjeuné et mit son rasoir sous la gorge du premier client.

Il mourut peu après.

Grand-mère Tuszynska, née Hausman, se remaria bientôt, cette fois avec un brave cheminot, Andaszek. Ce fut un bon grand-père, il apprit à son petit-fils, le petit Bogdan, à pêcher les poissons.

Aucun d'eux n'a pris part à mon enfance.

Ils ont vécu cinq ans d'occupation allemande. Aucun n'a péri. Personne n'est mort. Sur une photographie de guerre prise en mai 1940, mes grands-parents sont assis à la table commune. Mamie Mania porte sa plus belle robe, noire avec une applique de dentelle. Elle a épinglé un petit bouquet de roses sur sa poitrine, comme si elle s'apprêtait pour le bal. Romuald est lui aussi en vêtements du dimanche, avec un nœud papillon à pois blancs et un costume sombre avec gilet. Endimanché lui aussi, leur fils se tient à leur côté mais il n'a pas le sourire, comme s'il en savait davantage qu'eux. C'était certainement le jour de sa première communion.

Sur une photo d'après la guerre prise dans un parc en automne, on dirait que leur vie commune a déjà pris fin. Sur un banc, en chapeau noir et en manteau à col de fourrure, Romuald voit déjà plus loin que leur commune destinée. Il la fuit du regard. Mamie s'efforce encore de le convaincre de quelque chose. Je sens le froid qui régnait alors.

Elle ne pouvait se résigner à l'idée de perdre l'homme qu'elle avait tant voulu. Elle le perdait comme elle a perdu ses forces, année après année, lentement, par morceaux. Pourtant je ne puis l'imaginer une lame de rasoir à la main. Telle que je l'ai connue, mamie savait remédier à tout, elle était capable de porter secours à tout désespoir.

Il partait, s'éloignait, revenait, elle l'accueillait de nouveau. Pour un instant, davantage, pour toujours. Lodz, Szczecin, Jelenia Gora, de nouveau la rue Perlowa. Elle écoutait, elle voulait écouter ses promesses d'amendement. Il ne buvait pas, ne cherchait pas querelle. Il savait être charmant, il achetait des fleurs, se frappait la poitrine, jurait n'aimer qu'elle. « Et il revenait de nouveau en arrière » racontait Stefa, la sœur de Marycha.

Ma mamie l'excusait parce que les uns boivent et les autres courent les femmes. Et que faire avec un homme comme lui ? Peut-être la guerre lui avait-elle ôté tout sens moral, peut-être était-ce son caractère ? Elle se tourmentait. Parfois elle disait à Stefa que sa vie était une éternelle indécision. Elle pleurait, mais elle ne cessait d'attendre. Selon sa sœur, le Seigneur lui avait ôté la raison.

Lorsqu'elle était ma mamie je n'avais pas connaissance de tout cela. Elle n'était pas là quand j'avançais en âge, elle n'est plus là maintenant que j'ai grandi.

J'ai une bague qui me vient d'elle, avec un petit brillant dans un chaton en platine. Je l'ai reçue lorsque j'ai eu dix-huit ans. Je l'ai portée jusqu'à ce qu'elle se brise. Personne ne veut me la réparer.

Stefa

Cette année, des tourbillons de neige ont accueilli Pâques. Mais rue Perlowa – fenêtres lavées, rideaux frais, blancs, empesés, éclatants. Des parfums de propreté, de cire et de savon noir annoncent la fête, remplacés avec le temps par des odeurs de saucisse, de soupe aigre à la polonaise, de jambon cuisiné et de raifort râpé.

Tante Stefa s'est recroquevillée. Il y a longtemps que je ne l'ai vue. La jeune sœur de ma mamie lui a survécu de quarante ans, de millions de soupes, de rôtis, de marinades – un océan d'inconcevable lassitude. On dirait un oiseau méchant sur ses pattes arquées. Le cou émerge presque du milieu du dos moulé en une bosse molle. Appuyée à la porte, elle entame sans préambule sa litanie de souffrances. Dans cette lamentation monotone ses traits aiguisés se creusent. Ses cheveux blancs pelotonnés en petits rouleaux tombent de chaque côté d'un long nez qu'elle n'avait pas auparavant. Elle relève son corsage, fait toucher sa peau et ses os, sa poitrine par endroits, son ventre par endroits. Elle semble fière de ce qu'il reste si peu de chose d'elle, de cette impitoyable façon dont le temps s'est détourné d'elle. Un rosaire de maladies, d'essoufflements, d'anémie, de toux, de cauchemars, de démangeaisons, d'escarres, encore et encore. Encore.

— Viens, je vais te montrer la robe pour l'enterrement.

— Montre.

— Je vais te montrer, je vais te montrer, tu vas voir comme elle est belle.

L'armoire sent les souris et un reste de naphtaline décomposée. Un écho fade de lavande macère dans la housse en plastique d'un portemanteau. Libéré de son film étanche, il se répand un instant pour se fondre aussitôt dans un ancien parfum, le parfum d'enfance de cette maison – odeur d'édredon, de murs blanchis à la chaux, de feu et de maladie.

— Regarde comme elle est belle.

Jupe et jaquette noires de tissu lourd, un tissu cardé, c'est le mot qui me vient à l'esprit bien que j'ignore à quoi cela ressemble, mais le mot colle à la structure grossière de ce tissu destiné à la mort. J'y sens le mensonge, comme s'il se déguisait en quelque chose qu'il n'est pas.

« Regarde comme elle est belle », répétait tante Stefa en caressant la jupe et la jaquette étalées sur le lit. « Comme c'est artistement brodé » – d'un doigt tordu aux ongles rongés jusqu'à la racine, elle désignait le jabot sous le col. « Artistement », dans sa bouche ce mot sonnait étrangement, mais associé au triste petit ornement accroché au col il éveillait la tendresse. Il me rappelait tous ces monologues de couturière avec lesquels elle m'en avait tant imposé dans mon enfance. Quel ravissement suscitait chez elle ma petite pèlerine vert céladon avec des petits volants, ou bien mes petits escarpins en toile avec des petites cocardes. Un élan qui tenait de la prière. Toujours des diminutifs. Comme une petite guirlande de petites roses. Comme mes petits ongles qu'elle taillait pointus (« taillés fox-trot », disait-elle) et laqués avec un authentique vernis couleur rubis – mes premiers ongles faits, dont je lui étais si reconnaissante.

Je la regardais, pelotonnée sur le lit avec sa bosse douloureuse, je regardais la robe trop large à la taille, il y avait des années qu'elle avait dû se la procurer, je regardais ses jambes difformes au gros orteil bouffi, il devait y avoir quelque chose dans mon regard parce qu'elle demanda : « Tu veux voir comment c'est ? » Elle me prit la main qu'elle glissa encore une fois sous son corsage – trace de poitrine résignée, vaine. Ensuite elle fit glisser son épais collant noir. Le ventre desséché s'affaissait, faisant saillir les os du bassin, sa peau était rugueuse et livide. « Ce sera froid d'être allongée comme ça », poursuivit-elle en sortant de la lingerie de futaine blanche. Une chemise avec de la dentelle un peu salie, une culotte et un épais caleçon avec des élastiques. « Tu sais comment ça se passe quand on est allongé comme ça. » Elle pressa des souliers à petits talons contre son visage, cilla des yeux : « Comme ils sont beaux. Les meilleurs. J'ai longtemps mis de côté pour eux. »

Aller à la mort en culotte grossière de fil d'Écosse et souliers du dimanche un peu usés, sans chapeau. « Il n'y a pas à marcher longtemps et ce sera confortable d'être couchée. »

Ils sont déjà tous morts. D'abord son père, cheminot, dont elle n'a pu prendre congé. « Papa avait pris froid mais il était têtu, il s'est levé avec de la fièvre, il a pris son service, il a attrapé une pneumonie et les ventouses n'ont servi à rien. Dieu, comme nous avons pleuré, Marycha et moi. Ils avaient frisé sa moustache au fer pour le cercueil, ils lui avaient passé une grande tenue. De bonnes chaussures aussi. Et son sifflet de cheminot à la main, à côté du chapelet. Et après, ma sœur. J'allais à l'hôpital à Varsovie une fois par semaine. Elle demandait : "Apporte-moi du concombre, mais sale-le toi-même", ou bien : "Apporte des nouilles fraîches à la vapeur". Mais après, elle a arrêté. Elle répétait seulement : "Ramène-moi à la maison, je veux mourir à la maison". Ils ont ramené le cercueil par le train. Ma sœur Wiesia est morte aussi, il fallait la soigner comme un enfant parce qu'elle en était restée au stade d'un enfant ; et mon frère Mietek qui ne voulait rien apprendre, un vaurien. Maintenant ils sont tous partis. Ils ont usé tant de chaussures. Il n'y a que moi qui suis restée. »

Sur les photos de sa jeunesse elle porte l'uniforme de préposée. Les cheveux retenus derrière la tête par une barrette. On l'a d'abord emmenée au travail dans le Reich, elle travaillait dans une usine de margarine. Elle emportait de la margarine dans un ample manteau, dans des ouvertures spécialement aménagées dans la doublure derrière les poches, ou bien dans ses cheveux, elle la cachait sous un paquet de cheveux ramassés en une sorte de rouleau. Lorsqu'elle est revenue elle a travaillé pour les Allemands comme facteur. Elle était un peu lasse de marcher mais elle était au grand air. Elle découvrit bien vite qu'elle avait quotidiennement quelques dénonciations dans sa sacoche. Beaucoup de gens se cachaient, ils étaient revenus d'Allemagne, ils avaient fui, ils se terraient. D'abord elle n'avait pas su quoi faire, elle avait craint de se trahir si les lettres n'arrivaient pas. Elle hésita longtemps, regarda autour d'elle si personne ne la voyait et finit par glisser un papier plié dans une de ses chaussures qui ressemblaient un peu à des bottes. Ensuite elle s'y prit plus hardiment. Elle voulait même garder ces dénonciations pour plus tard, après la guerre, pour avoir une preuve, quoi et comment, qui elle avait sauvé, mais un jour les Allemands firent une rafle juste à côté, à quelques rues de là, ils pourchassaient les gens avec des chiens en criant. Alors elle prit tous les papiers et les jeta dans le poêle. « Oh, ici, dans ce poêle-là, ils y sont tous passés... »

Ce même poêle où j'ai appris le feu. Ce poêle qui a toujours existé. Le monde tel que je l'ai trouvé. A cette époque je ne fouillais pas dans ma mémoire, je ne savais pas le faire. Il n'existait qu'un seul ordre des choses. J'écoutais le feu et la pluie.

Près de la table ronde en chêne couverte d'une nappe blanche il y a quatre chaises en bois. Sous ce coussin, à droite, un magazine en couleurs et, à l'intérieur, un reportage sur moi avec de grandes photos. Ils le sortent quand il vient quelqu'un d'important, le médecin ou un encaisseur.

Stefa me donnait toujours quelque chose en cachette. J'étais déjà presque adulte, je venais en visite à Lodz pendant mes études, et plus tard. Elle me donnait beaucoup de choses inutiles, en cachette de mon père, en cachette de mes sœurs. Par exemple un drap ou quelque broche bon marché, un corsage à petits volants que je n'ai jamais eu l'intention de mettre ou des bas que je n'ai pas portés, un bocal de cornichons confits au sel ou une compote de poires. Elle me prenait par le bras à l'écart et me faisait ce présent. Cela me gênait, mais j'étais incapable de l'offenser par un refus.

Elle se rappelait mon père depuis sa naissance et elle s'était occupée de son frère comme une mère. Elle-même ne pouvait avoir d'enfants. On l'avait envoyée en cure à plusieurs reprises aux sources des cigognes, mais sans résultat. Même lorsque j'étais encore une petite fille je sentais que le destin l'avait privée de quelque chose. Je lui permettais de jouer avec mes poupées. Son mari, Manius, un brave homme, travaillait au dépôt de locomotives comme graisseur, il buvait. Il me soulevait et me faisait tourner au plafond. Il ne se querellait pas après avoir bu, il allait dormir. Sur la fin, après plusieurs opérations de la cataracte, il ne voyait presque plus. Quelque chose s'était décollé dans son œil, on lui avait donc aussi interdit de boire. Il restait assis. Ou bien il se tenait à la fenêtre. Ses camarades de boisson avaient eux aussi perdu leurs forces. Elle le torturait, car non seulement elle suffoquait des nuits entières mais elle lui jouait aussi de mauvais tours, elle se lamentait, lui en faisait voir de toutes les couleurs : il n'avait pas fendu le bois, pas repeint les murs, le puits était tari, le seau n'était pas vidé. Il n'était pas encore allé à la foire ou bien il n'avait pas haché l'oignon, « encore une fois, je l'ai pourtant assez dit, c'est toujours pareil... ».

Elle a fini par mourir. Et il veut se pendre. Pour le moment il est assis dans la cuisine, ivre mort. Après le repas d'enterrement.

Lors de ma dernière visite là-bas, à Pâques, comme la neige tombait et qu'elle me montrait sa robe pour le cercueil, elle a sorti une petite poupée en caoutchouc sans bras d'un tiroir et elle a pleuré, expliquant que c'était la petite poupée de Marycha, sa sœur aînée, sa sœur bien-aimée, ma grand-mère. De nouveau elle a voulu me donner quelque chose en cachette, quand personne ne regardait. J'ai demandé la petite poupée. Elle a refusé : « C'est tout ce qui me reste d'elle. » L'a-t-on vêtue de culottes chaudes dans son cercueil ? Et la petite poupée, qu'est devenue la petite poupée ?

Elle a dit plusieurs fois qu'elle allait mourir. Elle se préparait pour la route. Lorsque je plaisantais elle se fâchait, elle me menaçait de son doigt tordu tout comme lorsque j'étais petite : « Il ne faut pas se moquer du Bon Dieu. » Elle se rongeait toujours les ongles. Avec le temps ses doigts s'étaient cambrés, comme les branches d'un arbre rabougri, en tous sens. Ils faisaient saillie avec leurs extrémités rongées comme des blessures cicatrisées. Elle cessa rapidement d'être un élément de mon univers, et pourtant elle était un signe, la maison de la rue Perlowa me rattachait à la Pologne par une radicelle ténue, à Lodz, aux jeunes carottes qui levaient au jardin. « Agusia, cueille-toi des groseilles, les cassis ont beaucoup donné aussi cette année. *Na*, il y a un cruchon ici. »

Je n'aime pas les groseilles, je n'aime pas les cassis. J'ai honte au souvenir de ma honte enfantine quand j'entendais ce *« na »*, « *na*, prends, cueille, *na* ». *« Na »* signifiait : « tiens ». Personne ne parlait comme ça à Varsovie.

Je m'attendais à sa mort. Elle avait longtemps guetté son tour. Je me rendais bien compte que le jour viendrait où cette nouvelle me rattraperait. Elle ne me frapperait pas, elle me rattraperait. Et je pensais que cela ne me concernerait pas.

Au lieu de cela, je la vois en deuil devant la tombe fraîchement creusée de ma grand-mère avec une fillette en pleurs qui la tient par la main très fort. C'est l'été, comme maintenant, il n'y a plus de fillette, j'ai grandi et j'ai pris mon essor. Je l'ai oubliée pendant des années, je ne lui ai même pas envoyé de cartes, pas un signe de vie, je n'ai pas téléphoné, je ne l'ai pas invitée. Comme si elle n'existait pas. Comme si elle ne m'avait pas sauvée d'un troupeau d'oies, ne m'avait pas montré le cheval dans la prairie, n'avait pas mis le vase de nuit près de mon lit et n'avait pas chauffé mon lait. Comme si elle ne s'était absolument pas souciée de moi. Comme si elle n'avait pas été là. Elle n'est pas là. A l'autre bout du monde j'allume un feu selon sa recette : un morceau de journal, du menu bois pour allume-feu, une pyramide bien faite, quelques bûches sur le côté, des pommes de pin pour l'odeur, du bouleau pour l'arôme. Une goutte de résine. Ça flambe comme rue Perlowa.

Les voisins

Je n'ai jamais entendu le mot « juif » rue Perlowa. Ni de la part de mamie ni de ses sœurs ni de leur mère. Tous les voisins étaient des Polonais et il ne m'est jamais venu à l'esprit qu'il pût en être autrement.

J'ai longtemps ignoré si les Juifs avaient jamais existé dans la conscience de ma famille de Lodz. Lorsque j'ai voulu le demander il ne restait plus que Stefa, qui n'est plus là, elle non plus, aujourd'hui.

Nous en avons parlé une fois. Je ne lui ai pas dit que c'était important pour moi eu égard à maman. Je lui ai demandé de raconter. Elle a volontiers parlé. Je me suis même demandé où elle avait conservé toutes ces images et toutes ces impressions, ce mouvement et ce chaos et ce tumulte, ces lointaines camarades et ces mélodies. Quiconque habitait alors en Pologne devait avoir des souvenirs semblables. Et que sont-ils devenus ?

Selon Stefa, à Lodz le quartier juif était partout. Car ils habitaient aussi bien la rue du 11-Novembre que la rue Jaracz, rue du Centre-Ville et rue Zachodnia, rue Wschodnia aussi. Et dans le quartier de Baluty. Moins ici, à Mania, dans le nôtre, mais non loin, à Koziny, il y en avait deux ou trois. L'un d'eux avait une boutique rue Srebrzynska.

Quand il fallait acheter quoi que ce soit, alors on allait en ville, chez les Juifs. Grand-père Karlinski donnait de l'argent à sa femme Rozalia, elle prenait Marycha, l'aînée des filles, et elles partaient faire des courses. Pour Mietek, qui était à l'école de commerce pour devenir marchand, pour Sabina qui ne voulait pas être couturière, pour Wiesia qui était comme un enfant et pour elle, Stefa.

Lorsqu'il fallait des snow-boots, alors elles achetaient des snow-boots. On achetait les pull-overs chez la Werberka, ou bien chez une autre qui avait un atelier. De même pour les gants ou pour un manteau. Tout était meilleur marché chez les Juifs, mais de qualité irréprochable. Ils avaient de jolis tissus, au choix ; elles prenaient un lainage clair, ou alors coloré, vert, bordeaux, noir, ou bien des cretonnes avec des motifs. Pour des robes qu'elles confiaient à une couturière. Stefa aimait surtout les volants et les soufflets. Là-bas elles marchandaient toujours quelque chose. Ils consentaient un rabais sur ce qui se présentait, rien à dire. Aussi bien sur le beurre que sur des œufs, chez eux on trouvait tout : farine et chaussettes, bas, harengs, thé.

« Chez les petits Juifs, répétait Stefa, maman achetait rue Nowomiejska. Les rideaux ont été achetés chez un petit Juif, ils sont en pur coton, très solides, jolis. » Et moi j'approuvais. Comment se fait-il que la langue s'imprègne ainsi des émotions de ses usagers, et quand, avec la permission de qui, a-t-on changé les Juifs en petits Juifs ? Avec familiarité et indulgence, avec un sentiment de supériorité et une nuance de dédain. Mais je me trompe peut-être, peut-être est-ce mieux ainsi, peut-être « juifs » sonnerait-il encore plus rudement ? Mot-imprécation, mot-insulte : juif. Ils achetaient chez les voisins juifs.

« Marycha aidait toujours à choisir. Et ce marchand avec des papillotes lui disait : "Ma chère madame, mais qu'est-ce qui ji peux rabattre ? Quatre-vingt-cinq zlotys, c'est comme ça doit coûter." Aussitôt maman se détournait comme pour aller ailleurs. Et alors lui : "*No*, que madame elle attende un peu, vous êtes mon première client, je ne vais pas vous laisser partir. *No*, attendons. Alors quoi ? Aïe, quoi faire ? *No*, disons cinquante zlotys." Finalement il descendait à moitié prix. "Je suis perdant, vous êtes le première client, bon." Et ainsi, maman achetait. »

Ma mamie avait des camarades juives au lycée, c'est sa sœur Stefa qui le disait. Elles s'étaient liées d'amitié, elles s'amusaient ensemble. Stefa aussi, à l'école, en avait. Elles apprenaient leurs leçons ensemble, économisaient pour acheter des bonbons, jouaient à toutes sortes de jeux. De même Wiesia, en classe. C'est Wiesia, la plus jeune, qui en avait le plus : et Chajka, et Laja et Bronka. Elles allaient les unes chez les autres, goûtaient la poule aux carottes et le poisson sucré. Elles connaissaient une chanson : « Chez les Blawicz il y a des invités, parce que leur fille est fiancée, fidilaï laï laï, fidilaï laï laï, fidilaïlaïlaïlaïlaï, et *tate komt* et *mame komt* et il y a même du *kugel...* »

Elle ne se rappelle pas la suite... fidilaï laï laï, fidilaï laï laï.

Personne ne m'a jamais chanté cette chanson. Personne n'a évoqué ceux qui la chantaient. Et pourtant, il n'y a pas que le commerce qu'on ne pouvait imaginer sans eux. Personne ne m'a montré la boutique du quartier de Koziny où ils achetaient à crédit et ne m'a dit : « Elle était là, elle a vécu, ils l'ont prise, elle a péri. » Ryfka ou bien Sura. Le Juif copropriétaire de la fabrique de halva où travaillait Mietek, leur frère, offrait des sucreries aux employés pour les fêtes et ils lui en étaient reconnaissants parce que, tout de même, c'étaient des fêtes catholiques, il n'était pas obligé. Sur lui aussi on a gardé le silence. Mais on disait d'autres voisins : il a été fait prisonnier, ou bien : il a travaillé chez un *bauer*[1], ou bien : ivre, il est tombé sous un train. On n'évoquait pas la dentiste Zytnicka qui prodiguait ses soins. Ni ce Juif de Bielsko, bien qu'il fît le tour de toutes les maisons l'une après l'autre et qu'il vendait ses coupons de tissus à crédit, ne revenant chercher ce qui lui était encore dû qu'un mois ou deux plus tard. Il y en avait un aussi qui se déplaçait avec une carriole et achetait des chiffons. Pour ces hardes inutiles

1. En allemand : un paysan. (N.d.T.)

il donnait quelque pot pour la cuisine, des boutons ou des petits peignes. Même les enfants l'attendaient.

Comment se fait-il qu'ils n'aient pas laissé une place vide ? Même dans les mémoires ?

Ensuite la famille Karlinski n'a plus eu aucun contact avec le ghetto, bien qu'il fût tout proche. Pendant l'occupation ils allaient seulement chez la tante, dans le quartier de Widzew, chacun avait peur de sortir. Les gamins qui étudiaient le soir rentraient chez eux en franchissant les clôtures, en traversant les cours. C'est qu'ils n'étaient tout de même pas bien grands – sept, huit ans. Chacun devait prendre garde.

Une fois, Stefa avait aperçu une fillette, elle pouvait avoir l'âge du petit Bogdan, son neveu, mon père, tellement crottée, noire, elle buvait l'eau d'une flaque pas loin de leur fenêtre. Stefa voulut l'appeler, la nuit tombait déjà, mais elle n'en fit rien.

Ce pouvait être ma maman.

Ma mamie se souvenait-elle de cette fillette ou de fillettes comme elle, d'enfants comme elle ? Elle était si bonne, elle croyait au sacrifice et à la miséricorde, elle ne pouvait supporter leur faim. Je sais bien que c'était la guerre, qu'ils n'avaient pas grand-chose eux-mêmes, mais en souvenir de ses camarades d'école elle leur a certainement porté du pain. Je ne veux pas savoir qu'elle n'avait pas assez de forces pour le malheur d'autrui. Je ne veux pas savoir. Je ne saurai pas. Moi, la fille d'une fillette comme celle-là.

Mais pourquoi, à vrai dire, aurait-elle dû nourrir des enfants juifs ? C'est la question que je pose, moi, la fille d'un autre gamin derrière cette vitre. Ma mamie a-t-elle jamais réfléchi à cela ? De toute façon le danger menaçait de partout. Et les mères juives, si la folie du monde avait tourné autrement, se seraient-elles souciées de son fils à elle ?

Mon père, qui avait alors dix ans, s'est souvenu de ses camarades juifs de Sompolno, où il a passé ses premières vacances de guerre avec ses grands-parents paternels. Ils s'amusaient ensemble. Ils jouaient à la pichenette avec un couteau et aux cartes. Ils grimpaient aux arbres. Il les voyait prier le samedi. Ils ont ensuite disparu.

Il se souvient que non loin de la maison de la rue Perlowa, rues Strykowska et Zgierska, c'était le ghetto. Il passait par là. Il ne sait plus ce qu'il voyait ni ce dont il prenait conscience. On y avait enfermé des gens. Des maisons entières, tout le monde. Les enfants aussi ? Sans doute aussi les enfants, ils ne pouvaient jouer au ballon comme lui et apprendre le polonais. Le 1er septembre il devait aller à l'école. Il avait peur des Allemands mais il courait avec ses camarades dans les terrains en friche du quartier de Mania pour shooter dans une balle en chiffons, et il jetait des cailloux dans les plaques portant les noms des rues en allemand. La guerre a duré longtemps, il avait le temps de grandir.

Mais ensuite, comme les autres, il a oublié ceux-là.

Leczyca

Mirek

Je suis venue pour la première fois à Leczyca pendant l'hiver de 1991. Place de l'Hôtel-de-Ville, la neige virant au gris était en train de fondre. La Vierge de pierre devant le bâtiment de la municipalité semblait perplexe. J'avais une feuille portant deux adresses rédigées de sa main par maman, sur le Petit-Rynek et rue Poznanska, et quelques noms et prénoms qu'il m'arrivait de mélanger.

Un homme qui boitait, ressemblant au diable de Boruta de la légende locale, avait tenté de me guider par de petites allées glacées vers une place déserte où trônait une station-service. Nous errions sur les traces invisibles du passé. Je n'avais rien trouvé. A l'auberge où j'étais entrée pour me réchauffer j'avais entendu une phrase qui fit que je quittai la ville natale de maman avec soulagement : « Vous n'auriez pas dû vous charger d'un poids pareil, il y a encore tant de Juifs ici... »

Curieusement dit. Jamais encore je n'avais entendu pareille formulation. Pas offensante à proprement parler, certainement pas vulgaire, étonnamment esthétique. Offensante tout de même. Jamais je ne réagis directement à des remarques pareilles. Je m'efface. Je ne me défends pas. Je ne me querelle pas. Je ne fournis pas d'explications. Je fuis. Là aussi j'avais fui. Pour neuf ans. J'avais claqué la porte.

J'ai alors songé à maman. Elle ne voulait pas que pareils commentaires puissent un jour m'atteindre. Je pense toujours à elle quand j'en entends et aux couleurs défensives dont elle m'habillait. Ce sont toujours les miennes.

Cette phrase m'en rappelait une autre, bien plus brutale – qu'Hitler mérite un monument en Pologne pour ce qu'il a fait aux Juifs. Elle ramenait à la tragédie du retour des habitants juifs dans les petites localités de ce genre après l'extermination. A leur retour chez eux, dans leurs maisons qui n'étaient plus les leurs, occupées par les voisins polonais ne cachant pas leur étonnement que ceux-là aient survécu, soient revenus, soient toujours là.

Lorsque je suis allée là-bas pour la première fois, la jeune sœur de mon grand-père, Frania, vivait encore. Celle qui parlait de son rêve de fuir la bourgade familiale, de fuir pour toujours et de ne jamais revenir. Elle ne pouvait comprendre ce que je cherchais là-bas dès lors qu'elle avait tout fait, elle, sa vie durant, pour oublier.

J'avais encore réussi à trouver quelqu'un qui se souvenait de Frania sur le Petit-Rynek. Il s'en souvenait, bien qu'un demi-siècle se fût écoulé, malgré leur absence, malgré l'absence de maison au numéro 9. Il se souvenait des demoiselles Przedborski, cultivées, qui avaient obtenu leur baccalauréat, très jolies, qui n'avaient absolument rien de juif. « Non madame, jamais vous n'auriez dit. »

L'adresse de Mirek, professeur local d'histoire, je l'ai trouvée à l'Institut historique juif de Varsovie, dans le dossier « Leczyca ». J'ai frappé pour la première fois à la porte de son appartement de la rue Zydowska en mai 1999.

On a tracé la rue principale du quartier juif au milieu du XIVe siècle. Peu après on lui a donné le nom de Zydowska, « rue juive ». Un nom qui n'a pas changé pendant des siècles.

A Leczyca, la rue Zydowska a été pavée dès le Moyen Age. Lors de fouilles on a trouvé des souliers en cuir remontant à cette époque. La trace la plus ancienne de la présence des Juifs dans ce castrum. Des chaussures. Ils étaient arrivés chaussés. Étrangers. Certains d'entre eux. Certains sont partis pieds nus. Les uns se sont déshabillés eux-mêmes. On a ôté les chaussures des autres quand ils ne pouvaient plus se défendre.

A la fin du XVIIIe siècle, le regroupement des Juifs au bord de la Bzura était l'un des plus importants de la Pologne centrale. Leur quartier s'était étendu jusqu'à la place de l'Hôtel-de-Ville, une synagogue en dur avait aussi été bâtie. Au XIXe siècle ils représentaient la moitié de la population de la ville, dans les années vingt ils étaient quatre mille.

Avant la guerre, deux familles polonaises seulement habitaient rue Zydowska. Tous les autres habitants parlaient yiddish : les tailleurs, les bottiers, les boutiquiers. Dans leurs maisonnettes en bois tassées les unes sur les autres ils logeaient et travaillaient, cousaient, martelaient, tannaient les peaux, faisaient le commerce des harengs, des concombres, du pain natté et de la vodka. On y sentait la sueur et la misère. Les enfants et les rats couraient. Tout le monde connaissait tout le monde. Chaque vendredi il y avait fête, prière et repas du chabbat.

Le morne bâtiment lépreux des années cinquante du siècle passé où loge Mirek se dresse sur les décombres d'une construction plusieurs fois centenaire. Après la guerre, dans les vestiges de la charpente d'une maison en bois, juste à côté, on a trouvé près d'une douzaine de cornes de bélier. Le chofar sert aux Juifs pour accueillir le Nouvel An, Roch ha-chanah.

A l'école, lorsqu'il était gamin, Mirek avait honte de son adresse rue Zydowska. Mais ça lui a passé. Il la fait figurer aujourd'hui sur ses enveloppes, comme expéditeur, avec une certaine ostentation. Il a même un cachet spécial. Depuis l'enfance il pouvait être fier de la collégiale de Tum, la localité voisine où l'histoire de la ville a commencé au VIe siècle, du château et du diable espiègle de Boruta. Il connaissait par cœur la chronologie des rois de Pologne et l'histoire de l'ordre des chevaliers Teutoniques, les traces laissées par la Deuxième Guerre et les crimes des bolcheviks. Il était curieux de la gloire des armes polonaises. Mais qui aurait bien pu lui enseigner l'histoire des talmudistes juifs et des *tsaddiqim*[1], des marchands et des *melamed*[2] ? Il en ignorait l'existence.

Il voulut s'informer dès qu'il eut réussi à vaincre tous les préjugés de la province. Les préjugés des paysans qui s'étaient endettés chez les Juifs pendant des siècles, et des bourgeois pour lesquels ils constituaient une concurrence commerciale, et des prêtres qui avaient proclamé pendant des siècles, du haut de la chaire, que les Juifs ont tué le Christ. Se libérer de cette aversion si répandue, entretenue année après année, exige le courage d'une réflexion indépendante.

C'est peut-être pourquoi il est devenu professeur d'histoire ?

Je ne savais rien de lui lorsque j'ai frappé à sa porte. J'ignorais qui était et à quoi ressemblait ce petit-fils de boulanger de Leczyca, ce fils d'ouvrier, ce professeur de la rue Zydowska.

J'ignore comment il se fait que très vite, presque d'emblée, je lui ai dit ce que je cherchais réellement. Je n'ai pas tenté de dissimuler les raisons qui m'avaient conduite à Leczyca en quête de ses habitants juifs. C'est d'ici que vient toute ma famille du côté de maman. Les Herman, les Przedborski, les Goldstein – tous Juifs de Leczyca.

---

1. En hébreu : les hommes justes, charitables. Le Talmud insiste sur le fait que le monde repose sur la justice de trente-six *tsaddiqim*. (N.d.T.)

2. *Melamed* : le maître dans le *hèder*, institution scolaire pour les jeunes Juifs de cinq à treize ans dont le programme concernait uniquement les textes sacrés. (N.d.T.)

Je lui ai dit quelque chose que je n'avais alors encore dit à aucun étranger et certainement pas en Pologne, que j'avais confié à des amis et pas à tous, seulement à des amis choisis. Une chose sur laquelle je gardais le silence au quotidien. Je ne saurais dire pourquoi il me parut digne de confiance, ce qu'il y avait en lui de particulier.

Une pièce sombre dans l'appartement au rez-de-chaussée, une petite bibliothèque avec des livres, un poêle en faïence, une vieille machine à écrire. Des yeux clairs, attentifs.

Il ne montra aucun étonnement, comme s'il se trouvait tous les jours quelqu'un pour lui soumettre le même genre de problème. Ni lui ni moi ne savions alors comment allait évoluer notre aventure avec mon passé et ce qu'elle deviendrait. Sans hésitation, il promit de m'aider.

Ensuite, à plusieurs reprises encore, j'ai tenté de comprendre sa décision, je lui ai demandé pourquoi il avait fait cela, pourquoi il s'était impliqué, pourquoi il avait mobilisé ainsi son attention et son temps. Il répétait la même chose : j'avais besoin d'aide et il n'y avait personne d'autre dans cette ville qui aurait pu le faire.

Je m'étais alors montrée à lui dans le costume de l'écrivain venu de Varsovie, sorti tout droit des soirées d'auteur, des programmes de télévision avant de s'envoler pour New York. Un écrivain publié et traduit. Mais peut-être n'ai-je pas raison, peut-être n'est-ce pas cela qui avait un sens. J'ignore ce qui l'a décidé à se rendre pour la première fois aux archives municipales avec la liste de mes noms. Très vite il a commencé à parler de « nos » noms.

La première enveloppe de la rue Zydowska est arrivée quelques jours plus tard. Elle renfermait la liste des habitants de Leczyca qui avaient juré fidélité à Sa Majesté le Tsar Alexandre II en 1855. Trois Herman y figuraient – un propriétaire d'immeuble, un marchand et un boutiquier – ainsi que le commis Hersz Lejb Przedborski.

D'autres lettres suivirent. Non seulement mon arrière-grand-père Henryk, conseiller municipal de la ville de Leczyca, avait réapparu, mais aussi son frère Bernard, échevin. Avec le temps, Markus, leur père, se manifesta également. Et leurs épouses et leurs enfants. Tous portaient des prénoms juifs, ce qui ne facilitait pas leur identification. Mais le rythme de leur entrée en scène témoignait de leur empressement à vouloir enfin prendre la parole. J'étais impatiente de recevoir les enveloppes suivantes en provenance de la rue Zydowska. Une aventure unique en son genre commençait : la découverte de mon propre passé, exhumé de ses mains par ce locataire de la rue Zydowska dont je venais de faire la connaissance. J'appris ensuite qu'il avait toujours voulu chercher des trésors.

Je ne sais plus quand il m'a parlé de lui. Ni dans quel ordre. Le père de Mirek circulait dans les environs, il réparait les machines agricoles. Son grand-père était un boulanger de l'endroit. Peut-être Herman, typographe à Krosniewice, mon arrière-grand-père, a-t-il fait des étiquettes pour le pain des aïeuls de Mirek ? La marraine de Mirek habitait aussi au 9 du Petit-Rynek, dans la maison où la famille de ma maman vivait avant la guerre. Il lui rendait souvent visite. Après la guerre il a emprunté ce même escalier que mes grands-parents et leurs parents ont descendu pendant quelques dizaines d'années. Il a regardé par les mêmes fenêtres donnant sur les prés.

Et ainsi, pas à pas, j'ai commencé à m'introduire dans les registres de locataires, les documents municipaux et les inscriptions hypothécaires. J'étais impatiente de recevoir la lettre suivante, le morceau suivant de mon passé, les comptes rendus de conseils municipaux, les listes des habitants de telle ou telle rue et de ceux qui étaient redevables du paiement pour la surveillance de la synagogue. Il me donnait au fur et à mesure de leur découverte les fragments des destinées plus que centenaires des habitants juifs de Leczyca associés à mon propre destin. Je commençais à ne plus pouvoir me passer de ses lettres.

C'était comme l'assemblage d'un puzzle dont je ne connaissais pas la forme. Elle s'élaborait à mesure que m'étaient fournies les pièces jusqu'alors inaccessibles. A partir de rien surgissait une image qui s'enrichissait au fil du temps.

Il écrivait. Je téléphonais, j'arrivais dès que je le pouvais afin, rue Zydowska, près du poêle en faïence, à un pas de la rue Poznanska et de l'imprimerie de mon arrière-grand-mère Salomea, de pouvoir parler d'elle comme si elle était sortie de la pièce juste pour un instant. Ou bien de la manière dont sa fille Justyna jouait du piano, ou de son répétiteur, plus tard son mari, Henryk, que Mirek appelait déjà lui aussi, comme jadis les Przedborski, « le Bel Henio ».

Dans de vieilles notes nous avions trouvé une assise pour la fragile légende familiale.

Pour une famille qui avait tout perdu et qui, ensuite, sciemment, s'était débarrassée de sa mémoire, ces découvertes étaient d'une extraordinaire importance. J'avais obtenu des preuves confirmant les conjectures et les indices. Je pouvais en composer des variantes de la destinée des miens. Ils avaient laissé des traces.

Ils avaient laissé des traces pour moi. Dans les registres de la population de la ville de Kalisz et de la ville de Leczyca. Dans les registres des naissances. Dans des extraits, des déclarations, des certificats.

Ils avaient laissé des traces car ils voulaient qu'on les retrouve. Ils voulaient revenir. De Treblinka et de Chelmno, des granges en flammes, des maisons en ruine, des forêts, des camions à gaz.

Ce doit être radicalement différent lorsqu'on se rappelle sa propre grand-mère assise dans un fauteuil, la tête redressée et la tresse de ses cheveux relevée en une étroite couronne. Il suffit qu'elle soit assise. Il n'est pas nécessaire qu'elle dise quelque chose, mais si elle parlait ce serait bien de reconnaître sa voix, de la différencier des autres voix. Ou la façon dont elle posait les mains sur le clavier du piano, la forme de ses mains, l'expression de son visage quand elle jouait. Ou quand elle faisait des confitures d'abricots.

Les uns puisent dans la pellicule de la mémoire familiale, appellent des personnages dont ils parviennent à discerner les traits et les formes. Comme l'absence, alors, est différente. Pour moi, mes grand-mères inconnues ne sont que des traces sur le papier, un mince filet d'encre dans une signature. L'écho d'une ombre.

Les miens, je ne les ai pas appris à la maison. Ils ne se sont pas attablés avec moi et nul ne m'a raconté comment ils prenaient place. Ils n'ont mangé avec moi ni bouillon aux vermicelles jaunes ni compote de prunes. Ils ne se sont pas révélés à moi dans l'ordre, selon la chronologie de la vie. Ils n'ont pas pris part au quotidien de mon enfance, même en qualité d'ombres. Il me fallait les découvrir, parfois contre la volonté de parents vivants, héritiers muets de la mémoire. Mes recherches m'ont égarée dans bien des directions, sans me donner de portraits clairs ni même d'indices conduisant vers un but quelconque. Je me suis perdue bien des fois dans leurs généalogies et dans les signes qu'ils me glissaient, par moments je m'écartais des images déjà reconquises, faisant irruption sur un nouveau sentier qui ne menait nulle part.

Les documents témoignent d'une présence de plus de deux siècles des Herman sur la terre polonaise. A Kalisz et à Krosniewice, à Lowicz et à Lodz, à Leczyca et à Plock. Après 1815, ces territoires ont été incorporés à l'Empire russe où la situation des Juifs était plus difficile que dans les autres territoires annexés. C'est seulement alors qu'on a commencé à les appeler *starozakonni*, référence à l'Ancien Testament, ce qui remplaçait le qualificatif jusqu'alors en usage d'« infidèles ».

A la fin du XIXe siècle, la moitié de la population juive mondiale, pratiquement, habitait l'État tsariste. Dans le Royaume de

Pologne lui-même leur nombre a été multiplié par huit en l'espace d'un siècle pour atteindre un million et demi. Malgré cela il arrivait aux Polonais d'appeler les Juifs des passants ou des étrangers sur cette terre.

Selon le stéréotype, tout Juif était un métayer, un aubergiste ou un boutiquier. Généralement indifférent aux affaires du pays dans lequel il habitait, occupé à multiplier sa propre fortune.

Mon ancêtre le plus lointain, Szmul Herman, était marchand de vins et d'épices. A Leczyca il dirigeait l'affaire familiale fondée en 1804. Il vendait également des billets de loterie en qualité de collecteur de la loterie nationale dans le Royaume de Pologne. Au milieu du XIXe siècle il a siégé au conseil municipal, ce qui témoigne de sa position particulière et de son niveau d'instruction. Seuls les Juifs privilégiés, aisés et instruits, avaient accès au droit de vote et à une fonction publique. Il appartenait indubitablement à l'élite de la ville. Il y possédait une maison avec un grenier à blé dans la rue Poznanska où il entreposait ses réserves de boissons. Il organisait parfois des représentations de théâtre pour les enfants dont le bénéfice était destiné aux nécessiteux.

Il est mort juste après l'insurrection de 1863 [1], laissant des dettes qui représentaient les trois quarts du montant de sa fortune.

L'entreprise survécut. Elle passa dans les mains de Salomea Herman, sans doute la nièce de Szmul. Mon arrière-arrière-grand-mère, désignée par son prénom juif de Sura Ruchla dans le recensement de la population de la ville, est enregistrée comme « marchand » ou « citoyen, bourgeois ».

Elle avait épousé de bonne heure son cousin Samuel Herman auquel elle avait donné quatre enfants. A la fin du XIXe siècle, outre le commerce de vins et d'eaux-de-vie, ils dirigeaient une

1. Dirigée contre l'occupant russe, l'insurrection éclata en janvier 1863 dans le Royaume de Pologne (mais aussi en Lituanie, en Biélorussie et en Volhynie) et le tsar n'en vint à bout qu'en août 1864. Alexandre II avait espéré se concilier les paysans du Royaume en les affranchissant, en mars 1864, mais ceux-ci n'en prirent que plus nettement conscience de la communauté nationale à laquelle ils appartenaient. (N.d.T.)

imprimerie. Le correspondant local de la gazette de Kalisz se plaignait qu'une imprimerie polonaise fût passée aux mains d'un Juif marchand de vins qui, non content de se faire chèrement payer pour un piètre travail, engendrait aussi une quantité inouïe de fautes d'orthographe dans tous ses imprimés, polonais et russes.

Il est tout à fait possible que les Herman aient estropié le polonais. Sans doute parlaient-ils le yiddish en permanence et n'aspiraient-ils pas à la perfection dans l'usage de la langue des poètes polonais. Je n'exclus pas qu'ils pouvaient faire des fautes. Mais je ne sais toujours pas si cette contestation de la compétence d'Herman était liée à la réalité des choses ou si, peut-être, elle n'était que le résultat de l'aversion des imprimeurs polonais.

La marque de l'imprimerie des Herman figure dans la presse quotidienne de Leczyca des années vingt et trente du XXe siècle, sur les comptes rendus d'activité de la compagnie des pompiers, de la société de chant attachée à l'église des Jésuites, sur les prospectus vantant les charrettes d'un fabricant local et sur les avis de décès affichés sur les murs.

Je pensais à ma trisaïeule en écoutant les récits de l'entre-deux-guerres sur les Juifs de Leczyca dont les habitants de la ville se souviennent encore. J'écoutais raconter comment ils sortaient de la synagogue en regardant les autres de haut. Comment ils empruntaient les allées, « nos allées, de leur synagogue vers notre église », je les vois marcher et il y a en eux comme... un sentiment de supériorité. « Ils étaient suffisants. Ils n'éveillaient pas la sympathie, il y avait de l'arrogance en eux. Et ils faisaient tout pour nous exclure du commerce, ils faisaient des miracles pour détruire le négoce polonais. »

Jachet Gitel, Justyna, fille de Salomea, mon arrière-grand-mère, n'avait pas de signes particuliers. Pas en 1930, lorsqu'elle a rempli sa demande de carte d'identité. Châtaine aux yeux bleus, taille moyenne, visage ovale. Elle n'a pas joint de photographie à sa demande. Elle voulait rester pour moi dans le cadre de l'imagination, pas d'un portrait. Je peux le composer avec des yeux bleus et des cheveux de couleur imprécise, ni clairs ni sombres, quelque chose de vague, du clair-obscur, grisonnants, ni noirs ni fauves, comme les miens. Il paraît que je lui ressemble. Elle avait des cheveux longs. Elle aimait qu'on s'assoie près d'elle sur un petit tabouret et qu'on coiffe ses longs cheveux. Elle les arrangeait ensuite en chignon ou en couronne. Sa petite-fille, ma maman, s'en souvient, mais celle qui s'en souvient le mieux c'est Mirka, une amie de la maison, elle était jeune à cette époque ; elle me parle du rituel de la coiffure, sur la promenade du bord de mer à Tel-Aviv. J'ai franchi des milliers de kilomètres, de Varsovie en Israël, pour entendre cela. Le peigne était en os, avec des dents très espacées, le petit tabouret bas venait du mobilier du salon, là où se trouvait le piano. Une bonbonnière en porcelaine de Meissen. Elles étaient assises près de la fenêtre donnant sur les prés. Au numéro 9 du Petit-Rynek, à Leczyca.

A quoi bon m'obstiner ainsi avec ce peigne et ces cheveux ? Dans la chambre à gaz ont-ils brûlé d'abord, avant le corps ? Et comment ont-ils brûlé ? A partir de la racine ou de la couronne ? Et la douleur ? Elle avait laissé le contenu de ses poches derrière les portes. Sa bague – je ne sais pas si elle l'avait encore – est allée sur un tas de bijoux amoncelés. Ils l'avaient prise dans une rue du ghetto, à Varsovie où elle était venue rejoindre sa famille. Elle n'a pas résisté, elle cherchait sa cadette qu'on avait prise auparavant dans une rafle, avec son jeune fils.

Donc : taille moyenne, visage ovale, châtaine, yeux bleus. La plume du fonctionnaire est décidée. Sa signature à elle paraît timide. Elle a obtenu sa carte d'identité le 20 septembre 1930. Elle avait alors 45 ans.

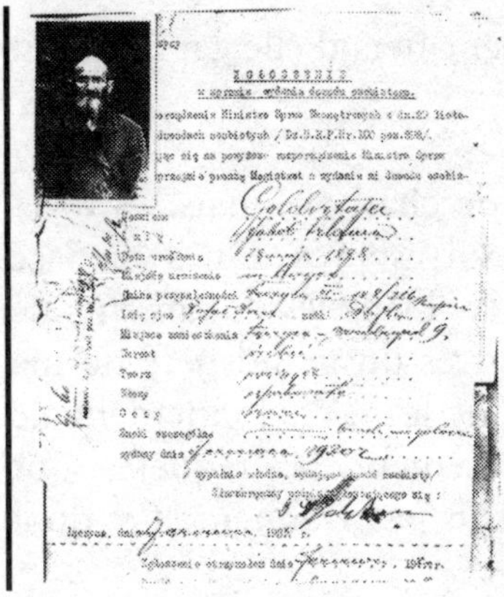

Jakub Goldstein

Il y avait beaucoup de Goldstein. Plus d'une centaine dans la seule ville de Leczyca, mais aussi à Ozorkow, Krosniewice, Kolo, Brzesc, Kutno, Gostynin, Piatek, Stawiszyn et Lodz. Leurs arbres généalogiques constituent une forêt dense et dévoreuse de temps, même pour ma minutieuse obstination.

La mère de ma mère descend des Goldstein. Les Goldstein, ce sont ces Juifs pauvres, banals, sans aucun signe distinctif, qui ont laissé leurs traces, par milliers, pendant des centaines d'années, dans les petits bourgades au bord des fleuves de Pologne.

On pouvait les voir partout, ou bien ne pas les voir, justement, car ils se fondaient dans la banalité des foires hebdomadaires et de la prière du chabbat.

Jakub Szlama est né à Leczyca ; sa femme, Chana Rauf, à Kolo. Ce sont eux dont ma maman se souvient comme de ses grands-parents juifs. Ils ont eu six enfants, des filles et un seul garçon, David, artisan peintre.

L'aînée des filles, Udel Sura, appelée Dela, la mère de ma

mère, est née à Kolo en 1902. Ils étaient fiers d'elle car elle était devenue institutrice.

Jakub Goldstein faisait commerce de charbon, mais ses revenus suffisaient à peine à sa modeste subsistance. On a menacé plus d'une fois de lui envoyer l'huissier. Dans les documents de la ville de Leczyca, de nombreuses lettres du grand-père de ma maman sont conservées qui concernent le rééchelonnement de ses crédits. Il les honorait consciencieusement. Les requêtes sont calligraphiées en bon polonais. Je ne suis pas vraiment sûre qu'il en était l'auteur.

Ils employaient pourtant une servante. Ils payaient régulièrement la surveillance de la synagogue et leur quote-part scolaire ainsi que pour les Juifs pauvres.

Jakub Goldstein, seul de toute la famille, m'a montré son visage.

En juin 1930 il a présenté une demande de renouvellement de sa carte d'identité. Signalement : taille moyenne, visage allongé, cheveux grisonnants, yeux gris. Signe particulier : barbe non taillée.

Sur la gauche il a joint une petite photographie.

Mon arrière-grand-père a un grand nez et des oreilles décollées. Une calotte sur son crâne dégarni, la bouche affaissée, comme s'il lui manquait des dents, et une barbe poivre et sel. Sa capote au col deux fois rabattu, fermée par un unique bouton métallique, semble râpée. Ses yeux légèrement rétrécis regardent droit devant.

Il a cinquante-deux ans et c'est un vieil homme. Il a peur.

On l'a a assassiné une dizaine d'années plus tard.

Le Petit-Rynek

Sur le Petit-Rynek, au numéro 9. Un grand bâtiment en forme de « L » où mes ancêtres Przedborski occupaient un appartement en façade, à l'étage. L'appartement était clair, avec des fenêtres sur la place et sur les prairies. Dans le bureau de mon arrière-grand-père Henryk trônait une bibliothèque en acajou.

Dans le registre des hypothèques on a mentionné une maison en maçonnerie avec étage, une annexe en maçonnerie avec étage, une annexe non maçonnée sans étage, une place à l'avant des bâtiments, une cour, un jardin, un pré. Près de cent personnes étaient enregistrées dans ces biens du Petit-Rynek avant la guerre. Les familles Fau, Szpigiel, Cynaderka, Engiel, Cwang, Monter, Moszkowicz. On a eu bien du mal à retrouver un héritier, et un seul.

Jamais je n'ai vu la maison du Petit-Rynek, bien que la guerre ne l'eût pas détruite, ni même les tentatives ultérieures d'effacement du passé. Nul n'est capable de dire pourquoi, en 1981, on a démoli ce bâtiment de belle apparence qui offrait un lieu de vie à une dizaine de familles. Difficile aussi de se procurer des photographies.

L'unique photo du numéro 9 du Petit-Rynek que j'aie réussi à obtenir appartient à celle qui fut l'administratrice de ces biens après la guerre. Elle l'a conservée uniquement parce qu'on y voit, au premier plan, le cortège funèbre de sa voisine préférée. La maison est triste, grise. Elle a une autre manière de garder le silence que celle que j'avais imaginée.

Ma maman est née au Petit-Rynek. Elle y a ensuite habité auprès des deux couples de ses grands-parents – ceux de l'annexe, les Goldstein, et ceux de la façade, les Przedborski.

Avec les années, le Petit-Rynek semble idyllique. Parce que la mémoire adoucit les traits. Parce qu'ils étaient tous ensemble. Parce que leurs soucis avaient une dimension humaine, ils étaient semblables à ceux de leurs voisins d'en face.

A Leczyca, une ville de dix mille habitants, les Juifs représentaient un tiers de la population.

Mon arrière-grand-mère, Justyna Herman, s'est mariée tôt. Elle est tombée enceinte de son répétiteur de quatorze ans plus âgé qu'elle. Avec le temps il lui donna quatre enfants. Le premier-né, Samuel, qu'on appelait Zamutek, vint au monde quelques mois après le mariage, en 1903, l'année du pogrome de Kichinev. Ensuite, successivement, tous les deux ans, des filles : Bronka et Frania et la plus jeune, Madzia, en 1913.

Henryk Przedborski, mon arrière-grand-père, jadis répétiteur entreprenant, était appelé dans sa jeunesse « le Bel Henio ». Ils habitaient le Petit-Rynek depuis 1914 lorsque cet arrière-grand-père assagi devint conseiller de Leczyca. Il exerça cette fonction pendant les vingt années suivantes, dans les commissions de bienfaisance et du budget, à l'administration de la caisse d'épargne municipale. On l'avait élu sur la liste de l'Union des Juifs orthodoxes bien qu'il ne fût pas religieux à l'excès. Au sein de la municipalité on lui confia des tâches qui exigeaient une assez bonne connaissance de l'histoire de la Pologne et de la langue polonaise, comme de préparer l'appel à la population pour le centième anniversaire de la mort de Tadeusz Kosciuszko[1].

Au quotidien, Henryk Przedborski tenait les livres de comptes du dépôt de vins de sa belle-mère, à contrecœur et pas très scrupuleusement bien que l'existence de la famille, au jour le jour, en dépendît. Il considérait le commerce, domaine proverbial des Juifs, comme quelque chose d'inférieur, indigne de son attention. Il préférait les sessions du conseil de la ville bien qu'il fût, là aussi, souvent porté absent. L'indemnité d'un échevin s'élevait à six zlotys par séance, ce qui permettait d'acheter un kilo d'excellent salami. Il aimait la viande non cachère. Mais les livres bien plus encore. Avec son futur beau-frère, le dentiste Mojzesz Kuszner, il a fondé la Société juive des Bibliothèques et des Cabinets de lecture.

Il n'a jamais utilisé son prénom juif, Enoch, en dehors des documents officiels. Il connaissait le yiddish par la maison, l'hébreu par le *hèder*, il avait passé son baccalauréat au lycée impérial, en russe. Considérait-il le polonais comme sa langue ? La langue de sa patrie ? Comment définissait-il sa patrie ?

Son père, Markus, était né à Leczyca. Son grand-père, Baruch, vraisemblablement aussi. L'un de ses ancêtres était venu de Francfort, mais ils avaient tous poussé dans la terre polonaise depuis des générations. Peut-être venaient-ils de la localité voisine de Przedborz, sur la Pilica, où une communauté juive existait depuis le XIVe siècle avec une dynastie de *tsaddiqim* et une synagogue en mélèze qu'avait admirée Napoléon. Le nom qu'ils portaient avait été donné à des Juifs de Lodz, la ville proche. Dans les années quarante du XIXe siècle ils faisaient partie des noms en vogue.

Lodz a pris son essor au XIXe siècle, passant d'un petit village

1. Tadeusz Kosciuszko (1746-1817) : héros polonais de la guerre d'Indépendance des États-Unis (il y fut promu général en 1783) et de la guerre contre la Russie en 1792. A la tête d'une insurrection polonaise contre les Russes, en 1794, il fut vaincu et fait prisonnier. A sa libération, deux ans plus tard, il s'installa à Paris. (N.d.T.)

agricole au niveau d'un Manchester polonais, siège de l'industrie textile et du grand capital. On calculait la valeur de la production en centaines de millions de roubles. Les Przedborski de Lodz, essentiellement de la lignée d'Alexandre, le frère de Markus, y formaient un clan assez important.

Ils naissaient et mouraient dans un rayon de cent kilomètres entre Kalisz, Leczyca, Przedborz et Lodz. Ce n'est qu'avec la génération de mes grands-pères qu'ils s'établirent définitivement à Varsovie.

A la fin du XIXe siècle le Bel Henio faisait partie de la jeunesse dorée varsovienne, c'est là-bas qu'il a gagné son surnom. Élégant dès sa jeunesse. On disait qu'il avait l'élégance de la noblesse, il portait des moustaches très fournies. Il n'avait rien de sémite, ce qui se répétait comme le plus grand des compliments.

Il avait été longtemps célibataire. Longtemps aussi il avait cherché sa place. Il s'occupait un peu des affaires de son père, se rendait à Varsovie, allait se distraire dans les patinoires et dans les bals. Il avait administré un manoir à Kuchary qu'il avait ensuite loti, il supervisait les boutiques familiales à Kalisz, organisait les livraisons. Mais seul le mariage l'avait contraint à une vie plus régulière bien qu'il n'eût pas renoncé aux livres.

Il considérait qu'il faut s'assimiler. Il appréciait ce qui est polonais, il estimait en avoir le droit. Il s'y sentait autorisé par une présence de plusieurs générations sur cette terre-là.

Il n'était pas en contradiction avec lui-même. Il était né dans une famille juive avec ses traditions. Son aïeul qui vendait de l'eau-de-vie, les Polonais l'appelaient « Frère » parce qu'il leur faisait crédit et ne les harcelait pas pour obtenir son dû. Lui, déjà, parlait polonais. Il s'ouvrait au monde comme ses enfants et leurs enfants. Ils faisaient du commerce avec les Polonais et vivaient avec eux et parmi eux. Henryk considérait comme une sorte dc manque de savoir-vivre le fait de souligner par trop son propre particularisme.

Il payait sa quote-part pour la surveillance de la synagogue et pour les Juifs pauvres, mais c'est en polonais qu'il en parlait. De même qu'il lisait en polonais, aussi bien Tolstoï que Flaubert, et qu'il chantait des airs d'opéra. Et peut-être même comptait-il. Il paraît que le fait de compter est une confirmation essentielle.

Et pourtant, mon arrière-grand-père n'allait pas au mess de garnison, ni au bridge au Club civique. Il ne participait pas aux représentations de théâtre amateur ni aux sorties des chasseurs en traîneau. A Leczyca, tout cela était réservé aux Polonais. Les membres des organisations nationales polonaises se tenaient au garde-à-vous devant la fanfare lors des fêtes, priaient aux offices solennels dans les églises et sur les places. Parfois les célébrations patriotiques étaient accompagnées de concerts dont Henryk raffolait : Chopin, Corelli, Haendel ; il lui arrivait même d'aller à l'église des Bernardins.

Comment puis-je savoir quand les Polonais parlent d'eux avec sympathie et considération ? Ils soulignent alors qu'ils ne ressemblaient absolument pas à des Juifs. Cela concerne davantage leurs traits que leur manière de se comporter. Le nez bien fait, petit, à l'opposé du nez juif – prononcé, crochu, pointu. Des yeux clairs et un teint qui n'est pas foncé, pas sombre, pas diabolique. Le front haut peut encore être polonais, et la moustache, rarement les lèvres, jamais la barbe.

Comment, à quel point et en quoi la Pologne était-elle la patrie des Juifs ? N'avaient-ils pas, comme les Polonais, combattu pour elle, péri, versé leur sang ? Un petit nombre. Pas la majorité.

Le père d'Henryk, Markus, et son frère Alexandre ont coupé à l'appel sous les drapeaux. Est-ce par aversion pour le combat, en vertu du stéréotype selon lequel les Juifs fuient la violence et n'aiment pas se battre – à moins qu'ils n'en aient peur ? Où passaient les frontières de leur loyauté politique ?

Comment considéraient-ils, pour eux-mêmes et en soi, cette

période de servitude de la Pologne qui avait duré plus d'un siècle ? Comment avaient-ils accueilli sa libération ?

Henryk est entré dans le premier Comité civique qu'on ait mis sur pied à Leczyca, en 1914, après le départ des autorités russes de la ville. Il était composé d'habitants polonais et juifs. Henryk veillait à la sécurité dans l'un des quatre districts. Comme les autres membres du Comité il portait un brassard bleu ciel.

La langue délimitait les zones d'influence. La connaissance du polonais constituait une condition pour la reconnaissance des droits, l'obtention d'un poste dans le service public, le contact quotidien avec la majorité. L'assimilation entraînait une progression dans l'échelle sociale. Adopter la langue, le vêtement, les usages de la majorité donnait un sentiment d'appartenance. D'où, souvent, un rapport condescendant et plein de supériorité des Juifs assimilés à l'égard des masses religieuses. Il n'y a pas qu'à Leczyca qu'elles constituaient une majorité.

Il arrivait aussi aux Przedborski de les regarder de haut. Non seulement ces masses n'appartenaient pas aux sphères auxquelles ils aspiraient, mais encore elles estropiaient le polonais et, au quotidien, elles parlaient yiddish. Les Juifs instruits considéraient alors le yiddish comme un jargon, de l'allemand corrompu. Et bien qu'il existât déjà une riche littérature dans cette langue, il devait s'écouler encore de nombreuses années pour qu'on en apprécie la valeur en décernant le prix Nobel à Isaac Singer.

Dans la mémoire familiale des Przedborski, le plus important restait les soirées du vendredi au Petit-Rynek : après un dîner ensemble, de la musique ensemble, la plus familiale des traditions, celle qui leur était à tous la plus proche. Car même s'ils consommaient des dizaines de cierges dans des chandeliers à sept branches et ne buvaient pas de lait avec la viande, leur monde n'était pas circonscrit par la religion. Il semble qu'on n'observait la liturgie que pour cette chère grand-maman Salomea Herman. En revanche, ils avaient les concerts hebdomadaires dans le sang.

Les hommes – le père et le fils – jouaient du violon. Les sœurs, en alternance avec la mère, du piano. Ils répétaient des quatuors bien qu'il leur manquât alto et violoncelle pour les cordes et un troisième archet avec le piano. Zamutek s'emportait et faisait reprendre la moindre peccadille, encore et encore. Bronka jouait faux avec grâce, nullement affectée par les menues imperfections de son interprétation. Frania acquiesçait à tout. Ils jouaient Mozart, Beethoven et Brahms.

Les quatre frère et sœurs Przedborski avaient reçu une éducation traditionnelle juive, mais ils parlaient exclusivement polonais. A mesure qu'ils grandissaient, le Petit-Rynek se faisait de plus en plus laïc.

Ils avaient d'abord étudié à la maison, ensuite dans des écoles polonaises et au lycée du Cercle de la Mère Polonaise à Leczyca. Le premier bachelier fut Zamutek, en 1922. C'était un élève exemplaire, ce qui comptait dans les examens d'accès aux études supérieures. Aucun numerus clausus n'avait été officiellement institué, mais on limitait les admissions d'étudiants juifs là où il s'en présentait le plus. L'école polytechnique de Varsovie, qu'il avait choisie, était particulièrement assiégée avec la médecine et le droit. Zamutek réussit l'examen de la Faculté des Ponts et Chaussées et fut admis.

Il fit ses études avec Bolek Kuszner, un libéral acharné que Bronka épousa bientôt et qu'elle suivit à Varsovie. Frania s'inscrivit à l'université de Varsovie, en histoire. Elle quitta elle aussi la maison de ses parents. Leur vie d'adulte se fondait naturellement dans le milieu polonais. Elle n'exigeait nulle révolte. Elle exigeait l'abandon du Petit-Rynek.

Les frères Kraszewski, qui venaient chez tante Bronka parce qu'elle s'était liée d'amitié avec leur maman, disaient que les Juifs avaient tué Jésus. Ils se moquaient des lévites juives et jetaient des pierres contre les cabanes que les Juifs dressaient pour la fête de Soukkot. Leur papa était polonais, c'est pourquoi ils étaient allés à la maternelle chez les Ursulines. Ils servaient aussi la messe à l'église.

En 1935, alors que l'horloge municipale de Leczyca n'indiquait plus l'heure malgré de nombreuses plaintes à la municipalité et des notes dans les journaux, il ne restait plus que ses parents et Madzia, la cadette, dans la maison du Petit-Rynek. En 1937, la belle-mère d'Henryk, Salomea Herman, vendit l'imprimerie. Un an plus tard, au cimetière municipal, la famille faisait ses adieux à mon arrière-grand-père, Henryk Przedborski, fils de Markus. Sans doute lui jouèrent-ils, pour prendre congé, le *Kol Nidré*[1] des Juifs. Mais peut-être aussi l'*Ave Maria* ? Sa veuve suivit ses vieux enfants à Varsovie. Le Petit-Rynek, pour eux, avait cessé d'exister.

1. *Kol Nidré :* ces premiers mots d'une déclaration en araméen (« Tous les vœux... ») permettent notamment aux fidèles de se libérer de tous les engagements à caractère religieux pris dans l'année. La mélodie poignante qui accompagne cette formule essentiellement juridique remonte au XVIe siècle. (N.d.T.)

La guerre

Le 3 septembre 1939, un dimanche, les habitants de Leczyca recommandaient à Dieu la patrie, l'armée polonaise, leurs familles. Les premières bombes s'abattirent sur la ville après midi.

Dix jours plus tard les Allemands entraient dans la ville. On rebaptisa Leczyca *Lentschutz* et on l'incorpora au Reich. On appela *Adolf Hitler Platz* la place de l'Hôtel-de-Ville, *Judengasse* la rue Zydowska. Le Petit-Rynek figure sur les plans comme *Vormarkt*. Le *kirkut*, le cimetière juif, existait encore et la synagogue était debout.

De nombreux habitants se souviennent encore des Juifs.

Qui était qui, on ne le sut que lorsque les Allemands rendirent obligatoire le port de l'étoile, les rues en furent constellées.

Les Juifs convertis portaient des étoiles plus grandes que les autres, des étoiles sur le dos et sur la poitrine. Ils en avaient honte, ils les cachaient sous leur manteau. Et quand les Allemands s'en apercevaient ils les sommaient d'en coudre de plus grandes encore.

Les vieux portant la barbe ont défilé à travers la ville sous la menace des fusils et chanté cette chanson : « Le maréchal Smigly-Rydz[1] n'a rien appris aux Juifs, mais ce cher Hitler est arrivé qui leur a appris à travailler. »

La potence se dressait sur la place de l'Hôtel-de-Ville, à l'emplacement du bâtiment de la starostie qui avait été détruit. Les gendarmes ont rassemblé les habitants sur la place.

Ils ont pendu plus de dix Juifs et donné aux gens l'ordre de regarder. L'un d'eux était un tailleur, Szpigiel, ils le connaissaient parce qu'il cousait les uniformes scolaires. Ils sont sans doute restés pendus jusqu'au soir. Une dizaine de personnes.

Ils ont longtemps cherché un volontaire qui aurait retiré le banc sous les pieds des condamnés, ils voulaient que ce soit un Juif qui se présente. Personne ne s'est présenté. Finalement, le fils d'un des condamnés s'est énervé. « Je n'admets pas, a-t-il dit, que mon père souffre plus longtemps. » Il s'est approché et il a réglé l'affaire.

Les frères Kraszewski, de l'immeuble du Petit-Rynek, dont la mère était juive, se trouvaient dans la foule eux aussi. Ils ne portaient pas de brassard parce qu'ils avaient étudié chez les Ursulines et que leur père était polonais et catholique.

Tout cela a dû se passer dans les deux premières années de la guerre, avant l'ouverture du ghetto en février 1941. On y a enfermé environ trois mille Juifs, ceux qui restaient de l'action ayant précédé le bouclage.

Une carte postale du ghetto. Comme une carte postale de vacances. Une carte postale avec des salutations adressées du bord de la mer ou de la montagne. Qui était ce photographe allemand qui décida d'envoyer à travers le monde des images de l'extermination ?

1. Edward Rydz-Smigly (1886-1941) : considéré comme l'« héritier spirituel » du maréchal Pilsudski (mort en 1935), le maréchal Rydz-Smigly commandait les forces polonaises lors du déclenchement de la Deuxième Guerre mondiale. Réfugié en Roumanie après la défaite, il a ensuite regagné clandestinement la Pologne où il est mort en 1941. (N.d.T.)

Il s'appelait Geschke et il avait une boutique au numéro 1 de l'Adolf Hitler Platz, c'est-à-dire sur la place de l'Hôtel-de-Ville. Il prenait certainement les photos lui-même et retouchait ensuite les clichés. Il les éditait sous forme de carte postale et les diffusait. Il s'en est conservé deux. La synagogue en flammes, avec pour légende : *Brennende Synagogue*, et la rue Zydowska, dans le ghetto.

La synagogue a été incendiée en février 1940. Elle se trouvait là, accotée au mur de défense de la ville depuis plus de cent soixante-dix ans. La construction monumentale aux murs épais brûle par le haut, ce haut toit cintré qu'on appelait « toit polonais ». Le feu qui jaillit par le haut occupe un tiers de la carte. Le feu est noir, comme le renfoncement des fenêtres.

On a donné aux Juifs l'ordre d'enlever les décombres de la synagogue incendiée.

Sur la deuxième carte postale, la rue Zydowska derrière des barbelés. *Judengasse*. Dans le fond, l'immeuble portant les numéros 2 et 4. Barbelés, chevaux de frise, des portes en bois, une porte cochère.

Des barbelés au premier plan, tout est derrière des barbelés. L'accès au ghetto. Quelques enfants, un kiosque et une femme poussant une charrette. Fenêtres closes, à part une au premier étage. Des fils de fer barbelés. Difficile de déterminer la saison. La lumière vive peut être aussi bien la marque du printemps que de l'automne. Les vêtements sombres avec des manches longues indiquent que les journées sont froides. Quelque part entre l'automne 1941 et le printemps 1942.

Dans les registres de la ville de Leczyca les habitants adultes de la rue Zydowska figurent entre les numéros 1249 et 1510. Les Elefowicz, les Lisner, les Cygler, les Bornsztajn, les Flatsorow et autres. Dix-sept numéros de cette rue. Des marchands, des tailleurs, des fabricants de sandales, des artisans, des gens sans emploi et des femmes avec leurs maris.

Hipolit Malecki, forgeron, fils du propriétaire d'une fabrique de voitures, se souvient du Juif Eliasz. Il allait à l'école avec lui.

« Mais il a péri dans le ghetto. Leur carrière a pris fin là-dessus. Celui qui avait pu fuir en Israël avait fui sinon, alors, ils l'achevaient. Ils les flanquaient dans des voitures, ils les fourraient dans ces voitures à coups de crosse sur la tête, ils les massacraient, les Juifs ne gigotaient même plus. Ils les emmenaient près de Kolo, à Chelmno-sur-le-Ner. Ou bien ils les étouffaient dans les autos avec les gaz d'échappement, ces camions de la mort. Un cousin de ma femme racontait que ceux qui allaient travailler là-bas, leurs cheveux blanchissaient instantanément.

« Et comme ils les chassaient vers Poddebice, les Juives nous criaient : "Monsieur Malecki, monsieur Malecki". Et moi j'ai dit à ma femme : "Viens, ne regarde pas." On ne pouvait pas s'arrêter.

« Volonté divine et protection de la Très Sainte Vierge Marie – on sort victorieux de toutes les mauvaises situations. Je crois en tout ce qui vient de Dieu. Et qu'il a soin de l'homme. Il faut croire. »

Sur les quatre mille habitants du ghetto, mille n'ont pas survécu au premier hiver. Les Allemands autorisaient encore des enterrements dans le cimetière juif accompagnés d'un convoi funèbre. En mars de l'année suivante on a commencé à tuer. On chassait les Juifs jusqu'au stade, rue Kaliska, d'où on les conduisait en camion du côté de Chelmno-sur-le-Ner, à une cinquantaine de kilomètres de Leczyca. Peu d'entre eux y parvenaient vivants.

Pas un seul Juif ne figure dans le registre des impôts de 1943.

Les maisons de la rue Zydowska ont été détruites par les Allemands après la liquidation du ghetto. Il paraît que les Polonais s'attendaient à trouver de l'or caché dans les murs. Il paraît qu'ils en ont trouvé. Ils ont aussi trouvé de l'or dans des bâtiments de la rue Szpitalna, près de l'église paroissiale. Dans les années cinquante on a construit des blocs d'habitation sur les anciennes fondations.

Je n'ai pas de photographie de ma grand-mère ni de sa mère ni de personne d'autre de cette famille. A défaut de son visage j'ai la carte postale de la synagogue en feu. A défaut de leurs visages. A défaut.

Le *kirkut*, le cimetière juif, à Leczyca ils l'appellent *kirchol*. Là-bas, son existence devait remonter au Moyen Age, à l'apparition des premiers Juifs. On y a certainement enseveli plus de mille cinq cents victimes après le pogrome commis par l'armée polonaise lors du déluge suédois de 1656[1]. L'une des versions affirme que les troupes de l'hetman Stefan Czarniecki ont jeté les corps des Juifs assassinés dans un fossé, à l'endroit même où la synagogue a été érigée plus de cent ans plus tard. On l'a appuyée aux vieux murs de défense, à côté on a apposé une plaque portant une inscription hébraïque rappelant la tragédie du déluge suédois.

Des années trente du XIXe siècle jusqu'à la dernière guerre, le cimetière juif de la ville de Leczyca est resté à la même place. D'abord hors de la ville puis, avec le temps, juste à la périphérie. Il comptait « une dizaine d'arpents de terre ». Il était vaste.

En 1943 les Allemands ont liquidé le cimetière juif et fait

1. Affaiblie, notamment par une insurrection sociale des Cosaques et des paysans d'Ukraine, la Pologne vit fondre sur elle les armées suédoises qui s'emparèrent de Cracovie (défendue par l'hetman Stefan Czarniecki) et de Varsovie. La chute de la République modifia à ce point le rapport des forces en Europe (au bénéfice de la Suède) que l'Empire germanique vint à son secours et que la Russie elle-même suspendit ses opérations militaires. (N.d.T.)

paver la chaussée avec les pierres tombales, de la gare à la ville. Après la libération on a arraché les pierres tombales incorporées au trottoir et on les a déposées là où se trouvait le cimetière juif auparavant. Elles y sont restées entassées longtemps. Jusqu'à ce qu'on finisse par les voler pour en faire des pierres à aiguiser, des fondations. Le terrain du cimetière juif, qui occupait plus d'un hectare et demi, a été considéré comme bien en déshérence. On l'a liquidé en 1964 sur décision du conseil municipal. On prévoyait de construire une route à cet endroit et d'aménager un square.

Le cimetière juif de Leczyca était juste à côté de la maison de mes arrière-grands-parents sur le Petit-Rynek. Je ne m'étais pas rendu compte qu'il était si proche. Si on se penchait à la fenêtre donnant sur le village de Topola et les prairies on pouvait voir le cimetière sur la gauche. Aujourd'hui il n'est plus là, de même qu'il n'y a plus de maison sur le Petit-Rynek. Effacés les rails de la ligne à voie étroite qui passait par là, les baraques basses du garage et le terrain d'exercice des chauffeurs. Un chemin défoncé par les camions. Mirek me montre, sous nos pieds, des morceaux rongés de grès jaune. On peut voir des fragments de *matsévah*[1], mais il est difficile de les extraire du sol sans détériorer la route.

A la fin des années quatre-vingt, une pelle mécanique a déterré une plaque de pierre noire à cet endroit, portant des inscriptions en hébreu et en polonais. « A la bienheureuse mémoire de Mnicha Rogozinska. » On s'est alors souvenu de Natan, tailleur pour hommes, spécialiste en soutanes et conseiller municipal de Leczyca, assassiné en même temps que d'autres.

On a retrouvé leur fils en Australie, Efraim Rogozinski, Frank Rogers, propriétaire d'une ferme, aviculteur. La plaque de pierre du cimetière juif de Leczyca repose dans la tombe familiale des Rogers au cimetière juif de Melbourne.

1. En hébreu : pierre tombale. (N.d.T.)

Plus loin, le long de la voie, on a enclos de modestes parcelles, des lopins de terre qui ont été distribués, de simples plates-bandes. Carotte, oignon, poireau, céleri, persil, betterave. Une vieille femme sarcle. Elle arrache un peu de tout, elle prépare un bouquet garni pour un pot-au-feu. Elle ne peut pas ne pas savoir ce qu'il y avait en ces lieux avant la guerre. Pourquoi ses légumes prospèrent ainsi.

Je me tiens un instant sur les rails. On les amenait de partout. Par wagons. Sur ces rails. Par ces traverses. Les voies de raccordement.

Parfois, leurs tombes crevassées écorchent la terre, les mauvaises herbes émergent et troublent un instant l'étendue d'une évidence sans équivoque. Débris de plaques exhumés du sol. Il y a longtemps qu'il n'y a plus de fumée.

Retour sur la route consolidée avec les pierres tombales des Juifs de Leczyca. Ces pierres sont dans la terre, elles sont retournées à la terre, comme eux. Elles confortent la vie. Les routes et les maisons, les assises de la nouveauté qui est venue ensuite, qui devait venir car c'est ainsi que va le monde.

Les pavés ronds du Petit-Rynek ont été recouverts d'un nouveau pavage. Il est presque uni. Encore une couche du passé remplacée par la suivante. Celle qui correspond à ma mémoire.

Kuchary

Je ne connais pas leurs visages. J'ai devant moi une paire de poignées de porte venant d'un manoir dont il apparaît qu'ils ont été les propriétaires. Je les ai en main et je tente d'accéder au monde qui fut le leur.

Il faut bien commencer par quelque chose, alors commençons par la fin. Et par le fruit de l'imagination.

Mon trisaïeul, Markus Przedborski, propriétaire terrien à Kuchary, est mort dans une maison de retraite à Varsovie. Ce devait être une maison pour les Juifs, pour les riches, dans la rue juive la plus élégante, donc rue Sienna ou rue Zielna. Mais Markus devait mourir sur une femme. La femme s'appelait Feniksen. Ou bien Gliksman. Ou autrement. Ce sont des paysans polonais ayant incendié son domaine qui ont entraîné la chute de Markus.

Je ne sais plus de quelle manière j'ai pêché cette histoire ni pourquoi j'y ai cru. Peut-être est-ce en raison de l'absence de légende familiale ? Et bien qu'il soit devenu évident que tout, dans cette variante de son destin, s'écarte de la vérité, lorsque je pense à Markus c'est d'abord cette image, justement, qui me vient à l'esprit.

Markus aimait se présenter comme négociant de Kalisz, chef-lieu de gouvernement, mais j'ignore ce qu'il vendait. Peut-être des dentelles, qui faisaient la renommée de la ville car elles copiaient avec succès les dentelles suisses. On en expédiait en Russie et en Chine. Il habitait rue Zlota, tout près du marché central, avec sa femme Balbina qui signait joliment en polonais. J'ai longuement contemplé cette signature, elle date de 1882, le « B » avait une figure soignée et des petits ventres assez imposants. Elle lui a donné cinq fils. Le père de mon grand-père, Henryk, était le troisième.

Le manoir de Markus, c'est ce qu'on répétait avec une parfaite assurance, se trouvait près de Kalisz.

Mirek avait entendu parler d'un Kuchary juif près de Leczyca. Je n'y avais pas accordé d'importance puisque, de toute façon, mon Kuchary familial était ailleurs. Mais puisque j'étais là-bas et que les Przedborski avaient habité non loin, peut-être était-il intéressant de vérifier. Routes bordées de tilleuls. Air limpide. Par Topola Krolewska cernée de prairies, quelques kilomètres jusqu'à Strzegocin.

Nous n'avons pu atteindre Kuchary. Nous nous sommes égarés. Nous avons demandé notre chemin. Un homme nous a montré, au loin, de l'autre côté des champs, une construction avec des bâtiments agricoles rouges. Il nous a expliqué que la maison de Kuchary est partagée entre deux propriétaires – les Jozwiak et les Modrzejewski, des gens honorables et banals.

La maison est grande, trapue, nettement divisée en deux parties – l'une restaurée, recouverte d'un crépi jaunâtre tout récent, modifiant les proportions de l'ensemble, la seconde négligée, lépreuse, comme une moitié orpheline de la précédente. Créature difforme. Bizarre. Difficile de deviner la forme originelle là-dessous. Elle n'a certainement rien qui rappelle un manoir.

Dans la première cour, quelques bâtiments agricoles qui respirent l'aisance. Des géraniums pendent dans des pots sur les marches. La maîtresse des lieux est grande, grassouillette, corpulente. Elle a une dent en argent et des cheveux foncés, permanentés. Nous l'interrogeons sur l'histoire de Kuchary pour une documentation sur les manoirs des environs. Elle sait peu de choses en dehors de ce que tout le monde répète : que le propriétaire a dilapidé son bien dans toutes sortes de bamboches. Mais il y a le grand-père, nonagénaire, peut-être aurait-il davantage de souvenirs. La maîtresse de maison disparaît à l'intérieur et, un instant plus tard, nous invite à entrer. Le grand-père va parler.

La maison a des murs épais. Du vestibule, nous passons dans une haute pièce, claire, avec une paire de fenêtres dans des renfoncements profonds. Meubles modernes. Propreté. Le grand-père, de petite taille, un reste de cheveux gris sur la tête, est assis sur un canapé, son pantalon est tenu par des bretelles. Ses grandes mains immobiles reposent sur ses genoux. Des béquilles sont posées à côté. Il a un visage allongé, triste. Ses yeux vous regardent de loin. Ce n'est pas qu'il entend mal, mais entre la question et la réponse il s'écoule un certain temps, comme si les mots devaient parcourir un long chemin dans un sens comme dans l'autre. Et c'est la même chose à chaque fois.

— Qui habitait ici avant vous ? ai-je demandé.

— Grabski, un grand propriétaire. La famille du Premier ministre Grabski [1], il a fait la noce avec son bien, il a bu et dansé en France. Il s'est enfoncé dans les dettes. Et ensuite il y a eu des Juifs ici. Il avait signé des traites avec les Juifs mais il n'a pas eu de quoi rembourser. Alors ils se sont approprié ses biens. Ils ont été ici pendant vingt-cinq ans. Ils ont fait valoir la terre. Le village n'en a pas de mauvais souvenirs. Ils ont créé une garderie et une école dans la pièce à côté. On dit encore aujourd'hui : « Kuchary juif », bien que ce ne soit pas ce qui est écrit dans les papiers. Mon beau-père, Modrzejewski, avait acheté un lot de terre en 1912. Je me suis marié dans la famille Modrzejewski qui avait acheté aux Juifs. La grand-mère avait partagé son bien entre ses enfants, la moitié est revenue à ma femme.

1. Stanislaw Grabski (1871-1949) : ministre des Cultes et de l'Instruction publique de 1923 à 1925 et en 1926, détenu par les Soviétiques de 1939 à 1941, il a été président du Conseil national en exil à Londres, de 1942 à 1944. (N.d.T.)

La maîtresse de maison offre le café. Le grand-père tente de porter le verre à ses lèvres. Je l'aide en soutenant sa main qui tremble. Même ainsi, un peu de liquide brûlant se répand. Je l'effleure délicatement, comme s'il était en verre. Il me semble précieux, inestimable. Sa tête, son passé, sa mémoire.

— Vous rappelez-vous comment s'appelait ce Juif ?

Je suis experte en conversations de ce genre. J'en ai eu beaucoup en recherchant des traces d'Isaac Singer. Je sais comment tourner autour du sujet, comment en changer, comment ne pas se faire pressante. Et comment y revenir ensuite inopinément sans éveiller de soupçons. Je ne sais pas comment Mirek y parvient. Nous ne nous sommes pas concertés. Il est naturel. Et il préserve ainsi mon secret.

Le grand-père hésite longuement. Il ne se souvient plus. Nous parlions déjà d'autre chose lorsque je l'entends dire tout doucement : « Przedborski ».

Nous nous sommes regardés. Une fraction de seconde. Et tout, dès lors, est devenu important – l'épaisseur des murs et la hauteur des fenêtres, les caves avec leur voûte cintrée et le grenier. Tout ce que le vieux Jozwiak, exploitant à Kuchary depuis les années trente, parvient à se rappeler. La destruction des arbrisseaux d'épine-vinette, le prix des cochons (cinquante zlotys) et des poules (huit zlotys), le magasin d'engrais et de semences rue Poznanska, les pensées bon marché et les Jacunda, les fraises sucrées.

— Ce Juif qui gérait ici avait une concession d'alcool, il tenait un dépôt de vins et d'eaux-de-vie à Leczyca, rue Poznanska. Une bonne maison, ancienne, confirmée. J'ai commandé de l'alcool pour mon mariage, en juin 1935. Cent personnes se sont bien amusées ici, dans la propriété. Il avait une bonne vodka. Il ne la coupait pas, comme d'autres. Le deuil national durait depuis mai, parce que le maréchal de Pologne,

Pilsudski[1], était mort. On avait démoli l'église orthodoxe à Leczyca parce qu'il ne restait plus un seul orthodoxe, seulement des Polonais et des Juifs, moitié-moitié.

« Przedborski était élégant, vous n'auriez pas dit qu'il était juif. Rasé de près, bien fait, sans barbe, sans papillotes. Un monsieur élégant. Corpulent. Sa conversation amusait les clients. Il parlait des films qui passaient à l'Oasis, de la façon d'accorder les pianos ou bien des matériels agricoles de la maison Gierlinski. »

Les Jozwiak tiennent une exploitation laitière modèle. Ils ont des machines modernes et leur partie du manoir est entretenue avec soin. Ils ont posé une nouvelle toiture et tout enlevé à l'intérieur : les enduits, les planchers. Ils n'ont pas pu refaire les fenêtres à cause de l'épaisseur des murs. Avec le temps ils pensent faire poser des fenêtres en plastique, sur mesure, sur commande.

Ils n'ont trouvé aucune vieille photo. Les portes, les fenêtres et les murs peuvent se souvenir. Dans cette partie, tout le reste a perdu ses traits du passé. Les caves, voûtées comme des tonneaux, sentent la terre humide. Alors là-bas, encore. Et le grenier.

Ici aussi l'ordre règne. Un peu de linge sur des fils. Contre le mur, une image poussiéreuse dans un cadre doré. Nous contemplons une femme demi-nue aux longs cheveux clairs. Marie-Madeleine, un peu à la Botticelli. La maîtresse de maison raconte que ce chromo est resté accroché pendant trente ans dans la salle à manger, il remonte aux anciens propriétaires. « Vous le voulez ? Prenez-le, je vous en prie. »

Voici la preuve. La preuve concrète que je ne rêve pas. Est-ce aussi la preuve que la sainte, la femme de mauvaise vie qui oignit les pieds du Christ était accrochée dans le salon des Przedborski ?

Il est impossible que mes trisaïeuls juifs aient eu ce tableau chez eux. Et pourtant, lorsque je le regarde, maintenant, dans

1. Jozef Pilsudski (1867-1935) : chef de l'État aux pouvoirs dictatoriaux, de 1918 à 1922. Il revint au pouvoir en 1926 à la faveur d'un coup d'État. Aussi bien comme chef de gouvernement que comme ministre de la Guerre, il resta le vrai maître du pays jusqu'à sa mort. (N.d.T.)

ma propre maison, j'ai comme le sentiment de posséder quelque chose qui leur a appartenu. Je suis incapable d'expliquer ce phénomène.

Deuxième cour, en désordre. Maîtresse de maison en sweater rouge, lunettes rondes à verres épais, elle porte une petite queue de souris de restes de cheveux oxygénés. Sourire égaré, lointain. Elle se loue pour des travaux saisonniers à quelques zlotys de l'heure. Il faut bien un revenu d'appoint. Son mari porte le lait aux gens. Il prend à crédit au magasin. Il boit tout. En ce moment aussi, quelque part, il est en train de boire.

Elle invite à entrer à contrecœur. Des pyramides de vieilleries, de vêtements, d'ustensiles, de tissus colorés, de misère en désordre et infirme. Comme après une perquisition ou un tremblement de terre. Au mur, accrochée de travers, une photo ovale, en sépia, de la grand-mère de la propriétaire.

La maîtresse de maison répète qu'on appelait ce manoir « le palais ». Il date de deux cents ans ou davantage. Alentour fleurissaient des vergers blancs, roses, à l'automne on y cueillait des fruits. Des automnes beaux comme des images. On élevait des abeilles et, dans les étangs, des carpes et des tanches. Il y avait un parc et des corps de ferme dont il ne reste plus que les écuries. Pendant l'occupation les Allemands venaient se détendre ici.

Nous marchons longuement dans les prés. Je me sens comblée, c'est comme si on me restituait un morceau de moi-même dans ce paysage polonais. C'est le passé. Je m'en imprègne comme si j'y avais droit.

J'ai éprouvé ce grand soulagement que donne le sentiment d'appartenance. Quand bien même il aurait d'aussi piètres racines qu'un souvenir fortuit. Tout de même, après des années quelque chose m'a conduite à Kuchary. Quel ange gardien polonais ? Je suis encore retournée là-bas, et encore. J'ai regardé, j'ai parlé. Village polonais, hospitalité polonaise, bouillon et filet de porc, café servi dans des verres et mains enflées des maîtres de maison. Qui accueillent-ils en moi avec tant de cordialité ? L'écrivain de Varsovie ? Vais-je devoir leur dire qui je suis en réalité et ce que je cherchais ? Comment réagiront-ils ? Cette pensée me plonge dans l'embarras.

Pourquoi ne l'ai-je pas dit d'emblée ? Qu'y a-t-il ou qu'y avait-il en moi qu'il fallait et qu'il faut dissimuler ? De quoi ai-je peur ? De quelle réaction ? Je n'ai toujours pas vérifié.

Les poignées de porte du manoir, je les ai reçues lors de ma deuxième visite. Je tenais beaucoup à avoir quelque chose de là-bas et eux tenaient vraiment beaucoup à m'offrir quelque chose. Les poignées en laiton où sont inscrites les empreintes digitales de mes trisaïeuls. Comment les lire, comment les réunir, comment les accompagner pendant les quelques dizaines d'années qu'elles ont passées là-bas et les déchiffrer ?

La petite châsse

Le frère aîné de mon trisaïeul Markus Przedborski, Aleksander, était libraire. Il avait étudié en Angleterre. Et il s'habillait à l'anglaise, avec canne et cylindre noir. Lorsqu'il regagna son Leczyca familial, au milieu du XIXe siècle, on se le montrait du doigt comme un original sur la place de l'Hôtel-de-Ville. Il eut des difficultés à trouver une épouse.

Il s'y connaissait en livres comme d'autres s'y connaissent en chevaux ou en arbres. Il passait des heures penché sur des livres anciens et des manuscrits avec ses lunettes rondes cerclées de fer. Il lisait le latin et le français, le polonais, l'hébreu, l'anglais. Il s'occupait de l'envoi de merles blancs dans les ventes publiques et les expositions à l'étranger. Il tenait aussi un cabinet de lecture.

A sa mort on découvrit un cylindre dans la cave, une bible imprimée en latin comportant des lettrines peintes avec art, et un Ancien Testament datant de la fin du XVe siècle, publié à Bâle.

Avec le temps, c'est son fils, Dawid Przedborski, du même âge que mon arrière-grand-père Henryk, qui reprit la librairie et sa papeterie avec sa femme Chana, pieuse à l'excès mais maniant un polonais irréprochable. Les vieux habitants de Leczyca se souviennent encore de la boutique des Przedborski sur la place de l'Hôtel-de-Ville, près de la boulangerie, surtout parce qu'on y ajoutait aux achats des crayons ou des découpages multicolores pour les enfants. Aujourd'hui, ces enfants s'apprêtent à rejoindre l'autre monde. Outre des livres, dans la boutique on pouvait aussi acheter des fournitures et du matériel de bureau. Dans les documents on écrivait : *bumaga* – papier, en russe.

Depuis 1914 la librairie était associée avec Tekla Chrempinska, d'une honorable famille polonaise. On s'étonnait qu'elle s'allie aux Juifs. C'est avec elle que la librairie Przedborski édita une série de cartes postales, sur commande de la Société chorographique polonaise.

Ils ont aussi édité une carte postale qu'on peut encore voir aujourd'hui dans les collections du musée de Leczyca. Elle représente une petite châsse avec la dépouille d'un enfant tué par des Juifs pour la *matsah*[1].

Que s'était-il passé ?

Le Jeudi saint, en avril 1639, au village de Kamaszyce près de Piatek, un mendiant prénommé Tomasz enleva le petit Franciszek âgé de deux ans, fils de Maciej Michalowicz sujet de la propriétaire Karsznicka, et l'assassina bestialement, lui portant plus de cent coups de couteau. On ne retrouva l'enfant qu'au bout de onze jours, dans la forêt voisine. Lors de l'enquête le mendiant déclara qu'il avait agi à l'instigation des Juifs de Leczyca. Le verdict du tribunal de Lublin le condamna à être démembré.

Au cours du procès devant le tribunal municipal de Leczyca on avait emprisonné vingt Juifs, parmi lesquels le rabbin Izaak. En dépit des sentences qui les condamnaient, le tribunal royal gracia la majorité des accusés.

L'enfant fut solennellement enseveli dans les sépultures du couvent et au fronton de l'église des Bernardins on plaça un

1. *Matsah* : pain non levé, consommé pendant la Pâque juive. La Bible l'appelle « pain de misère » parce qu'il est le symbole à la fois de l'esclavage juif en Égypte et de la délivrance. (N.d.T.)

tableau de circonstance représentant un meurtre rituel. Au début du XIXe siècle ce tableau du meurtre rituel disparut de l'église de Leczyca. Les habitants croient que les Juifs l'ont volé et détruit. La dépouille de l'enfant fut transférée dans une petite châsse en cristal et placée à l'intérieur de l'église des Bernardins. Il paraît qu'on entreprit des démarches pour la béatification de l'enfant.

La petite châsse resta dans l'église jusqu'à la fin de la guerre. A l'été 1945, de nouveau, il paraît que des fonctionnaires des services de la Sécurité la confisquèrent. Les gens de Leczyca affirment que c'étaient également des Juifs.

L'histoire de cet événement alimente encore aujourd'hui l'imagination des gens de Leczyca. Les légendes sur le meurtre rituel sont enracinées en long et en large dans la terre de Pologne et on peut encore tomber, dans les églises polonaises, sur des images représentant de cruels Juifs s'acharnant sur un enfant chrétien.

A part une photo dans les chroniques du couvent et la carte à la publication de laquelle ont contribué mes aïeuls, il n'existe aucune trace de la petite châsse à Leczyca. Une plaque décrivant le meurtre a également disparu.

Ceux-là

J'ai passé le nouvel an juif de notre automne 1999 à Leczyca. Mirek et moi sommes allés au bord de l'eau pour noyer, comme autrefois, pendant des siècles, aux temps des synagogues en bois, les péchés dans la Bzura. C'est ce qu'ordonne la coutume juive du *tachlikh*. La purification pour accueillir le nouvel an. Nous avons noyé le péché de l'oubli.

Peu de temps après, le forgeron Malecki, le petit-fils du propriétaire de la fabrique de voitures dont les annonces étaient imprimées par Herman, le Juif de la rue Poznanska – « un grand type, mais je ne me rappelle plus à quoi il ressemblait » –, le forgeron Malecki a vérifié mon identité. Il a vérifié mon identité avant même de commencer à s'entretenir avec moi ; ensuite il a parlé avec une gravité onctueuse et, au fil du temps, sentant ma résistance, avec colère. Il a parlé du meurtre rituel et des Juifs qui prenaient les enfants afin de leur sucer le sang pour la *matsah*. Il est devenu de plus en plus agressif. Et moi de plus en plus désarmée.

« Il y avait une petite châsse, elle se trouvait dans le couvent. C'est les Juifs qui ont martyrisé le gosse. Ce ne sont pas des balivernes. Ils avaient une bonne raison de le martyriser. C'est une histoire vraie. »

Pour la première fois depuis des années l'antisémitisme primitif polonais m'atteignait de nouveau, les préjugés, l'aversion, l'agression. Voici que revenait ce avec quoi je m'étais mesurée des années auparavant, lorsque j'écrivais mon livre sur Singer[1], et qui me semblait, bien que sans la moindre raison concrète, appartenir au passé. Et le fait que cela revenait justement ici, à Leczyca, là où était ma place retrouvée comme une patrie, me blessait tout particulièrement. Je ne puis le cacher.

Et se perd brusquement quelque part la joie de découvrir, de retrouver la suite, la trame des histoires familiales. Soudain je me rembrunis et je me tais.

Avais-je vraiment pensé que cela ne m'atteindrait plus, que je n'aurais pas à entendre cela à Leczyca ? Oui et non. Je savais où je suis. Cette hostilité me paralyse. Alors, à quoi bon me le cacher à moi-même ? Un Polonais me parle, un habitant de Leczyca. Le fait qu'il ne sait pas à qui il s'adresse change-t-il sa façon de penser ?

Les paroles du forgeron Malecki m'ont fait mal. C'est la première fois que j'avais si mal à Leczyca. Je me demande un instant s'il est bien que j'exhume cela de nouveau. En ai-je la force ? Je sais de nouveau que je l'ai. Combien de fois déjà ai-je eu cette discussion avec moi-même... Et pourtant je ne m'expose pas, je ne me présente pas comme la fille d'une Juive. Peut-être faut-il commencer, peut-être l'attaque directe sera-t-elle différente de l'attaque à partir d'un abri. Je ne suis pas prête. En outre, je n'essaie pas de les changer, de les convaincre d'aimer les Juifs, de donner des leçons à l'histoire. J'ai renoncé à leurs âmes. Je sens le goût de l'ancienne peur du temps de la guerre. Pâlie. Renvoyée par l'écho. Nette.

Mirek m'a dit aussi que les services municipaux ont reconnu en moi une espionne, qu'ils s'étonnent juste que je sois si jeune.

---

1. Paru en français en 2002 aux Éditions Noir sur Blanc : *Singer, paysages de la mémoire.* (N.d.T.)

Je crains seulement que c'est ce qui arrivera, tôt ou tard. Qu'apparaîtra une notion de « bien juif » et tout ce qui s'ensuit, y compris mon activité d'espionnage pour le compte des Américains ou d'Israël. Je reste calme.

Cela me dégoûte. Me répugne au point que je ne veux pas réfléchir au sentiment de faute qui est à la source de ces accusations et de ces craintes. Nombre d'habitants des anciennes bourgades juives de mon pays réagissent de la sorte, ils ont peur de la visite des gens du dehors. Ils ont peur parce que ceux-là, autrefois, ont été les propriétaires de leurs maisons, de leurs vergers, de leurs fermes, de leurs meubles et de leur vaisselle. Ceux du dehors incarnent les remords, mais seulement chez ceux qui ont des raisons d'en éprouver. Il s'avère qu'ils sont plus nombreux que je ne le pensais.

Je ne suis pas ici pour reprendre quoi que ce soit, mes nostalgies ne sont pas d'ordre matériel. Je cherche ce qui n'est pas. J'ai peur pour la mémoire.

Dans cette situation, quoi que je fasse je n'échapperai pas aux commentaires de ce genre. Il me faut en prendre conscience. Cesser de me sentir offensée. C'est polonais. Je suis polonaise. Mais ce n'est pas dans ma manière. J'ai même l'impression que Mirek cherche à me protéger de moi-même. A certain moment il me conseille d'attendre d'être plus forte pour ce livre. Il ne croit pas que la divulgation de mon appartenance au peuple élu puisse m'aider. Il a peur pour moi. Comme maman.

Mais moi je ne veux pas attendre. Il n'y aura jamais de moment convenable. « Cela » sera toujours *trefny*, impropre. Dans ce pays, dans mon pays, il faut qu'il y ait quelqu'un que « cela » conduit à cracher sur moi.

A Poddebice, à vingt-cinq kilomètres de Leczyca, où il y avait un ghetto et où nous cherchions les traces d'un cimetière, nous avons été accueillis par une inscription à la peinture noire, épaisse, sur toute la longueur d'un mur blanc : « Les Juifs pillent ce pays. »

J'ai pris conscience une nouvelle fois dc l'endroit où je me trouve et de ce que je fais. Sur fond de province polonaise, où muflerie et mépris pour toute forme de différence sont la norme, le fait qu'un professeur d'histoire soit sensible aux étrangers venus de loin semble être un malentendu. Est-elle possible, en moi, la combinaison de ces deux fils qui sont pourtant associés – le fil polonais et le fil juif ?

Je me suis obstinée à la recherche du cimetière. Je voulais toucher quelque chose qui était *eux*, qui était *à eux*... Je voulais nous prouver que leur vie avait été bien réelle et qu'ils n'avaient pas péri sans laisser de traces. Après avoir franchi un monceau pittoresque de déchets, le cimetière évangélique à l'abandon à la lisière de la forêt, nous avons finalement atteint un modeste ensemble lapidaire. Des morceaux de *matsévah* rescapés disposés dans un mur de brique. Vestiges. J'ai éprouvé un sentiment de soulagement. Et de triomphe, au nom de Mirek, au nom de la Pologne et au nom de ceux dont on a conservé le souvenir. Ainsi donc, pas seulement de la moquerie, de l'aversion et du silence.

Mirek s'efforçait de m'expliquer qu'on avait aussi exhumé des inscriptions brutales, sur les murs, dans les ruines de villes de l'Antiquité. La petitesse a une généalogie lointaine et un grand avenir. Pour lui, la réalité de la vie n'en a pas été abrogée pour autant. Les Herman ont fait des affaires à Leczyca à partir de 1804. Ils ont habité ici, ils ont aimé, se sont mariés, ont bâti des maisons, fait du commerce, développé la ville. Il en reste des traces encore aujourd'hui, ne serait-ce que sur le papier. Ils ont vécu ici, ils sont morts ici. C'était ici leur place. Longtemps on n'y a pas senti le malheur. Ce sont les Allemands qui ont détruit cela.

Nous n'avons pas de chance, ce n'était pas le jour. Le kiosque multicolore sur la place de l'Hôtel-de-Ville de Leczyca est rempli d'accessoires auxiliaires du bien-être occidental : savon « Fa », laques françaises pour les cheveux, déodorants de marque, barres de « Mars », *Cosmopolitan*, *Elle*, *Playboy*. A côté, sur cette même étagère, une demi-douzaine de brochures antisémites de la plume de judéophages bien de chez nous. Visibles derrière la vitre, des titres nettement lisibles : *Les Juifs et les francs-maçons* ; *Hitler, fondateur de l'État d'Israël*. Ils coûtent l'équivalent de deux paquets de cigarettes Marlboro. La kiosquière dit qu'ils partent comme des petits pains.

De façon incompréhensible pour moi, Mirek se sent responsable de tout cela. D'eux, de cet endroit, de moi. Je crois réellement qu'il est de ceux à qui les Juifs pouvaient faire confiance pendant la guerre.

Dimanche 12 septembre 1999 à Leczyca. Je suis restée seule sur la place de l'Hôtel-de-Ville. Étrange sentiment que celui d'être seule au milieu de foules apprêtées. Sans Mirek je me sens étrangère dans cette localité. Comme quelqu'un du dehors, venu de loin, quelqu'un qui revient mais ne retrouve rien de ce qu'il cherchait. Il regarde tout, enregistre, remarque mais ne reconnaît pas. Ni les costumes bien repassés pour l'église, ni les corsages clairs, ni les petits chapeaux d'été, les falbalas. Toute cette solennité endimanchée pour la célébration d'une messe mais aussi, ce jour-là, pour l'occasion patriotique.

A midi devaient s'ouvrir les cérémonies du soixantième anniversaire de la bataille sur la Bzura, l'une des plus grandes batailles de la campagne de septembre 1939. Soleil, début des grosses chaleurs de septembre. Il y a déjà des hommes qui n'en sont plus à leur première bière, il y a des couples qui se tiennent par le bras et se dirigent vers la place de l'Hôtel-de-Ville, débouchant de toutes les rues transversales. Devant le monument aux héros de la bataille et les plaques à la mémoire des victimes de l'occupation hitlérienne. Dont la population juive de la ville, ai-je lu sur une dalle. Une fanfare militaire joue. Ambiance d'un dimanche comme amplifié. Attente de la messe en plein air, solennité hors du quotidien. Et moi, présente. M'efforçant de disparaître dans la foule mais m'en détachant, au premier coup d'œil – étrangère. Étrangère.

Pas moi-même. Tout de mêmc, constamment pas moi-même. Mais où es-tu toi-même ? A Varsovie ? Jusqu'à quel point l'es-tu, là-bas ? Et d'où te vient, là-bas aussi, ce sentiment d'être étrangère ?

J'ai fui. La ville juive que j'avais vue avec Mirek sous le voile de la nuit n'existait pas. Au soleil de midi je n'étais plus qu'une intruse s'efforçant, du seul fait qu'elle était là, de troubler le présent. Le demi-siècle écoulé depuis la guerre a enseveli ce que je cherchais.

Il n'est rien resté de vous. Pas même des cicatrices. Une petite ville polonaise avec son palais royal, sa place de l'Hôtel-de-Ville, sa statue de la Vierge devant la mairie, quelques églises et un couvent. Combien différente, aujourd'hui, de l'autre ; une petite ville polonaise, pas juive. Mes efforts pour arrêter le temps, détourner le cours des événements, restaurer la mémoire en dépit de l'histoire, de la lassitude des hommes, de l'époque, du désespoir, de la tragédie – mes efforts semblent vains.

Ozorkow

A Leczyca, à l'emplacement du cimetière il n'y a pas de cimetière. Leurs tombes ne sont pas là où ils ont vécu. Pour ceux qui ont été gazés on a érigé des monuments, à Treblinka, à Chelmno. Mais ce n'est pas leur terre.

Mirek dit qu'à Ozorkow, à ce qu'il paraît, non loin d'ici, il y avait aussi un grand cimetière juif.

Avant la guerre, de Leczyca on allait à Ozorkow en excursion. Le voyage de deux heures par le train à voie étroite sifflant et fumant représentait une attraction peu commune. Parfois on allait plus loin, jusqu'à Lodz, en tramway. La plus jeune sœur de mon grand-père, Madzia, s'était installée à Ozorkow avant la guerre avec son mari dentiste. Elle avait donné naissance à son fils Henrys juste à la veille de la guerre. Elle figure dans le registre des Juifs d'Ozorkow datant de l'occupation. On y a également enregistré plusieurs Goldstein, certainement apparentés à ceux de Leczyca.

On situait généralement les cimetières à la périphérie des villes, non loin de soi. C'était également le cas à Ozorkow. A côté du cimetière catholique, le protestant. Et le juif.

Derrière la porte du cimetière reposent les chrétiens. Au-delà du mur on aperçoit les croix de pierre et les monuments.

Ensuite, une pause dans une verte prairie. Dans leurs tombes abandonnées les protestants sont moins solennels. Les anges de pierre ont manqué de protecteurs, on leur a brisé les ailes.

La forêt se tenait dans le lointain. Des maisons se pressaient le long de la route y conduisant. Toutes bâties après la guerre, ce qui signifie qu'avant, ici, c'était une contrée reculée. Nous nous sommes enquis du cimetière juif. Sans commentaire, ils ont désigné la forêt d'un geste.

Tard dans l'après-midi le soleil était descendu bas. Il perçait à travers les ramures de jeunes acacias et de chênes. Nettement tracé, un sentier conduisait droit devant nous. Des moustiques nous importunaient.

Dès la lisière j'ai trébuché sur un éclat de pierre, pointu, saillant. Mais il ne nous a pas semblé curieux, nous ne l'avons même pas déplacé, nous avons poursuivi notre chemin. C'est à peine si je levais la tête, juste assez pour ne pas m'égarer. Sous nos pas, ce sentier foulé par tant de chaussures. A l'aide d'un grand bâton j'écartais le tapis de mousses, d'aiguilles de pin, de pommes de pin, de fougères. Mais il n'y avait pas de pierres, pas de dalles ni de *matsévah*. Nulle trace de Juifs.

Nous sommes revenus à la première pierre.

A l'aide de mon bâton noueux nous avons tenté de la faire bouger. Elle ne s'est pas laissé d'emblée arracher au sol. Un fragment de grès brisé. Banal. Au dos sont apparues trois lettres hébraïques. Les plus simples, que je savais lire : *chalom*. Parole de salutation.

J'ai emprunté une pelle à la ferme voisine. A côté de la première pierre triangulaire, deux autres gisaient, sensiblement plus petites. Sur l'une, que j'ai nettoyée avec une touffe d'herbe, une feuille était sculptée ; sur l'autre, des fleurs. Autrefois elles indiquaient la présence du corps de quelqu'un. Et la mort de quelqu'un. Auparavant, la vie de quelqu'un.

Les fragments ne s'assemblaient pas. Ils ne formaient pas une dalle unique. Deux morceaux de grès avaient une teinte argileuse, d'autres étaient marbrés ou brun foncé. Cinq morceaux. Cinq petits fragments de destin brisés retenus dans le ventre de la terre. Pour survivre.

Je ne voulais pas renoncer. Mais nous n'avons rien trouvé de plus. « Rien que ça », ai-je pensé. « Tout ça », a dit Mirek. Nous avons emporté les pierres enveloppées dans des feuilles. Il faisait gris, mais encore assez clair pour que des enfants jouent dans le sable. L'un des garçons, un blondinet âgé de dix ans peut-être, m'a demandé ce que je cherchais, peut-être ces dalles avec des inscriptions ?

Un instant plus tard nous étions de nouveau à la lisière de la forêt. Il y avait un chêne vers le fond. La terre, recouverte de feuilles en tas plus épais que sur les sentiers, ressemblait à un gâteau en train de lever dans le four. Elle avait gonflé. Les enfants se sont jetés dessus, ils ont creusé à main nue, vite, de plus en plus vite. Des dalles beiges. Balafrées, craquelées, meurtries, l'une après l'autre. Je me suis agenouillée à côté d'eux. Au bout d'un moment j'étais comme eux. La terre semblait n'avoir pas de fond.

Nous ne pouvions nous arrêter. Trois garçons, dont le plus jeune, trois ans peut-être, ôtait la terre qui collait aux morceaux de dalles plus petits et les essuyait avec de l'herbe. Une fillette apparut, elle me montra des lions et des médailles sur des bas-reliefs. Des lettres hébraïques, de droite à gauche. « Regardez, madame, chez moi il y a des mains, et ici des doigts, et une autre main, deux et trois doigts. » « Et moi j'ai un lion, voyez, madame. » « Et cette petite monnaie, qu'est-ce qu'elle veut dire ? » « Un livre, vous voyez, un livre... ». Leçon d'histoire.

Je suis rentrée à Varsovie, le coffre de la voiture rempli.

Le lendemain j'ai eu le sentiment d'avoir commis un sacrilège. D'avoir sauvé la vie au prix d'une transgression de règles intangibles. J'avais peur de toucher ces petits fragments de *matsévah*.

Une nuit, je les ai transférés l'un après l'autre, morceau après morceau, dans ma cave que je venais d'aménager en bibliothèque. Je les ai lavés, m'efforçant de ne pas les blesser davantage, et ensuite je les ai disposés sur les étagères à côté des livres. Je les aurais plus volontiers gardés à la maison, mais j'ai craint que cela ne fût pas bien compris.

Sépulture

Je ne sais pas comment était Markus, né Majer Ber Przedborski à Leczyca en 1844. Mon arrière-arrière-grand-père. Il fut le plus remuant de tous mes ancêtres et le plus mystérieux. Il apparaissait et disparaissait, on le voyait à Kalisz et à Leczyca, à Lodz et à Kuchary. Il se présentait comme négociant, ou bien comme propriétaire d'un domaine ou d'une boutique. Je ne connais pas son visage. Je sais comment il s'annonçait en divers lieux, seul ou avec sa femme Raca Bajla, qu'on appelait Balbina ou Berta, née Haneman. Il lui a survécu onze ans.

Je n'avais pu trouver l'endroit où on l'a inhumé. Ce n'était ni à Kalisz ni à Varsovie. C'était à Lodz. Markus Przedborski est mort en 1931, à l'âge de 87 ans.

Dans les papiers du cimetière juif des documents ont été conservés attestant que la tombe numéro 3a de la cinquième allée, dans le quartier R, est la sienne. A côté on a inhumé ses fils Jakub et Hersz et, deux quartiers plus loin, sa femme, ce qui prouve qu'ils n'étaient pas des Juifs orthodoxes.

Il n'y a pas de plaques sur leurs tombes. Aucun signe qui comporte un nom. La double sépulture en grès semble ouverte, sans autre couvercle qu'un lierre charitable.

L'endroit où on les a inhumés est bordé de mousse, comme un cadre. Un peu d'orties, un peu de mauvaises herbes. Rien de plus. Et pourtant je suis soulagée que ce morceau de terre existe. Qu'il soit ici. D'où peuvent dériver les souvenirs. Qu'ils soient suppositions, ouï-dire, qu'ils aient été rapportés par plusieurs générations et de nombreuses voix, métamorphosés, amplifiés par le silence.

Ils devaient avoir de jolies tombes, on ne pille pas un grès banal. On arrachait les dalles de granit ou de marbre à la hâte, farouchement. N'importe comment, pourvu que le cercueil ne fût pas exposé. On en a détruit plus d'une de la sorte. A côté, des dalles, brisées mais avec des fragments de lettres, des fragments de noms – mort... ayant vécu... en polonais, marbre noir ou granit. Flancs rectangulaires, couvercles polis, pleins de feuilles. Mai resplendit de verdure. Des vestiges automnaux bruns et bronze de novembre passé recouvrent ces débris. Tout près, une tombe semblable mais dont la dalle est en place avec un visage usé sur lequel des escargots cherchent leur pâture.

Chez eux tout a été détruit. De fond en comble. Devrais-je considérer que c'est ici leur place sur terre, la seule qui, toujours, après tant d'années, leur revient, qui continue de leur être attribuée au greffe de la communauté juive de Lodz ?

Leur appartenance est scellée quelque part. Des pierres marquent le contour de leurs cercueils. Qu'y a-t-il au cœur de leurs existences, de leurs inexistences ?

On pourrait tous les réunir ici, ceux de là-bas et ceux qui n'ont pas de tombes. Ceux de Treblinka et de Chelmno, de Leczyca et de Varsovie. Ceux qui ne sont pas nommés. Les miens. Pour le Qaddich quotidien. Parmi d'autres, privés de familles et de noms. Au milieu des leurs.

Zamutek

Szymon

Mon grand-père avait un étrange prénom, comme taillé dans du carton : Szymon. Je ne connaissais personne portant un prénom pareil. Il me semblait artificiel. Comme une façade ou une cuirasse. Comme une banderole brandie dans les manifestations du 1er Mai.

Récemment, j'ai trouvé dans les archives de l'école polytechnique de Varsovie une requête de Samuel Przedborski pour un changement de prénom sur un diplôme datant d'avant la guerre, et une attestation selon laquelle l'actuel Szymon est l'ancien Samuel. Qu'il n'était plus.

A Leczyca, où il était né à la fin de l'automne 1903, premier et unique fils de la famille, on l'appelait par son diminutif : Zamutek. Son acte de naissance, enregistré en russe et selon le calendrier grégorien, a brûlé en même temps que les autres documents de la communauté juive. Dans l'unique copie d'avant-guerre qui ait été conservée figurent les prénoms des parents de Samuel : Henoch et Jachet Gitel, née Herman. A la maison, où l'on parlait exclusivement polonais, le père était Henryk et la mère Justyna – Jecia.

Zamutek était l'homme le plus important dans la vie de sa mère. Elle s'efforçait de réaliser ses rêves et guérissait tous ses chagrins avec du lait – lorsqu'il était enfant et plus tard aussi, alors qu'il était déjà collégien à Lodz. Le lait adoucissait sa nostalgie de la maison. Elle croyait très fort que son fils accomplirait quelque chose de grand. Elle aimait l'accompagner au piano lorsqu'il jouait du violon. Il avait commencé très tôt, avant même d'apprendre à lire. Elle rêvait qu'il devienne virtuose, bien qu'on l'eût affecté à la contrebasse dans l'orchestre scolaire, ce qui lui ôta de la force dans la main gauche et fit qu'il ne joua plus jamais comme avant. En revanche il chantait joliment, surtout des airs d'opéra sur les amours non partagées. Elle lui pardonnait tout, elle se fâchait rarement.

Elle ne lui faisait aucun reproche lorsqu'il mangeait *trefny*, un mets impur. Il avait treize ans, quelques jours après la cérémonie de *bar mitsvah*[1], lorsqu'il avoua avoir mangé des cretons de lard après les solennités à la synagogue. Elle dit seulement : « Maintenant, mon fils, tu pèches pour ton propre compte. »

Il dut en être impressionné car il s'en souvint jusqu'à la fin de sa vie et il le répétait souvent.

Il ne s'est conservé qu'une seule photo de son adolescence. Il peut bien avoir dix-sept ans. Il est timide et solennel. Il est mince. Il a une bouche joliment découpée, le front haut surmonté de cheveux foncés plaqués et des lunettes cerclées. Il étudiait le grec et le latin. Ils résolvait des problèmes d'algèbre et de géométrie et rêvait de construire des ponts. Il quitta le lycée du Cercle de la Pépinière scolaire polonaise avec une mention.

1. La cérémonie qui marque, à treize ans, l'entrée d'un garçon dans l'adolescence et fait de lui, du point de vue religieux, un adulte responsable. (N.d.T.)

Peu après il commençait des études d'ingénieur à l'école polytechnique de Varsovie.

Mon grand-père avait les coudes sombres et durs comme la peau d'un batracien antédiluvien. Ou comme l'écorce d'un vieil arbre. Rugueuse. Généralement il se tenait à table près d'un radiateur en fonte très décoratif et il faisait des réussites pendant des heures. Des petites cartes décolorées, jadis rouges et bleues, avec des couples d'amours, qui paraissaient vraiment toutes petites entre ses mains. C'était un homme de grande taille, puissant. Sur le piano, bien en vue, se trouvait une photo de lui à la fin des années quarante, sur des skis, en montagne. Ses yeux brillaient alors, tout comme ses dents blanches, il souriait franchement. Après la guerre il avait retrouvé un instant la foi et l'amour, un court instant. Je ne l'ai pas connu ainsi.

Il m'est difficile aujourd'hui de comprendre à quel point je me suis permis de l'ignorer alors que je le voyais relativement souvent. Je ne savais pas combien il me serait pénible un jour de vaincre tout ce que cachait son silence. Je ne m'apercevais pas qu'il allait être trop tard.

Oncle Oles se rappelle mon grand-père lorsqu'il est revenu du camp de Woldenberg à Saska Kepa, en janvier 1945. La famille de sa sœur l'appelait « notre frère ». Grand, fort, en uniforme et avec ses lunettes cerclées de fer, il est entré dans la pièce au premier étage de la rue Szczuczynska. Au centre il y avait un petit poêle ; ils étaient serrés autour, tout près. Sa sœur Frania a fondu en larmes. Elle ne l'avait pas vu depuis cinq ans. Il se taisait.

Il a logé un certain temps chez Bronka, sa deuxième sœur, rue Gornoslaska. Dès le lendemain il s'est présenté à son chef de la Coopérative Varsovienne de Logement, alors président de la ville de Varsovie, Stanislaw Tolwinski. Il a obtenu un poste de direction au Bureau de reconstruction de la capitale où travaillaient déjà ses anciens collègues de la Coopérative. Il a retrouvé et fait venir sa fille. Il a emménagé rue Koszykowa, dans son nouvel appartement provisoire qu'il partageait avec une autre famille. Et alors la grande lassitude de ses cinq ans de captivité se fit sentir. A quoi bon tout cela dès lors qu'il n'y a plus personne pour qui vivre ?

Selon Oles, l'apathie de Szymon avait ses racines dans la guerre, dans l'immobilité de la captivité et dans l'inertie du retour. Peut-être dans le désespoir dû à la perte de sa femme au dernier moment, alors que tout était presque fini ? Elle s'en était si longtemps bien tirée ; cet automne encore il avait reçu ses lettres – trois mois, il lui avait manqué trois mois pour la revoir. Trouver un sens à tout cela. Il restait sur son canapé sans rien dire, le regard fixe.

Il se replia sur lui-même. Il restait silencieux pendant des heures, fixant le mur ou regardant devant lui. Parfois il disait que quelqu'un le poursuivait. Le traquait. Absent, apathique, brisé. Il paraît qu'il avait déjà connu des états semblables auparavant, avant la guerre. Il s'accusait toujours. Des difficultés au travail et dans la vie quotidienne. Il s'enfermait dans son bureau et ne laissait entrer personne. On lui glissait sa nourriture par la porte entrebâillée. Cela durait parfois une journée, parfois trois jours. Mais maintenant la guerre s'y était ajoutée. Il se sentait plus douloureusement éprouvé que les autres. Il ne devait ni ne voulait s'en expliquer.

Ses sœurs s'efforçaient de l'aider. Frania, qui entretenait d'amicales relations avec l'épouse du directeur de l'établissement pour malades mentaux de Tworki, sollicita une consultation chez un spécialiste. Elle expliqua que son frère devait travailler mais que dans l'état qui était le sien il n'était bon à rien. Elle observa la visite par le trou de la serrure. Le médecin se leva de son fauteuil et, les mains à plat sur son bureau, réprimanda Szymon : « Voyou, criait-il, fils de pute, tu casses la tête aux gens, tu joues les fous. Moi je vais informer les autorités compétentes. Tu vas aller en taule. Tu te montres encore une fois ici et je te fends le crâne avec ce cendrier ! »

Szymon était indigné que quelqu'un le traite de cette manière. Il ne voulut rien dire. Mais le lendemain il se rendit à son travail. Et il se replia plus rarement sur lui-même. Il lui fallait seulement avoir toujours un verre de lait au réfrigérateur. Difficile à croire, mais c'est ce qu'a enregistré la légende familiale. Qui plus est, cela le remettait d'aplomb.

Le lait, la mère, la maison. Ou peut-être dans l'ordre inverse : la maison, la mère, le lait.

Juste après la guerre il lui arriva de frapper son jeune neveu qui avait bu son verre de lait en son absence. Il était inquiet lorsqu'il n'avait pas ses deux bouteilles à capsules d'aluminium argentées ou dorées dans le réfrigérateur. Le laitier les déposa pendant des années devant la porte, tôt le matin. Grand-père se réveillait alors et descendait chercher son journal préféré. Il s'appelait *Trybuna Ludu*, « La Tribune du Peuple », et c'était l'organe du Parti ouvrier polonais unifié. Son parti, avec lequel il s'identifiait.

Il se sentait étranger mais il était attaché aux vivants, à ses sœurs, à leurs familles, comme cousu à leur destinée, attaché par quelque fil invisible. C'était sa bouée de sauvetage. Sa protection contre le naufrage final.

Il passait des heures sur le divan chez ses sœurs. Il venait après le travail et s'allongeait. Il sentait couler la vie de la maison dans ses veines. Quelqu'un se lavait les mains, tirait la chasse dans les toilettes, froissait le journal, préparait du thé, remuait bruyamment le sucre avec sa cuillère. Quelqu'un parlait, le rythme uni des mots lui parvenait de loin. La mélodie unique, infalsifiable du polonais tirant des salves de consonnes en paquets épineux. Il était allongé à côté, sur le sofa, dans la pièce donnant sur le jardin, le parquet craquait et la maison embaumait. Il connaissait cette odeur depuis Leczyca. Leczyca qui n'était plus, qu'on avait tuée comme on avait tué sa mère et sa grand-mère, ses tantes et sa femme. Fini Leczyca. Il n'y a plus que l'haleine de cette maison de sa sœur. Poisson rôti, vermicelle coulé, foie sauté. Il ne disait pas « poisson à la juive » ou « caviar juif ». Le foie haché à l'oignon et l'œuf dur n'avaient pas d'origine. Comme le lait, le lait si sûr, blanc. Le lait dans le réfrigérateur. Le lait en bidon, en bidon bleu marine, que sa mère ramenait pour lui.

Dans son premier curriculum vitae d'après-guerre il écrivait : « Après la libération par l'armée soviétique, en 1945, au cours des opérations d'évacuation du camp vers l'Ouest, je rentre au pays et je suis aussitôt affecté aux premières équipes des cadres de la reconstruction de Varsovie. » Il a adhéré au Parti.

« Pour la première fois après six ans d'occupation, nous célébrons le 1er Mai comme peuple libre – proclamait le manifeste du Comité central du Parti en 1945. Les chaînes du cruel esclavage nazi sont tombées. L'armée Rouge et les héroïques forces polonaises combattant à ses côtés se trouvent aux portes de Berlin. A l'Ouest, les armées alliées ont déferlé au cœur de l'Allemagne. Le monde de la contrainte nazie a péri et avec lui doivent périr les forces obscures de la réaction et du fascisme. » C'est ce qu'il éprouvait.

Il marchait dans la foule des manifestants, non loin du balcon de l'Opéra incendié plein de représentants du pouvoir. Comme les autres, il lançait des acclamations à la gloire du nouvel ordre et des libérateurs. S'il voulait vivre, c'était pour construire un avenir juste. Il était chez lui. La patrie avait besoin de lui. Appartenir au Parti lui donnait un appui.

Il avait de bons et de mauvais jours. De temps à autre il lui fallait réapprendre l'enthousiasme, des spectres douloureux le tourmentaient. Parfois il n'avait pas la force de les combattre. Et quand il se repliait sur lui-même il était violent et désagréable. Il ne cherchait pas le contact avec les autres. Il était incapable de tenir une conversation. Il savait se faire comprendre et se taire.

C'est ainsi que sa fille, ma maman, l'a connu après la guerre. Derrière une vitre. Dès qu'ils logèrent seuls il lui fit tenir la maison. Elle avait quatorze ans, elle avait perdu sa mère un an plus tôt, avant l'occupation elle n'était qu'une enfant, elle n'avait eu personne pour lui apprendre. Cuisiner et faire le ménage, éplucher les pommes de terre et les légumes, faire cuire les galettes et les côtelettes. Il criait. Lorsque ses premières quenelles s'amalgamèrent en une masse pâteuse et crue au milieu il ne put se maîtriser. Il lui fit tout manger jusqu'à la dernière bouchée : « Il n'y aura rien d'autre tant que tu n'auras pas appris, tant que tu n'auras pas fini par apprendre. » Son « non » était catégorique et il ne le disait qu'un fois, ne laissant planer aucun doute. Il ne tolérait aucune objection.

Au premier printemps qui suivit la libération, l'Entreprise de Reconstruction de la capitale fut chargée de bâtir un quartier provisoire d'habitation pour ceux qui reconstruisaient la ville. Les bungalows finlandais en bois affectés à Varsovie par l'URSS devaient s'élever sur trois sites. L'ingénieur Przedborski devint directeur des travaux dans le secteur de Gorny Ujazdow. Alentour ce n'étaient que décombres et misère. On manquait d'outils et de main-d'œuvre. Il engageait quiconque se présentait, au mieux avec son propre pic ou son marteau. Pour le prêt d'un outil il ajoutait une prime à la journée de travail.

Dans le bâtiment abritant les bureaux l'eau vous coulait sur la tête après la pluie, le toit était criblé d'éclats de projectiles. Il avait engagé un électricien qui s'y connaissait en tôlerie et qui auparavant, comme volontaire, avait déblayé les Allées de Jérusalem de leurs gravats. C'est lui qui a gardé le souvenir du directeur des travaux et du premier bungalow finlandais type qu'ils aient achevé, avec une couverture en carton bitumé, à la fin d'avril 1945.

Mais tout n'allait pas pour le mieux et sans conflits. « Des éléments hostiles ont fomenté des troubles, provoqué des manifestations. » Même quand on faisait venir du pain sur le chantier et que la direction du Parti le partageait entre ceux qui travaillaient.

J'ai lu cela bien des années après sa mort, lui-même n'a jamais raconté d'histoires de ce genre. Il les étouffait, les refoulait tout au fond de lui, car enfin il avait résolu de vivre et de bâtir, et lorsqu'elles lui pesaient par trop il se repliait sur lui-même, se figeait, se taisait.

Un après-midi, un groupe d'ouvriers interrompit le travail et organisa un meeting devant la baraque de la cantine. L'un d'eux rompit une miche de pain pour montrer que l'intérieur était moisi. Il parlait haut, avec une colère extrême, appelait à la révolte. Il qualifia mon grand-père – mon grand-père dévoué à la cause et à la Pologne, l'ingénieur Przedborski – d'ennemi des travailleurs. Il criait : « A bas le directeur » et : « A bas les ennemis de la classe ouvrière ». Il se lança dans un monologue très dur, acharné, contre Przedborski et ses semblables qui les nourrissaient, eux, les ouvriers, avec une soupe d'eau claire, eux-mêmes faisant bombance. « A bas Przedborski, jetez-le dehors. Il ne fait rien pour nous », acheva-t-il.

Quand et sous quelle forme ces paroles furent-elles rapportées à Szymon ?

Il sortit devant l'équipe. Pas seul, avec deux autres camarades dévoués comme lui à la cause, à la reconstruction, engagés à relever les ruines. Il leur expliqua qu'ils avaient conscience de leurs soucis, qu'ils circulaient et voyaient bien quelles étaient les difficultés avec l'approvisionnement, les transports. Le pain est humide, il est effectivement humide parce que les bâtiments prennent l'eau. Mais ce ne sont que des problèmes passagers. « Nous compatissons au sort des ouvriers qui se sont attachés à la reconstruction de la Pologne populaire. Nous sommes avec vous. »

Cette fois cela réussit. Ils se dispersèrent. Peut-être pas convaincus, mais plus ou moins radoucis. Alentour ce n'étaient que décombres et misère. Mon grand-père se heurta encore plus d'une fois à la colère des ouvriers. A la maison il les appelait, selon le vocabulaire de l'époque, des éléments ennemis semant le trouble.

Ils lui compliquaient l'exécution de la tâche de reconstruction de la ville qui lui avait été confiée. C'était pourtant uniquement pour cela qu'il était parvenu à se remettre du choc et de l'apathie dans laquelle il avait été plongé après le camp. Il était absorbé par les réunions, les visites sur le terrain, le contrôle des travaux, les échéances. Il s'occupait de vastes problèmes. Le Bureau de Reconstruction de la capitale et le ministère de la Reconstruction voulaient voir une Varsovie spacieuse, remplie de parcs et de verdure, de larges artères, où frémiraient la vie scientifique, culturelle, l'éducation. Il était ému par les plans du futur métro, l'acheminement des escaliers mécaniques destinés à la Voie Est-Ouest, l'ouverture du dixième cinéma, l'inauguration d'une bibliothèque à l'usine Karol Swierczewski dans le quartier de Wola.

Samuel, Zamutek, s'était métamorphosé après la guerre en un Szymon dont on n'avait jamais entendu parler à Leczyca. Il n'était pas une exception, il faisait comme les autres. Je n'aurais dû ni m'étonner ni m'offusquer. Dans la Pologne d'après-guerre la majorité de l'intelligentsia juive assimilée prit des noms et des prénoms polonais ou polonisés. Les uns gardèrent tout simplement les papiers aryens qui avaient été les leurs pendant la guerre, les autres choisirent des noms nouveaux aux sonorités indigènes. Comme un camouflage.

Des décrets officiels, le premier dès novembre 1945, facilitèrent ces changements. L'instruction autorisant à changer les noms déshonorants ou ridicules s'étendait aussi à ceux qui n'avaient pas une sonorité polonaise. On mit cette possibilité à profit ou bien on conserva les noms pris pendant la guerre « en vue de se protéger des actes de violence de l'envahisseur allemand ».

Les Rozenberg et les Goldberg devinrent sans regret Lipinski ou Sokolowski. Le nom de mon grand-père se terminait par un « ski » très bord-de-la-Vistule qui ne lui posait aucun problème ; en revanche, son prénom sentait le Talmud à bonne distance. Il n'en voulait pas, il ne voulait pas qu'on l'appelle Salek. Que ses subordonnés, au bureau, chuchotent que l'ingénieur Przedborski est un Moïse. Changer de carte de visite pouvait-il empêcher cela ? Ils ne voulaient être ni des Moïse ni des Baruch, parce qu'ils ne voulaient pas avoir à se défendre à nouveau, susciter un quelconque intérêt ; sans être nécessairement d'emblée une cible il suffisait de susciter la curiosité. Mieux valait ne pas se distinguer, ne pas se différencier, ne pas provoquer par la singularité. Partout et toujours il est plus facile d'être comme tout le monde.

Les Juifs militants du Parti, les Juifs en place, les hauts fonctionnaires de l'État – ceux-là pouvaient bien être soumis à toutes sortes de pressions. Les autres, certainement la majorité, avaient sans doute compris d'eux-mêmes qu'il leur fallait être comme tout le monde autour d'eux. Les Abraham, les Moïse ou les Szyja se métamorphosèrent en Adam, Mieczyslaw ou Stanislaw. A la rubrique nationalité ils écrivaient : polonaise. Les communistes d'origine juive devenaient d'autant plus polonais qu'ils étaient moins juifs dans leurs convictions.

Samuel, le prénom juif de mon grand-père, enregistré dans un acte de naissance qui n'existe pas, est resté sur son diplôme de fin d'études et dans ses documents militaires d'avant-guerre. Il l'utilisait à l'école de Leczyca et à Lodz et, en 1920, lorsqu'il s'est porté volontaire pour la guerre polono-soviétique. C'est ainsi qu'il a signé pendant six ans à l'école polytechnique, à l'école d'aspirants à Zambrow d'où il est sorti en 1930, deux ans après avoir obtenu le titre d'ingénieur des Ponts et Chaussées. Il appartenait à l'Association d'entraide des étudiants juifs de l'école polytechnique de Varsovie. C'est Samuel Przedborski, sous-lieutenant au 48e Régiment de Chasseurs garde-frontière, qui a défendu Varsovie en septembre 1939 et c'est Samuel qui fut fait prisonnier. Il a passé toute la guerre avec ce prénom.

Partout, là-bas, ses parents avaient également des prénoms juifs. C'est peut-être de cela que j'ai le plus de peine, de la modification de leur généalogie, du passé faisant silence.

Pourtant il ne pouvait avoir honte de ces parents. Il n'en avait pas le droit. Je sais aujourd'hui qu'il n'en avait pas le droit. Et bien que je comprenne ses choix, je refuse de les admettre.

Le 4 juillet 1946, à Kielce, plusieurs dizaines de Juifs avaient péri de la main de Polonais.

Il ne pouvait pas ne pas avoir peur. Il pouvait écarter ces informations et d'autres du même ordre mais il ne pouvait pas ne pas être conscient de la situation. On avait mis à mort ces Juifs identifiés au régime communiste imposé, ces Juifs auteurs de meurtres rituels mais aussi ces Juifs qui revenaient chez eux et dont les maisons étaient déjà occupées par de nouveaux propriétaires.

Mon grand-père n'a jamais envisagé la possibilité de quitter la Pologne. Il croyait réellement que le nouveau régime avait résolu une fois pour toutes la question de la nationalité. Il était sûr que la voie qu'il avait choisie était juste et il est resté de cet avis jusqu'au bout.

A la fin de 1946 il est allé se faire enregistrer dans les fichiers du Comité central des Juifs polonais. Certes, il a rempli ses papiers en tant que Szymon Przedborski, fils d'Henryk et de Justyna née Herman, mais il s'est inscrit dans une organisation juive. Pour la première et la dernière fois depuis la guerre. Ceux qui se sont fait enregistrer là-bas sont ceux à qui il avait été donné de survivre et, comme le montre l'exemple de Szymon, même les plus assimilés.

L'acte d'état civil reconstitué deux ans plus tard en vertu d'une décision du Tribunal municipal de Leczyca contenait ces mêmes données. Il s'en est servi dans tous ses documents.

Les documents n'éprouvent aucun sentiment. Dans les questionnaires militaires d'après-guerre, le père de Szymon n'a plus jamais porté que le prénom d'Henryk. Il était, selon les circonstances, petit commerçant, employé privé, directeur d'imprimerie, il ne possédait pas de fortune. A sa mère, Szymon n'a laissé que son prénom polonisé, Justyna, jamais il n'a ajouté son nom de jeune fille. Il l'a tu comme il a tu tout le passé de Leczyca. Et Dela, son épouse, la mère de sa fille. Une instruction du Praesidium du Conseil des ministres avait entériné ces changements, et cela concernait aussi les parents défunts et le nom de jeune fille de la mère lorsque ces changements avaient été motivés par des raisons importantes et circonstanciées.

C'est la statistique qui m'importe, car il s'agit bien de statistique ; il n'y a nulle place, ici, pour rien d'autre que l'information ! Mais l'information aussi sert à quelque chose. Que voudrais-je donc : la description d'un wagon pour Treblinka, d'un cri ou de larmes, du son des instruments dans la maison du Petit-Rynek, ou encore le récit de la fortune des Herman, du dépôt de vins et d'eaux-de-vie ? Ce ne sont que des rubriques, il faut les remplir, disposer les briques de telle sorte qu'elles tiennent, il ne s'agit ni d'un palais ni de jardins d'agrément, ce n'est pas une rédaction scolaire. Ni des lamentations. Des faits, des faits irréfutables, de ceux qui collent à la terre, de ceux qui, dans une réalité nouvelle, aident à tenir.

On l'a décoré de sa première Croix du mérite en or le 22 juillet 1948. Il se sentait important, il était l'un des directeurs du Bureau de Reconstruction de la capitale. Il détenait un poste et un pouvoir. Il était alors lié à l'une des employées du bureau, Marysia Widawska.

Elle était originaire des Confins [1] et savait se faire apprécier. Elle était chaleureuse, ouverte. Elle parlait beaucoup, avec le mol accent chantant des Confins, prompte à la conversation, à apporter son aide, à l'allégresse. Dans la vie de mon grand-père, toute de travail et de silence, elle introduisait un trouble pittoresque. Elle était bien faite, blonde, de bonne taille, avec de beaux cheveux et de belles jambes.

Ils partaient ensemble en vacances : Szymon et la petite Halina et Marysia avec ses deux enfants. Les cinq aimaient se retrouver. Ma maman recevait des cadeaux de Marysia : des

1. La frange orientale de la Pologne. (N.d.T.)

robes, inestimables à cette époque, venues dans des colis de l'étranger, des bas nylon. Mais le plus important c'est qu'elle savait déjà se réfugier auprès d'elle. Les choses semblaient devoir rester ainsi. De nombreuses photos sereines datent de cette époque-là. Dans les montagnes, dans des refuges, dans des prairies. Maman évoque encore Marysia avec une grande tendresse. Et soudain, après de longues années de silence, le mari de Marysia considéré comme disparu se manifesta. Il était revenu d'Angleterre, il avait retrouvé sa femme. Est-ce là ce qui motiva la rupture avec Szymon ou y eut-il autre chose, je l'ignore. Personne ne le sait vraiment. Il paraît que Marysia en parla à Bronka et à Frania, les sœurs de Szymon, en pleurant.

Dans l'album de maman est conservée une photo de Marysia, une jambe sur un fauteuil pour rajuster sa jarretière. Des années plus tard, sur la cuisse, à cet endroit, une tumeur s'est développée. Elle riait, disant que cette photo en était la cause. Elle a souffert courageusement.

Son mari mourut bientôt, mais Szymon s'était senti blessé. J'aurais voulu qu'il souffre de son absence, j'aurais voulu qu'il tente de revenir vers elle. Qu'il soigne ses blessures auprès de cet être chaleureux et reprenne des forces, que la petite Halina ait quelqu'un avec qui elle pourrait pleurer et rire. Il n'en fut pas ainsi. Mon grand-père claqua de nouveau la porte. S'enferma, se replia sur lui-même. Le plus banalement du monde, près de l'ascenseur de son nouvel appartement rue Pulawska, un appartement avec tout le confort et une domestique, il fit la connaissance d'une voisine d'étage.

Il se peut, comme l'ont affirmé les beaux-frères de Szymon, qu'il ait rencontré Zena à une réunion du Parti. Il y avait effectivement quelque chose de cette atmosphère-là dans leurs relations. Ils avaient tous les deux des postes importants, ils étaient engagés dans l'édification du nouveau système, ils avaient foi en la rénovation du pays par le socialisme sur le modèle soviétique.

Ils semblaient créés l'un pour l'autre, deux solitudes après les heures de service.

Plus tard, seulement, il s'avéra qu'il avait déjà eu affaire à elle dans son travail. Au Conseil national de la capitale, l'office municipal de l'époque, elle supervisait la construction des écoles dont il répondait, lui, étant l'un des directeurs de l'entreprise de construction. Dans le même temps il ne pouvait échapper aux appels téléphoniques des camarades le pressant d'effectuer les réparations dans leurs propres appartements. Il n'avait pas assez d'équipes, il lui fallait louvoyer au détriment des écoles. Alors elle intervint, elle. Avec ses récriminations elle était pendue au téléphone du comité du Parti de la voïvodie et parfois même, aussi, à celui du Comité central. Elle lui en avait fait voir. Des années plus tard ils en plaisantaient.

Ils firent connaissance en septembre, le mariage eut lieu le 29 décembre 1949. C'est sans doute lui qui voulut légaliser leur union. Pour rompre avec l'échec, pour se composer enfin une vie. Sans doute le voulait-elle aussi, on la considérait déjà comme une vieille fille, elle avait passé la trentaine. Le mariage fut célébré par le maire de Varsovie, un familier du jeune marié avant la guerre, dans son bureau officiel. Les familles ne furent pas invitées.

Mon grand-père avait alors 46 ans. Il avait perdu une épouse qu'il aimait et après la guerre, après cinq années passées sans femme, il avait perdu celle avec qui il se sentait bien. Il tentait pour la troisième fois. Par commodité, par désespoir, par envie de posséder quelque chose dans le genre d'une famille ? Théoriquement ils étaient bien accordés, par leurs fonctions, leur position sociale, leur goût de la musique et de la montagne. Elle savait comment sont les choses et comment elles doivent être. Comment elles seront. Quoi dire et à qui. Comment se conduire. Dans ce système elle se sentait importante. Lui aussi. Elle s'installa chez eux avec ses meubles Biedermeier, ses costumes de gouvernante d'avant-guerre, son piano et sa mine renfrognée. La petite Halina venait d'avoir dix-huit ans. Depuis le début elles ne se convenaient pas. Peut-être les souvenirs de ma maman pèsent-ils sur ce tableau ?

On a souvent rappelé cette histoire. Je m'en souviens moi-même. Szymon avait coutume d'aller voir ses sœurs en vacances. La plus jeune, Frania, allait chaque hiver à Zakopane avec son mari et les enfants. Cette fois il était venu pour leur présenter sa nouvelle épouse et Zena les accueillit par ces mots : « J'ai toujours rêvé d'échapper aux rencontres avec la famille. » L'oncle Oles fit preuve de repartie, disant que ça tombait bien parce qu'ils rêvaient exactement la même chose. A d'autres, cependant, le sens de l'humour fit défaut.

Frania ne put le pardonner à Zena. C'était aussi par rapport à son frère, son bien-aimé frère à qui quelque chose était enfin dû dans la vie. Mais lui ne se plaignait pas. Peut-être leur a-t-il seulement rendu plus souvent visite après son mariage.

Il aimait les fils de Frania et eux raffolaient des visites du grand-oncle. Il leur apportait des cadeaux originaux : un vrai casque ou un revolver. Il les portait sur son dos et les déposait sur l'armoire, leur permettant de sauter sur le divan. La voisine venait se plaindre que son lustre chancelait mais il n'en avait cure. Les garçons l'attendaient avec impatience. Ils comptaient aussi sur des visites rue Pulawska. Ils ne furent jamais invités. Oles disait à ses fils que Tantine ne le souhaitait pas.

Mais Szymon se réchauffait à la chaleur des familles de ses sœurs. A vrai dire il ne pouvait fonctionner sans elles. Ils partageaient un passé commun et une perte commune. Ils n'avaient personne qui leur fût proche. Rue Szczuczynska et rue Gornoslaska il cherchait ce qu'il n'avait pas à la maison. Il s'était habitué aux petits sommes de l'après-midi sur leurs canapés. Il expliquait à Zena qu'il était fatigué, qu'il lui fallait se reposer un peu. Elle n'était pas contente. Il lui cachait une partie de ses visites.

Je ne sais pas si elle aimait Szymon. Je ne sais pas si le fait qu'il était juif avait la moindre signification pour elle. Elle affirme avoir ignoré qu'il eût jamais porté un autre prénom. Ce changement avait dû intervenir avant qu'elle fasse sa connaissance, ou alors elle ne dit pas la vérité. Oles suggère que c'est elle qui avait exigé ce changement. Mais peut-être a-t-il soigné ainsi les traumatismes consécutifs au camp ? L'une des deux sœurs de Zena avait épousé un Juif, elle aussi.

Zena était issue d'une famille ouvrière varsovienne fidèle aux traditions du PPS, le Parti socialiste polonais. Son père était employé des tramways. Il a élevé ses trois filles. Toutes trois s'étaient engagées dans l'action clandestine pendant la guerre. Zena était allée dans le ghetto à plusieurs reprises. Un jour elle avait ramené une fillette juive à la maison parce qu'on ne lui avait pas trouvé de cachette. La mère de Zena, catholique fervente, était allée se confesser et le prêtre lui avait dit qu'elle avait perdu son âme et s'exposait à la damnation éternelle. Elle avait quitté le confessionnal sans recevoir l'absolution. Le petit ami de Zena partit avec les insurgés. Il ne revint pas.

Zena avait achevé des études de philosophie avant la guerre, elle n'avait manqué aucun des séminaires des professeurs Tatarkiewicz [1] et Kotarbinski [2]. Après la guerre elle avait fait confiance à l'idéologie marxiste. Elle avait d'abord travaillé à la section de l'instruction publique au Conseil national de la capitale, l'office municipal de l'époque, puis au Bureau du Conseil des ministres où elle s'était occupée des questions de culture. Elle avait passé les années suivantes à la Radio polonaise, à la rédaction chargée de l'instruction publique. A la rubrique profession d'un questionnaire, elle a mentionné : « Travailleur intellectuel ».

---

1. Wladyslaw Tatarkiewicz (1886-1980) : philosophe, historien de la philosophie et de l'art, membre de l'Académie polonaise des Sciences. (N.d.T.)

2. Tadeusz Kotarbinski (1886-1981) : logicien et philosophe, membre de l'Académie polonaise des Sciences. Il a notamment défendu et illustré le réisme, une doctrine présentée par le philosophe tchèque Tomas Masaryk (1850-1937) selon laquelle chacune des facultés de l'être humain (raison, volonté, émotion...) est une forme de connaissance. (N.d.T.)

Zena n'était pas facile, mais lui n'était pas facile non plus. Je ne m'en rendais pas compte alors. Je le plaignais, pas elle. Il me paraissait amer, tellement différent de ses sœurs Bronka et Frania. Ma maman répète aujourd'hui qu'elle est tombée sur l'authentique marâtre des contes. Mais à l'époque elle ne se plaignait pas. Son père aussi était sévère. Et je ne sais plus à l'initiative de qui il lui fallait tenir des comptes quotidiens. Elle calculait : un kilo de pain, 3 zlotys ; une demi-livre de saucisse, 10 zlotys ; des citrons. Non, les citrons c'est un luxe inutile.

Szymon partageait les opinions politiques de sa femme. Ils participaient aux manifestations-anniversaire du 22 juillet[1] et aux cortèges du 1er Mai, chacun avec sa propre organisation au sein du Parti. Ils conspuaient les responsables de malfaçons, les fainéants et les impérialistes. Ils accueillaient avec reconnaissance les bâtiments de Nowa Huta[2]. Ils se passionnaient pour les réunions de travail des ouvriers, travailleurs de choc de l'usine d'Ursus[3]. Ils vivaient les films consacrés à Lénine et à Karol Swierczewski[4], ce dernier en deux parties, en mai 1953, au cinéma « Moscou » qui venait tout juste d'ouvrir non loin de leur appartement de la rue Pulawska. D'un commun accord ils fuyaient les films occidentaux. Ils s'intéressaient ensemble aux plans d'un gratte-ciel dont le pouvoir soviétique avait proposé la construction « au nom de l'amitié ». Pour l'un et l'autre c'était la garantie de la sécurité et de la paix. Ils parlaient des représentations de l'ensemble « Mazowsze[5] » à Moscou et à Pékin. Ils ne manquaient pas les concerts symphoniques du vendredi à la philharmonie qui restèrent le plus durable de leurs rituels. Ils se

1. Date de la promulgation, en 1952, de la Constitution de la République populaire, qui restera la date de la fête nationale jusqu'à la chute du pouvoir communiste. (N.d.T.)

2. Ville ouvrière et centre métallurgique hâtivement édifiés, en 1949, par les autorités communistes, aux portes de la très « bourgeoise » Cracovie. (N.d.T.)

3. Ville industrielle aux portes de Varsovie, notamment connue pour son usine de tracteurs qui portent cette marque. (N.d.T.)

4. Karol Swierczewski (1897-1947) : général de l'armée Rouge d'origine polonaise, combattant de la guerre d'Espagne. (N.d.T.)

5. Ensemble national polonais de chants et danses populaires, fondé en 1949 par le musicologue Tadeusz Sygietynski. (N.d.T.)

permettaient parfois une extravagance, par exemple un voyage en avion à Poznan pour l'avant-première polonaise de *Boris Godounov* à l'opéra. Ils se rendirent aussi à Gdansk par le train pour voir la Vieille-Ville reconstruite.

Au refuge de Kalatowki, la seconde épouse de Szymon s'efforça un jour de convaincre son beau-frère Oles de la supériorité du nouveau régime sur l'oppression de l'assainissement [1] d'avant-guerre. Oles, entrepreneur très prospère avant la guerre, avait servi pendant l'occupation dans le renseignement de l'AK. Il garda longtemps le silence en écoutant ses arguments, après quoi il lui demanda si elle ne comprenait pas que le train tirant son wagon conduisait à l'abîme.

Non, Zena n'informa pas les fonctionnaires de la Sûreté des propos d'Oles. Elle ne les informa pas bien qu'elle l'en eût menacé. Est-ce là l'unique infraction qu'elle ait commise aux devoirs d'un membre consciencieux du Parti ?

Cet entretien a-t-il eu lieu juste après la mort de Staline ou bien encore avant ? Szymon et elle prirent part au cortège funèbre qui, le 9 mars 1953, défila dans les Allées de Jérusalem devant le nouveau bâtiment du Comité central du Parti. Plus de trois cent cinquante mille Polonais rendirent hommage au dirigeant soviétique au moment même où, à Moscou, son véritable enterrement avait lieu. L'histoire n'a pas connu de cérémonie funèbre plus gigantesque dans laquelle l'assistance ne suit pas le cercueil.

Je suis sûre que mon grand-père ne voyait rien là d'étrange. Il devait être mortellement grave. Et inquiet de l'avenir.

Mon grand-père aimait l'uniforme. Je pense qu'il l'aimait. Il me semble que l'uniforme lui donnait le sentiment d'une appartenance et lui apportait la sécurité. L'uniforme polonais attestait

1. « Assainissement moral » était le mot d'ordre du régime instauré par Jozef Pilsudski après son coup d'Etat de mai 1926. (N.d.T.)

qu'il était ici chez lui. Dans la République de Pologne, d'abord, ensuite dans la Pologne populaire. Dans son propre pays, indépendant.

Il avait dix-sept ans, pendant la guerre polono-soviétique, lorsqu'il s'était porté volontaire. Il avait servi trois ans dans l'armée. L'uniforme et le drapeau lui plaisaient certainement davantage que la perspective de combattre la Russie. Jamais il n'a mentionné cet épisode.

Il était sorti de l'école d'aspirants où il avait accompli d'« excellents progrès ». On l'appelait régulièrement à l'entraînement dans des régiments d'infanterie à Zambrow, à Stanislawow, à Kutno. Il prit part à la campagne de septembre 1939 dans la défense antiaérienne du quartier de Praga. D'où il fut emmené en captivité. Il n'avait été ni blessé ni contusionné. Le fait qu'il était officier lui sauva la vie.

Le sous-lieutenant Przedborski fut libéré du cadre de réserve en 1948. Et malgré une dizaine d'années de service et une bonne préparation professionnelle, la Commission régionale de vérification de l'Armée polonaise jugea sa formation militaire « faible ». Son attitude morale fut invariablement considérée comme « proche quant à la classe ».

Il avait le sens du devoir et de la responsabilité. Au bureau on entendait souvent ses éclats de voix. Il voulait construire, servir. Augmenter la productivité, accroître la production. Il ne s'agissait pas de carrière. Il considérait vraiment que le communisme n'est que juste et qu'il exige d'être introduit par la force. Il harcelait les gens, il dirigeait, il administrait. Il était l'exemple type du gardien communiste. Peut-être subissait-il aussi les pressions du comité du Parti ? Il représentait l'intransigeance du communiste-traqueur. Il surveillait, vérifiait, contrôlait. Il ne faisait confiance à personne. Il téléphonait plusieurs fois par jour au chantier et donnait ses consignes en élevant la voix. Il était irrité de ce qu'ils ne donnent pas tout d'eux-mêmes, exactement comme s'il gérait ses propres affaires personnelles. Il était impatient. Peut-être devait-il l'être ? Il avait surmonté son désespoir pour construire un nouveau pays, celui dont il avait rêvé, égal pour tous et juste. Il se sentait l'égal des autres, le même, digne.

Il n'avait pas d'amis. En tout cas il n'en reste aucune trace dans son univers. Il devait beaucoup à ses collègues de la Coopérative varsovienne de Logement, aux coopérateurs, aux socialistes. Ils avaient pris une part active à l'aide apportée à sa famille pendant l'occupation. Dela s'était cachée pendant un certain temps chez des parents d'Edward Osobka-Morawski, Premier ministre après la guerre. Et plus tard ils avaient maintenu des contacts bien plus professionnels que privés. Quelques-uns d'entre eux occupaient d'importantes fonctions gouvernementales.

Il paraît que l'un de ses condisciples de l'école polytechnique – j'ignore s'il s'agit de celui avec lequel il suivait la progression du chantier du Palais de la Culture et discutait de constructions en béton armé – incita Szymon à entrer au service de la Sécurité. Szymon consulta sa femme. Il raconte que non seulement elle l'en dissuada catégoriquement mais qu'elle menaça même de le quitter sur-le-champ s'il faisait une chose pareille. L'écoutait-il ou la craignait-il ? Il s'abstint de partir en Chine avec un contrat de plusieurs années, bien qu'il en eût grande envie, parce qu'elle le menaçait de divorcer. Dans ce couple, c'est elle qui conduisait la voiture. Elle avait acheté une Wartburg grise du pool du Bureau du Conseil des ministres pendant une absence de Szymon. Une fois, sous ses yeux, il avait mis en pièces une Skoda de service, freinant trop tard au feu rouge et heurtant le coffre de quelqu'un. Jamais plus elle ne lui avait permis de s'installer au volant.

Il avait le sens de l'humour. J'estime que cela les sauvait tous les deux. Il la désarmait. Elle avait voulu divorcer six mois après leur mariage. « Au bout de six mois ? Attends au moins un an, sinon que diront de moi les collègues ! ? » Il appelait « L'Épineux » un admirateur de sa femme qui lui envoyait des roses et il la faisait toujours venir au téléphone lorsque l'autre appelait. Il allait jouer au bridge sans elle. Elle lui donnait de l'argent pour ses pertes et de quoi offrir des fleurs à la maîtresse de maison. Elle discutait alors de la propédeutique de la philosophie pour les pédagogues, ou des motifs empruntés au folklore des Tatras dans l'œuvre musicale de Karol Szymanowski, avec l'unique amie qu'elle avait et à laquelle elle est restée fidèle jusqu'à la fin.

Souvent il la mettait en colère : il enfermait le petit chien dans la salle de bains pour ne pas qu'il salisse, il achetait des harengs dont il raffolait alors qu'elle était allergique à leur odeur, il avait encore laissé brûler une bouilloire, les pigeons faisaient beaucoup de saletés dans leurs boîtes sur le balcon. Elle se répétait alors – et lui répétait – des paroles qu'elle avait entendues dans la bouche de quelqu'un des années auparavant : « Ma chère madame, ne vous en faites pas, un mari n'est pas une famille si proche. »

Ils se livraient à une surenchère d'histoires juives, mais il paraît que c'est uniquement parce qu'elles les faisaient rire. Elle lui disait aussi parfois en plaisantant : « Ce que tu as de juif, toi, ce n'est pas la tête. »

Il avait la nostalgie de ce foyer qu'il avait perdu, de ce foyer qu'il n'avait pas rebâti dans l'immeuble stalinien à l'angle des rues Madalinski et Pulawska qu'il avait pourtant édifié lui-même, après la guerre, sur des ruines. Il n'avait pas recherché un lieu, il n'était pas revenu vers le Leczyca réel, il n'était pas allé voir le Petit-Rynek. Il avait fermé ces portes-là, jeté les clefs. Il refusait la parole au passé. Il s'en préservait. Mais il revenait vers sa sœur comme on revient vers une mère. Le goût des mets de la maison, qu'il n'appelait jamais par leur nom – *tsimmes* ou *gefilte fish* –, lui donnait pour un instant un sentiment de sécurité. Restituait l'ancien ordre des choses.

Les plats du quotidien de l'après-guerre avaient un autre goût. Bien que la cuisine carrelée eût un autre visage. Par les fenêtres ouvertes, même dans la salle de bains on entendait les tramways.

Et dans les toilettes particulières on pouvait s'enfermer à clef. Dans la bibliothèque vitrée de sa chambre il y avait des mètres d'œuvres de Lénine et des marxistes entrecoupés de notes sur le ciment et les éléments préfabriqués. Sa femme avait introduit sur les étagères des romans russes et le volume de Tatarkiewicz : *Sur le bonheur*.

Je n'aimais pas me rendre à l'appartement de la rue Pulawska. Aussi loin que je me souvienne, Zena m'accueillait avec des remarques du genre : « Est-ce qu'elle a tellement besoin de courir ? », « Qui a jamais vu pareille coiffure ? », ou bien : « Il n'y avait rien de plus épouvantable dans la boutique ? » Grand-père gardait le silence. Souvent il venait chez nous. Je pense aujourd'hui que c'était une occasion de fuite. Il aimait se promener. Il n'avait pas besoin d'un but, encore que tout prétexte était bon pour avoir la paix.

Il accumulait le papier à lettres de crainte d'en manquer, les stylos à bille et les crayons. Crayons à encre et crayons à dessin, à mine dure et à mine tendre. Il aimait résoudre les mots croisés et rédiger des requêtes. Feuille lignée, écriture assurée, nette. Le « s » commence bas, à gauche, pour s'élever ensuite hardiment, décrire une petite boucle et revenir vers le bas, légèrement incliné, rappelant un « l ». Voilà pour le prénom. Le « p » de son nom commence par une volute engagée à l'intérieur d'un demi-cercle, comme le dedans d'un coquillage ou une casquette masquant des cheveux touffus. Il m'aidait parfois à signer mes cahiers.

De ses déplacements professionnels en URSS il rapportait des compas et des appareils photo. Il avait un abonnement aux concerts de la philharmonie mais il préférait l'opéra, et même l'opérette, ce qu'il ne pouvait avouer devant sa femme. Il aimait chanter, il lui est arrivé, en excursion, de se produire en duo dans les rôles de don José et de Jontek [1]. Il répétait après Chopin

1. Un personnage de *Halka*, le premier opéra polonais (1858), composé par Stanislaw Moniuszko (1819-1972). (N.d.T.)

que la musique c'est le chant. Il se faisait photographier avec de hauts fonctionnaires gouvernementaux lors d'inaugurations, de plus en plus nombreuses, de nouveaux monuments, de nouveaux édifices, de cités nouvelles. Il a conservé dans ses papiers l'invitation à la cérémonie marquant la remise à la ville de Varsovie du Palais de la Culture et de la Science dédié à Joseph Staline. Et il a répété à plusieurs reprises qu'on avait utilisé pour la construction cinquante millions de briques qui, posées côte à côte, auraient représenté la distance de Varsovie à Vladivostok.

Mon grand-père était impatient. J'étais assise au piano, jambes ballantes loin du parquet, mes petites mains s'efforçant d'embrasser une octave sur le clavier. Do ré mi fa sol...

« Non, non, non, se mettait-il à crier en élevant de plus en plus la voix. Encore une fois, ne te presse pas, écoute. Do si la sol fa mi ré do. » Il sautait de sa chaise et faisait claquer le couvercle noir. J'avais peur qu'il me coupe les doigts. Il quittait la pièce sans m'adresser la parole. Et moi je restais assise les mains cachées dans le dos. Il ne me donnait aucune chance.

Il m'avait aussi acheté un xylophone. Des petites lames métalliques disposées en séquences colorées. Il avait noté le mode d'emploi sur papier ministre sous forme de grille, quelle couleur pour quel son et comment construire des mélodies simples. Je m'efforçais parfois de jouer pour lui ce dont je me souvenais, mais rien à faire pour l'amadouer.

Il m'avait passée par pertes et profits.

Zena affirme que l'origine de Szymon n'a pas influencé leur vie, leur milieu ni leur entourage, qu'ils vivaient comme s'ils avaient dépassé cela. Ils n'ont connu aucune manifestation d'hostilité. C'est ce qu'elle dit maintenant. Qui plus est, elle soutient n'avoir jamais entendu le qualificatif « juif » avant 1968, ni en ce qui concerne son mari ni personne d'autre. En a-t-il été réellement ainsi ? Jusqu'en mars 1968 son amie, la personne qui lui a sans doute été la plus proche en dehors de ses sœurs, n'a pas su que Szymon avait des ancêtres juifs.

Alors, en cette année mémorable, on le mit à la retraite et on le chassa du Parti. Il avait soixante-quatre ans et il était aussi désarmé qu'un enfant. Il ne comprenait pas ce qui se passait ni pourquoi il avait soudain cessé d'être considérable et considéré. Rien, dans sa personne, n'avait changé.

On cessa de le saluer et de solliciter ses bonnes grâces. Jusqu'alors affairé et plein de projets, il se sentit vide et inutile. Il lui sembla que tous s'étaient détournés de lui. Ceux avec qui il avait travaillé, bâti, érigé des bâtiments, des cités, tracé des voies de circulation. Ses amis, s'il avait jamais eu des amis, ses relations – de bridge, de promenade au parc Lazienki, d'invitations nominatives à la tribune. Ses voisins – qui d'autre, sinon – enduisirent leur poignée de porte d'excréments, laissèrent sous leurs essuie-glaces des feuilles lui conseillant de filer enfin en Israël. Sa femme décrochait le téléphone pour entendre : « Encore ici ? A quand la Palestine ? »

Partir ? Pourquoi aurait-il dû partir puisqu'il avait une patrie. La même depuis des années, depuis des générations. Il ne savait même pas d'où ses ancêtres étaient venus jusqu'à cette petite ville au bord de la Bzura. Qu'avait-il de commun avec Abraham, Isaac et Sarah ? Le sang, le sol ?

« Ils ne veulent pas de moi ici ? » Zena dit que son premier réflexe avait même été d'aller en Israël. De son enfance il se rappelait une boîte en fer-blanc avec l'étoile de David et une inscription en hébreu chez des voisins qui étaient des sionistes. S'ils avaient réussi à partir avant la guerre, sans doute étaient-ils toujours là-bas. Dès lors qu'ils avaient trouvé une place là-bas, peut-être suffirait-elle aussi pour lui ? Il partirait. Il s'obstinait. Il était blessé. Mais Zena lui expliqua que c'était un non-sens. Elle considérait qu'il n'était pas taillé pour les conflits, ni pour le combat. Il lui fallait un environnement amical, or il n'était pas de force à tout recommencer.

Oncle Oles doute que Szymon ait jamais sérieusement songé à partir. Il est sûr que Zena lui aura ôté cette idée de la tête. Mon grand-père n'en a jamais parlé. Ses proches ne savaient pas ce qu'il pensait. Mais quand sa sœur aînée, Bronka, a fini par s'en aller, il a beaucoup souffert. Jamais il ne s'est résigné. Il considérait cela comme une trahison. On partait, alors, pour toujours. Il s'est senti blessé, si douloureusement meurtri qu'il a cessé de parler d'elle. Il n'a plus prononcé son prénom, comme si elle avait cessé d'exister.

La dépression est revenue. Il descendait encore, le matin, chercher le journal et des petits pains, mais à son retour il s'allongeait sur le canapé et passait la journée ainsi. Il était allongé sur le côté, tourné vers le mur. Je ne l'ai pas su, alors, mais sa femme, sèche, avait envisagé de se séparer de lui. Son désespoir, qu'elle résolut de partager, la retint près de lui. L'outrage de mars la retint près de lui. Elle ne l'abandonna pas.

Lorsqu'il comprit que la situation ne se renverserait pas, en 1970, il s'inscrivit à PTTK, la Société polonaise touristique et chorographique, et se mit à faire des excursions. Sa femme assure que c'est elle qui l'y incita. Elle faisait déjà de la marche avant la guerre, elle collectionnait les écussons touristiques. D'abord il avait refusé, il avait honte, comment était-ce possible, un grand directeur, ce n'était pas convenable, il avait marché derrière le groupe ou bien devant. Avec le temps il s'était habitué, avait fait des connaissances, l'avait laissée à la maison et était parti marcher seul.

Dans l'appartement il avait une collection de sacs à dos, de chaussures de marche et d'ustensiles de camping. C'était un pro du couvert de camping, des gamelles, des bidons et autres ustensiles du même ordre. Il partait le matin avec un groupe de marcheurs, il rentrait le soir. Ou bien il s'en allait pour plus longtemps. Il marchait. Marchait. A vrai dire, sans but. Car était-ce un but que ces marches planifiées – point de vue, colline, montagne, cascade et refuge ? Réalisation du plan, parvenir au lieu de destination prévu ? Aujourd'hui je sais que tout cela n'était qu'activités de substitution. Il s'ouvrait à celles-ci en claquant le couvercle des vraies questions, en tout cas de celles qu'il considérait comme telles.

Il avait passé cinq ans à l'oflag de Woldenberg, dans un enclos derrière des fils de fer. Il respirait maintenant l'espace. Mais il marchait sans joie. De manière obsessionnelle. La marche l'apaisait, restituait les proportions du désastre.

Souvent il allait acheter de la viande à la boutique ; il tentait d'éviter la queue en se réclamant de son titre de combattant. Il lui arrivait d'atteindre le comptoir à grand-peine, bousculé en chemin et abreuvé d'injures par des femmes épuisées de se tenir dans la file d'attente. Mais il ne perdait pas confiance dans le nouvel ordre social. Il appréciait l'ordre en tant que tel, comme système, comme structure, comme règle de conduite du monde et du quotidien.

Je marche. Je marche obstinément, comme mon grand-père après Woldenberg et ensuite. Je ne comprenais pas ses déambulations. Je posais un regard indulgent sur ses pistes colorées, ses excursions, PTTK, les sacs à dos et les bidons, les chaussures à semelles spéciales et les couverts de camping. Je ne les méprisais pas ouvertement mais ils appelaient de ma part un sourire sceptique. Il ne se laissait pas approcher de si près. Il se taisait ou il marchait. Ou bien il marchait et se taisait. Il m'avait toujours l'air abattu et affaibli. Bien qu'avec le temps ces promenades de plusieurs heures avaient hâlé son visage en lui donnant un air de bonne santé. Maintenant je l'emmène avec moi dans de longues pérégrinations en forêt. Nous marchons vite, d'un pas de soldats, comme si j'étais toujours sa petite-fille et lui un grand-père impatient. Il ne savait pas être autrement.

Lorsque je m'assieds à son bureau aujourd'hui, plus de dix ans après sa mort, je découvre sur le dessus du premier tiroir le gobelet en fer-blanc et la cuillère du camp de Woldenberg où il a passé la guerre. Peut-être est-ce là l'indice le plus important, que je n'ai pas connu de son vivant.

Dessous il y a quelques notes médicales avec la description de la maladie consécutive au camp et des requêtes au ZBoWiD, l'organisation des anciens combattants, pour faire reconnaître le séjour en captivité comme un dommage de guerre susceptible d'indemnisation. Indubitablement, il souffrait de dépression bien qu'alors, en Pologne, on ne prenait pas cette maladie au sérieux.

Dossiers, chemises, papier à lettres, papier A4, vieilles feuilles poussiéreuses, jaunies, certaines ont perdu leur ancienne consistance, s'éparpillent, se désagrègent dans les mains. Dossiers, chemises à rubans, à élastiques. Couvertures en plastique. Stock de papier désormais inutilisable.

Des documents d'identité, des cartes pour les réussites. Une dizaine de paires de vieilles lunettes, des dizaines de stylos et de crayons, des crayons à encre aussi, des tampons avec sa propre signature, des lettres de sa fille, le certificat de décès de sa femme établi à son nom de guerre, des certificats médicaux et des monceaux d'examens à tous âges. Avis médicaux et déclarations concernant des troubles psychiques dont la cause était son séjour à Woldenberg (appelés « syndrome des barbelés »). Appareil pour aiguiser les lames de rasoir. Photos en complet désordre. 1920, Leczyca, quand il se porte volontaire et que sa mère lui apporte des bouteilles de lait à Lodz. Sa bien-aimée d'après-guerre, Marysia Widawska, et moi enfant, des cartes, des notes de voyage (il adorait se mettre en route), des allocutions et des remarques sur le béton et le ciment. 1928, les diplômes de l'école polytechnique, Faculté des Ponts et Chaussées, les garanties de tous les équipements électriques de la maison. Et même du siphon. Lettres et requêtes, curriculum vitae.

Petit bureau d'employé de bureau. Mais lui aussi a totalement succombé au temps.

L'ascenseur rue Pulawska était en bois et exigu. Il se fermait de l'intérieur par deux portes pliantes. On y était tassé. Il annonçait l'odeur austère de l'appartement. Dès l'entrée on sentait la poussière, la bureaucratie. Dès le seuil, là-bas, je me sentais un peu comme au musée où l'on peut observer le passé derrière des vitres.

Il regardait par l'œilleton. Porte épaisse, œilleton profond, placé haut. Au fond, au loin, son œil. Je ne sais pas de quelle couleur étaient ses yeux. Lointains, comme dans le kaléidoscope de cet œilleton.

Il m'est difficile de penser à lui. C'est comme le rappel du péché d'abandon. Ma mamie polonaise est morte trop tôt pour que je puisse m'accuser, mais lui il a vécu longtemps et je pouvais tenter de le confronter à lui-même. Je l'ai fait avec des gens qui m'étaient étrangers, j'ai pris place à leur table et dans leur vie avec une curiosité, une patience et une sensibilité qui m'ont manqué pour lui. Pourquoi en a-t-il été ainsi ? Je ne connais pas la réponse à cette question.

Il semble bien qu'il continuait à croire aux idéaux de sa jeunesse. Au milieu des années quatre-vingt, à quelque temps de la proclamation de l'ultime défaite de l'ancien système, il s'est alité pour la troisième fois. Le large canapé est devenu le point central de sa vaste chambre aménagée comme un bureau. Mais il ne se servait pas de sa table de travail ni de la bibliothèque vitrée où se trouvaient ses livres sur la construction – du socialisme, des murs, de l'histoire. La poussière s'accumulait sur le piano. Des feuilles de papier traînaient dans les piles de journaux. Il était allongé, massif, pas rasé, en pyjama à rayures, tourné vers le mur. Un étudiant venait pour le laver et le conduire aux toilettes. Avec le temps, mon grand-père a refusé de se lever. Il s'est replié en lui-même et il agitait alors ses grands bras secs comme des avirons. Il parlait du ghetto où il n'était pas allé, des caves où il ne s'était pas caché, d'une brique qui pouvait lui tomber sur la tête à tout moment. Ses cheveux et ses ongles poussaient.

Il ne permettait pas qu'ils soient coupés. Il ne voulait rien. Il n'attendait rien.

Rien ne lui faisait mal et tout lui faisait mal. Il s'énervait lorsqu'on tentait de minimiser sa souffrance.

J'étais à ses côtés lorsque la nouvelle de la mort de Bronka est arrivée d'Amérique. Il était couché sur le côté, me tournant le dos. Il a pleuré. Il ne pouvait, il ne voulait pas se calmer.

Je n'ai pas su l'aider. Je n'avais pas grandi. J'ai fui.

Il est resté allongé ainsi plusieurs années. De plus en plus lourd, de plus en plus pénible. L'air s'épaississait dans la pièce. Il disait vouloir mourir tout comme sa mère, emmenée de l'Umschlagplatz à Treblinka. Dans la souillure et l'avilissement, comme un musulman des camps. Comme sa mère bien-aimée.

Zena est restée avec lui jusqu'à la fin. Lorsqu'il était allongé et ne voulait pas se lever. Lorsqu'il ne se lavait pas et lorsqu'il gémissait. Lorsqu'il se refusait le droit de vivre. Lorsqu'il avait perdu l'appétit de vivre. Elle est demeurée avec lui. Elle avait promis de ne pas l'envoyer à l'hôpital. Elle avait promis de lui permettre de rester à la maison.

Sa tombe, au cimetière civil de Varsovie, ne se distingue en rien parmi les monuments en béton semblables. Au lieu de la formule « d'heureuse mémoire » on y a gravé : *mgr. inz.* (« ingénieur diplômé »). Y figure le prénom polonais Szymon, qu'on ne lui connaissait pas à Leczyca. Et un caillou de là-bas, bien qu'il n'eût jamais dit à haute voix qu'il était juif.

Woldenberg

Przedborski Samuel. 49178/IVA. *Leutnant*, Hohnstein, Saxe. Nom, numéro d'ordre, grade et nom du camp auquel on l'avait transféré après la chute de Varsovie. Et plus loin : Oflag IVB – Königstein, Oflag IIB – Arnswalde, Stalag IIB – Hammerstein, d'où il fut transféré, le 12 septembre 1940, à l'Oflag IIC – Woldenberg. Rien de plus. Il n'y a nulle autre trace de la présence du sous-lieutenant Przedborski à l'Oflag IIC, camp de prisonniers de guerre en Poméranie. Hormis quelques lettres dans des enveloppes gris-bleu avec la surcharge *Kriegsgefangenenpost*, une petite plaque en acier avec un numéro, appelée « plaque de chien », un petit gobelet en fer-blanc et une cuillère, l'équipement de base du prisonnier de guerre. Rien de plus. Aucun souvenir. Ils ont été bannis.

Première carte épargnée, premier signe qu'il est en vie après être sorti de Varsovie, elle porte le cachet postal de Hohnstein *(Saechs. Schweiz)* avec la date du 27 janvier 1940 et le sceau rond de l'Oflag IVA. La carte postale, un petit carton beige rédigé du haut en bas dans un bien piètre allemand, était adressée à sa femme – *Frau D. Przedborska* –, 18 rue Krasinski. Comme expéditeur figure l'ingénieur sous-lieutenant de réserve Przedborski Samuel. Il répondait à ses nouvelles hâtives des 27, 29 et 30 décembre.

L'information la plus importante qu'il lui transmettait concernait l'inviolabilité des logements des officiers, conformément au statut sur la protection des prisonniers de guerre de 1929 (souligné). Visiblement, c'est ce que Dela craignait le plus, il voulait la rassurer. Ils habitaient encore avec leur fille dans la Cité IV de la WSM, la Coopérative varsovienne de Logement, à Zoliborz, au n° 142.

Il écrivait qu'il n'avait besoin de rien, qu'il achetait tout, même du gâteau, avec ce qu'on lui versait. « Jamais le moindre préjudice pour vous. »

« Bonne nuit ma chérie » achevait-il, car la carte s'achevait elle-même – *Gute Nacht meine Liebsten*. Jamais plus il ne fut si tendre. Peut-être lui était-ce plus facile dans une langue étrangère. Ils ne s'étaient pas vus depuis quatre mois.

Tout allait seulement commencer. Pour le moment, malgré la captivité, la maison signifiait toujours la maison et il semblait bien que certains droits restaient en vigueur. Qu'on pouvait se raccrocher à quelque chose.

L'Oflag IIC Woldenberg fut construit des mains des prisonniers de guerre polonais pendant l'hiver 1939-1940 et le printemps suivant. Comme camp de prisonniers de guerre il fut en fonction à partir de mai 1940. Selon les premières statistiques, un peu plus de six mille prisonniers y séjournèrent, en majorité des officiers de septembre 1939.

Je ne sais si j'ai entendu le mot « Woldenberg » dans mon enfance et ma jeunesse. Il me semble que je ne l'ai pas entendu du tout. Même lorsqu'il a commencé à évoquer sa captivité, peu de temps avant sa mort, mon grand-père n'a pas eu recours à ce nom. Comme s'il était maudit, affecté d'un poids dépassant ses forces. Il parlait d'un oflag allemand et j'étais persuadée qu'il avait passé la guerre en Allemagne. Je n'ai même pas cherché à imaginer ce lieu, pas plus que l'état d'esprit de l'homme jeune enfermé derrière les barbelés. Il portait une carapace que je n'ai pas tenté de forcer. Il gardait le silence de manière provocante.

Lorsqu'il était rentré du camp personne, ici, à Varsovie, ne l'avait considéré comme un martyr et cela lui avait fait très mal. Qui plus est, quelqu'un de la famille avait déclaré : « Toi, tu t'en es bien tiré, tu as passé cinq années entières en captivité de luxe. »

« Maman, se plaignait-il à sa seconde épouse, son épouse d'après-guerre, comment ont-ils pu me dire ça ? Comment ont-ils pu ? »

Sur la plus haute étagère de l'armoire vitrée, là où personne ne va voir, elle avait découvert par hasard un petit champignon à repriser en bois. Elle me le remit précautionneusement et l'accompagna de ce maigre commentaire : « C'était l'outil de travail de Szymon à Woldenberg. Tu n'as pas le droit de le perdre. Ni de l'oublier. »

C'est tout.

Le petit champignon n'a pas l'air d'avoir rempli son office. Il a un chapeau clair, brillant, une mystérieuse souplesse de forme, et de l'éclat. Il est dur, en frêne ou en aulne. Le tilleul et le poirier ont une autre facture, comme s'ils s'affaissaient au toucher. On peut dévisser le pied et l'utiliser pour ranger les aiguilles. Je n'ai trouvé ni aiguilles ni fil à l'intérieur. Aucun autre signe non plus.

Un long moment, j'ai tenu le champignon dans mes mains jointes. Il ne cède pas, il résiste aux conjurations. Je m'efforce de susciter le lieu et l'époque où il a tenu compagnie à mon grand-père, alors jeune officier de réserve prisonnier des Allemands.

On manquait de chaussettes. Surtout de chaussettes chaudes. Et en particulier de chaussettes de grandes tailles. Les chaussettes étaient appréciées. Rien qu'avec les sabots on ne pouvait tenir. Le froid venait du sol bétonné. Ils manquaient de couvertures, les chaussettes servaient donc aussi pour dormir. On ne pouvait se permettre de jeter les chaussettes usées ou déchirées. Il fallait les donner à repriser. On les lui apportait, propres et sales, lavées ou trempées de sueur, usées, puantes. Il lui fallait empoigner la crasse d'autrui, l'approcher de son visage, il y voyait mal avec ses lunettes de myope.

Il avait faim.

Ils payaient pour le raccommodage. Ils payaient en espèces et en nourriture. Il prenait aussi les cigarettes bien qu'il ne fumait pas, c'est ce qui convenait le mieux aux échanges.

Il avait fallu organiser tout cela, et le champignon et le fil, les commander, on leur avait ensuite envoyé du fil de plusieurs couleurs dans un paquet au nom d'un collègue, du fil particulièrement solide, le noir et le marron convenaient le mieux, et des aiguilles à gros chas. En enfiler chaque jour une dizaine lui était pénible. Mieux valait économiser ses yeux. Un dé à coudre métallique, charitablement offert par quelqu'un, servait aussi. Avec le temps il avait appris à disposer le trou bien à plat sur le chapeau du champignon, il faisait un petit nœud, double car la laine a de grosses mailles, et il commençait du côté droit. Du bord droit vers le gauche, crochet et retour, de droite à gauche, comme la Torah. *Baroukh atah Adonaï*[1], il ne priait pas, il reprisait, droite, gauche, droite, gauche et ensuite de haut en bas entre les fils du canevas déjà tissé. Il grommelait à part soi. Il commençait avec colère, ensuite il se taisait.

Il était sur son châlit, je ne peux me décider pour celui du bas ou celui du haut, lumière chétive, froid pénétrant, odeur tenace de pourriture. Venue il ne savait plus d'où : des pieds sales, suants, gercés, écorchés, ou bien des murs humides, des

1. « Bénis sois-Tu, Adonaï » : paroles de la bénédiction de l'office du matin. (N.d.T.)

paillasses pourries fourrées de paille ou de rognures de papier. On pouvait espérer un bain une fois par mois, le linge n'était jamais changé, les poux se reproduisaient à l'envi.

Il reprisait des chaussettes dans un oflag. Poussé par la faim. Cinq grammes de viande par jour. Il supportait plus mal la faim que l'humiliation.

Il voulait se couper de Woldenberg.

J'étais persuadée qu'une visite des lieux exigerait un voyage en Allemagne. Je ne soupçonnais pas que ce Woldenberg à la sonorité menaçante c'était Dobiegniew, une vieille bourgade de pêcheurs à la lisière de la forêt de la Drawa, en Poméranie. On avait installé le camp à un kilomètre des dernières constructions urbaines. Mais la ville actuelle ne rappelle pas l'ancienne. Incendiée à plusieurs reprises auparavant, elle a été détruite presque en totalité pendant la guerre. Et reconstruite sous la triste forme du rêve socialiste.

Sous son nom slave, Dobiegniew devint le pseudonyme clandestin de Woldenberg pour les détenus. Il en usaient comme d'un code, croyant très fort qu'une promesse était dissimulée dans ce nom : *dobiegnie-my*, songeaient-ils – « nous y arriverons, nous tiendrons jusqu'à la fin de la guerre ».

Je me tenais devant la porte d'accès détruite du camp, plus d'un demi-siècle après que mon grand-père l'eut franchie pour de bon et pour la dernière fois, et je sentais que je faisais là quelque chose que je n'aurais pas dû faire. J'étais venue ici pour inverser le cours de l'oubli. Pénétrer dans un espace qui n'existait déjà plus nulle part hors d'un passé clos, même pour ma famille. Peut-être mal évalué, mais réputé aussi comme impossible à évaluer. Je pénétrais dans le cercle maudit des barbelés pour tenter de déchiffrer leur parole rouillée.

Jamais je ne m'étais trouvée derrière des barbelés, jamais je n'avais eu à m'y trouver. On avait entouré le camp, qui s'étendait sur un espace de près de vingt hectares, d'une double clôture de fil de fer barbelé de deux mètres et demi de haut. On en avait aussi disposé des rouleaux dans l'espace entre cette double enceinte. On avait installé huit tours d'observation avec des mitrailleuses. Et cet avertissement : *Jence woyenne stoy* – « prisonier de guere halt ». Ici commençait la zone de tir.

Le barbelé marquait la limite du monde qui leur était accessible, le partageant entre l'étroite nécessité du quotidien et l'irréalité du rêve doublée de nostalgie. Les lettres censurées sur papier de guerre les rattachaient à leurs maisons et à leurs familles ou à ce qu'il en restait. On ne les torturait pas. On ne les forçait pas à travailler. On les avait seulement enfermés. On les nourrissait avec mille quatre cents calories par jour, du pain noir, de la soupe de navet ou du chou vert, du café d'orge et la peur.

Ils vivaient « derrière le paravent des conventions de Genève » – comme l'a écrit un poète du camp. Protégés par la force des règles du droit international, conscients, cependant, qu'elles pouvaient être violées à chaque instant. Heinrich Himmler s'est intéressé aux prisonniers de l'Oflag IIC. Il projetait de les priver du statut de prisonniers de guerre et de les envoyer dans les camps de concentration. La conscience de la menace ne les quittait pas.

Ils ignoraient comment s'achèverait pour eux le jour suivant, le mois suivant, l'année, la guerre.

Beaucoup ont péri en se jetant sur les barbelés. D'autres les ont coupés avec des cisailles de sapeur ou ont creusé des galeries pendant des mois. Tous les moyens étaient bons pour s'arracher à leur cercle épuisant. L'évasion ou la mort. Parfois l'une et l'autre signifiaient la même chose.

« A Woldenberg, écrit Marian Brandys[1], les gens ne périssaient pas sous les talons des SS comme à Auschwitz. La thérapie de Woldenberg consistait à réduire les gens à la folie. »

1. Marian Brandys (1912-1998) : homme de lettres, historien passionné par l'époque napoléonienne, il a été lui-même interné à Woldenberg. (N.d.T.)

Vingt-cinq baraques en brique rouge sans crépi disséminées de part et d'autre d'une route intérieure : camp Est, camp Ouest. Au milieu du terrain, quelques bâtiments administratifs – cantine, bains, foyer. Les toitures basses, en planches ou en plaques de ciment, étaient autrefois recouvertes de carton bitumé. Les portes, dans les pignons, ont été ouvertes à deux battants dans un geste d'une certaine violence, des petites lucarnes, autrefois fermées pour la nuit par des volets, forment maintenant de maigres orbites brisées. Des petits yeux porcins dans les décombres du mythe. Les tours d'observation en bois évoquent le rêve de la puissance allemande, un reste d'inscription gothique au-dessus de la porte d'entrée tente de témoigner du passé, mais ce champ de bataille a disparu du souvenir de l'histoire, de celle des vaincus comme de celle des vainqueurs.

Après la guerre, sur le terrain du plus grand des camps allemands destinés aux officiers polonais prisonniers de guerre, on a créé une porcherie modèle. Son premier directeur fut un ancien détenu, un commandant. Aujourd'hui, noyées sous le ciment, à demi détruites, à demi pillées, ces baraques avec leurs auges à cochons semblent bafouer l'histoire.

Cet endroit se disloque entre les mains du temps. Avec ses lois inflexibles la vie l'a emporté sur le passé, l'a dominé, étouffé sous les mauvaises herbes. L'a gommé et balayé de la surface d'un quotidien envahissant. A Dobiegniew le chômage règne : « Le plus difficile c'est de trouver un travail, n'importe lequel », « Même voler, madame, il n'y a plus de quoi ». On a arraché les encadrements des portes et des fenêtres de la majorité des baraques où logeaient autrefois les prisonniers de guerre polonais – « la fleur de l'intelligentsia polonaise, ma chère madame ». Lorsqu'on a dérobé les solives les toits ont commencé à s'effondrer, ils ont arraché la porte d'entrée principale, quant à la brique, c'est sans aucun scrupule, comme leur bien propre, qu'ils l'ont emportée et continuent de l'emporter. Malgré les cochons et les produits chimiques, la brique est encore saine. Les habitants se rappellent l'époque de la porcherie avec attendrissement, ils vivaient de leur travail, ils élevaient quatorze mille cochons, un travail propre, il n'y avait pas d'abattage, seulement l'engraissement, une boîte de jambon sur cinq exportées à l'Ouest provenait de leurs cochons.

Le maire de Dobiegniew propose de laisser un bâtiment du camp, celui dans lequel se trouve aujourd'hui le petit musée consacré à ceux de Woldenberg, et de démolir le reste pour le destiner à l'activité agricole. L'argent est nécessaire, il faut vivre, on peut aussi abattre les arbres et faire de l'argent avec.

A quoi bon et pour qui cette terre qui n'appartient à personne, ce morceau de mémoire délabré. Ce lieu ne sert à personne, n'a donc nulle raison d'être. Peu importe ce dont il témoigne, de la force de l'âme humaine ou de la force de l'humiliation. Je marche prudemment entre les baraques, à l'extérieur et à l'intérieur, je passe entre les auges à cochons et les sentiers des prisonniers de guerre. Je jette un œil aux anciennes cellules des arrêts et à la cantine. Çà et là des briques s'empilent, rangées en tas prêts à être emportés.

Je marche pour me souvenir. Les premiers arbres, des bouleaux et des frênes, ont été plantés sur ce terrain au printemps 1941. Les peupliers doivent être beaucoup plus récents bien qu'ils aient poussé très haut. Je découvre la baraque portant le numéro 12a. Cette baraque, sa baraque. Elle ne se différencie pas spécialement des autres. Vide, elle semble même spacieuse. A l'entrée il y avait des latrines, dont ils ne pouvaient se servir que pendant la nuit. Plus loin, leur logement, c'est-à-dire des châlits. Des châlits à trois étages, des échafaudages de châlits serrés les uns contre les autres. Cent à cent cinquante personnes d'un côté, une compagnie. Et une autre compagnie de l'autre côté, séparée par les bains. Huit compagnies constituaient un bataillon.

Je m'efforce de mesurer le baraquement, je sais qu'il l'a certainement fait, je connaissais sa minutie obstinée. Soixante mètres sur dix. Ainsi, il y avait jusqu'à trois cents personnes sur une surface de six cents mètres carrés. Plus leurs biens – valises et baluchons, sacs à dos et cartons –, plus, dans les coins, des bancs et des tables. Et un poêle en faïence. Deux mètres carrés par personne, sans compter divers ustensiles. Il n'avait pas besoin de calculer, on ne pouvait passer sans bousculer le voisin. Et la fumée des cigarettes en plus. Un bruit de voix ininterrompu. La présence constante des autres. Ils ne cessaient pas un seul instant d'être là, même la nuit. Même dans ses rêves.

Je sors avec soulagement.

Il s'est trouvé successivement dans trois oflags avant d'arriver à Woldenberg : à Hohnstein, Königstein et Arnswalde. Conséquence de l'opération d'enregistrement des prisonniers de guerre polonais soumis aux paragraphes racistes des lois de Nuremberg, on l'avait transféré dans un camp de transit avec d'autres officiers d'origine juive, le Stalag IIB à Hammerstein (aujourd'hui : Czarne) d'où – aux dires des Allemands – ils devaient tous être libérés. On prépara effectivement pour eux des transports vers les ghettos envisagés dans le pays ou vers les camps de concentration. On ne sait ce qui décida de l'abandon de ce projet, au dernier moment, par les nazis. Au bout de quelques mois on renvoya ces prisonniers de guerre à leurs camps d'origine ou bien, comme lui, à Woldenberg. En septembre 1940 un groupe de 86 officiers polonais d'origine juive, prisonniers de guerre, se retrouva à l'Oflag IIC. On les installa tous dans la baraque 12a, dès lors appelée « baraque juive » dans le vocabulaire du camp. On interdit aux Juifs de se déplacer dans les autres baraques.

Il avait des ancêtres juifs en remontant jusqu'à la troisième génération et au-delà. Il semble qu'on le mit d'emblée dans la baraque 12a.

Atmosphère d'abattement après l'effondrement de la France. Espoir perdu d'une fin rapide de la guerre. Nouvelles de plus en plus mauvaises en provenance du pays. Désespoir. Premiers cas de suicide et de folie. C'est alors qu'est née l'idée de créer un théâtre. Ils ne pouvaient se faire d'illusions sur une fin rapide de la guerre. Il ne pouvait se faire d'illusions lui non plus. Il devait savoir, tout comme les autres le savaient, que cela durerait, qu'il fallait tenter, ici, de s'organiser d'une manière ou d'une autre. Élaborer une structure qui permettrait de tenir. Faire quelque chose qui y concourrait. Improviser, ne pas se permettre à soi-même de s'enliser dans la défaite. Ils étaient relativement jeunes, encore robustes.

Sur les six à sept mille prisonniers de guerre de Woldenberg, 90 % étaient de jeunes officiers, dont plus de la moitié de sous-lieutenants. En majorité des réservistes – instituteurs, scientifiques, ingénieurs, hommes de lettres, hommes politiques, acteurs. A l'Oflag IIC il y avait un général et trois cents officiers supérieurs. Il y avait des professeurs d'université, un ancien Premier ministre de la République, de grands propriétaires fonciers et des petits fermiers. On estimait à trente-sept ans l'âge moyen de ces prisonniers de guerre, ce qui signifiait aussi que 70 % n'avaient pas dépassé la quarantaine. Ils étaient toujours en bonne forme et adroits. Le fait de savoir que la captivité s'annonçait pour des années redoublait la nécessité d'agir.

Le plus sûr était de rester allongé sur son châlit. C'est là qu'on mangeait et qu'on écrivait, qu'on lisait des livres, qu'on bavardait, qu'on cousait. On avait beaucoup de temps. Trop. Un espace de temps infini.

Les paillasses, bourrées de paille ou de copeaux, qui n'avaient pas été changées depuis des mois, pourrissaient. Les puces et les punaises pullulaient. Avec le temps chacun eut deux couvertures, un oreiller de paille. Il n'y avait pas de draps. Certains recevaient des oreillers et des couvertures de chez eux. On faisait de ses propres mains des petites armoires, des cintres, des tabourets, avec des matériaux volés aux Allemands. Il n'y avait jamais assez de place pour tous. On manquait de lumière. La pénombre régnait malgré six ampoules de 25 watts allumées pendant plus de la moitié de la journée. Les séances de spiritisme se multipliaient.

Il faisait froid. Il avait froid. Il y avait des asticots. Pas seulement des puces, des puces brunes, mais des punaises aussi. La désinfection n'y faisait rien. La désinfection à l'aide de crésol, qu'on appelait « la fête aux puces ». Il ne pouvait se résigner à admettre qu'ils avaient été vaincus. C'était tout aussi insupportable que la faim, l'incertitude de ce que serait la suite, avec eux ici et la famille là-bas.

Il gardait tout cela pour lui. La vermine et la crasse, le manque d'eau aux robinets, les paillasses sentant le renfermé, la moisissure. Cette pourriture étouffante. La faim. La faim douloureuse des deux premières années.

Il attendait les colis et redoutait les colis. Qu'ils n'arrivent pas, que les pâtes soient émiettées, qu'il n'y ait rien de sucré – comment aurait-il pu y en avoir, elles-mêmes n'avaient pas vu de chocolat depuis le début de la guerre. Des colis, d'autres en recevaient, d'autres recevaient des colis avec du sucre et du saucisson, des conserves de viande et des fruits secs. Il attendit longtemps et puis il demanda. Plus tard seulement, bien plus tard, on commença à envoyer des dons d'Amérique. Ce qu'ils contenaient de plus important c'étaient la margarine et le café Nesca, bientôt la monnaie la plus précieuse du camp.

Un temps, il fit partie d'un cercle, mais il se sentit plus mal encore, on n'y partageait pas équitablement la nourriture. Il se retira.

La norme était de deux colis mensuels pour lesquels ils obtenaient des autorisations appelées « étiquettes ». Seul le colis avec une étiquette parvenait au destinataire. Les colis de secours et les dons étaient partagés entre tous.

Parfois on suspendait la distribution des colis, la nourriture s'altérait, pourrissait. Il appréhendait aussi cela. Quelque chose se trouvait ainsi gaspillé que, dans la lointaine Varsovie, elles s'étaient ôté de la bouche. Les haricots arrivaient mélangés au sucre, le tabac au gruau, les bobines de fil, fendues, aux macaronis brisés.

Au milieu de chaque baraque se trouvait un petit poêle. On y préparait les aliments reçus dans les colis. On avait aussi recours à d'astucieux réchauds avec buse d'aération : la *kreciolka* de Woldenberg se composait d'un foyer au charbon et d'un soufflet mécanique ingénieusement construit avec du contreplaqué, de la tôle et de vieux lacets. On l'utilisait pour brûler le café, réchauffer la soupe, faire des épinards avec de l'arroche et préparer l'orge mondée. C'était une invention réellement salvatrice, grâce à laquelle, concernant leurs soucis domestiques, les détenus s'étaient affranchis des Allemands. On n'imaginait pas la vie au camp sans elle.

L'odeur de la nourriture des autres l'agaçait.

Le magasin d'habillement du camp complétait ses approvisionnements à la faveur des conquêtes d'Hitler. Il représentait la preuve la plus visible de la puissance de la Wehrmacht. J'ignore avec quelle tenue on avait déguisé le sous-lieutenant Przedborski. Il se peut qu'il ait porté le blouson vert foncé des unités de montagne des troupes norvégiennes ou bien l'uniforme bleu marine des policiers danois, mais celui-ci comportait un col rouge. Le plus sûr semblait être le blouson beige des douaniers hollandais. Les trenchs de la garde royale belge convenaient plutôt à la parade. Un peu plus tard on amena des uniformes de l'armée française. Toute une gamme, des blousons bleus venus de Verdun, et vert olive avec lesquels Paris s'était rendu.

On choisissait les vêtements en fonction de leur taille, il était difficile de les assortir, notamment une grosse taille avec une grande. Ensuite, ainsi déguisées ces silhouettes bigarrées se dispersaient à travers le camp. Des officiers sortis d'un cirque. Ils éclataient d'abord de rire en se voyant, ensuite ils n'y prêtaient plus attention. Le plus important c'était d'avoir plus chaud. Parfois seulement, lorsque quelqu'un regagnait sa baraque après, par exemple, une longue absence parmi les malades, il restait sur le seuil, étonné à la vue de ces fantômes sortis des caprices fantastiques de Goya – une expression de Marian Brandys. Cette première impression ne durait qu'un instant. Elle se dissipait aussitôt et se diluait. Dans la foule, à la lumière mesquine des ampoules de 25 watts et dans les tourbillons de fumée.

La première inspection de l'Oflag Woldenberg IIC par une délégation de la Croix-Rouge internationale de Genève eut lieu le 23 octobre 1941. Selon son rapport, le camp présentait un aspect « très agréable » et les baraques semblaient « particulièrement propres et bien entretenues ». Il y avait suffisamment de vêtements, on avait un besoin urgent de couvertures. Deux cents personnes environ bénéficiaient quotidiennement des douches.

Le camp était divisé en deux sections : orientale et occidentale. Chacune de ces sections avait sa propre bibliothèque, composée de cinq mille volumes, belles-lettres d'une part et livres de sciences. La majorité en langue polonaise, une petite partie en anglais, français, russe. Une université parfaitement organisée, des salles de cours séparées. Une grande partie des détenus pris par le théâtre.

On a noté qu'il faut des ballons, pour jouer au pied et à la main. On assurait qu'en fin de compte le camp de Woldenberg « ne présente aucune particularité ». On le qualifiait de « moyen », on considérait comme élevé le moral des prisonniers de guerre polonais.

Il restait allongé. Il restait allongé longtemps. C'est ce qu'il y avait de plus facile. Ainsi s'efforçait-il de s'isoler des autres. Ainsi manifestait-il son désaccord avec cette réalité-là. Avec le fait qu'il était prisonnier de guerre, mais un prisonnier de guerre inférieur aux autres. Il l'avait senti dès le début, et il l'avait senti douloureusement. Il réapprenait le mot « discrimination », il en goûtait et le son et le sens. Encore une fois, et encore, cette amertume dans la bouche.

Avait-il prêté un serment différent des autres ? Où résidait sa différence ?

Le serment était adapté aux diverses confessions.

Tous, sauf les libres penseurs, commençaient de même : « Je

jure devant Dieu... » Ce n'est qu'ensuite que commençaient les différences. Les chrétiens disaient : « Je jure devant Dieu le Tout-Puissant, unique en trois personnes... » Les adeptes du judaïsme se contentaient de « Dieu le Tout-Puissant », les musulmans appelaient leur dieu « l'Unique ». Mais ensuite, ensuite ils voulaient tous la même chose : « Être fidèle à ma Patrie, la République de Pologne » – il avait alors répété et il répétait maintenant, une fois encore : à ma patrie... de Pologne... « ... de ne jamais abandonner le drapeau, de veiller à l'honneur du soldat polonais, d'obéir aux lois et au Chef de l'État, d'exécuter fidèlement les ordres de mes chefs et supérieurs, de garder les secrets militaires, de combattre jusqu'à mon dernier souffle pour la cause de ma Patrie et, en général, de me conduire de telle sorte que je puisse vivre et mourir comme un véritable soldat polonais ».

Parfois, avant la guerre, pour sa grand-mère il était allé à la synagogue à l'occasion des fêtes, jamais seul, par nécessité. Son père faisait de même, exclusivement pour sa belle-mère. Quant à sa mère, sa mère vivait en bonne intelligence avec Dieu. Son Dieu n'avait pas souffert sur la croix, il se trouve qu'ils avaient poussé sur une autre souche – une autre, vraiment ? Sa grand-mère, Salomea née Herman, affirmait appartenir aux cohen, aux prêtres. Parfois il craignait Dieu. Parfois il priait pour sa mère, s'inquiétait pour sa santé, s'éveillait la nuit avec la peur qu'elle puisse mourir, qu'elle l'abandonne.

Où était maintenant sa mère ? Maintenant qu'il était allongé ici et qu'il y pourrissait, qu'il était allongé et qu'il méditait, où était-elle ? La dernière adresse qu'elle avait donnée était à Leszno, dans le quartier juif. Les Juifs sont à Varsovie, ensemble, elle est allée dans sa famille, ils sont ensemble dans le même appartement. Et d'autres Juifs, des voisins, sont à côté. Ensemble il ne peut rien leur arriver de mauvais. Les Allemands ont donné Mozart et Haendel. Dela enseigne aux enfants, comme à Leczyca, ils dînent ensemble. Sa mère coiffe ses longs cheveux. Elle les natte pour la nuit. Et le matin, comme toujours, elle les coiffe en rouleaux ou en chignon. Mais de quelle manière ont-ils été enfermés, comment est-on tous enfermés ensemble avec une portion de ville, ses rues, ses boutiques, ses cours intérieures, ses pâtisseries, ses ateliers de cordonniers ? Où passe le mur, au milieu de la rue, le long des maisons, comment l'a-t-on construit, en briques ? Un mur pour les Juifs, contre les Juifs. Un mur.

« Mobilisé dans la troisième réserve en septembre 1939 avec le grade de sous-lieutenant, écrit Samuel Przedborski dans ses papiers militaires après la guerre, j'ai participé au combat comme adjoint au commandant de la défense passive antiaérienne dans le quartier de Praga, au sein du 36e Régiment d'infanterie de la Légion universitaire. Après la chute de Varsovie j'ai été emmené en captivité par les Allemands. »

Sur les cinq cent mille soldats polonais prisonniers de guerre emmenés en captivité en septembre 1939, dix pour cent étaient des officiers aux origines juives.

La ségrégation au sein des groupes nationaux de soldats d'une même armée en vue d'un traitement particulier était contraire à l'article 4 des conventions de Genève. Malgré cela, les Allemands y ont eu recours tout au long de la guerre. La genèse des ghettos juifs dans les camps de prisonniers de guerre reste obscure.

Je le vois allongé. Lourd, immobile, gigantesque. Ses cheveux noirs rasés, on voit la voûte du crâne ; parfois, lorsqu'il se tourne de l'autre côté, il montre un visage sombre avec une barbe de plusieurs jours. Le rasage quotidien n'était pas obligatoire. Ni la toilette. Tel qu'il était on pouvait avoir peur de lui. C'est ainsi que je me le rappelle presque un demi-siècle plus tard : en pyjama à rayures il était allongé de la même manière, il se taisait de la même manière.

Le temps ne leur faisait pas défaut. Quatre heures à tuer avant le déjeuner et plus ou moins autant après. Ils manquaient de vitamines et de lames de rasoir, de papier et de cirage.

Il était allongé sur son châlit. Ou bien il reprisait. Les premières années, il a reprisé. Les autres suivaient des cours, lisaient des livres, jouaient aux échecs et aux cartes, préparaient des programmes artistiques, s'activaient au club sportif, écrivaient des lettres, sculptaient des cornes de bélier, jouaient de l'accordéon, sarclaient des plates-bandes, communiquaient socialement sans se soucier de ce que cela aurait pu vouloir dire.

Il enviait ceux qui lisaient. Il avait déjà plus de vingt mille livres à sa disposition dans la bibliothèque du camp et il en arrivait sans cesse. Il avait le temps. Il ne pouvait se contraindre à la lecture.

La fumée. Il n'y avait qu'une baraque où l'on ne fumait pas. Selon l'opinion convenue du camp, l'air y était intenable et rester là-bas était indigne d'un homme véritable. Il avait appris à vivre avec la fumée.

L'hiver on fermait les baraques à 17 h 30, l'été un peu plus tard. Deux fois dans l'année seulement, lors des fêtes de Noël et du Nouvel An, on pouvait rester au grand air jusqu'au soir. Une fois la porte fermée, la vie de la baraque suivait son cours. On pouvait alors savoir ce qui se passait réellement dans le monde. On lisait le journal du camp rédigé par des prisonniers et une petite gazette clandestine. On s'efforçait de lire, ce qui, à la lueur de ces ampoules dérisoires, était presque impossible. On bavardait, on racontait. Des mots, des mots, sans cesse des mots.

Le lieutenant B., de la baraque de la cavalerie, avait volé une portion de vingt grammes de margarine sur l'étagère d'un collègue. Et l'avait mangée. Un tribunal d'honneur l'exclut du corps des officiers. Après son troisième appel et sa troisième condamnation il se trancha la gorge avec un rasoir. On l'enterra avec les honneurs.

Dans la baraque 15a, où logeaient les officiers d'origine aristocratique, on projetait une réception de Noël avec invitations en français et conversations obligatoirement dans cette langue. Ils entretenaient les rituels en honneur à la résidence des magnats à Lancut.

Au deuxième bataillon, un point de vente d'eau bouillante pour le café et le thé avait été créé.

Une nouvelle fois, une distillerie illégale fut confisquée dans l'enceinte du camp. Le prix d'un litre de mauvaise vodka atteignait cent marks. On fabriquait de l'alcool avec du sucre mais on avait aussi essayé avec de la marmelade prélevée aux Allemands.

Dans leur baraque, il y avait le sous-lieutenant Stefan Askanas. Celui-là avait des idées. Inépuisable, il avait fondé un établissement de bains privé. Pour deux *lagermark* on pouvait se laver à n'importe quelle heure de l'après-midi, tous les jours à l'exception des jours fériés. Les volontaires pour apporter l'eau du puits, contre rétribution, étaient nombreux. Trouver du bois ou des briquettes était la tâche la plus difficile. Mais on se débrouillait pour se procurer des choses bien plus précieuses.

Se procurer quoi que ce soit, il en était incapable et il ne le voulait pas. Il voulait peu de chose et il s'accommodait de tout. De tout, sauf du fait qu'on avait décidé de son appartenance raciale et qu'on l'avait logé dans une baraque marquée – qu'importait que ce fût métaphoriquement – de l'étoile de David. Il se sentait stigmatisé.

Il se tenait à l'écart de tous bien qu'avant la guerre, assurément, il aurait volontiers maintenu des contacts amicaux avec nombre de ses voisins de châlit de la baraque 12a.

La majorité étaient des intellectuels assimilés, fils de familles néophytes auxquels Hitler rappelait leur origine. Ils étaient polonais depuis des générations, profondément enracinés dans la culture polonaise. Ils affichaient aussi bien le libéralisme de leurs opinions sociales que leur lien avec la Pologne et même avec l'Église.

Le sous-lieutenant Ludwik Natanson était un physicien. Les Natanson étaient toujours considérés comme l'aristocratie juive, alors qu'ils étaient baptisés depuis plusieurs générations. Lutek Cohn appartenait à la IIe Internationale ; Stein, psychiatre, étudiait Spinoza et Kant ; le philosophe Walfisz étudiait l'esthétique. Il connaissait quelques ingénieurs depuis l'école polytechnique. Il avait été en contact avec quelques juristes et des économistes en diverses occasions à Varsovie.

A côté d'eux, à la même enseigne et dans ce même espace, on avait casé des Juifs venus de petites bourgades, fortement attachés à la tradition religieuse et à la langue de leurs ancêtres, qui considéraient encore la Pologne comme une diaspora d'exilés. Comme une étape sur leur chemin. Ils vivaient encore *cacher* dans le monde des commandements de Moïse. C'étaient leurs synagogues qui brûlaient en Europe. Ils sentaient l'ail, même pour lui.

Ils n'avaient en commun que leurs arrière-arrière-arrière-grand-mères.

Qu'est-ce qui le liait à un boutiquier du Leczyca familial ou à un porteur d'eau ? Qu'avait-il de commun avec eux ? Ce qu'il avait en commun : le passé. Il ne voulait pas rouvrir le passé là-bas, ce n'est pas avec lui qu'il désirait s'identifier. En lui, c'était la discorde. Il n'était certainement pas le seul, nombreux étaient ceux qui devaient constamment reprendre l'analyse de ce conflit intérieur.

Chaque vendredi la salle d'eau de leur baraque se changeait en maison juive de prière. Il ne pouvait croire à tant de force et d'obstination de leur part. Connaissant la situation de l'Europe, il aurait dû y réfléchir comme à un miracle mais cela suscitait plutôt son étonnement. Et sa réticence. On masquait hermétiquement les fenêtres avec des couvertures, sur l'une d'elles on posait l'étoile de Sion, on allumait des bougies. On foulait le sol en béton en se balançant. Le sous-lieutenant Natan Cyrank remplissait la fonction de chantre, on invoquait Dieu avec une prière en hébreu. Il paraît que les jours de fête religieuse on trouvait quelque chose qui rappelait le *tallit*, le châle de prière. Les collègues veillaient, au cas où la garde approcherait.

Dans cette même salle d'eau, des catholiques priaient pendant la semaine, les membres de la Confrérie du rosaire logés dans cette même baraque.

Ceux que l'application des lois de Nuremberg avait mis en marge de l'armée étaient étrangers les uns aux autres, sans liens entre eux. Ils se distinguaient par leur regard sur le monde et leur place dans la hiérarchie sociale. Ils se distinguaient par leur religion et leur origine nationale. Le cabinet d'avocats et le salon associés au shtetl. Aucune des collectivités de prisonniers de guerre n'était aussi hétérogène.

Il se joignait rarement à la conversation. Souvent il écoutait ce qu'ils disaient. D'eux-mêmes, pour eux-mêmes, parfois en présence d'autrui. Des collègues venaient aussi des autres baraques pour un brin de causette. Beaucoup acceptaient de venir parler – de voyages, d'étoiles, de philosophie. Il se rappelait un reporter de radio qui improvisait souvent des comptes rendus de compétitions sportives ou de Jeux olympiques. Parmi ses préférés, le compte rendu du dix mille mètres à Los Angeles en 1932, dans lequel Janusz Kusocinski avait triomphé.

Il faisait un détour pour éviter la si distinguée baraque 15. Il lui semblait que pour ces cavaliers, ces officiers d'un corps d'élite, pour les Sapieha et les Potworowski, les Czetwertynski et les Mycielski il resterait toujours un Juif raccommodeur. Ils le lui faisaient sentir. En agitant les mains ils singeaient l'accent de ses collègues et leur façon de parler. Ils répétaient que les Juifs naissent toujours du côté gauche de la barricade. Et qu'ils savent comment s'organiser. Il se sentait tout aussi maladroit en compagnie des officiers de marine. Ils les regardaient de haut, de la hauteur des trésors inaccessibles de leurs paquets d'uniformes et de tabac. Leurs collègues d'Angleterre y pourvoyaient.

Ils recevaient autant en l'espace d'un mois que les autres en un an. Cela renforçait leur orgueil. On avait tenté de partager les dons qui leur parvenaient avec les autres baraques, mais ils étaient intervenus auprès de l'officier le plus élevé en grade pour protester.

Non, il ne sentait pas vraiment qu'ils étaient égaux. Et cela depuis le début. Bien que les puces les dévoraient de la même manière, qu'ils pouvaient de la même manière courir, étudier, écrire des lettres, que le temps qui leur était accordé était le même. Ils assistaient aux mêmes représentations et aux mêmes rencontres sportives, répondaient aux mêmes appels et recevaient les mêmes ordres.

A certain moment la rumeur se répandit qu'on projetait de grillager la baraque 12a. L'officier le plus élevé en grade s'y opposa fermement. Jamais ce ne fut fait. Il protesta aussi contre d'autres rumeurs de transfert des officiers d'origine juive.

La direction polonaise du camp maintenait fermement sa position : tous les officiers sans exception étaient des officiers de l'Armée polonaise. On tenta d'en finir avec le caractère exceptionnel de la baraque 12a en y affectant des Polonais. Les chefs de baraque furent tour à tour un prisonnier de guerre d'origine juive, un chevalier dans l'ordre de la Virtuti Militari et un Polonais de souche, escrimeur connu.

Cette baraque était l'objet d'une curiosité particulière de la part des fonctionnaires allemands, qui la visitaient « comme un jardin zoologique ».

Il entendait les mots d'ordre des gens de droite appelant au boycottage de leur baraque. Il ne les regardait pas en face. Il éprouvait parfois physiquement la haine des autres. Elle le blessait. On surprit certain sous-lieutenant, membre de l'ONR[1] du

1. ONR : Camp National-Radical. Un parti ultra-nationaliste, nettement antisémite, fondé en 1934. (N.d.T.)

camp, alors qu'il s'apprêtait à déposer dans la boîte aux lettres une dénonciation destinée à l'*Abwehrabteilung* concernant un collègue qui dissimulait son origine juive aux Allemands. Le tribunal d'honneur ne considéra pas cela comme une base suffisante pour exclure le coupable du corps des officiers.

Il n'appréciait pas que quelques Juifs continuent de se dissimuler dans les baraques polonaises. Pas plus qu'il n'acceptait qu'on partage avec lui la nourriture des colis personnels. Effectivement, des Polonais prenaient leur parti au sujet du partage inéquitable des colis sociaux. Ils étaient en majorité de leur bord, ils se comportaient avec eux comme avec les autres. Et pourtant quelque chose le tourmentait, l'inquiétait. Du côté des Allemands il sentait un assentiment à la discrimination des prisonniers de guerre juifs et il ne trouvait d'appui auprès de personne.

A la maison il jouait du violon. Il paraît qu'il avait du talent, c'est la patience qui faisait défaut. Il avait apporté son violon à Varsovie lorsqu'il était venu faire ses études à l'école polytechnique. Et il l'y avait laissé en partant au combat, dans sa chambre au premier étage. Je voulais tellement trouver une mention quelconque du fait qu'il avait joué au camp. Mention de la musique qu'il aimait et du violon. Je n'en ai pas trouvé. Car il avait tant de possibilités ici : deux orchestres symphoniques, un orchestre de chambre.

Peut-être a-t-il essayé, peut-être était-il seulement incapable de se concentrer, ne savait-il pas se forcer ? Peut-être avait-il déjà renoncé. Il ne voulait ni lire ni étudier, répéter du vocabulaire, dessiner des plans d'extension de la Coopérative de Logement. Peut-être a-t-il essayé. Peut-être n'avait-il pas d'inspiration ? Peut-être que ses mains suaient et que ses paupières tremblaient ? Ou bien que son cœur battait à un rythme accéléré et qu'il lui fallait s'allonger un moment ? Peut-être est-ce ainsi qu'il a commencé à s'allonger. C'étaient les symptômes typiques du « syndrome des barbelés ».

A quoi s'occupait-il encore, qu'on pouvait pratiquer en

commun, qui permettait de se serrer contre les autres, de se sentir protégé ?

Il pouvait jouer aux cartes, par exemple. Il aimait le bridge. Certains ont perdu cinq années durant, enchérissant quatre piques et petit chelem sans atout. Il pouvait jouer aux échecs. Il pouvait donner des conférences sur les Ponts et Chaussées, des cours de construction et de statistique, il avait de l'expérience comme directeur de chantiers de construction. Il pouvait enfin étudier. Qu'attendait-il ?

Il s'était tourné vers le mur et c'est ainsi qu'il resta. Le dos tourné au monde. En signe d'abrogation de ce qui l'entourait. Contester l'existence. C'était son objectif.

Les murs se couvraient de moisissure.

Au cours de la deuxième année de leur captivité on avait permis aux prisonniers de créer des petits jardins potagers. Ils sont juste à côté. Je ne pense pas qu'il ait cultivé de plate-bande, mais peut-être allait-il là-bas pour se reposer et regarder pousser toutes ces plantes extraordinaires, des tomates ou des radis qui, tout en appartenant à un autre monde, étaient cependant comestibles. L'expression tendue de vigilance disparaissait alors un instant de son visage. Il respirait autrement en regardant les jeunes feuilles.

Chaque mois ils pouvaient envoyer deux cartes postales et une lettre. Il atteignait la limite mais n'en demandait pas plus. Sans doute n'aurait-il pas su écrire davantage. Dans cette correspondance il accordait une grande place aux questions financières. Conformément aux conventions de Genève, les officiers de l'Oflag IIC recevaient une solde. Comme la majorité de ses collègues, il la faisait parvenir à sa famille. En tant que sous-lieutenant il recevait 72 *lagermark* chaque mois, les lieutenants recevaient 12 marks de plus. Pour les mandats vers le territoire du Gouvernement Général on comptait deux zlotys pour un mark. Il demandait qu'on lui confirme la réception de cet argent.

C'était pénible au début, mais ensuite il avait sans doute pu lire, étudier, piocher du vocabulaire, faire des plans et en débattre avec des collègues du métier. Lui, à l'esprit si pratique, comment avait-il pu gaspiller son temps, le laisser couler si facilement, si confusément ? Confusément. Ils avaient une grande bibliothèque prise à Rydz-Smigly[1] par les Allemands. Les maisons d'édition allemandes leur fournissaient des livres et des manuels pour l'étude des langues. Ils étudiaient l'arabe et l'astronomie, l'histoire de la philosophie et l'économie. Certains se lançaient dans les études de manière obsessionnelle. Ils voulaient nier le désastre, la fuite improductive du temps. Cette foule de figurants se métamorphosa en acteurs de premier plan de toutes sortes de cours et de cercles scientifiques. L'anarchie autodidacte proliférait sans mesure. Mais on leur serra bientôt la bride pour les rappeler à la discipline et on organisa une authentique grande université des prisonniers de guerre.

Ils fuyaient dans les mondes les plus étranges. L'un de ses collègues traduisait les *Ramayana*[2] hindoues en vers et les accompagnait de dessins. On a dit que c'était la plus belle des choses ayant vu le jour au camp.

Ils fuyaient dans les dictionnaires et le vocabulaire étrangers. Ils étudiaient la langue de Shakespeare et celle de Victor Hugo, mais aussi celles de Sophocle et d'Ovide.

Ils fuyaient dans le plus proche ou le plus facile.

Je m'en vais faire une promenade le long des barbelés. Dans sa partie réservée aux prisonniers de guerre, et donc en excluant les bâtiments allemands, le camp avait une forme presque carrée d'un périmètre d'environ 1 700 mètres. C'est ce que représentait, en moyenne, l'itinéraire quotidien de la promenade, les plus

1. Voir la note page 188.
2. Des épopées sacrées dont la composition s'échelonne du Ve siècle avant notre ère au XVe siècle et dont le héros est l'incarnation du dieu Vishnou. (N.d.T.)

endurants et les plus avides de mouvement en plein air parcouraient plusieurs longueurs. Un tour de terrain en suivant les fils, un tour complet. Rituel obligatoire avant l'appel du soir, juste avant la fermeture des baraques. Mille sept cents mètres. Ils appelaient cela « faire le rond ». Ils se promenaient toujours dans le sens contraire des aiguilles d'une montre. Un kilomètre et sept cents mètres, pas tout à fait deux kilomètres de circuit. Quelle distance a-t-il parcourue de cette façon en cinq ans moins trois mois ? Mille huit cents jours, et chaque jour plus d'un kilomètre, en moyenne, tantôt davantage, tantôt moins. C'est environ deux mille kilomètres. Deux mille kilomètres c'est comme dix-sept fois la distance de Varsovie à Lodz, ou bien six fois jusqu'à Cracovie.

Dès que je tente de résoudre ce problème je m'énerve. Et se présentent à mes yeux toutes ces scènes où mon grand-père essayait de m'expliquer les problèmes de mathématiques. En proportion, la chose est encore simple, le pire c'était avec plusieurs personnes partant à des vitesses différentes d'un point A et marchant vers un point B. Par exemple, il sortait de la baraque 12a à quatre heures de l'après-midi et se rendait à la salle de théâtre pour une représentation de *La Vengeance*[1] ; aha : à la vitesse x. Il ne se hâtait pas, il sortait toujours suffisamment tôt. En outre, il marchait à grands pas, comme réglés par une machine installée quelque part en lui. Son collègue Danek jouait encore aux cartes, il voulait se refaire, il sortait donc de la baraque un quart d'heure plus tard. A quelle vitesse lui fallait-il courir pour arriver à temps à la représentation de cinq heures ? Ouf !

On pourrait multiplier les exemples. Au camp on a joué trente-quatre fois *La Vengeance* de Fredro, à chaque fois tant et tant de spectateurs pouvaient y assister. Certains venaient plus d'une fois. Combien de fois... etc.

1. Une pièce d'Aleksander Fredro (1793-1876), considéré comme le « Molière polonais ». Cette comédie, dont l'action se passe à la fin du XVIIIe siècle et concerne une querelle née d'un mur mitoyen, permet à Fredro d'évoquer la Pologne traditionnelle. (N.d.T.)

Je tourne entre des restes de barbelés, des restes de soues à cochons, des restes de briques. Dans une structure de mémoire maladroite. Je compare portillons et passages, clôtures et enceintes intérieures, les obstacles qu'il leur fallait alors vaincre et ceux que je dois vaincre, moi, pour parvenir à ce qu'étaient alors les autres.

Le monde a effacé les traces derrière lui. J'ai froid. Je continue car je sais qu'ici il fallait que j'aie froid.

Je me demande pourquoi il n'a pas écrit. Pourquoi il aurait dû écrire ; des années plus tard je tente de lui communiquer mon obsession de la prise de notes. Seul ce qui est écrit existe. Ce n'est pas ce genre de consolation qu'il recherchait, ce genre de salut. Il avait peur d'écrire, l'écrit pouvait trahir. Il a effacé les traces. Lui le premier. Ma mère, sa fille, tenait cela de lui, peut-être est-ce la seule chose, la plus profonde, dont elle ait hérité. Claquer la porte sur le passé. Le condamner en clouant des planches.

Je suis parvenue à la guérite. Il n'a que peu franchi cette porte. Le musée est installé sur le terrain de l'avant-camp, dans l'un des bâtiments d'habitation affectés aux Allemands. A côté se trouve toujours l'ancien mess. Avec le même plancher de chêne.

Un jour, l'un des prisonniers a rassemblé toutes les photos d'enfants qu'ils avaient les uns et les autres. Des photos d'amateurs, des photos souvent usées de fils et de filles de prisonniers. Il y en avait beaucoup, peut-être deux cents, peut-être trois cents. Rien que des enfants. Il les a accrochées aux murs, l'une à côté de l'autre, dans l'une des salles. L'une à côté de l'autre. Petites têtes et visages, silhouettes sur des genoux et se tenant bien droites, parmi d'autres à vélo, dans des poussettes, en bonnets, en bérets, en chapeaux. Il fut des nuits sans pouvoir dormir. Il voyait constamment ces frimousses, souriantes et pensives, ces yeux, ces centaines de paires d'yeux, combien d'entre eux sont vivants, combien ont survécu ? Ces photos, ils les avaient sur eux en quittant la maison, ils les avaient reçues dans des colis ou dans des lettres, ils les gardaient dans des malles ou dans des armoires, ils les punaisaient sur les châlits. Sept mille hommes, une petite ville, des milliers d'enfants jouant au ballon, à cache-cache, apprenant à écrire et à lire, écoutant avec attention des lettres de Woldenberg dont les mères ou les frères et sœurs plus âgés leur faisaient plusieurs fois la lecture afin qu'ils comprennent mieux. Des prisonniers s'enfuirent de la salle. Ils pleuraient ou gardaient le silence. Avaient-ils encore des enfants ? Qu'en restait-il et que restait-il de leur amour pour eux au bout d'un an, deux, trois ans d'absence ? Papa est en captivité, papa reviendra. Papa ? Mon petit papa ?

Ma maman à moi ne l'a pas vu pendant cinq ans. Elle avait huit ans lorsqu'il est sorti de l'appartement de la rue Krasinski, elle en avait quatorze et portait un soutien-gorge lorsqu'il est venu la chercher à la colonie de Wilga. Elle ne voulait pas partir avec ce géant noir qui se disait son père. L'appellation familière « petit papa » ne lui allait pas et jamais plus elle ne lui conviendra.

Il y avait des postes de radio dans les camps. Des journaux clandestins. Que savait-on de la situation des Juifs ? Jusqu'à quel point les informations sur les ghettos, les actions de liquidation, les transports vers Treblinka et Belzec, Chelmno et Auschwitz leur parvenaient-elles ? Les prisonniers de guerre juifs eux-mêmes se sentaient constamment menacés, ils pouvaient être transférés à tout moment et exterminés. Il me faut savoir, il me faut me renseigner sur ce qu'ils savaient. Savaient-ils beaucoup de choses, que faisaient-ils des informations qui leur parvenaient du dehors ? Ce devait être pire que tout. L'impuissance. C'était comme de se trouver au-delà du mur et de regarder le ghetto qui brûle, le ghetto où les nôtres sont restés. De ce mois d'avril, de ce printemps, de cette année 1943, que savaient-ils ? La Semaine Sainte[1] du ghetto de Varsovie, des Juifs de Varsovie.

Au début d'avril ils reçurent de la Croix-Rouge un peu de sucre, du thé, soixante-dix cigarettes et un colis par baraque. Le 10 avril, le ciel était couvert et il tombait une pluie fine. Il y avait de l'eau aux robinets. Sur un réchaud quelqu'un a préparé un mets d'exception : des crêpes au fromage. Elles furent réussies. On commença à sonner les appels de l'après-midi en soufflant dans une corne. Le 11 avril, beau temps avec ensuite ciel très couvert. Le 15 avril la presse allemande continue à déplorer la bestialité bolchevique exercée contre des officiers polonais à Katyn, on a divulgué le chiffre de quatre mille tués. Des rumeurs ont circulé dans le camp selon lesquelles ce sont des Juifs qui ont commis ce crime. Les navires allemands ont coulé vingt et un bateaux alliés. Le 18 avril, dimanche des Rameaux, messe à 9 h 30. Le printemps s'est installé, le blé et l'herbe ont joliment commencé à verdir, les arbres ont des petites feuilles. Ceux qui cultivent des parcelles attendent des graines de radis, de carottes et autres, ils veulent profiter du fait que les plates-bandes sont bêchées. Ils ont ramassé du fumier de cheval. Deux puissants chevaux mecklembourgeois de race venaient chaque matin avec le fourgon des ordures. Le 22 avril ils ont reçu une miette de halva, du cacao et du lait venus avec les dons de la Croix-Rouge. Les hommes de service se sont cassé la tête pour le partage. Le 23 avril les vergers ont commencé à fleurir. Le 24 avril on s'est rendu au tombeau de Jésus, l'après-midi on a porté les biscuits secs et le sel à la consécration.

Pour leur quatrième année de captivité ils ont reçu des colis du Canada, des cigarettes anglaises, un excellent thé de Tel-Aviv, du riz du Caire, inestimable pour les maux de ventre, de Turquie des raisins secs, du chocolat et du cacao du Venezuela. On leur

1. L'insurrection armée du ghetto de Varsovie a éclaté le 19 avril 1943, à la veille de Pâques. La résistance aux troupes allemandes, qui incendiaient le ghetto maison par maison, ne se prolongea pas moins de cinq semaines. (N.d.T.)

a fourni des cahiers de brouillon dont ils n'avaient bénéficié jusque-là qu'au compte-gouttes. Ils ont beaucoup profité du soleil cette année-là. Ils ont bronzé, participé à des compétitions d'athlétisme. Le record du camp en saut en hauteur est de 1,65 m. Des vents violents ont brisé des vitres aux fenêtres des baraques. L'eau a commencé à s'infiltrer lors de pluies torrentielles. Des violonistes ont joué les *Caprices* de Paganini, des quatuors de Mozart et de Schubert. Ils étaient rassasiés.

Pour cette quatrième année de captivité les Allemands ont enchevêtré des câbles électriques dans les barbelés.

Qui était-il dans ce troupeau réparti entre compagnies et bataillons ? Un ingénieur ? Un mari ? Un père ? Un fils ? Personne. Il ne pouvait rien donner à personne, il ne veillait sur personne et ne protégeait personne, il ne courait aucun risque pour personne. La foule le rendait pareil à un pignon dans une grande machine, tant il se sentait inutile, tant il se sentait insignifiant. Au moins, quand il était allongé il ne cherchait pas à contester ce verdict. La fiévreuse activité des autres l'irritait, ces cours, ces conférences, ces compétitions, faire n'importe quoi, n'importe quoi pour nier l'évidence de la défaite. À quoi bon s'amuser à imiter la vie, à quoi bon ne pas subir, à quoi bon feindre d'être quelqu'un, feindre de croire qu'il reste encore quelque chose de nous-même : notre savoir, nos sentiments, notre fierté ? Nous ne sommes plus là, collègues, vous n'avez pas de quoi feindre. Écrire des pièces, traduire Shakespeare, étudier l'hindi. Tissez des kilims, brodez des vestes fourrées, burinez le bois et bâtissez des systèmes philosophiques, allez jouer au cirque et aux olympiades si cela peut vous aider, si cela éloigne effectivement votre peur. Seulement moi, laissez-moi tranquille, ne me touchez pas, allez-vous-en. Laissez-moi seul.

Allez jouer plus loin. Échec et mat. Mat. Hier, de nouveau, quelqu'un s'est jeté contre les fils.

Une fois et une seule, au camp, il a voulu avoir quelque chose, un sapin de Noël en fil de fer barbelé. Il le préférait à un autre sapin de Noël en mie de pain. Mais c'est peut-être bien que son collègue n'ait pas voulu le lui donner, ni le lui vendre. Il n'aurait pas eu si fière allure dans leur baraque à l'étoile de David. Après la guerre, tous les ans il achetait lui-même et décorait un grand sapin atteignant le plafond. Passé quatre-vingts ans il s'est mis au lit. Et le rêve du camp est alors revenu. Seulement moi, laissez-moi tranquille. Allez-vous-en.

Dans les rapports d'inspection de la Croix-Rouge internationale à Genève il n'est fait qu'une seule fois mention des officiers d'origine juive. En date du 25 février 1944, après un entretien avec un homme de confiance. Ayant entendu que 86 officiers juifs restaient sans aucun contact avec leurs familles et sans aucune information sur leur sort, on s'engagea à envoyer à Genève une liste comportant les noms et les adresses de ces familles pour vérification.

Des uniformes américains avec du linge et des chaussures arrivèrent au camp au milieu de l'année 1944. Ils avaient des boutons brillants comme les pièces de vingt dollars en or. Ils réveillèrent chez les prisonniers une vanité masculine efficacement étouffée pendant des années par les tenues bouffonnes du magasin d'habillement. On s'affaira à la couture des galons d'officier polonais.

A la fin d'août les armées alliées libérèrent Paris. En septembre les combats se déplacèrent dans la région d'Anvers et Bruxelles. Le 20 octobre, cent officiers de l'insurrection de Varsovie arrivèrent au camp. On les reçut avec les honneurs. Ils racontèrent le combat et la situation du pays occupé. Varsovie en ruines. Le 30 novembre Samuel Przedborski, mon grand-père, eut quarante ans. Sans écho. La Lorraine fut libérée ainsi que la plus grande partie de l'Alsace. L'armée allemande lançait une offensive dans les Ardennes.

En janvier 1945 les attaques aériennes sur le Reich se poursuivent. Nuremberg subit de lourdes pertes. A la mi-janvier on commence à parler d'évacuation. Les prisonniers rassemblent leurs biens. Cousent des sacs à dos avec ce qui se présente.

La baraque du musée est froide et déprimante, comme il convient. Les ustensiles du camp – châlits et tabourets, armoires et écuelles – ont l'air bien petits. De même les uniformes accrochés aux portemanteaux. Il semble presque impossible qu'ils aient appartenu à des adultes dans la force de l'âge. Je me sens tout comme lorsque j'ai rendu visite, après des années, à mon école où je me suis perdue dans les couloirs, il m'était difficile de monter les escaliers.

Dans la baraque-musée on a rassemblé une documentation, les preuves que tout ce qui s'est passé derrière les barbelés s'est réellement passé. Il y a là des pierres tombales du cimetière du camp et des barbelés, des inscriptions gravées dans des briques. Il y a un réchaud pour chauffer l'eau et cette soufflerie appelée *kreciolka*. Un petit miroir made in Woldenberg. Des plaques métalliques d'identité. Il y a un morceau de solive avec une cache pour un poste de radio. Il y a un porte-cigarettes artistement sculpté avec une cachette pour passer de messages en fraude. Il y a des manuscrits de pièces et des affiches de théâtre, un petit carnet souvenir avec un dessin représentant le personnage joué pour chacun des acteurs de *La Vengeance* de Fredro. Il y a des marionnettes et des masques. Un ouvre-lettres en os animal. Des bagues en argent. Un modèle en bois de kayak à deux voiles. Des briquets. Un petit coffret avec un trèfle vert incrusté. Des cassettes avec une grappe de raisin en marqueterie. Il y a une croix avec la silhouette du Christ fixée au-dessus de l'entrée d'une des baraques. Des centaines de bois gravés et aussi des illustrations pour *Don Quichotte*.

Il y a des milliers de photographies. D'expositions de crèches, de concerts de Brahms et d'Offenbach, de représentations du *Barbier de Séville* et de *Marie Stuart*, toujours des hommes dans les rôles féminins, de représentations du Cirque Neumann, de nombreuses épreuves sportives.

Nulle part ne figure Samuel Przedborski. Il n'y a pas sa photo. Il n'y a pas son nom. Ni dans la section des herboristes ni dans la chorale « Écho ». Ni dans le cercle littéraire ni dans aucun des orchestres, pas même celui des mandolinistes.

Il n'est ni dans le courant secret des tâches clandestines ni dans le concours pour un aménagement coopératif de la campagne. Il n'est pas dans le cercle des techniciens du bâtiment ou des voies navigables, ni dans les championnats de volley-ball. Sa carte de bibliothèque n'a pas été conservée ni aucune attestation de fin de cours. Il y avait des cours de moteur et d'apiculture (vie des abeilles, élevage des reines, maladies des abeilles, produits apicoles), des cours de navigation et de commerce. Selon les statistiques, 90 % des prisonniers y ont pris part. Les index des conférences, des exercices, des colloques et des examens ont été conservés. Il y a les notes des cours d'égyptologie du professeur Michalowski prises par quelqu'un. Pas par lui.

Il n'est ni parmi les sportifs ni parmi les supporters. Il n'a pas cherché à obtenir l'insigne de la résistance physique du prisonnier de guerre. Dans la tranche d'âge des moins de quarante ans l'épreuve comportait : marche, durée du circuit : 19 minutes ; lancer de médecine-ball : 17 mètres ; lancer de boule : 13 mètres ; saut en longueur : 3,5 mètres ; vitesse.

Il y a de nombreuses caricatures, pas de lui.

Comme s'il n'avait absolument pas existé.

Il y avait des dispositions allemandes faisant interdiction aux officiers d'origine juive de prendre part à la vie culturelle et éducative du camp. Pourtant on les ignorait. Il arrivait que les Allemands rayent les noms juifs des programmes des conférences et des cours. Pourtant on essayait de nouveau. Les acteurs préférés du théâtre des prisonniers, les pianistes, les violonistes favoris étaient des artistes ayant du sang non aryen.

Je ne veux pas tout expliquer par la peur.

Ce devait être à la fin de janvier 1945, lorsqu'ils reçurent l'ordre de se préparer au départ. L'hiver était glacial. Évacuation, à pied, vers l'intérieur de l'Allemagne. Ce n'est pas ce qu'ils attendaient. Pour autant qu'ils aient réellement attendu. La libération devait avoir un autre goût. Ils ne dormaient pas. Ils passèrent beaucoup de temps à faire leurs paquets. Les sacs à dos ne pouvaient contenir tous les biens des prisonniers. Ils s'étaient remplumés. Comme la langue est étrange : il est bien difficile de recourir à pareille expression, et pourtant ils ne parvenaient pas à empaqueter tout ce qu'ils possédaient. Leurs ustensiles, durs et anguleux, étaient loin d'évoquer la plume de l'oiseau. Écuelles et couverts, couteaux, livres et lettres, vêtements et nourriture.

Ils ont construit des luges. Ils ont détruit sans réfléchir les tables, les étagères et les tabourets obtenus à grand-peine au fil des ans. Les luges leur paraissent maintenant le plus important. Elles permettent d'emporter le maximum. Et voilà soudain que ceux qui n'avaient rien s'efforcent de caser leurs trésors de robinsons afin que rien ne soit perdu. Soudain, ceux qui n'ont rien sont meilleurs que ceux qui avaient quelque chose. Ceux qui ont amassé des réserves pour les temps difficiles doivent s'en séparer avec un pincement au cœur : une telle fortune de nouveau gaspillée – des sacs de gruau et de pois, des conserves qui datent du début de la guerre, quelques cigarettes imprégnées d'humidité. On a empaqueté sucre et lait dans les sacs à dos ; le lait sucré en tube qu'il aimait tant, il l'a mis sur le dessus, on a empaqueté les livres et les vêtements chauds, il paraît qu'on a enterré des manuscrits dans des bocaux.

Ils ont fait des paquets toute la soirée, alimentant les poêles comme jamais jusqu'alors. Ils ont brûlé presque la moitié des planches des châlits. Il régnait dans les baraques une chaleur peu commune. Au-delà des fenêtres, un air sec et glacial, des étoiles. Ils ignoraient où ils allaient, mais la perspective du mouvement, de changer de place, leur semblait prometteuse. N'importe où, pourvu que ce soit hors des barbelés.

Ils n'étaient pas habitués à la marche. Pour eux qui avaient été entassés dans un espace restreint pendant des années cette route semblait n'avoir pas de fin. Ils manquaient de souffle. Il y avait du vent. Au bout de quatre jours le camp Est se disloqua pour la nuit au domaine de Dziedzice, aux environs de Barlinek. Ils s'étendirent comme ils purent dans les granges et les porcheries. Le lendemain, vers midi, ils virent des chars soviétiques aux abords de Dziedzice.

Les Allemands tentèrent le combat. L'un des obus d'artillerie des chars soviétiques explosa dans une grange remplie de prisonniers de guerre. Il en blessa plusieurs dizaines, en tua quelques-uns. On les laissa dans le cimetière local.

Parmi plus de trois mille prisonniers de guerre, Szymon fut l'un de ceux qui recouvrèrent la liberté le 30 janvier 1945.

Le contour des fondations. Le temps n'a rien préservé d'autre. En ville, une église gothique avec une sculpture de la Madone du Camp, œuvre d'un prisonnier de guerre de l'oflag, et l'école qui leur est dédiée. « Ceux de Woldenberg étaient des élus de l'intelligentsia polonaise », disent les enfants. Des auges et des boxes pour les cochons. D'eux non plus il n'y a plus aucune trace.

Zena

Je pense à Zena, la femme de mon grand-père, ce 16 août 2002, jour de son quatre-vingt-sixième anniversaire. Grand-père est mort à cet âge-là il y a treize ans. Depuis, sans répit, Zena se prépare pour l'autre monde. Elle a rédigé sa nécrologie qui attend dans le tiroir de droite du bureau, au fond, sous les factures. Zena ne croit pas que ma maman, sa belle-fille, saura équitablement régler ses comptes avec elle après sa mort. Sans doute avec raison.

Il y a bien des choses de sa part que maman ne peut oublier, mais c'est surtout des cintres qu'elle garde le souvenir. Un demi-siècle plus tard elle se rappelle une paire de cintres en bois, des portemanteaux comme on les appelait alors. Lorsqu'elle eut quitté la maison de son père, après son mariage, pour une chambre en sous-location, Zena lui répéta non pas une fois, pas deux, mais plusieurs fois qu'elle n'oublie pas de les rendre. Peut-être y avait-il davantage de cintres, quatre par exemple, peut-être y en avait-il deux en métal, un demi-siècle a passé mais ma maman, sa belle-fille, toujours sa belle-fille, ne peut oublier cette contrariété-là.

Zena est restée seule dans l'appartement de mon grand-père à l'angle des rues Pulawska et Madalinski. Dans cet appartement où je n'aimais pas aller, à cause d'elle. Et vers lequel je reviens sans cesse, tant d'années après, pour elle. Elle a de l'asthme, quelque chose de sérieux, et une maladie de cœur, des vertiges avec perte de connaissance, et des allergies bizarres, par exemple à l'odeur du poisson. Elle en a toujours souffert et elle me semblait alors être une reine de conte de fées changée en crapaud, sinon, si ce n'était pas vrai, pourquoi aurait-elle été tellement sensible ? Quels parfums utilisait-on dans la famille de l'employé des tramways issu du quartier ouvrier de Wola ? Le boudin au gruau et les côtelettes, le chou-fleur et le chou vert devaient bien aussi rendre du jus. Mon grand-père qui raffolait de carpe et de hareng ne put jamais en manger à la maison, ce qu'il lui fallut accepter pendant des années, plein de résignation. Ni à l'huile, ni à la crème, ni aux pommes, ni marinés. Sans petit oignon haché qui donnait également la nausée à Zena. Parfois ses sœurs lui apportaient quelques morceaux de hareng en cachette, dans un pot hermétiquement clos, ou bien des têtes de carpe sucrée en gelée, comme à la maison. Et bien qu'il mangeât debout, avec précaution, sans faire de bruit, elle décelait toujours un soupçon d'odeur. Elle cessait alors de lui adresser la parole. Elle châtiait toujours impitoyablement.

C'est elle qui gouvernait dans cette maison, bien qu'il fût plus grand de taille et qu'il eût fière allure en costume. Elle avait en elle cette sorte de supériorité qui blessait. Je ne comprenais pas pourquoi elle le traitait comme un intrus ou comme quelqu'un qu'il faut constamment réprimander. Vêtue avec soin, avec élégance, costume et chapeau, généralement sur le chemin d'un concert ou du théâtre, elle faisait sentir à chacun, du haut de sa grandeur, qu'elle l'honorait de sa conversation bien qu'elle n'en eût vraiment pas envie et qu'elle le fît uniquement par faveur exceptionnelle. Elle avait un visage volontaire, de ceux qui n'ont jamais été beaux même dans leur jeunesse. Par froideur et manque de charme. Je ne sais pas encore aujourd'hui de quelle couleur sont ses yeux.

Elle a toujours des mollets pleins de grâce dans des bas nylon, des chaussures à talons, généralement marron, avec des lacets courts. Elle m'a toujours paru vieille mais ses jambes sont restées jeunes, comme des jambes de danseuse. Je m'étonnais – comme c'est curieux, un corps pareil sur des jambes pareilles. Elle pouvait voltiger sur ces jambes-là mais elle avait choisi la sécheresse de l'idéologie et le principe qui ont fait d'elle une sorte de sorcière moderne. Sa nourriture doit être nutritive, le vêtement pratique, l'homme engagé et utile.

Elle vous piquait comme une guêpe. Et comme elle était intelligente, elle touchait d'autant plus juste. Elle était cruelle aussi. Je ne la supportais pas, et maintenant qu'elle est vieille et absolument seule elle me fait peine. Les contrariétés qu'elle m'a infligées, c'est sous forme d'anecdotes que je m'en souviens. Après une cérémonie au PEN Club où l'on me remettait un prix littéraire important, elle vint à moi pour me féliciter et dit avec malice : « Même la reine d'Angleterre ne se remet pas autant de fois les cheveux en place en une seule prestation. »

Je n'ai pas souvenir que quelqu'un m'ait enseigné le respect de la vieillesse. Cela s'est fait ainsi. Pendant des années on m'a écartée de la femme de mon grand-père, il me semblait qu'elle n'avait aucun sentiment. Hormis la méchanceté. Mais maintenant qu'elle n'a personne on ne peut tout simplement pas l'abandonner. Tout de même, avant la guerre elle a suivi les cours de Kotarbinski [1], elle a vu Jaracz et Wegrzyn [2]. Tout de même, elle a gagné sa vie très jeune comme répétitrice, elle a

1. Voir la note page 236. (N.d.T.)
2. Stefan Jaracz (1883-1945) et Jozef Wegrzyn (1884-1952) : deux acteurs qui ont marqué l'histoire du théâtre en Pologne. (N.d.T.)

porté les armes pendant l'insurrection, elle a passé une partie de sa vie avec mon grand-père et, quoi que j'en pense, elle est l'unique témoin de bien des choses qu'il a vécues, sans elle certains événements n'auraient pas eu lieu. Même si elle garde le silence sur tout cela, le fait demeure.

Je m'efforce de lui rendre visite. En cachette de maman, incapable de comprendre que je puisse consacrer tant de temps à un être pareil. Je ne sais pas moi-même comment cela est arrivé.

Mouvement monotone du vieil ascenseur, vers le haut et vers le bas, claquement de porte plus ou moins proche ou vraiment tout proche, bruits associés à cet appartement depuis que je m'en souviens. Descente, montée. Et le viseur en laiton de la porte, grand, rond, à charnière. L'œil de grand-père derrière ses lunettes à double foyer. Mouvement résolu et, un instant plus tard, ouverture de la porte. Elle met du temps pour venir à cette porte, en traînant les pieds.

Il arrive qu'elle n'ouvre pas, bien que nous nous soyons entendues sur ma visite. Elle n'entend pas et son appareil s'est égaré, ou bien elle perd un instant le contact avec le monde. Ensuite elle ne sait pas où elle est et elle revient péniblement à elle. Elle porte un pantalon de survêtement et des chemisiers flottants qui semblent flotter davantage de mois en mois. Dans cette maison les mites sont rassasiées et comblées. Les costumes, les robes, les chemisiers perdent progressivement et logiquement du poids. Les chapeaux et les bérets basques qu'elle aimait tant autrefois lui servent rarement maintenant. Elle reprise tout, elle s'efforce d'empêcher que cela disparaisse. Quant à elle, elle ne peut s'empêcher de lire chaque jour quelques pages de Platon ou de Kant. Car enfin, elle avait imploré son père de lui permettre de faire des études, et puis elle a consacré des années à la lutte contre l'analphabétisme. L'efficacité des cellules grises est directement proportionnelle à la sévérité de la discipline qu'on leur impose. Elle n'a pas manqué les concerts à la philharmonie depuis plus d'un demi-siècle. Elle a seulement dû changer son abonnement du vendredi pour les matinées du samedi, parce qu'elle a peur de rentrer seule à la maison après la tombée de la nuit. Tant qu'elle sera consciente, comme elle dit, si elle reste consciente elle ne renoncera pas. Elle ne peut se laisser aller, elle n'a personne pour l'aider en cas de besoin.

Autrefois elle collectionnait les bagues. Elle a fait cadeau de l'une d'elles – en or, une grande bague rectangulaire avec une pierre bleue – à la petite Halina, maman, juste après avoir épousé son père. Maman se souvient qu'elle préparait le baccalauréat et que ce cadeau n'avait guère plu à ses camarades. Elles avaient suggéré que la pierre était une aigue-marine, elle avait donc posé la question à sa belle-mère. Alors, pour la première fois, elle avait eu l'occasion de constater comment te regarde quelqu'un qui te considère comme un être de qualité inférieure. « Imagines-tu que j'aurais pu posséder quelque chose d'aussi commun ? Il suffit de regarder, c'est pourtant bien un authentique saphir. » Voix désagréable, dure, dénuée de féminité, toujours le ton du blâme.

Elle commandait ses bijoux à la coopérative ORNO, ce qu'elle aimait le plus c'étaient les ensembles : bague, bracelet, collier. En argent. Elle choisissait les modèles elle-même. Décimés par le temps, le désintérêt et les vols, ils gisent en désordre dans des coffrets en bois de Zakopane. Elle ne les sort plus, ne les regarde plus, ne glisse plus sur eux ses doigts noueux. Avec convoitise. Rien n'éveille plus ce sentiment-là.

Les dernières années l'ont changée. Elle manifeste une sorte de sollicitude. Elle a peur de mes voyages. Elle qui a suivi, avant la guerre, la formation des pilotes amateurs, elle a peur de se retrouver seule. Encore plus seule. Elle prend toujours congé de moi avec une sorte d'émotion et répète invariablement : « Sois bonne pour toi-même. » Auprès de moi elle fond. Mais moi je continue de ne pas la toucher, par crainte de me blesser.

L'appartement n'a pas été refait depuis quarante bonnes années. Il est gris et il a subi les outrages du temps. Les peintures et les enduits s'écaillent par plaques, il y a des empreintes graisseuses de mains et de crasse, il s'effondre du dedans, plein de poussière et de papiers. Elle est sensible à la poussière mais elle n'a pas la force de lutter. Elle ne permet pas qu'on touche à ce qui lui appartient. Elle ne se sépare pas de ce qu'elle a eu.

L'appartement grouille d'une foule de choses. Grouille. Comme si quelque travail clandestin s'opérait ici.

De mornes papiers d'emballage figés en forme de vêtements et d'objets s'entassent contre les murs. Les vases pullulent, les écuelles en bois, les papiers découpés, les petits verres, chacun rempli de sa portion de passé. Les livres grossissent, croissent, s'étalent sur les étagères, accaparant de plus en plus d'espace. Les rayonnages semblent se mouvoir, peut-être est-ce une illusion mais elle est nette, les plantes dans leurs pots ont l'air de marmotter, même les cartes gisant sur la table en noyer ne sont pas inertes, palpitant de quelque force mystérieuse.

Pendant quelques années j'ai cru que tout cela se passait uniquement dans la sphère de la métaphore. Un mouvement d'inquiétude. Récemment je suis entrée dans la cuisine. Des insectes avançaient en ligne, avançaient droit sur moi en rangs par quatre, des bataillons, des compagnies, comme pour une grande fête, comme pour un défilé. Je me suis enfuie.

Elle est toujours assise sur son canapé Biedermeier plus usé à un endroit qu'ailleurs, là où sont la tête et le tronc, oui, le tronc justement, léger, toujours plus léger, pour un instant encore enveloppé d'une peau grise. De plus en plus abîmée. Sur la table, un livre avec une liseuse et des cartes semblables à celles qu'utilisait son mari, mon grand-père, pour ses réussites. Peut-être les mêmes. Elle reste assise ainsi des journées entières, à vrai dire elle est à demi allongée, elle a peur de s'étendre car si sa douleur dans la poitrine la saisit elle pourrait bien ne pas se relever. Elle étudie Husserl, ou bien elle révise l'histoire de l'Empire romain, il faut prendre soin de l'esprit, qu'il ne perde pas ses habitudes. Elle brûle ses gamelles, elle brûle l'une après l'autre les pièces de sa garde-robe avec un fer qui date de Staline. Elle ne s'en est pas séparée, pas plus qu'elle ne s'est séparée des brochures de propagande qui se comptent en mètres linéaires, des circulaires et des bulletins des lois qui datent de ces années où elle avait toujours raison. L'impérialisme américain la dégoûte toujours. Elle médite sur le désastre du système, impuissante face au chômage, aux tuyauteries crevées et à l'odeur de peinture dans la cage d'escalier. Emprisonnée en elle-même. Aller jusqu'à la cave, où se trouve la confiture de prunes, c'est déjà trop pénible, trop loin.

A côté il y a la chambre de mon grand-père. Elle regorge de papiers, fourrés jusque dans les coins, occupant aussi le large divan sur lequel, ces temps-ci, elle étalait ses vêtements, des montagnes de vêtements de coupes et de couleurs curieuses qui datent peut-être encore des années trente. Une exposition pour une tournée d'inspection des mites. Deux-pièces au col pelé, jupes en laine et plissées, petits boléros et gilets, manteau robuste. Plus la peine d'en acheter des neufs, il suffit de faire prendre l'air à ceux-là, il leur faut reprendre des forces, cesser d'étouffer, comme elle. Elle ne peut utiliser de naphtaline, cela la tuerait. Il y a des photos sur le piano. D'une autre vie. Elle n'a pas la certitude de l'avoir vécue. Et cet instrument aux touches blanches et noires, muet depuis des années. Szymon essayait parfois de jouer. Elle en était agacée. Il l'agaçait, la mettait en transes. Par son silence. Le silence derrière lequel il cachait son désespoir, derrière lequel se cachait un monde auquel elle n'avait pas accès, qu'elle ne pouvait atteindre ni blesser.

Contre la fenêtre, face au balcon il y a le petit bureau en chêne. Le petit bureau de mon grand-père que je considère comme mien. Dont j'ai hâte de connaître le contenu. Les tiroirs visités par des générations successives de cafards. A côté de la plaque d'identité du camp de prisonnier de guerre, la Polonia Restituta [1].

1. Une décoration destinée à récompenser les services rendus à l'État. L'Ordre de la Renaissance de la Pologne *(Polonia Restituta)* a été créé en 1921. (N.d.T.)

Elle ne veut pas mourir à l'hôpital. Elle m'a fait lui promettre de ne pas l'envoyer à l'hôpital. J'ai promis, bien que je sache qu'on l'y mettra lorsque je serai hors du pays, et qu'elle n'en reviendra pas.

Elle ne veut pas mourir loin de ses murs jaunes où des reflets tracent les contours familiers de montagnes qu'elle a aimées autrefois, loin du kilim brun au motif montagnard au-dessus du lit, loin de tout ce qu'elle a accumulé et qui, de toute façon, restera ce qu'il est pour les autres. Sans valeur, elle n'a aucune illusion. Elle a toujours été réaliste. Que cette poussière reste donc, c'est la sienne en fin de compte, amassée au fil des années de vie commune avec Szymon, auprès de lui et des pigeons qu'il nourrissait en cachette sur le balcon. Elle ne supporte pas les pigeons, ils ravagent les bégonias et ils puent ; cette odeur, encore un résidu du quotidien. Elle l'a épié, jadis, quand il parlait à ces oiseaux gris obèses qu'elle chassait, elle, chaque fois qu'ils se posaient sur la balustrade. Il se lançait dans de longs monologues, glissant des mots qu'elle ne comprenait pas. Ils écoutaient. Ils se vautraient dans les caisses vides, éparpillaient la terre et l'engrais qu'elle rapportait de la boutique du fleuriste, perdaient leurs plumes. Parfois ils cassaient des fleurs, les muscaris, les pensées, les géraniums. Elle ne pouvait le supporter, elle se mettait à crier. Il laissait faire, il ne se défendait pas, il s'éloignait dans son silence.

Elle a laissé son testament dans le buffet, sur la troisième étagère en partant du haut, sous une tasse en porcelaine de Chine. Elle a cassé la précédente lorsqu'elle a modifié une nouvelle fois ce testament pour partager autrement ses restes de bijoux, mais elle l'a remplacée par celle-ci, déjà ébréchée. Il y a des jours où tout vous échappe des mains. Lorsqu'elle tombe dans un coin, par exemple dans l'entrée, elle ne sait pas comment c'est arrivé, elle oublie cet instant-là ; dans l'entrée, près des boîtes à chaussures, d'où l'on perçoit le mieux le bruit sourd de l'ascenseur, il lui faut se traîner longtemps jusqu'à la lumière. Toutes les fenêtres sont ailleurs et elle a le sentiment qu'elle ne les retrouvera pas. Comme dans les égouts pendant l'insurrection. Elle n'était pas dans les égouts mais elle a souvent l'impression d'y être et, comme ceux-là, elle reprend péniblement son souffle au bout du voyage. La nuit c'est plus difficile, mais elle sait qu'alors aussi il faut surnager ; de la lumière, davantage de lumière dès lors qu'il lui faut vivre encore. Or elle a décidé de vivre même si les autres sont morts. Elle se sent mal, plus mal qu'elle ne peut l'avouer, sinon ils la mettraient sur-le-champ à l'hôpital. Qui, « ils » ? Elle n'en sait rien. Parfois ils déplacent les assiettes et le yaourt dans le réfrigérateur.

Szymon, elle ne l'avait pas mis à l'hôpital bien qu'elle ne pouvait ni le porter ni supporter cette odeur qui, depuis tant de mois qu'il gardait le lit, pénétrait chaque fissure, les tentures et les rideaux, les meubles, les murs et les livres. Son propre corps. Elle lui lavait ses pantalons – avec des poudres, des liquides, elle les faisait tremper, les frottait, les suspendait au-dessus des radiateurs, ils collaient les uns aux autres en séchant, il n'y avait pas assez de place. Ensuite elle se frottait les mains. Jusqu'à en avoir mal. La pestilence persistait, s'accrochait à son visage et à ses robes, même lorsqu'elle sortait, lorsqu'elle fuyait dans le parc, vers la musique, n'importe où. Elle ne disparaissait pas, elle s'estompait insensiblement mais lui tenait constamment compagnie.

Ils se trouvaient près de l'ascenseur. Au rez-de-chaussée ou au deuxième étage, plutôt en bas car ils rentraient tous deux du travail, séparément et chacun chez soi. Un travail de responsables qu'ils avaient quitté avec le sentiment du devoir bien accompli. L'ingénieur Przedborski avait un doigt bandé, le pouce ou l'index, elle devrait s'en souvenir, sans doute le pouce, avec un grand mouchoir à carreaux. Elle lui a demandé ce qui lui était arrivé. Il s'était piqué avec un trombone. Qu'est-ce qui a parlé en elle ? L'instinct de la sœur aînée, l'infirmière du temps de guerre, quoi qu'il en soit elle a veillé à ce qu'il fasse tremper ce doigt dans de l'eau bouillie. Trois mois plus tard ils se mariaient.

Elle fit bouillir de l'eau dans une petite gamelle à deux anses. Elle regardait avec amusement cet homme de grande taille qui cherchait à se duper lui-même, à peine avait-il effleuré la surface de l'eau qu'il levait la main avec une expression de douleur sur le visage. Elle lui saisit la main, une fois et une autre encore. Pour son bien, pour la désinfection, pour... – elle ne se souvient plus. Un instant de faiblesse car elle avait fait vœu de solitude. Lorsque l'autre n'était pas revenu de l'insurrection, elle s'était expliqué à elle-même que les choses resteraient ainsi. Travail, musique, service social, reconstruction du pays pour lequel il avait péri. J'ignore qui c'était et s'il a réellement existé, son gars, son insurgé, son passionné de Szymanowski [1], son amour. Ce terme-là lui est tellement étranger que même ici, sur cette feuille de papier, il se révolte et tente de s'échapper. Elle se rend une fois l'an sur sa tombe, depuis plus d'un demi-siècle. Elle s'est composé un monde, il le fallait ; dans le diagramme rigoureux des heures et des jours, aucune surprise, la routine, le travail systématique, une suite d'habitudes. Moi, sur moi, pour moi, le reste est obligation. Comment se fait-il qu'elle ait épousé Szymon, veuf avec une fille portant l'uniforme des scouts ? Comment cela est-il arrivé ? Elle ne peut feindre de n'avoir pas compris ce qu'elle faisait. Peut-être pas complètement, peut-être pas complètement tout de même ?

Elle savait qu'il était dépressif. Deux médecins avaient confirmé le diagnostic. L'un d'eux l'avait mise en garde : il pouvait devenir agressif pour son entourage. Elle en avait pris note. Elle cherchait les sources de cet état dans la guerre. Elle en parle avec réticence. Elle repousse le passé, elle en défend l'accès. Comme si elle avait prêté serment, comme si son silence était la conséquence d'un pacte secret qui continue de les lier l'un et l'autre. Elle protège son mari des questions qui pourraient dévoiler des blessures. Elle le protège au-delà de la tombe. Dans la tombe. Elle croit à une vie outre-tombe. Elle croit que l'âme vit, elle ne veut pas la blesser.

---

1. Karol Szymanowski (1882-1937) est considéré comme le plus marquant des compositeurs polonais après Chopin. On lui doit aussi bien des symphonies et des concertos pour violon que des opéras ou de la musique de chambre et de ballet. (N.d.T.)

Parfois Blanka téléphone de Paris. Ce qui l'énerve, car son amie d'école n'aime pas se dorloter. Curieuse du monde et des gens, elle ne comprend pas qu'on puisse gaspiller du temps à s'écouter exclusivement soi-même. Elles ont le même âge, mais Blanka continue de tenir une boutique de maroquinerie où elle sert des générations successives de clients. Elle connaît leurs soucis et elle ne refuse son aide à personne. Je sais par elle que Zena est la seule de ses amies polonaises – or il y en eut beaucoup à danser à son mariage sous la *houppah*[1] – à lui avoir témoigné de la sympathie après la guerre, après qu'elle eut perdu sa famille. Je voulais écrire : à lui avoir montré « du cœur » mais j'ai hésité, bien que Blanka, Juive polonaise de Varsovie, parle de « cœur ». « Zena est la seule et unique qui m'ait accueillie avec du cœur. »

Zena avait informé sa secrétaire – elle était alors employée à la section de la culture – qu'une amie était réapparue, rescapée par miracle, et qu'il fallait maintenant s'en occuper. Blanka n'oubliera jamais cela, elle ne l'oubliera pas parce que d'autres l'ont accueillie par ces mots : « Comment cela, tu as survécu, ils ne vous ont pas tous brûlés ? » Et bien qu'elle ait quitté la Pologne, où son monde s'était écroulé, elle a toujours maintenu, pendant plus de soixante ans, le contact avec Zena. Elle lui envoie des cadeaux et de l'argent. Elle la justifie toujours car, enfin, c'est avec elle-même qu'elle est la plus dure.

Ces temps-ci elle m'appelle plus souvent. Très irritée, la voix dans l'écouteur. Très humiliée, parce qu'elle ne s'en sort pas et que, contre ses principes, il lui faut demander – demander quoi ? – de l'aide, de l'attention, une faveur. Jamais elle n'a demandé. Elle me raconte combien de fois il lui faut descendre pour aller chercher le lait, du pain, du fromage et le journal. Ou bien que les verres lui échappent des mains, qu'elle perd conscience et se cogne, et qu'ensuite elle se traîne jusqu'au lit et s'allonge en attendant que tout ça passe. Ça ne passe pas. Elle ne veut per-

1. Dans le cérémonial juif, le dais nuptial. (N.d.T.)

sonne pour veiller sur elle, ni à mi-temps ni à demeure. Elle refuse catégoriquement toute conversation sur le sujet et toute tentative pour mettre sur pied une aide rémunérée.

Lorsqu'elle a téléphoné en sanglotant, j'ai pensé que l'heure était venue et j'ai dit : « N'aie pas peur, j'arrive, je me souviens, pas d'hôpital, attends-moi. » Je ne pouvais croire qu'il s'agissait de son bien-aimé chef du chœur de garçons, qu'on avait arrêté parce qu'il molestait depuis des années ceux dont il avait la charge. Elle n'avait pu supporter la chute de cet autre idéal. « C'est impossible, répétait-elle, impossible, tout finit sur le pavé [1]. Et pourquoi m'est-il donné à moi de connaître cela ? » A plusieurs reprises elle m'a appelée en urgence. Sur place il s'avérait qu'il lui fallait me dicter la manière dont on devrait l'habiller pour la mettre dans son cercueil : « Écris plus vite, s'impatientait-elle en me glissant un bout de papier quadrillé, et ne te trompe pas : le deux-pièces bleu marine, le corsage blanc en soie, ils sont là-bas sur le divan de Szymon, les souliers noirs. » Chaque fois je récris tout, et je me souviens qu'elle en a préparé deux paires parce que les pieds gonflent ensuite et qu'elle ne sait pas si ces souliers élégants ne seront pas trop serrés, alors, à tout hasard, il y en a d'autres, plus fatigués. Est-ce que je saurai les enfiler sur ses pieds froids ?

De la porte du cimetière à la tombe de son mari elle a marché longtemps. Appuyée sur une canne et à mon bras, elle traînait les pieds dans les feuilles de chêne aux teintes cuivrées. Cela l'amusait et lui rappelait son enfance. Ce bruissement réveillait une insouciance qu'elle ne s'attendait plus à éprouver. Allée centrale, les rangées se succèdent, cinq, dix. Devant la tombe elle était redevenue vieille. Elle a essuyé les fleurs de l'an passé avec un chiffon, de vieux séneçons tout gris, ils font encore l'affaire. A côté d'un caillou rond elle a posé une couronne de sapin. Elle

1. Allusion au poème de Cyprian Kamil Norwid (1821-1883), « Le Piano de Chopin » :
« Chantons de tout notre appel : *"Réjouis-toi, héritier lointain !*
Les pierres sourdes ont gémi
l'Idée a touché le pavé". » (Dans la traduction de Jean Cassou.) (N.d.T.)

a allumé la flamme sur la soucoupe en verre. Et puis, d'un geste brusque, elle a étreint le chevet du monument. Comme si elle voulait se blottir contre la poitrine de Szymon, contre son corps vivant. Elle a eu un balancement monotone, cherchant à extraire quelque chaleur de la dalle de grès, elle a demandé : « Dis quelque chose. »

Lorsque nous nous sommes éloignées elle lui a adressé un signe de la main, un geste léger, presque de chamaillerie, comme s'ils allaient se retrouver dans un instant. Elle s'est un peu attardée, sans doute, mais ce n'est vraiment plus très loin maintenant.

De nouveau elle est allongée dans l'entrée, la dernière chose qu'elle se rappelle c'est le soleil d'un rouge peu naturel, mais elle ne sait toujours pas où elle est. Une pile de journaux, mardi 20 septembre 1970, Szymon doit être à côté dans la chambre. Elle appelle. A quoi bon, de toute façon il ne se lèvera pas. Il dort ? Combien d'années n'ont-ils pas dormi dans le même lit, chacun a toujours eu sa propre chambre, mais parfois elle le laissait venir. S'il l'avait mérité. Elle savait que c'était son devoir conjugal. Et puis, de nouveau, des heures de bureau bien ordonnées, musique, conversation sur l'existence qui détermine la conscience. Ce journal a la couleur du pain grillé. Elle a faim. Elle ne peut se lever. Quelque chose lui fait mal au bras droit.

Le téléphone doit être ici quelque part, il suffit de lever la main, mais qui appeler ? Elle ne veut pas d'une ambulance, que tout s'achève donc ainsi. Le dernier électrocardiogramme rappelait le fragment final d'une sonate de Beethoven. Elle regardait avec méfiance ces signes ascendants puis qui s'affaissaient, s'efforçant de se rappeler la position de la main gauche sur le clavier. Dans la classe du baccalauréat elle savait la jouer. Elle ne peut ouvrir la main. Ces doigts-là n'embrassent déjà plus une octave. Elle a toujours, juste sous la peau, l'image de cette séquence de sons. Suturée. Comment s'appelle cette sonate ? Tardive ? Au clair de lune ? Pathétique ? Impossible qu'elle ait oublié. La notation d'un cri.

Elle ne veut pas de prêtre. Elle veut retrouver sa mère. Là-bas il y a une croix. Elle n'est pourtant pas croyante, tout comme son père, vieux militant du Parti socialiste, employé des tramways. Elle était fière de lui. Il travaillait dur pour gagner son pain, il revendiquait l'égalité sociale. Dès qu'elle a su associer les lettres de l'alphabet il lui a demandé de lui lire Marx et Engels. Elle se souvient de la manière dont il écoutait, la tête appuyée sur sa main, acquiesçant d'un signe. Elle se souvient de la manière dont il mangeait ses pommes de terre avec du lait caillé et s'essuyait ensuite la bouche du revers de la main. Elle se souvient de sa barbe dure et de sa certitude de ce qui est juste. Elle a hérité de lui.

De la fumée, d'où vient cette fumée ? Une odeur de roussi. Quelque chose brûle. Elle se préparait sans doute des pommes cuites fourrées avec un reste de confiture. Elle a tout laissé un instant pour aller chercher un médicament. Jeter un œil au miroir. Elle a peur de regarder. De la cuisine à la salle de bains, tout le couloir, en « L ». Il faut se lever, du moins essayer. Se tenir au mur. Il s'effondre sur elle. Les boîtes à chaussures s'écroulent, se répandent, s'éparpillent, tant de paires, tant d'années. Déformées, fatiguées, rapiécées, tant de fois ressemelées chez le cordonnier au coin de la rue. Passées de mode. Jamais elle n'a approuvé la mode. Elle a parcouru tant de chemins avec elles, elles font toujours l'affaire. Enfiler des chaussures. La marche est plus légère avec des chaussures. Escarpins, bottines, chaussures de marche toujours lacées avec une paire de lacets neufs. En chaussures elle gravira la montagne. Elle se rappelle l'itinéraire.

Que se passera-t-il ensuite ? Quelle différence, si elle se relève, prépare du thé, il faut un verre, le couvrir avec un petit couvercle en plastique, parfois quelque chose flotte dedans, ne pas oublier. Dans un petit morceau de verre elle voit le visage de sa mère, un châle sur la tête, comme lorsqu'elle allait voir son père à la prison, au parloir. Elle veut bien lui baiser la main, comme toujours, comme chaque jour avant d'aller à l'école. « Embrasse mon genou » s'écrient ses sœurs, répétant les paroles de leur mère lorsqu'elle était désobéissante. Elles se moquent d'elle en courant autour de la table : « Embrasse mon genou. »

Quelle différence, qu'elle se relève ou pas. Quelle différence, pour qui ? Les quelques philosophes de la bibliothèque familière ne changeront pas de place pendant des années. Le ciel étoilé persistera. Et le droit moral, entre les jaquettes de ses livres. Quelqu'un d'autre occupera sa place à la philharmonie, au huitième rang, au milieu. Cette toquée dont les « chuuut » réclamaient constamment le silence n'éveillait guère la sympathie. La voisine sonnera, obstinément, jusqu'au bout. Et puis elle ouvrira la porte avec son double de la clef. La nécrologie est prête.

Dela

RZECZPOSPOLITA POLSKA
Rada Narodowa m. Otwocka

Podpis wł. legitymacji

Sekretarz
Aleksander Chlond

Otwock, dnia 19. IX. 1944

Legitymacja Nr 128

Zaświadcza się że ob. Zofia

jest pracownikiem Miejskiej Rady Narodowej w Otwocku.

Legitymacja niniejsza ważna jest do dnia 31 grudnia 1944 r.

Na żądanie Władze wojskowe i cywilne proszone są o udzielanie pomocy.

Przewodniczący
Stanisław Balas

Le ghetto

Dela Goldstein. Ma grand-mère.

A-t-elle jamais existé ?

On s'est tu à son sujet. Par le silence on a confirmé son absence.

Tout est incertain et inachevé. Son prénom, son nom, sa destinée.

D'elle on disait « Dela » dès qu'on commençait à parler. Dela, Adela Goldstein, comme ces pauvres Juifs de l'annexe au numéro 9 du Petit-Rynek à Leczyca, ceux du dépôt de charbon. Mais lorsqu'elle a épousé le fils des voisins aisés, Samuel, on l'a aussitôt appelée « madame Przedborska ». Elle se tenait sous la *houppah* dans une robe qu'elle avait empruntée, mais elle portait avec fierté un nom de l'élite de Leczyca. Elle était institutrice, l'épouse d'un ingénieur diplômé de l'école polytechnique de Varsovie. Il n'y a donc pas eu, à vrai dire, de Dela Goldstein. Ni dans mon souvenir ni dans aucun des documents accessibles. La guerre l'a encore travestie avec un autre costume. Ensuite, plus rien.

Tous les registres des communautés de confession israélite n'ont pas brûlé. A Kolo, celui dans lequel ma grand-mère Dela a été enregistrée, née là-bas le 2 juin 1902, a été épargné. Elle était la fille de Chana Rauf, originaire de la localité, et de Jakub

Goldstein, de Leczyca. On lui a donné un prénom que je ne connaissais pas : Udel Sura. Pendant des années elle figure dans les documents qui recensent les locataires de la maison sise au numéro 9 du Petit-Rynek. Le temps aidant, elle y figure comme étant l'aînée de sept frères et sœurs Goldstein. Il m'a fallu m'habituer à Udel et à Sura.

Il a été plus difficile encore de la créer de toutes pièces. Pour moi et pour ma vie.

Longtemps elle n'a pas eu de visage, et ensuite la photo d'un document de guerre a paru mentir. Cette femme aux traits rudes et au grand nez, avec une raie dans ses cheveux noirs tirés en arrière, me regardait avec des yeux qui semblaient nus. Non pas vides, mais bel et bien nus, désarmés et froids à la fois. Une bouche trop étroite. Des sourcils étonnés par le monde. Elle était étrangère. Ce n'était pas la mienne.

Je n'ai connu ni ses gestes ni les couleurs de sa voix. J'ignore comment elle parlait, si elle parlait peu ou beaucoup, quels mots elle répétait, quels diminutifs étaient les siens, si elle était tendre. Si elle posait beaucoup de questions et ce qu'elle voulait savoir. Si elle était patiente ou s'il lui fallait se maîtriser. Si elle gesticulait, si elle riait beaucoup, avant, quand c'était encore possible. Mais peut-être était-elle constamment soucieuse, peut-être les sœurs de l'annexe du Petit-Rynek à Leczyca ne connaissaient-elles que l'effort quotidien ?

En 1931 Dela donna naissance à sa fille, la petite Halina, ma maman. Cette première petite-fille apaisa les grands-parents Przedborski qui avaient considéré l'union de leur premier-né comme une mésalliance. Huit ans plus tard, la guerre éclatait.

Dela aurait-elle eu le courage de tout me raconter dans l'ordre ? L'aurait-elle voulu ? S'en serait-elle souvenue et comment s'en serait-elle souvenue ? Aujourd'hui encore, sa fille mélange toutes les dates, les mois de guerre, même les années. Effacées de sa mémoire, elles reviennent sous les formes les plus inattendues. Mais Dela se serait souvenue.

Le 1er avril 1940, à Varsovie, les Allemands ont commencé la construction d'un mur. Il devait délimiter une « zone menacée d'épidémie », le quartier juif. Le dernier jour d'avril, à Lodz, on a bouclé le ghetto. En mai, des rumeurs ont circulé en ville selon lesquelles on allait transférer les Juifs à Madagascar. Le 14 juin Paris tombait, ce même jour le camp d'Auschwitz entrait en fonction. Elle s'en souvenait avec précision parce que son beau-frère Oles, le mari de Frania, la sœur de Zamutek, le lui avait dit. Celui-là même qui envisageait les perspectives les plus noires et parlait d'extermination depuis le début. Il ne faut se laisser enfermer sous aucun prétexte, répétait-il, mais personne de la famille n'était d'accord avec lui. Ils semblaient ne pas comprendre ce qu'il disait. La sœur de Dela arriva de Lodz où planait une menace de ghetto. Madzia, la plus jeune sœur de Zamutek, vint d'Ozorkow et sa mère et sa grand-mère de Leczyca. Ils voulaient tous être ensemble. Ensemble il ne peut rien arriver. En juin les tilleuls fleurissaient déjà dans le parc de Lazienki. Quelqu'un a raconté qu'elle avait peur d'aller en ville, mais chez eux aussi, place Wilson, embaumaient des promesses d'été. On achevait la construction du mur.

Deux mois plus tard ils emménageaient dans le ghetto.

Pourquoi Dela s'est-elle décidée à aller dans le ghetto ? Elle n'a même pas réfléchi, elle n'a pas pris d'autre éventualité en considération. On ordonnait. On exigeait. Tous les Juifs devaient aller dans le ghetto, derrière le mur : ils y seraient plus en sécurité. Elle n'avait personne qui eût catégoriquement protesté : « Vous n'irez nulle part, ni toi ni l'enfant, c'est moi qui réponds de vous. » Zamutek n'était pas là. On l'avait emmené en captivité pendant les combats pour la défense de Varsovie. Depuis l'automne, des cartes lui parvenaient régulièrement de l'oflag. Elle ne connaissait personne à Varsovie, elle n'y avait pas d'amis, elle ne se rendait compte ni du comment ni du pourquoi. Quant à la famille – la famille voulait être ensemble. Les soucis temporaires passeraient comme bien des choses avaient passé, déménager, changer de domicile, le plus important c'était de trouver un bon appartement, grand, autant que possible confortable. Et du travail. Quand on travaille c'est moins pénible.

La présence de son mari, Samuel, le père de la petite Halina, mon grand-père, aurait-elle changé quoi que ce soit ? Je ne le pense pas. Je ne le pense pas, le connaissant de l'époque qui a succédé à la guerre. Il était zélé, il aimait agir la règle à la main, exécuter des ordres, en donner même, mais dans le cadre d'une structure définie et d'une idéologie. Ne pas céder, ne pas s'emporter, ne pas chercher à prendre la lune avec les dents, pas de fusils contre des chars. Mais peut-être suis-je injuste, peut-être se serait-il senti responsable de la famille, aurait-il vu venir le danger. Il n'était pas de ceux qui échouent.

Ma grand-mère – la femme que j'appelle ma grand-mère puisque le destin a distribué les rôles de telle sorte que c'est celui qu'elle aurait dû jouer dans ma vie – ma grand-mère avait presque quarante ans lorsqu'elle s'est rendue dans ce quartier clos, le quartier juif, lorsqu'elle a dû lutter pour ses proches, pour elle-même, pour sa fillette. Je reviens toujours à l'idée de ce que j'aurais fait à sa place. Le saurai-je jamais ? Avec une carte de pain : 50 groszy le kilo ; presque le double avec le temps. Sans carte : de 7 à dix-huit zlotys[1]. L'assiette de soupe : de 20 groszy à trois zlotys. Le médecin prenait 50 groszy par visite. Un habitant ordinaire du quartier clos recevait deux kilos et demi de pain par mois. De plus en plus mauvais, avec de plus en plus de sciure et de son. Elle faisait les comptes, longues colonnes de chiffres additionnés, liasses numérotées. Du lard. A qui l'ôter de la bouche ? A soi-même, c'est encore le plus facile. Ou alors la contrebande. Dans le ghetto, l'essentiel de la nourriture provenait de la contrebande. Ils tiennent encore, c'est encore suffisant, on ne peut s'exposer.

Allées et venues quotidiennes. Cohue, foule, tant de gens marqués de l'étoile. Tant d'inconnus. A Leczyca elle était chez

1. Un zloty équivaut à cent groszy. (N.d.T.)

elle, ici il fallait tout apprendre. Rue Panska : dépôt de médicaments, atelier de corsets, laverie, voyante. Rue Sliska : réparation de chaussures, de phonos, marchandises d'occasion, comptable. Facile de se perdre, facile de se cacher. Elle ne comprenait pas encore.

Rue Dzielna : boulangerie, menuiserie, fabrication de rideaux. Non loin, plusieurs coiffeurs. Dans le ghetto ils avaient beaucoup de travail : décoloration des cheveux, photographie, retouche. Surtout à partir de janvier 1942, lorsqu'on introduisit les *kenkarte* obligatoires. Dela ne se teignait pas les cheveux. Ses deux photos rescapées l'attestent. Aucune ne semble avoir été retouchée. Elle n'a pas essayé ?

Ma grand-mère était institutrice. Qu'enseignait-elle à ces enfants auxquels on avait ôté le droit d'être des enfants ? On organisait des groupes scolaires clandestins dans les internats, les cuisines sociales, les orphelinats, les écoles maintenant fermées. Elle y a certainement participé. Je voudrais que l'enseignement ait été sa passion, sa manière d'améliorer le monde. On avait fermé les écoles pour les enfants juifs en décembre 1939, les premières ne rouvrirent que deux ans plus tard, à l'automne. Elle aussi, comme les autres institutrices, a-t-elle donné des rédactions sur le thème des changements intervenus dans les familles du fait de la guerre ? A-t-elle dû lire sur des feuilles arrachées à un cahier que maman chérie a vendu son propre manteau et, lorsque les choses ont encore empiré, jusqu'à l'armoire et à la table puisque l'armoire était désormais inutile ? Et que cela n'a pas suffi pour bien longtemps. Ils gisaient comme des cadavres sur les lits. Mais peut-être jouait-elle seulement avec les enfants à « pigeon vole » ou à « Jacques a dit », façonnait-elle des figurines amusantes en pâte à modeler, brodait-elle des cerises et des fraises des bois, dessinait-elle des rêves ? Elle leur montrait certainement comment plier le papier pour faire des bateaux et des oiseaux ayant assez de forces pour vaincre l'espace. Les enfants ne voulaient pas tous naviguer ou s'envoler au loin.

Ils avaient des sœurs et des frères, des parents et des grands-parents. Ils n'auraient pas tous trouvé place.

Dans les archives clandestines d'Emmanuel Ringelblum arrachées aux ruines de Varsovie après la guerre, dans la partie qui touche à l'éducation dans le ghetto, des comptes rendus de surveillants de foyers ont été conservés. Rédigés, pour la plupart, dans un style sec, bureaucratique, à la fin de 1941. L'un d'eux, pour le foyer situé au 3-5 de la rue Bagno, près de la place Grzybowski, est signé S. Przedborska.

Je ne doute pas que ce soit elle, bien qu'elle ait rarement utilisé le prénom de Sura. J'ignore si c'est là le premier poste éducatif qu'elle ait occupé. Le Centos, l'organisation qui veillait sur les enfants et sur les orphelins juifs, a poursuivi son activité pendant la guerre, dans le ghetto. Pendant le troisième hiver de l'occupation il a géré trente-cinq foyers, apportant un complément de nourriture à trente mille enfants.

Elle lavait, soignait, habillait, nourrissait des enfants « nus, nu-pieds, souffrant de démangeaisons, puants ». Certains ne voulaient pas manger au foyer. Ils craignaient d'être punis par leurs mères. Dela écrit que les mères frappaient leurs enfants, les prenaient à la gorge parce qu'ils avaient déjeuné et ne leur avaient rien apporté. Elle veillait à la chaleur, à l'hygiène, au savoir. Surveiller le petit poêle, les chaussures, les chemises, la livraison de gruau. Cela l'accaparait sans doute davantage que la lecture de textes d'écrivains juifs – Bialik, Sforim, Sholem Aleichem. L'automne précédent elle avait souffert du typhus pendant six semaines. A son retour elle avait dû reprendre à zéro, il n'y avait pas de pain, pas de pommade, pas de chaussures. Crasse, froid perçant, puanteur.

Je ne sais pas grand-chose. Je ne sais pas comment on peut regarder des enfants comme ceux-là dans les yeux. Je ne sais pas non plus si ma grand-mère avait alors le temps de lire. Où prenait-elle des livres ? On ne les emportait pas avec soi dans le ghetto. On les considérait rarement comme un article de première nécessité. Les librairies, les cabinets de lecture, les bibliothèques étaient fermés. On avait interdit aux Juifs le commerce des livres. Et pourtant, on se prêtait Balzac et Cervantès. Quelqu'un en vendait, dans les maisons, dans les cours – les colporteurs aussi s'efforçaient de vivre. Comment lisait-on alors ? Quel goût avait la fiction ? Celui d'un guide de l'irréalité, celui de la métaphore, celui de l'avertissement, celui des vacances imméritées ? Tout le monde ne pouvait pas se les permettre. Qu'aurais-je alors voulu trouver dans un livre ? Adam Czerniakow, président du Judenrat [1], retrouvait Proust.

Les livres étaient faits de papier, le quotidien de déchéance.

Je voudrais épier une conversation de ma grand-mère dans le ghetto. Mais pas au sujet du savon qu'elle fabriquait elle-même : deux kilos de suif, sept litres d'eau, deux cents grammes de colophane, trois cents grammes de soude caustique, cuire pendant deux heures. Ni sur la manière de laver le linge avec des pommes de terre râpées. Toute la crasse sortait des mouchoirs en soie, mais elle n'avait plus de mouchoirs en soie. Pour les châles en laine on prenait des marrons trempés dans l'eau et passés au tamis, ou alors il fallait frotter avec de la farine de froment. Elle n'en avait pas toujours. Et trouver des marrons, si recherchés, dans ce quartier clos... Il fallait coudre, transformer les vieux vêtements, les retourner, les teindre. Je voudrais entendre son rêve d'un nouveau chapeau : modeste mais de bon goût, en paille avec un ruban couleur prune, et avec cela un costume de la même couleur. Et peut-être encore un sac d'été. Des gants. Tout cela pour une promenade sur les Allées d'Ujazdow. Elle pourrait marcher des kilomètres, même depuis le lointain quartier de Zoliborz, marcher, sans limites, tout s'éveillerait à la vie avec cette première verdure encore délicate et claire. Je voudrais qu'elle ait cru à la vie qui viendrait encore.

---

1. Un conseil de notables juifs nommés par les Allemands pour assurer l'administration du ghetto et de la communauté juive. Adam Czerniakow s'est suicidé en juillet 1942. Ses notes au jour le jour, du 6 septembre 1939 au 23 juillet 1942, constituent un document capital sur la vie dans le ghetto de Varsovie. (N.d.T.)

Je la vois dans le ghetto, ma grand-mère qui n'a pas eu le temps d'être grand-mère, pas eu le temps d'être vieille, pas même eu le temps de voir sa fille adulte. Je la vois dans l'appartement de la rue Sienna, d'abord entourée d'une grande famille, puis de plus en plus isolée. Comme si les autres s'étaient effacés dans le fond, de moins en moins nets. Je la vois faire des pâtes. A la farine, qui ne fait toujours pas défaut, elle incorpore des œufs acquis par miracle. Pour 70 groszy, pour un zloty, pour 2,40 zlotys au troisième printemps de la guerre. Elle n'a jamais payé davantage. Elle pétrit la pâte sur sa planche à pâtisserie. Longtemps et patiemment. Elle a parfois obtenu des œufs supplémentaires avec un coupon spécial portant un cachet ovale et la signature de Czerniakow. Plusieurs fois elle a acheté de la poudre Erika imitant l'œuf, ce dont elle s'excusait elle-même. Mais si on l'ignorait, il n'y avait pas réellement grande différence. Elle avait vérifié. Et ces quelques groszy, on pouvait les envoyer à Leczyca. Avec un rouleau en bois usé elle étale de fines galettes. Elle saupoudre de farine. Elle découpe. Et elle sèche. Elle sèche et elle enveloppe dans des petits sacs en coton qu'elle coud le soir sous une lumière avare. Des pâtes pour son mari au camp.

Elle ne pleurait pas. D'où, peut-être, l'expression particulière de son regard. Comme si elle avait franchi les limites du chagrin.

Ses adresses successives. Au ghetto, j'en ai deux ; la première rue Sienna, l'autre rue Leszno. Toutes les deux encore dans les sphères de l'aisance en temps de guerre. Pour un moment.

La rue Sienna, on l'appelait les Champs-Élysées du ghetto, une île de tranquillité, verdoyante et propre. Les contrebandiers et les demi-mondaines du ghetto se rencontraient rue Sienna, le pianiste Wladyslaw Szpilman s'y produisait dans un café, chez Tatiana Epstein. Au restaurant à l'angle de la rue Sosnowa, le prix du repas atteignait deux cents zlotys, le salaire mensuel d'un ouvrier. Mary Berg, l'auteur d'un journal rédigé pendant l'occupation, voyait chaque jour une dame élégante promener son petit chien en laisse[1].

Au 16 de la rue Sienna, dans cette même maison où habitait ma famille, on avait transféré l'orphelinat de Korczak. Le vieux docteur racontait parfois des histoires aux enfants. On percevait deux zlotys à l'entrée. Ma maman aurait été tout près. Elle ne se souvient pas d'avoir entendu les histoires de Korczak. Elle n'a vu ni les marionnettes ni les aventures du bouffon Buratino. Le docteur est parti du 16 de la rue Sienna avec ses enfants pour se rendre à l'Umschlagplatz.

Je ne me suis rendu compte que récemment que c'était moi qui avais entendu des histoires en ce lieu. L'immeuble de l'orphelinat avait survécu à la guerre et on l'a démoli seulement pour faire place aux fondations du Palais de la Culture. On a édifié là le théâtre Poupée. Le premier théâtre de mon enfance. Tous les chemins mènent ainsi au ghetto. Je ne sais pas si ma maman s'en rend compte.

La rue Leszno aussi, pour le ghetto, était une rue élégante. C'était l'équivalent, là-bas, de la rue Marszalkowska, envahie par la foule, les commerces, le tumulte. Dans un questionnaire d'après-guerre concernant l'occupation, ma maman a donné l'adresse du 58 rue Leszno. C'était celle d'un service d'urgences, une adresse très convenable. Le Service de Santé. Dans cette même maison se trouvait un grand café avec un petit jardin d'été. Non loin, côté pair également, le Sztuka – « L'Art » –, un café avec attractions et musique. Plus loin, d'autres établissements aux noms exotiques – *Splendid*, *Esplanada*. L'après-midi, la rue Leszno sentait les parfums, le tabac fort, le poisson et les sucreries. Comme autrefois.

La maison voisine avait trois cours et un moulin qui produisait du gruau. Pendant les rafles on y parlait d'argent et des

1. *Le Ghetto de Varsovie, Journal de Mary Berg*, recueilli par S.L. Shneiderman, traduit par L. Bâillon de Wailly, Albin Michel. (N.d.T.)

héros de Dickens, parfois aussi des moyens de camoufler l'accès des caches. Des caches, il y en avait partout. Dans le plancher d'un vieux magasin d'antiquités où s'amoncelaient des assiettes de Meissen, des chandeliers et des tableaux, dans une cave murée dont l'accès était barré par un énorme comptoir de boulangerie, il y avait des caches élégantes avec la lumière, l'eau et des châlits. Ma grand-mère a caché des enfants dans un panier de linge sale, ou bien derrière l'armoire ou sous les lits. On y arrivait toujours à temps. La place derrière le rideau appartient déjà à un autre chapitre de la guerre. La petite Halina, la fille de Dela, était la plus vieille, elle avait dix ans, mais même plus tard, toujours menue elle resta aussi facile à cacher. Elle savait rester sans bouger pendant plusieurs heures, elle savait ne pas rire, se taire, rester figée comme dans ce jeu où il faut suspendre son dernier geste. Elle connaissait de nombreux moyens. Comment Dela expliquait-elle aux enfants la nécessité de se cacher ? Lui fallait-il expliquer ?

Ma grand-mère avait envoyé une fourrure du côté aryen. Elle croyait vraiment qu'elle vivrait. Mais peut-être ne l'y a-t-elle pas envoyée, peut-être l'avait-elle laissée en garde avant d'aller dans le ghetto ? C'est toujours une preuve d'espoir. Cette fourrure qu'il faut aérer revient à plusieurs reprises dans des bouts de récits. La fourrure allait être en sécurité hors du ghetto. Hors du ghetto, c'était plus sûr pour une fourrure. Pas pour les gens. Une fourrure du côté aryen. Pour moi c'est inconcevable. Tout de même, elle avait dû l'envoyer, elle ne pouvait prévoir que dans les derniers jours de décembre 1941 les Allemands ordonneraient à la population juive de livrer ses fourrures. Dès lors qu'elle devait vivre dans le ghetto il lui fallait penser à l'hiver, glacial comme le précédent. Elle se montrait prévoyante.

Tous les Juifs devaient livrer les fourrures qu'ils possédaient dans un délai de quelques jours, indépendamment du genre et de la taille. Petites et grandes, vison, petit-gris, renard, astrakan, manteaux, pelisses, même s'il ne s'agissait que de cols, de bonnets fourrés et de manchons. Ne pas les remettre exposait à la peine de mort. Les Juifs ne voulaient pas se défaire de leurs fourrures, ils ne voulaient pas les livrer aux Allemands. Ils firent venir des Polonais résidant au-delà du mur, ils les leur vendirent. Ils rassemblèrent chaque morceau qu'on pouvait monnayer, de manteau, de robe, de pantoufle. Les uns liquidaient tout, d'autres les cachaient, d'autres encore les détruisaient.

On détruisait de toutes sortes de manières, on cisaillait, on mettait en pièces, on foulait aux pieds. Mais il fallait être fort : une marchandise reste une marchandise. Il était difficile, encore, de concevoir que c'est là tout et que c'est vain. Et les fourrures et la vie. Donc, le mieux était de les livrer, mieux valait se conformer aux ordres. Dès lors qu'on est en règle avec la loi, rien de mauvais ne peut arriver. Et bien qu'on en était au treizième mois d'enfermement, on continuait de cultiver l'illusion. Remettons les fourrures, que pourraient-ils bien vouloir encore. Ce ne sont finalement que des fourrures. Et s'ils exigent, demain, une nouvelle rançon ?

L'action de collecte des fourrures était dirigée par le Service d'Ordre. Des milliers de personnes se pressaient au bureau du matin au soir pour obtenir une attestation. L'attestation, le reçu, un papier semblaient avoir une énorme importance. Et seuls certains, avant de les remettre, aspergeaient leurs fourrures d'eau bouillante et les séchaient ensuite. Au bout de quelques jours le poil de la fourrure tombait par poignées.

Les fourrures partaient de l'Umschlagplatz vers le front de l'Est pour les soldats allemands.

Dela savait-elle que le frère de son père, Zelig Goldstein, se trouvait dans le ghetto de Varsovie avec sa femme Chana ? Son ausweis à lui, avec une photo, l'étoile de David et l'empreinte de son pouce a été conservé. Leur sort reste inconnu.

Le frère aîné d'Henryk Przedborski, Bernard, est mort dans le ghetto. Il habitait avec sa femme et leurs trois enfants rue Twarda. Il est mort en juillet 1941 ; la fiche de décès mentionne les poumons comme cause directe, il était aussi malade du cœur. Enterré par le Bureau Funéraire de la dernière Voie.

Dela avait besoin d'œufs, elle avait constamment besoin d'œufs pour les pâtes. Elle allait au marché installé le long de la rue Gesia. Elle en rapportait des carottes et des oignons, parfois des fèves cuites, de la viande de cheval ou du sang de cheval, il faut que l'enfant soit forte, parfois elle obtenait des *sztynki*, des petits poissons en décomposition à un zloty la livre. La petite Halina ne voulait pas en manger. Rarement des pommes. Et des œufs, ces œufs dont le prix augmentait constamment. Elle ne peut oublier ces quelques policiers, leurs policiers, nos policiers juifs en uniforme, les poches pleines. Les poches pleines d'œufs – on avait manifestement tenté de les corrompre, les œufs s'étaient brisés, répandus, ils leur coulaient sur les pieds en un filet visqueux, trouble. Les coquilles brisées suggéraient des rêves de cakes parfumés, ou au moins de kogel-mogel[1]. Trente zlotys pour un kilo de sucre. Tant d'œufs pour faire des pâtes, ainsi gaspillés.

Plus tard encore, tout fut permis. Pas seulement de brûler les livres de prières juifs dans les poêles – en implorant le pardon à chaque feuillet sacré –, pas seulement de travailler le samedi. Il est écrit dans la Torah que la vie humaine est ce qu'il y a de plus précieux. Une alliance contre une bouteille de lait. Un anneau d'or contre du lait pâle, maigre, comme de l'eau. Psaumes et commentaires, cercueils, et puis dépourvus de linceuls, et puis en fumée.

Rue Leszno ils habitaient face au bâtiment des tribunaux. Certainement par hasard. Ils avaient cherché un grand logement. Ils étaient vraisemblablement encore tous ensemble. Dela avec la petite Halina, Bronka – la sœur de Zamutek – et Bolek Kuszner et Marys, cela fait cinq ; Madzia – la jeune sœur de Zamutek – et Olek et Henrys, cela fait huit ; mamie Jecia – la maman de Bronka et de Madzia – et son frère Bronek avec Gienia et Adas, cela fait douze ; et Babunia, la petite mamie, leur maman, la

1. Du jaune d'œuf cru battu avec du sucre. (N.d.T.)

treizième. La partie orientale de la rue Leszno, rebaptisée *Gerichstrasse*, se trouvait sur le territoire du ghetto. Les tribunaux étaient restés du côté aryen. Une entrée sur la rue Biala y donnait accès.

Une bourse fonctionnait à l'intérieur des tribunaux, on y vendait des dollars américains au cours plancher de cent zlotys, des francs suisses et des roubles-or. On y faisait commerce de bijoux et d'or. Avec le temps il y avait de moins en moins de choses à vendre, le prix des faux papiers grimpait. Au début, pour passer par les tribunaux on payait quelques zlotys, comme pour un kilo de pommes de terre. Le prix augmenta.

Elle ne s'y résolut pas sur-le-champ. Oles, son beau-frère polonais, dut lui expliquer, la persuader. Le nœud coulant du ghetto se resserrait de plus en plus. Les mois passaient, ponctués par les épidémies de typhus et de désespoir. Décret sur la peine de mort pour les Juifs au-delà du mur. Les attestations de travail garantissaient encore la vie. C'est pour la vie qu'elle luttait. Elle était certainement encore là-bas pendant l'été 1942. Le 22 juillet, des avis de déplacement vers l'est apparurent sur les murs. Avaient-ils été pris avant ou le furent-ils à ce moment-là, pendant la grande action[1] ? La petite Halina s'est souvenue du mot « rafle », c'est donc à ce moment-là. La mère et la grand-mère, la sœur et les beaux-frères, le petit Henrys. Le suicide de Czerniakow[2] lui a-t-il fait prendre conscience de ce qui les attendait ?

Je ne sais rien de ce que fut sa peur. J'imagine que, pour l'enfant, elle s'était armée de courage. Tout indique qu'elles sont sorties par un jour froid de fin juillet, début août. Cet été-là aussi le temps fut souvent couvert, il soufflait un vent glacé, la pluie tombait. Ma maman a l'impression que l'insurrection a éclaté peu de temps après qu'elle fut sortie du ghetto, mais c'est sans doute impossible. Il est douteux qu'elles aient pu tenir jus-

1. Appelée aussi la « grande déportation », elle se poursuivit de juillet à septembre 1942. (N.d.T.)
2. Voir la note page 309. (N.d.T.)

qu'en 1943. A cette époque, en outre, on ne sortait plus par les tribunaux.

Dela avait dû se répéter tout cet itinéraire dans sa tête, en imagination, s'en imprégner avant qu'il ne devienne une réalité. L'escalier, le large escalier rempli d'une marée humaine comme un déferlement de l'océan. La porte ne résiste pas. Elle a constamment quelqu'un devant elle, près d'elle, à côté, dans un mouvement accompagné d'une rumeur persistante. Il devait y avoir du tumulte, or moi je vois toujours cette scène dans un silence absolu, comme dans un film muet, dans un silence suffocant, insupportable. Imposants couloirs du rez-de-chaussée, coup d'œil à droite et à gauche, deux cages d'escalier aux deux extrémités, juste en face des couloirs conduisant au fond du bâtiment. Vers où aller ? Surtout, du calme.

A-t-elle alors pensé à son mari ? Elle pensait constamment à lui bien qu'on réussissait à écrire si peu de choses dans les lettres. En dehors de l'essentiel, qu'elles vivent, saines et sauves. Mais voilà les tribunaux et la peur, les téléphones, ces téléphones bénis dans le ghetto, contacts, rendez-vous, emplettes, l'arrachement au quotidien de la nourriture et des réflexions humaines, tout cela se déroulait en dehors de lui. Comme s'ils avaient cessé d'être mari et femme. Elle partageait sa table avec la mère de son mari, elle épluchait les pommes de terre avec sa grand-mère, elle déplorait avec ses sœurs les lettres et le manque de lettres. Aucune nouvelle ne leur parvenait de Leczyca. Ses sœurs à elle et ses parents se taisaient, comme les parents des frères Kuszner, Bolek et Aleksander, le dentiste. Il leur restait encore beaucoup de dents en or qui pouvaient servir. Pour l'instant, elle avait hérité de la famille de son mari puisqu'elle avait perdu la sienne. Pour l'instant.

Qui a-t-elle contacté lorsqu'elle est sortie du côté aryen ? A-t-elle cherché quelqu'un, et qui pouvait-elle chercher ? Pourquoi ne s'est-elle pas teint les cheveux ? Savait-elle marcher la tête haute ? Et le brassard étoilé, quelle cicatrice avait-il laissée ?

Je ne veux pas qu'elle se rapproche du 19 avril 1943, quand l'insurrection a éclaté. Je n'accepte pas qu'elle se rende place Krasinski. Je ne permets pas qu'elle entende les échos de la musique de foire et les cris de la populace en joie sur les manèges. Les détonations et les rafales d'armes automatiques se sont intensifiées et se sont éteintes dans les flammes. Qu'elle en soit le plus loin possible, qu'elle ne l'apprenne jamais.

Lochow

Je veux aller à Treblinka. C'est le jour de mon anniversaire. Je vais aller à Treblinka en passant par Wolomin, Tluszcz et Lochow où ma grand-mère a passé un certain temps au domaine de Relin. Nul ne sait exactement combien de temps, nul ne sait non plus où cela se trouve, mais une photographie a été conservée et une feuille portant une adresse qui date d'il y a soixante ans.

J'ignore où était conservée cette petite photographie grise. Je l'ai vue pour la première fois dans un album de ma maman et je n'y ai pas prêté attention. Je ne savais rien. De la guerre. Du sac à main. Des fourrures. Quelqu'un avait dû garder cette photo à la bordure ajourée ; au dos, écrit de la main de la petite Halina, ma maman : Lochow 1943. Est-il possible que ce soit elle qui la détenait ? La photo de sa mère envoyée à son enfant depuis sa villégiature ? La photo d'une femme juive confiée à sa fille juive ? Domestique à la campagne ? Peu vraisemblable. A l'époque on ne s'envoyait pas de photos suspectes. J'ignore d'où elle vient. Elle est là.

Elle est au centre sur un fond d'arbres, elle sourit, sans assurance mais nettement. Elle a des joues rondes. Ces mêmes cheveux sombres tirés en arrière, visibles malgré le fichu blanc sur la tête, cette même raie. Pour la première fois je vois sa silhouette en entier. Elle est de petite taille et corpulente. Elle semble ne pas correspondre à ce décor d'un été bien avancé ; dans le fond, des arbres bien verts, sur le côté une meule de foin. Comme si elle avait été ajoutée là, tirée d'une autre réalité, entre le valet de ferme et la maîtresse de maison avec ses deux enfants.

En vérité, l'ordre de la photo est différent et ce n'est pas ma grand-mère qui joue ici le rôle le plus important. C'est une photographie de la maîtresse de maison avec ses domestiques.

La maîtresse de maison a un visage paysan sûr de soi avec les cheveux tressés en couronne sur le haut de la tête. Elle sait ce qu'elle veut et qui gouverne ici. C'est elle la maîtresse de ces lieux et de cet après-midi. Sa robe galonnée à l'encolure échancrée, avec des petites poches à hauteur de la poitrine, ne lui ajoute aucune féminité et n'adoucit en rien son air résolu. A sa main gauche, une alliance.

La patronne n'aime pas perdre son temps en choses inutiles, or elle considère indéniablement comme tel de se faire photographier. Elle regarde donc de biais, à contrecœur, sans sympathie. Comme si elle disait : il ne se passe rien d'exceptionnel, alors pourquoi tout ce chambardement ?

La femme qui se tient à sa droite, ma grand-mère, Dela Przedborska, née Goldstein, est embarrassée. Certes, elle sourit en découvrant ses dents blanches, mais elle semble gênée. Inquiète. Comme si elle redoutait quelque chose. Bien sûr, elle est ici en plein soleil, dans une robe sombre avec un col rabattu et un tablier qui lui confère la dignité d'une servante, mais elle n'est pas à sa place. Elle a de fortes jambes et des épaules lourdes, le ventre sanglé de blanc. Elle n'a pas faim. Elle est plutôt lasse, résignée peut-être. On ne voit pas l'expression de son regard.

Le jeune blond à côté, en chemise claire aux manches retroussées, incarnation de la vigueur et de l'insouciance, dit quelque chose. Le photographe l'a saisi au milieu d'un mot.

Ferme opulente. Nulle trace de la guerre. Beaucoup d'herbe et de feuilles. Un enfant dans un landau. Sur le côté, un garçon de quelques années juste vêtu d'une culotte, un vélo jeté sur le sol, une clôture en bois très convenable.

J'ignore combien de temps elle a passé à Lochow. J'ignore comment elle s'est retrouvée là-bas et grâce à qui. Qui a participé à la recherche de cette adresse ? Quelles autres ont échoué auparavant ? Il manque beaucoup de semaines et de jours dans le registre de ma grand-mère pendant l'occupation. Même si elle est sortie du ghetto avec la petite dès 1942, pendant l'été, et qu'elle est arrivée à Lochow au printemps suivant comme le veut la mention sur la photo, après des mois passés à Varsovie avec des papiers aryens, il reste qu'elle s'est trouvée longtemps à la campagne. Plusieurs mois peut-être. Plus longtemps que ce que permettent de calculer les adresses connues. Des semaines entières ont disparu, avec le temps il est encore plus difficile d'en suivre la trace, avec plus d'un demi-siècle de recul il est impossible d'en reconstituer la chronologie. Surtout lorsqu'on a tout fait pour empêcher d'y parvenir jamais. Elle était excellente dans l'art d'effacer les traces.

A quoi bon me soucier de Lochow, du domaine de Relin après des années, tant d'années qui ont dû tout brouiller, tout métamorphoser en quelque chose de méconnaissable et d'invérifiable ? Il s'agit toujours de toucher, d'une miette de la vérité, d'une ombre, d'un écho, de la réverbération du passé. La réalité du destin, qu'est-ce que cela pourrait bien signifier ?

Je tente de pénétrer dans le monde de ma grand-mère, en intruse et en indésirable.

Herbe tendre et monotone de Mazovie, féconde douceur des paysages traversés. Lilas défleuris et marronniers. Chaque place du Marché semblable à la précédente, en apparence assoupie, comme figée en un plan cinématographique qui change à mesure qu'on s'en approche. Petits pains craquants dans une boulangerie qui fait l'angle, brioches aux myrtilles dans les mains des enfants et bière bue sur des bancs de square, faute d'une meilleure occupation, horloge mesurant un temps étranger qui, un instant, a croisé le mien. Dessin étrange du trottoir, odeur de la chambre aérée, rêves suffocants sur des cordes à linge. Un monde voisin et qui était alors voisin. Toujours voisin.

Rownina Wolominska, une localité de quelque cinq mille habitants sur le Liwiec, affluent du Bug. Elle a plusieurs siècles d'histoire, un palais avec un parc du début du XIXe siècle, une page patriotique dans l'Insurrection de Janvier. La forêt de Lochow, appelée la Héronnière, couverte de pins et d'aulnes et qu'éclaircissent deux espèces de bouleaux.

Lochow elle-même, comme un bazar turc bariolé de réclames et de tapis d'Orient, de chemises, soutiens-gorge, chaussures, fleurs artificielles et jouets en plastique vendus de la main à la main. Proximité de la forêt, opiniâtreté de la verdure. Le déjeuner a la saveur de ceux de ma mamie à Lodz : soupe de concombre et nouilles à la silésienne, raviolis fourrés aux fraises. C'est ainsi qu'on mange ici, c'est ainsi qu'on mange à la campagne et dans les petites villes polonaises. Je goûte toutes ces saveurs avec le palais de Dela. Le plus important c'est qu'elle n'avait pas à se soucier de ce qu'elle mettrait dans la marmite. Soupe de concombre, soupe à la farine ou peut-être soupe de tomate, avec des tomates fraîches c'est le luxe. Y avait-il assez pour les nouilles, pour les raviolis ? C'était la troisième ou la quatrième année de guerre. Ma grand-mère, occupée non loin au service, pouvait respirer l'air frais, elle pouvait aller dans le pré, dehors. N'était-ce pas une récompense suffisante ?

Au poste de police j'apprends sans peine comment gagner le domaine de Relin. Quelques maisons à la sortie de Lochow, non loin du moulin, près d'une maison en brique à vendre. On ne peut pas la manquer. Ils ignorent qui habite là-bas, ces gens ne se sont pas fait remarquer. Ladomska Maria – ai-je lu sur une enveloppe. Ils ne savent pas. Au kiosque, au bord de la route, les langues se délient plus facilement. Relin, c'est les Sadomski qui habitent là-bas. La première lettre est un « S » stylisé, énergique, et non un « L ». Maria Sadomska est morte, ce devait être la mère d'Adam. Adam est avec son épouse, mais il a une autre femme dans le hameau voisin.

Le pré que je laisse à droite de la chaussée, un pré vert succulent dans lequel paissent des chèvres blanches et sont plantées des vaches noires, ce pré luit d'un éclat que lui renvoie le passé. Ma grand-mère a fait paître des vaches dans ce pré et peut-être les y a-t-elle traites aussi parfois, dans ce pré ma maman a de nouveau connu l'odeur de l'herbe et de la pluie, de la liberté offerte. Il paraît qu'elle avait peur. Des vaches, de leurs sabots, de leurs mufles humides, des pis qui ne se laissaient pas prendre dans la main, mais ce dont elle avait le plus peur c'est que quelqu'un vienne bientôt et la montre du doigt. Que quelqu'un vienne et qu'on la conduise de nouveau à la cave ou derrière le mur, qu'on lui enlève sa maman. De Relin, elle se rappelle le fils de la patronne, Adam, et le valet de ferme Jasiek. Elle se souvient de la petite Kasia avec qui elle jouait. Des cigognes et des piverts, des petites mésanges et des bouvreuils. Elle n'avait jamais rien su d'eux auparavant.

Je pousse le portillon d'un geste résolu, afin qu'on ne puisse plus reculer. L'impression de silence fait place à des harmonies de sons de toutes sortes, ce n'est que lorsque je commence à les percevoir, à différencier les voix diverses, tous ces murmures, ces grincements, ces clapotis, ces frottements, c'est alors seulement que je reçois mon ticket d'entrée en ce lieu dont on m'avait claqué la porte au nez. J'appelle, mais je ne vois personne. Sur le balcon, trop petit pour qu'on puisse s'y cacher, le désordre règne. Je frappe à la porte ouverte. Dans la cuisine, au bout d'un petit couloir, une femme d'âge indéfini dont l'indéfrisable a perdu sa fraîcheur, comme chez beaucoup de femmes à la campagne. Elle s'essuie la bouche avec son tablier, m'invite à entrer. Je tends la photo et lui demande si elle connaît. Dans la cuisine il fait plus clair, mais elle a besoin de ses lunettes. Elle a des mains hâlées, basanées, enflées et fortes, entre lesquelles la photo paraît frêle et déplacée.

« Celle de droite c'est ma belle-mère, dit-elle sans hésiter, et ce petit blondinet près de la meule de foin c'est mon mari, Adam

Sadomski. » Elle demande d'où je tiens cette photo. Je ne sais pas. Je ne sais pas comment elle s'est retrouvée dans mon album de famille. A vrai dire, je ne mens pas. J'ignore qui l'a transmise à ma maman, quand et comment. Elle est surprise, inquiète que son mari ne soit pas dans le voisinage, mais manifestement contente d'avoir de la visite. « Je vais demander à mon mari, lui saura certainement qui est cette autre femme et l'enfant, et le jeune garçon. » Nous allons le chercher ensemble dans la maison voisine. Terrain plus vaste et cour plus vaste, grande maison inachevée, ustensiles éparpillés, outils, espace encombré de vieilleries devant le bâtiment. L'homme qui vient vers le portillon est grand, bien bâti, imposant, chapeau sur la tête, chemise largement ouverte et pantalon élimé. Il y a en lui une certaine dignité et une élégance naturelle. Vêtu à la citadine il aurait l'air fort convenable. Hâlé comme sa femme qui, près de lui, paraît vieille. Je lui tends la photo par-dessus le portillon. Je sais déjà que c'est lui, j'en ai déjà la certitude. « Ce que vous avez changé, c'est invraisemblable, mais comment votre photo s'est-elle retrouvée dans mon album de famille ? Est-ce que c'est vraiment vous ? » « Moi », répond-il. Il tourne la photo vers la lumière, il a besoin de lunettes, il faut donc revenir à la maison. « Moi », confirme-t-il.

« Moi, et là ma mère, Maria Osobka, Sadomska par son mari. Albin, le père de Maria, et Marcel, le père d'Edward Osobka, étaient frères, la famille était de Blizyn, près de Skarzysko-Kamienna. Mais peut-être êtes-vous apparentée d'une manière ou d'une autre avec les Osobka ? »

Mon grand-père, l'ingénieur Samuel ou Szymon Przedborski, employé de la Coopérative varsovienne de Logement à Zoliborz avant la guerre, a collaboré avec Edward Osobka-Morawski [1]. Mon grand-père a été emmené en captivité pendant les combats

1. Edward Osobka-Morawski (1909-1997) fut notamment Premier ministre du Gouvernement provisoire puis du Gouvernement d'union nationale, de 1945 à 1947, et ministre de l'Administration publique, de 1947 à 1949. (N.d.T.)

pour la défense de Varsovie. A l'automne 1939, Osobka-Morawski est passé de l'autre côté du Bug, d'où il est revenu au bout de quelques mois. Sans son aide on ne sait pas ce que l'épouse de l'ingénieur Przedborski et sa fille seraient devenues pendant l'occupation.

Osobka-Morawski était un militant social né. Il n'avait pas achevé ses études, il avait travaillé comme instructeur du mouvement coopératif dans l'autogestion communale et municipale, puis comme administrateur d'une cité de la Coopérative. J'ignore à quoi il ressemblait, mais je sais que dans la famille de mon grand-père c'était un personnage important. Pendant la guerre il fut le point de référence essentiel en dehors de la famille. On pouvait compter sur lui et sur ses collègues. Je suppose, bien que je n'aie jamais réussi à le vérifier, que ce sont eux qui avaient préparé les cachettes successives de Dela. Ils organisaient des refuges, ils lui ont fourni, à elle et à d'autres Juifs qui se cachaient à Zoliborz, les papiers nécessaires, les documents, les adresses. Celle-là en faisait donc aussi partie.

Wisla Morawska, sa femme, veillait sur les enfants de l'occupation. La petite Halina s'est souvenue qu'à la colonie de Borow on priait Wisla comme on priait la Vierge Marie. Elle promettait l'arrivée prochaine des Russes et que personne, alors, assurément, ne leur ferait plus aucun mal. Dans une de ses lettres à sa mère à Otwock, la petite Halina communiquait cette heureuse nouvelle qu'Osobka était devenu Premier ministre de la nouvelle Pologne – « et tu le connais ». Peut-être avait-elle raison en assurant que sa mère devait aller à Lublin et y chercher du travail ? Peut-être que si elle y était allée... Dans son carnet de notes elle a écrit : « Lublin, rue du Faubourg-de-Cracovie 62, à la direction de la Radio polonaise. »

« Oui, oui, je suis apparentée aux Osobka. » Est-ce possible ? Assurément. Ils ne sont pas entrés dans le détail.

Un demi-siècle plus tard je pénétrais chez des gens qui, avec beaucoup d'autres, avaient sauvé ma grand-mère. J'étais entrée avec ses papiers aryens. Qui plus est, il ne m'était pas venu à l'esprit que j'aurais pu faire autrement. Il ne faisait aucun doute pour moi que c'était le seul moyen. Je ne sais toujours pas répondre à cette question : pourquoi ?

« La photo a dû être prise par mon père, Leon Sadomski, photographe amateur, graveur de son métier. Mon père était sourd-muet. Il était originaire de Varsovie et jusqu'en 1942 il a habité le quartier de Mokotow. Plus tard mes beaux-parents ont acheté l'exploitation, trente hectares, et nous avons quitté la ville. Ils l'ont achetée aux Kowalik. »

Apparentés aux sœurs Kowalik ? Bien sûr. Les sœurs Kowalik, demoiselles de service à la Cité IV de la Coopérative varsovienne de Logement, 18 rue Krasinski. Avant la guerre, chez les Rydygier. C'est chez elles que Dela se trouvait dans la niche de la cuisine avec la petite Halina. C'est le fiancé de l'une d'elles qui, ne voulant pas manger sa soupe sans sel, était allé chercher la salière derrière le rideau. Il tirait de son côté, elle tirait du sien. C'est pourquoi elles avaient dû partir. Qui lui avait trouvé cette place au domaine de Relin et comment ? Les sœurs veillaient-elles constamment, de loin, sur Dela et avaient-elles servi d'intermédiaires pour découvrir cette adresse-là aussi ? Je ne le saurai pas.

« C'est moi, celui-là devant la meule de foin, maigre, j'avais huit ans ; c'est ma jeune sœur qui est morte de la diphtérie en 1945 ; et c'est madame Zofia, Juive, elle s'appelait Brandau ou quelque chose comme ça, celle que ma mère cachait. Il paraît qu'elle était venue comme domestique. C'était la femme d'un médecin, une grande dame de Skarzysko, une grande dame. Elle considérait que c'est ma mère qui aurait dû la servir. Derrière, c'est Jasiek, le valet de ferme qui aidait ma mère dans l'exploitation.

« Elle est restée longtemps ici, soi-disant pour le service. Ils ont aussi envoyé une fillette pour un temps. Elle faisait paître les vaches et elles dormaient là, à côté, dans la pièce. Quant à apprendre, elle n'apprenait rien, sinon la prière, pour le cas où quelqu'un lui aurait demandé. Un jour, beaucoup de temps avait passé, un policier bleu marine[1] s'est présenté pour une mise en garde : il ne fallait pas cacher de Juives dans la maison. Elle est partie. Je ne sais ni le pourquoi ni le comment, mais elle est partie et elle n'est jamais revenue.

« Ma mère cachait aussi le Juif Wegiel, de Lopianka. Dans la grange.

« Et à quoi bon avoir fait tout ça, pourquoi ma mère s'est-elle exposée, a-t-elle exposé toute la famille ? Pourquoi tout ça ? Qu'est-ce qu'ils font de nous, maintenant ? Honte et déshonneur la façon dont ces Juifs ont dominé le monde entier. Je ne sais pas pourquoi il fallait les sauver. Ils sont revenus par les portes et par les fenêtres, pourtant il paraît qu'ils en ont tué tellement, et voilà qu'ils veulent gouverner ici, chez nous, se faire leur Judéopologne. »

Son antisémitisme est violent, agressif, grossier. Et menaçant. Il sait bien qui est la cause de tout le mal du monde. Il hait. Les Juifs ont accaparé la Pologne tout entière, ils ne laissent pas les Polonais en paix dans leur propre pays.

Il est intarissable dans son monologue d'accusations et d'insultes. Au point que sa femme tente de le calmer : « Tu devrais avoir honte. » Sa fille, même sa fille qui est partie au Canada et travaille dans un aéroport, travaille chez les Juifs qui se sont emparés du monde entier. Les chèvres sont tachetées, les vaches noires, la prairie luisante, la forêt, comme toute forêt, se prête aux cachettes. La vue par la fenêtre donne sur la route. Au-delà des rideaux. Trains grondants sur les voies proches. Treblinka n'est pas loin d'ici.

A Lochow paissaient des vaches dont la petite Halina avait peur. Ma grand-mère Dela, qui s'appelait déjà Zofia Zmialowska, devait les traire et, qui plus est, donner l'impression qu'elle s'en sortait bien. Il lui fallait vaincre ces énormes panses couvertes de fumier, s'introduire dessous, trouver les trayons roses et tirer jusqu'à ce que le lait coule en torrent dans le seau. Sen-

1. La couleur de son uniforme désignait un policier polonais. (N.d.T.)

tant des mains maladroites, les vaches se démenaient. Les premiers jours on aurait dit qu'elles voulaient envoyer promener cette trayeuse qui leur faisait mal. Mais ensuite elles s'étaient habituées, ou alors peut-être avait-elle surmonté son aversion et sa honte elle aussi, peut-être avait-elle commencé à éprouver de la reconnaissance pour ces créatures qui l'aidaient à vivre. Elle savait qu'il lui fallait vivre, qu'il lui fallait sauver l'enfant. Dans le champ, plusieurs fois par jour elle entendait passer les trains. Au premier instant ils évoquaient la maison, Leczyca, juste après c'était la confusion à la gare de Koluszki où elle tentait de retrouver son mari rappelé pour la défense de Varsovie. L'inquiétude du début de la guerre. Mais l'instant d'après, les trains ne signifiaient plus rien d'autre que les wagons quittant la rampe de l'Umschlagplatz. Madzia était partie avec Henrys, Liba avec Izio, Babunia et sa belle-mère, mamie Jecia, la mère de son mari. Elle ignorait comment on avait emmené de Leczyca ses parents à elle. Peut-être n'a-t-elle jamais rien su des camions au tuyau d'échappement retourné vers l'intérieur, dans lesquels on asphyxiait les Juifs en route vers le camp de Chelmno ?

Dans le sac à main que ma grand-mère avait le jour de sa mort, il y a trois lettres de son mari, Szymon, envoyées de l'oflag à Leon Sadomski, 51 rue Zelazna. La première est du 22 mai 1944, la dernière du 13 juillet. Adressées à ce « cher monsieur Leon », elles donnent des informations qui ne peuvent être comprises que par sa femme, par exemple sur le goûter fort convenable qu'il se préparera le 2 juin (l'anniversaire de Dela), car il a et du pain sucré et du lait en poudre et du chocolat et nombre d'autres bonnes choses. C'est aussi à elle, certainement, qu'était adressée cette remarque sur sa très bonne mine, dont il s'était convaincu tout récemment grâce à une nouvelle photo d'identité ; et une autre fois – qu'il est gai et en bonne santé, mais qu'il s'en veut de sa paresse absolue. Il n'étudie pas, lit peu, satisfait beaucoup, vraiment beaucoup son estomac. Effectivement, il flemmarde, il a engraissé et vieilli. Mais ses prédispositions aux troubles digestifs ont passé sans laisser de traces.

De quelle manière Leon Sadomski transmettait-il les lettres de Woldenberg à Zofia Zmialowska ? Était-elle encore à Lochow où il venait dans sa famille ? Sans doute. Szymon le laisse clairement à penser. « Qu'il me soit permis, écrit-il, d'exprimer ma profonde gratitude à Mme Maria pour (ici un tiret) – la protection qui est la sienne. Ces simples mots sont malheureusement tout ce dont dispose un prisonnier de guerre. » Une autre fois il a expédié un paquet de l'oflag avec certaines choses, il demande qu'on les répartisse entre ceux qui en ont besoin, mais auparavant – qu'on les retouche, qu'on les recouse, qu'on les répare.

A plusieurs reprises il a débattu de questions financières avec Leon : combien Praska a-t-elle réglé, voir chez Mme Stasia ou Trzcinska, ou bien au bureau de la coopérative. Il mentionne Helena, et Inka qui ne se manifeste pas, Mietek à qui il est reconnaissant et Antoni. J'ignore qui ils étaient.

Il transmettait toujours l'expression de sa « parfaite considération » ainsi que des « baisemains aux dames ». Ou bien il envoyait une sincère poignée de main, comptant pouvoir remercier bientôt personnellement pour tout. En a-t-il été ainsi ? Je ne sais pas non plus.

Janina Kowalik, l'une des demoiselles de service de la rue Krasinski, a envoyé de l'argent à Lochow au printemps 1944 et pendant l'été, de cinq cents à mille huit cents zlotys chaque mois. Une autre fois, les reçus ont été signés par une voisine du 45, Helena Karolewska. S'agissait-il de mandats de Woldenberg *via* SPB, l'Entreprise de Construction de la capitale, à Zoliborz, ou de fonds pour cacher Dela ? Les frais de pension d'un enfant dans une famille chrétienne oscillaient alors entre 2 500 et 3 500 zlotys par mois. Les talons oblongs de la Poste, en papier épais, Dela les conservait rangés dans l'ordre chronologique. A côté il y a encore aujourd'hui un billet de dix zlotys avec le monument de Chopin à Varsovie et un de cinquante zlotys avec la Halle aux Draps de Cracovie.

Maria Sadomska a risqué sa vie pour sauver Zofia, l'épouse d'un médecin, et le Juif Wegiel, elle exposait tous ses proches, elle exposait également la vie de son fils, Adam. Il ne savait pas encore combien le peuple que sa mère aidait à survivre est méprisable. Mon Adam si convenable, inspirant confiance, le camarade de jeu d'une fillette aux nattes noires. Peut-être n'a-t-il pas joué avec elle, peut-être ne lui a-t-il jamais adressé la parole. Le valet de ferme Jasiek, c'est autre chose, sans doute lui faisait-il la cour. J'ai l'impression qu'elle le craignait. Et pourtant elle a eu la nostalgie de Relin. Dans une lettre à sa mère du 22 juin elle écrivait : « Moi je pense très souvent à Relin. J'imagine combien il y a d'herbe, maintenant, là-bas. Mais les fleurs sont sûrement fanées parce qu'il n'y a personne pour les arroser. »

Le valet de ferme Jasiek est vivant. Il s'appelle Jan Grenda et n'est pas valet de ferme. Il habite juste à côté. Pourquoi essayer encore ? Maintenant je sais. J'y suis allée. Je n'ai pas pu m'en empêcher. Vieux, maigre, avec un reste de cheveux et de dents, en gilet bleu marine du dimanche, il m'a baisé la main. Longuement. Pour m'accueillir et, plus tard, pour manifester sa joie d'une visite et parce que c'est dimanche. Encore alerte avec sa canne, il traverse la cour pour aller chercher ses lunettes. C'est seulement à l'instant où il a examiné qui est sur la photo que quelque chose s'est produit. Comme si la vie le quittait. « C'est moi » – il se désignait lui-même. « C'est madame... je ne sais pas, je ne connais pas, je ne me rappelle pas. » Il a chassé ses enfants, chassé ses petits-enfants, il était assis sur un banc contre la clôture, il a posé ses mains lourdes sur ses genoux, il a incliné la tête, joué avec l'étui à lunettes en carton. Il levait et abaissait la photo, la levait et l'abaissait comme s'il allait encore dire quelque chose. Tassé sur lui-même, avec sa dentition manquante, il répétait quelque chose en boucle, comme : « Ce n'est pas moi. » « Je ne sais rien, a-t-il répété. Rien. »

Ce n'était pas la panique mais l'effondrement, non pas l'inquiétude mais la conviction que c'était arrivé – le voilà terrassé, rattrapé. « Puisque Adam, qui était si petit, s'en souvient, insistait sa femme, alors tu devrais t'en souvenir toi aussi. »

A-t-il redouté cet instant toute sa vie, l'instant où quelqu'un viendrait le questionner au sujet de madame Zofia ? Lui demander ce qu'il a fait et s'il l'a fait ? Si quelqu'un a effectivement dénoncé Zofia ? Peut-être n'est-ce là que le produit de mon imagination ? Qu'est-ce qui a provoqué le départ de ma grand-mère du domaine de Relin ? Elle avait sans doute une chance de rester là-bas jusqu'à la fin, d'attendre jusqu'au salut. Il n'y aurait pas eu de retour, d'incertitude, de panique, de nouvelle adresse. Il n'y aurait pas eu Otwock et le travail à la pension et l'obus un jour de marché. Qu'a donc rappelé la photo de 1943 au valet de ferme Jasiek ?

Mais peut-être que de toute façon Dela n'aurait pas été sauvée. Peut-être sa fin aurait-elle été pire encore. Les trains pour Treblinka continuaient de circuler sans relâche l'un après l'autre, l'un après l'autre. Ils auraient pu aussi la fusiller sans mise en garde, sans cette bienveillante mise en garde. Elle a vécu quelques mois encore. Elle a placé l'enfant en colonie. Elle a trouvé du travail à Otwock. Elle a écrit à son mari à l'oflag et reçu plusieurs lettres de lui.

De Lochow on peut garder le souvenir d'un décor de verdure luxuriante. Alors la peur s'assoupit. Mais dans les derniers rayons ternes du soleil avant le crépuscule, lorsque le grondement des trains s'amplifie car le monde se prépare au sommeil, cette idylle campagnarde devient une fable cruelle. Treblinka n'est qu'à deux pas.

Otwock

A Otwock, j'allais au cimetière. Aussi loin que je m'en souvienne. Avec maman et mon grand-père j'allais voir la tombe d'une grand-mère dont je ne savais rien. Je n'aimais pas Otwock. Je l'évitais pour moi et en moi. Instinctivement. Cela a duré des années. Otwock m'est revenue lorsque j'ai cessé d'avoir peur.

Il n'y a pas de vie juive à Otwock. Je la vois dans des photos d'avant-guerre au musée. Décor théâtral de la nature. Soirées tranquilles au milieu de pins rabougris. Vérandas, mansardes, tourelles. Sanatoriums juifs : *Atlantic*, *Beatricze*, *Europa*, *Regia*, *Savoy*.

On disait de l'air sec qu'il était « vif » ou d'« acajou ». Le sol sablonneux respirait autrement qu'ailleurs, séchait plus vite, « comme en Égypte », et la forêt atténuait les caprices de la nature. Au crépuscule, des essaims de lucioles envahissaient les curistes.

Idylle de la villégiature juive dans des vitrines, sous verre, ensevelie sous le sable d'une clepsydre impitoyable.

Une étoile de David bleue brille sur un morceau de carrelage ou un sol de salle de bains, fragment de la réalité de l'ancienne pension des frères Nusbaum au 42/43 de la rue de Varsovie. Pendant l'occupation les Allemands ont fait de cette maison la Kommandantur de la ville. Ont-ils brisé les carrelages avant de tuer les gens ou plus tard ? Comment les ont-ils détruits et de quelle manière se sont-ils retrouvés brisés à la décharge ? Mais peut-être les a-t-on arrachés et volés après la guerre ? Ont-ils traîné dans les rues d'Otwock en guerre et Dela, ma grand-mère, a-t-elle pu les voir à l'orée de la forêt, le long des sentiers, à côté des restes de légumes pourris du marché ?

Il semble qu'il n'y ait pas de traces visibles. On a incendié une synagogue dès le début, on a complètement détruit l'autre en 1941, la mort a frappé le *hèder*[1], les bains, la *yechivah*[2] et les Juifs. On ne délivrait déjà plus de cartes juives d'alimentation, restaient les cartes polonaises – pour adultes et pour enfants – ainsi que les cartes allemandes. Les voisins occupaient les maisons délaissées, car il n'y a rien de tel que les maisons délaissées. Et les gens irremplaçables.

Leurs machines à coudre, leurs casseroles, leurs assiettes, leurs tables, leurs lits, leurs oreillers, leurs fenêtres et leurs portes servaient maintenant à d'autres, on ne faisait de tort à personne. Et les carreaux des sols, en fin de compte, ne suscitaient plus la frayeur à chaque pas avec leurs étoiles de David. Ma grand-mère avait-elle peur de fouler l'outrage fait aux Juifs ? A quoi pense-t-on lorsqu'on continue de vivre en dépit des événements et que d'autres meurent ? « Toi, tu vivras », répétait-elle à sa fille. « Toi, tu dois vivre. » Combien de mères ont répété ces mêmes mots en vain ?

Dela Goldstein – Zofia Zmialowska – s'est retrouvée à Otwock à la fin de mai 1944. Elle était vraisemblablement venue de Varsovie par le train. La Ligne des Rives de la Vistule continuait de fonctionner, comme lorsque les gens venaient ici pour leur santé. Sur une petite feuille de carnet était notée l'adresse de la pension de madame Czaplicka – madame Maria Czaplicka, 17 rue Pilsudski. Elle venait travailler. Quelqu'un, j'ignore qui,

1. *Hèder* : institution scolaire juive essentiellement consacrée à l'étude des textes sacrés et fréquentée par les garçons de 5 à 13 ans. (N.d.T.)
2. *Yechivah* : centre d'études talmudiques. (N.d.T.)

lui avait trouvé un emploi d'intendante. Peut-être ce quelqu'un lui avait-il aussi dessiné un plan, je voudrais qu'il en ait été ainsi, elle n'aurait alors pas eu à demander inutilement son chemin. Une maison en bois à un étage avec une tourelle pansue. Quelqu'un – peut-être Slonimski, peut-être Tuwim [1], peut-être un autre, alors connu et aujourd'hui oublié – a baptisé ce style : « Swidermeier [2] ». Loin de la gare, dans le secteur des sanas, le quartier juif d'Otwock. Donc, par la place du Marché, le long des voies en direction de la rue de Srodborow et au carrefour suivant à gauche, à angle droit. Dans un bois de sapins, comme partout alentour. D'un pas rapide, environ une demi-heure.

Que pouvait savoir ma grand-mère Dela des Juifs d'Otwock ? Elle n'était pas d'ici. Même Varsovie, elle ne connaissait pas bien ; les villégiatures des environs de Varsovie lui étaient étrangères, tous ces Miedzeszyn, Falenica, Michalin, Jozefow, Swider, les débarcadères des *starozakonni* – ceux de l'Ancien Testament, ainsi qu'on l'écrivait alors – pleins d'édredons et de langes juifs, ceux des moins aisés, de mai à septembre. Ses familles à elle ne pouvaient se permettre les voyages, même pour des cures, alors à quoi bon parler du manque d'appétit ou des nerfs, ce dont les habitués des pensions des environs de Varsovie souffraient aussi souvent que de la tuberculose. Y venaient des malades des poumons et des malades du cœur ou du système nerveux et des convalescents, ceux qui voulaient améliorer leurs fonctions digestives et leur appétit : prise de poids garantie, en moyenne huit kilos par mois. Hydrothérapie et cure de lait de jument fermenté.

Et que savait madame Maria Czaplicka de sa nouvelle intendante ? Je ne sais pas. Personne ne sait.

1. Antoni Slonimski (1895-1976) et Julian Tuwim (1894-1953) : deux poètes du groupe réuni dans les années vingt autour de la revue *Skamander* en référence au Scamandre, le fleuve qui domine Troie. (N.d.T.)

2. Un jeu de mots imitant « Biedermeier » à partir de Swider, le nom d'une station des bords de la Vistule alors très fréquentée par les Juifs de Varsovie. (N.d.T.)

Dela devait aller au marché. Savait-elle, ou alors depuis quand le savait-elle, que le marché d'Otwock se trouvait tout près de l'endroit d'où, le 19 août 1942, en plein soleil, on avait emmené tous les Juifs de la ville vers Treblinka ? Ils avaient aménagé de leurs mains leur lieu d'embarquement. Ils l'avaient clos de barbelés le long de la rue Gorna, jusqu'à l'angle de la rue Orla. Conformément à l'ordre reçu, près de la voie de raccordement. De là-bas il était plus facile de charger les wagons. La police juive – casquette d'uniforme, brassard, matraque – les chassait devant elle. Sept mille, plus quatre mille fusillés sur place.

Puis vint la nuit. Un policier juif rescapé, qui avait lui-même embarqué ses proches dans ce transport, a décrit les plumes qui voltigeaient et les vieilles cartes d'alimentation, les photographies, les cartes d'identité. La populace polonaise brisant les portes à la hache et pillant tout ce qui se présentait. Avec le temps, les palissades qui cernaient le ghetto ont disparu. La vie d'Otwock, cité de villégiature, ne s'est pas arrêtée.

D'autres gens se sont installés dans les maisons délaissées. Ils se sont attablés chez les autres et ont couché dans leurs lits, ont mangé dans leurs assiettes et ont mis leurs armoires et leurs tiroirs sens dessus dessous. Leur vie ne s'est pas arrêtée à l'instant où elle était refusée à d'autres, au contraire, ils ont allègrement occupé la place vacante avant que d'autres n'en fassent autant. La trame du quotidien ne supporte pas le vide.

Selon le registre de la population d'Otwock pour l'année 1943, le nombre d'habitants s'élevait à environ treize mille. La moitié de ce qu'il était avant la liquidation du ghetto. Avant la guerre toutes les pensions de la rue Pilsudski appartenaient aux Juifs. De dimension moyenne, elles se ressemblaient toutes : une dizaine de chambres, salon, vaste salle à manger, chambres de service dans un bâtiment séparé, des poêles pour le chauffage. Eau courante froide et chaude. La pension de madame Czaplicka, au numéro 17, était l'une des treize en activité dans la ville en 1944. La taxe de séjour perçue dans les stations de cure avait été calculée à 39,60 zlotys mensuels.

J'ignore si Dela percevait encore l'odeur de l'extermination. Quelle odeur est-ce ? En se rendant au marché, songeait-elle aux épinards et aux choux-raves ou s'efforçait-elle de libérer son esprit de tout le reste ? Savait-elle comment c'était arrivé ?

« Quand ils vous déplaceront, de toute façon vous lâcherez », disaient les Polonais aux Juifs des ghettos, là-bas comme ailleurs. D'abord ils ne voulurent pas vendre, pour céder finalement à vil prix. Tout, peu importe ce que les autres voulaient, tout contre du pain. Pour vivre, vivre encore un instant. Très vite ils commencèrent à comprendre de nouvelles expressions – « Finir en saindoux », « en peau de chamois », « en savon ». Ils s'en servirent même, et jusqu'à la fin, sans se rendre compte de l'horreur de la situation. De l'autre côté du mur, du côté polonais, la mort les attendait. C'est ce qu'ils pensaient, c'est ainsi que les Allemands leurs avaient appris à penser, c'est ce que leur avait enseigné la peur des Polonais.

« Le juif est l'ennemi mortel de l'Église et de la Grande Pologne » écrivait-on dans le *Calendrier d'Autodéfense nationale.* « Le malheur de la Pologne d'aujourd'hui trouve son principal foyer dans la juiverie. » Brochure de 1939. « Évacuons les Juifs de Pologne et le malheur qui nous afflige disparaîtra. » Il est arrivé à des Juifs de lire ces imprimés chez des Polonais qui les cachaient. Parfois les Polonais qui les cachaient ne savaient pas lire. C'était le cas d'une Polonaise chez qui un policier juif d'Otwock se cachait.

Que faisait Dela après ses heures de travail ? Qui rencontrait-elle ? Je la vois dans un fauteuil sous l'escalier, non loin de la salle à manger au premier étage, près d'une lampe diffusant une chétive lumière jaune – ampoule de faible puissance et abat-jour doré à volants –, feuilletant pendant des heures les vieux registres de la clientèle d'avant-guerre dans la pension de Chanon Cetlin. 17 rue Pilsudski. La pension de madame Czaplicka.

Des cahiers de grand format aux couvertures de carton marbré. Bleu-gris, brun-beige, six, huit, douze, peut-être davantage, aux coins graisseux, ramollis, usés, portant la trace des mains qui les ont touchés.

Peut-être, cédant à un premier réflexe, a-t-elle fermé le tiroir et est-elle rentrée chez elle. Mais elle n'a pu s'empêcher de revenir. Elle s'est donc assise à cette place-là, elle a tricoté ou elle a fait du crochet, ou peut-être s'est-elle seulement penchée sur ce même livre, ou bien sur un autre.

« Miriam, fille d'Izrael et de Sara », a-t-elle lu. « Rachel, fille de Moszek et de Raca. » « Lejzor, fils d'Abram et de Rajzla. » On ne sait pas comment c'est arrivé ; elle-même, c'est-à-dire moi en elle, moi dans sa tête, elle qu'on a mise en terre une dizaine d'années avant ma naissance, je ne suis pas sûre de ce qui se passait lors de cette cérémonie qu'elle célébrait le soir. De ce qui la guidait dans ce monde à l'extermination duquel elle assistait. Était-ce la forme des lettres, maladroites en langue polonaise : Médecin-Dentiste avec des lettres capitales, avec un « L » (*Lekarz*, pour Médecin) cambré comme un « S » et entortillé avec une rondeur enfantine, et le « D » de Dentiste telle une voile rarement hissée en haut du mât. « Marchand », comme sculpté au couteau dans le bois. « Industriel », comme à vau-l'eau dans la tempête. Et les fautes. Kleinzwaig Jankiel, 27 rue Ogrodowa, écrivait *commerssant*, avec deux « s ». Ou la sonorité de leurs prénoms : Abraham, Boruch, Chaja. Ou encore l'abréviation *mos.* – avec un point –, à la rubrique confession, pour « mosaïque ». Ou leur adresse à Varsovie : rue Leszno, rue Nalewki, rue Mila ? Des signes de là-bas, d'où elle ne s'attendait plus, jamais plus, à entendre une parole.

Je pense qu'elle revenait vers eux. Elle regardait les dates d'arrivée et de départ, les déclarations de résidence et de domicile, les professions, les dates de naissance. Elle cherchait n'importe quoi qui pût leur être commun. Elle trouvait. Une adresse au 37 de la rue Leszno – dans le ghetto, elle avait habité au 58 avec sa famille. Une adresse dans une meilleure rue, la rue Marszalkowska, juste à côté de la maison où le frère de son beau-père, médecin, recevait en consultation. Plusieurs ingénieurs. Madame Lankierowa, avec son mari, avait pour prénom Halina, comme sa propre fille, et sa mère se prénommait Salomea, comme leur grand-maman. Rotsztejn Bronislawa, comme la sœur de son mari, dentiste au 18 de la rue Muranowska. Horloger, commis, encaisseur, infirmière. Où sont-ils aujourd'hui ? Rues Leszno, Chlodna, Trebacka, place Grzybowski. Des ruines. Elle remarquait peu de personnes de confession catholique romaine. Presque tous les domestiques portaient d'autres prénoms : Zofia, Marianna, quelques femmes des hautes sphères juives avaient aussi des prénoms comme ceux-là, mais peu. Une modiste, femme d'un avocat de la rue Trebacka. La pension Cetlin ne faisait pas partie des pensions élégantes.

La dernière mention porte une date qui remonte à l'automne. Schon Ewelina, employée de bureau, 31 ans, 3 rue Sienkiewicz, a passé trois mois à Otwock en 1940.

A la fin de 1942 il n'y avait aucune pension répertoriée à Otwock. Une note en ce sens avec la signature du maire figure à la dernière page du registre de la clientèle. On ignore quel a été le sort de la maison Cetlin de l'instant où on les a embarqués dans les wagons jusqu'au moment où madame Czaplicka y a ouvert sa pension.

Je veux savoir comment c'était. Je l'ignore. Je sais qu'elle n'a pas eu de chance.

Elle n'a pas eu de chance ? Je commets un péché. Elle a donc eu de la chance. Elle a eu de la chance puisqu'elle ne les a pas vus prendre ses parents, les étouffer et les brûler, les frapper et les torturer, elle n'a pas vu périr ses sœurs, elle ne les a pas vus leur enlever leurs enfants, elle n'a pas perdu d'homme, elle n'a pas eu à se débrouiller avec le caractère irrévocable de son absence, elle s'est nourrie d'espoir. Elle a survécu. Elle a eu une chance terrible, elle ne s'est retrouvée ni à Treblinka ni à Auschwitz, elle n'a pas sauté des fenêtres du ghetto en flammes, elle allait chercher du persil au marché, acheter des carottes et des oignons, de la jeune fève décortiquée, du chou-rave en petites bottes au poids, des betteraves, des haricots et de l'ail, beaucoup de légumes bons pour la convalescence, elle portait des kilos de pommes de terre et de chou, chaque jour ou bien seulement les jours de marché, et ensuite elle rentrait avec ses filets remplis et son sac, tomates, poireaux, radis, rhubarbe. C'était pénible, elle faisait halte sous les pins. Elle aimait les couleurs du miel et des pommes de pin, des glands et des champignons. Je voudrais qu'elle les ait aimées.

Elle passait beaucoup de temps à la cuisine. Murs gris clair. Grilles aux fenêtres. Certes, elle ne cuisinait pas mais elle supervisait le ravitaillement, elle veillait aux livraisons de koumys, le lait de jument, et d'eau minérale adaptée à nombre de troubles, elle rapportait ses achats du marché, des sacs de produits : farine, sucre, riz – elle n'en avait pas vu autant de toute la guerre. Le destin se moquait d'elle. Elle avait accès à des kilos de nourriture qu'elle ne pouvait partager avec sa mère et son père, avec ses sœurs implorant la faveur d'une croûte de pain, avec des enfants qui ne se rappelaient pas à quoi ressemblent les groseilles et les cerises. Elle prenait chaque pomme et chaque poire dans la main : c'est pour la petite Halina, c'est pour Henrys, elle la lui râperait avec du sucre, pour Izio des framboises à la crème, pour Adas elle ferait revenir de la marmelade de prune, pour Marys elle ferait cuire une tarte aux pommes. Les reverrait-elle ? Quand la petite Halina avait-elle mangé ses goldens préférées ? Y a-t-il des vergers en fleurs à Treblinka et qui, là-bas, cueille les fruits ?

Après avoir eu peur pendant des années, c'était fini. Elle savait qu'il lui fallait survivre pour la petite. Elle savait qu'il lui fallait lutter parce qu'il n'y avait personne qui lutterait pour elle. Elle n'avait pas d'autre but. Elle subordonnait tout à ce seul et unique objectif. Survivre.

Il paraît que les bas en *fildekos* étaient roses. Ce détail aussi est apparu tardivement, me semble-t-il, parce qu'il n'est pas possible que je l'aie manqué. *Fildekos*, un mot amusant, apparenté au cabaret par sa sonorité et sa facture alors que ce n'est que du fil de coton utilisé en bonneterie. En français : fil d'Écosse. Il peut y avoir des culottes en *fildekos*, ou bien des bas en *fildekos*, définis par l'adjectif « convenables » dès la fin du XIXe siècle. Ainsi donc, elle avait apporté des bas en *fildekos*. En colonie, les fillettes les portaient à tour de rôle lorsqu'elles allaient faire des achats à Garwolin. Elle avait aussi apporté d'autres vêtements chauds parce que l'été avait pris fin et que la petite Halina n'était venue à Borowie, comme les autres, que pour quelques semaines.

Les Allemands ont quitté Otwock dans la nuit du 27 au 28 juillet 1944. Au petit matin des détachements de l'armée Rouge ont pénétré en ville.

Le 19 septembre 1944 on lui a remis un nouveau document, en polonais déjà, mais toujours à ce même faux nom aryen. Une carte d'identité avec photographie attestant qu'elle est employée du Conseil National de la ville d'Otwock. Le Conseil National, c'était maintenant la nouvelle terminologie. Peut-être quelqu'un s'est-il souvenu qu'elle avait géré une garderie, ou qu'elle avait dirigé un poste d'assistance de la Croix-Rouge polonaise, elle y distribuait de la nourriture ou des vêtements. Il s'agissait d'approvisionnement. Et si c'est réellement le cas, logeait-elle toujours chez madame Czaplicka ?

Je l'ignore.

Au début de l'automne 1944 on a systématiquement canonné Otwock depuis l'autre rive de la Vistule. Dans Varsovie ensanglantée, incendiée, l'insurrection s'épuisait. L'artillerie allemande attaquait toutes les trente ou quarante minutes, pause puis reprise, pause puis reprise. On visait les endroits où il y avait le plus de gens : la gare, le bazar le jour du marché. Un Allemand tirait, Dieu portait la balle. Si quelqu'un croyait encore à son existence. Le projectile volait en éclats, touchait directement ou par ricochet. C'est ce qui a pu se passer pour Dela. Foule alentour, marché, panique, dispersion de tous côtés, hurlement du projectile, chutes à terre. Douleur. A-t-elle pu aller plus loin ou l'a-t-on relevée dans la rue et où l'a-t-on emmenée ? Les sanatoriums les plus importants avaient été transformés en hôpitaux.

On m'a dit, il y a quelque temps, je ne sais plus qui me l'a dit, qu'en ce jour d'automne de 1944 elle courait dans le quartier de Praga, dans la partie de la rive gauche de Varsovie qui ne subissait déjà plus, depuis peu de temps, les bombardements allemands. Qui cherchait-elle à Praga ? Était-elle déjà parvenue au siège du Comité juif pour s'enquérir des siens ? Longtemps ma maman a donné une version selon laquelle sa mère avait péri pendant l'insurrection de Varsovie, d'une balle allemande. Je sais aujourd'hui que l'autre version est la plus vraisemblable. Elle a été touchée par un obus à Otwock, aussi sur la Vistule, également en terrain libéré des Allemands. Peut-être allait-elle au marché, peut-être distribuait-elle des vêtements. Peut-être.

L'automne. L'automne 1944. Ma grand-mère, Dela, Zofia Zmialowska, documents irréprochables, avait survécu à la guerre.

Presque survécu. Elle avait réussi pendant tant d'années. Seule, seule avec l'enfant. La défaite de Varsovie en 1939, le chemin du ghetto, les déménagements dans le ghetto, la décision de fuir, la fuite, le franchissement du mur, la vie errante avec des papiers aryens d'un lieu à un autre, seule et avec l'enfant, et ces pâtes pour son mari à l'oflag, et la pensée que les autres ont péri, ont disparu, ont été tués, le ghetto en flammes qu'elle voyait des fenêtres d'une de ses cachettes successives, la ville et la campagne, l'absence de lettres de la maison, il n'y avait déjà plus de maison, plus de mère, plus de père, plus de sœurs, plus de frère, elle survivait avec l'enfant, elle était là, elle était encore là, à Lochow, à Zoliborz, à Otwock, à Wilga. Elle était là. Et alors que tout, déjà, touchait à sa fin, que tout cela s'achevait, qu'il lui fallait travailler – sinon, sans travail, qu'adviendrait-il ?

– qu'il lui fallait rester à Otwock, ne pas lâcher madame Czaplicka, ne pas lâcher la vie, c'est alors justement qu'elle fut atteinte par un obus de la Grosse Bertha aussi appelée « la vache ». Ni la faim ni le mur ne l'avaient tuée, ni les rafles dans le ghetto, ni son apparence ni son regard ne l'avaient trahie, ni l'enfant aux tresses noires, les gens ne l'avaient pas trompée, elle fut touchée par la Grosse Bertha.

Ce nom vient du prénom d'une femme, Bertha Krupp, qui gérait les entreprises allemandes d'armement. Pendant la Première Guerre mondiale les Français avaient appelé « Grosse Bertha » un canon allemand de gros calibre. Il avait une portée de plus de cent kilomètres. Du pont sur la Vistule jusqu'à Otwock il y en a un peu plus de vingt. Mais la « Bertha » ce n'est pas la même chose que la « vache ». La « vache », dans la terminologie de la Deuxième Guerre mondiale, c'est un lanceur de mines. Lorsque les vaches mugissaient et que grondaient les lance-grenades, le plus sûr était d'aller aux abris.

Elle avait fui, elle avait fui comme les autres en entendant approcher l'obus. Peut-être n'aurait-elle pas dû fuir. Il le fallait. Elle a été touchée à une jambe. Où, à la jambe – à la cuisse ou au mollet – et laquelle ? Comment se fait-il qu'on ait dû l'amputer et où l'intervention a-t-elle eu lieu ? Si elle a eu lieu à l'hôpital, pourquoi cela s'est-il terminé ainsi ? On manquait d'anesthésiques et de pansements, coupait-on sans cela ? Y a-t-il eu infection ? Est-ce le cœur qui n'a pas tenu ? Ma maman dit aujourd'hui : « Son cœur s'est brisé. » Elle avait déjà presque gagné ce jeu.

Une jambe, un morceau de chair, chair blessée, collée, cicatrisée. Une jambe, c'est nécessaire pour tenir debout, marcher, vivre, difficile de bouger sans jambe. Déchiquetée par un éclat d'obus, une jambe recousue peut encore servir, on peut courir, sauter, porter des chaussures à la mode. Ma grand-mère avait perdu un morceau de jambe. Que lui manquait-il pour survivre ? Du temps, un médecin, sa famille, du secours ? Elle est morte seule, ceux qui se trouvaient là ne savaient pas qui elle était vraiment. Ils ne connaissaient ni le nom de son mari ni son nom à elle. Ils ne savaient rien de l'enfant, de la peur, de la nécessité de se cacher. Quelles ont été ses dernières paroles ?

J'ignore qui était présent lorsqu'elle est morte. Je voudrais que quelqu'un ait été présent, quelqu'un de proche, quelqu'un dont elle aurait pu tenir la main pour avoir moins mal. Elle n'a eu personne qui ressemble à cela. Je sais qu'elle n'a eu personne, sinon il aurait cherché à nous contacter d'une manière ou d'une autre pour raconter, transmettre si peu que ce soit comment les choses s'étaient passées. J'aurais dû savoir tout cela, mais plus personne ne le dira.

On l'a enterrée dans le cimetière catholique d'Otwock, il n'est venu à l'esprit de personne de faire autrement. Elle reposait sous un sapin qui, avec le temps, a masqué son faux nom et la croix saluant sa « bienheureuse mémoire ». Pendant toutes ces années qui ont suivi la guerre, Samuel Przedborski n'a pas transféré son épouse juive dans un autre cimetière. Il n'a pas changé la plaque sur sa tombe. Et moi aussi je rends aujourd'hui visite à ma grand-mère au cimetière catholique. C'est là-bas que je lui porte des fleurs et que j'allume des bougies.

Le sac à main noir

Le sac à main de Zofia Zmialowska a été rendu à son mari avec son contenu au cours de l'hiver 1945, à la paroisse d'Otwock.

Lorsque j'ai grandi, maman m'a transmis le sac noir. Héritage de ma grand-mère inconnue. Tout ce que je sais d'elle, tout ce que j'ai. Sa vie, son cœur.

Un sac à main. Pas bien grand, il tient presque tout entier dans ma main ouverte. Je le mets sous mon bras, je l'essaie. Un petit sac à main noir en cuir. Il serait bien pour aller au bal. Des piqûres verticales, un petit rabat, un repli sous lequel se trouvait une agrafe. Il n'est resté qu'une partie du bouton-pression. Sur le dessus, un petit rouleau empesé terminé par deux boutons pointus en métal blanc. On dirait de l'argent. Derrière, une sorte de poignée, une lanière de cuir en biais. J'ignore si on l'a jamais porté de cette manière. L'arrondi de la partie supérieure colle idéalement sous le bras. Un petit sac à main.

Elle l'a porté au quotidien pendant toute l'occupation. J'ignore si c'est par souci d'élégance ou parce qu'elle n'avait rien d'autre. J'ignore comment il se fait que ce sac à main ne s'est pas perdu et qu'il nous est revenu. Je sais qu'il est revenu afin que je puisse le déchiffrer.

L'intérieur du sac est plus grand qu'il n'y paraît au premier coup d'œil. On peut y loger tout un monde portatif. Il se prête à de multiples lectures. Dans les compartiments ouverts et dans les poches cachées. La languette de cuir latérale se partage en deux, formant une cachette supplémentaire. Dela savait qu'il lui fallait à tout moment être prête à la confrontation.

Je ne connaissais pas cette histoire, le destin de la guerre privant de tous les droits – travail, nourriture, liberté, espoir. Dans le sac à main de Dela que j'ai finalement reçu, il n'y a nulle trace de marquage, d'étoile jaune, de ghetto ni de peur. Rien de suspect. Rien qui aurait pu trahir ma grand-mère. Pas le moindre mot juif, pas de prière, pas de photo. Ni de trace du Leczyca natal, de *tcholent*[1], de lumières du chabbat. De personne qui lui fût proche. Alors et plus tard.

Bien en vue dans son unique sac à main du temps de guerre, ma grand-mère gardait une image pieuse en sépia aux bords découpés avec art. Elle représente un berger aux pieds nus, Jésus en habit blanc. Auréolé de lumière, il frappe à une porte en planches. La clarté qui baigne sa silhouette illumine le fond obscur. Comment l'a-t-elle trouvée ? Peut-être est-elle entrée dans une église, seule, lorsqu'elle était encore à Leczyca, et l'a-t-elle achetée à la sacristie ? Mais en ville tout le monde la connaissait. Il est assez peu vraisemblable que la fille des Goldstein du Petit-Rynek, qui accompagnait ses parents à la synagogue chaque samedi, se soit résolue à pareille démarche. En outre, elle n'avait pas encore conscience à cette époque qu'un accessoire placé sous le signe de la croix pourrait lui rendre service. Dans le ghetto, au début, elle n'avait pas pris note non plus de ce qui les menaçait. Elle croyait. Elle se permettait de croire. En quoi ? A quel Dieu ? Mais en l'être humain, peut-être ?

1. Le *tcholent* est l'un des plats traditionnels du chabbat, composé de pommes de terre, de fèves, d'orge, de gruau d'avoine et de viande mis à mijoter avant le chabbat. (N.d.T.)

Ce n'est qu'après une nouvelle rafle, lorsqu'elle cacha les enfants – le sien, ceux de sa sœur et de sa belle-sœur – dans un panier de linge sale en tremblant de peur qu'ils s'étouffent ou que les chiens les débusquent, d'énormes bergers allemands, elle ne savait pas quelle mort est pire que l'autre, c'est seulement alors qu'elle comprit qu'il fallait fuir. Fuir d'ici. A tout prix se retrouver de l'autre côté du mur.

Donc, peut-être a-t-elle reçu cette image de son beau-frère, celui qui a organisé sa fuite hors du ghetto, le passage vers le côté aryen par le bâtiment des tribunaux, et qui est encore venu à son secours à plusieurs reprises ensuite, quand les trafiquants la faisaient chanter, quand elle n'avait pas où aller ? Son beau-frère polonais était débrouillard et prévoyant, il a également cherché à en sauver d'autres. Il pouvait dire comment se comporter pour ne pas attirer l'attention, comment réciter la prière, se signer d'un ample geste de gauche à droite puis, les mains jointes : « Dans les siècles des siècles, amen. » C'est certainement lui qui lui a procuré les papiers nécessaires.

Juste à côté, un grand document plié en deux – un certificat de baptême. En cas d'ultime confrontation il pouvait constituer une preuve essentielle d'innocence. Les meilleurs étaient les papiers authentiques obtenus dans les paroisses, généralement au nom de gens absents ou morts – à la condition que leur acte de décès se trouve ailleurs. Les prêtres délivraient souvent des papiers sans en demander la destination.

On s'approvisionnait en faux documents de diverses manières. Des amis polonais s'en chargeaient, des représentants de la clandestinité ou encore, le plus souvent, de nombreux intermédiaires largement rétribués. On payait parfois ces papiers des sommes exorbitantes, jusqu'à cinq cents dollars en 1943, au moment de la liquidation des ghettos sur le territoire polonais. En l'espace de quelques mois le dollar a alors fait un bond de cent à trois cent soixante zlotys, et avec lui le prix de la nourriture.

L'annonce suivante a été conservée dans les archives de Ringelblum : « Faux papiers, contrefaçon parfaite de cachets, imprimeur de métier, chaque document : 3 000 zlotys. » Cent zlotys représentaient l'équivalent de plus de trois kilos de farine blanche, quatre d'orge perlé, un kilo et demi de sucre. Le prix d'une poule plus une miche de pain, le prix d'une paire de chaussures de femme et de neuf litres de pétrole. Un ouvrier gagnait jusqu'à trois cents zlotys, on réussissait à vivre un mois avec cela, et même deux.

Une *Kenkarte*, c'est-à-dire une carte d'identité, et une attestation d'emploi coûtaient plusieurs fois le prix d'un acte de naissance.

Testimonium nativitatis et baptismi. En février 1942 le curé de Stanislawow, Jozef Rzeczkowski, a établi cet acte authentique – attestation de naissance et de baptême. En latin. Fait à *Stanislaopolis*. Il ne savait certainement pas pour qui.

Elle s'appelait maintenant Zofia Zmialowska, fille d'Hipolit – fils de Mieczyslaw et Zuzanna Rymarkiewicz – et d'Agnieszka Hozelska – fille de Jozef et Wiktoria Mekicka. Elle était née le 10 avril 1902 à Stanislawow. Stanislawow ? Galicie, Confins orientaux, Ukraine. Au sud-est (on ne peut pas se tromper, sur la carte c'est en bas et à droite) de Lwow, capitale de la voïvodie de Stanislawow. Ville fondée par les Potocki, d'où leur magnifique palais du XVIIe siècle. Peut-être conviendrait-il d'en savoir davantage sur le château ? Après tout, elle avait tout de même dû grandir dans ses parages... Rayer de sa mémoire le Kolomyja tout proche et Drohobycz. Beaucoup trop d'habitants de confession mosaïque. Chaîne des Carpates couvertes de forêts.

Comment a-t-elle réussi à se souvenir de sa nouvelle enveloppe charnelle, à l'organiser et à s'organiser en elle ? Seule l'année de naissance était authentique, il fallait s'imprégner de tout le reste. Il ne lui était pas permis de se tromper. Même la nuit. Fille d'Hipolit. Hipolit pouvait réparer les chaussures ou travailler dans un cirque. Il ressemelait des chaussures ou marchait sur un fil. Mais on avait fermé le cirque, signe des temps : les animaux avaient été mangés. Mieux valait donc qu'il fût cordonnier, il gagnerait mieux sa vie, il faut bien que les gens marchent. Agnieszka, son épouse, sa mère à elle, était couturière à domicile. Elle était souffreteuse.

Il lui avait fallu apprivoiser cette histoire. En état de veille. Parce que dans son sommeil elle avait encore et toujours deux couples de parents. Papa Szloma grisonnait et se tassait. Avec sa lévite râpée il était assis sur un petit tabouret bas dans le dépôt de charbon. Il s'adressait aux pigeons tout en se balançant en cadence d'avant en arrière. Elle était effrayée parce qu'il parlait yiddish et qu'il avait mauvaise mine. Elle lui faisait signe de cesser, elle posait un doigt sur ses lèvres. Et soudain sa maman, sa maman Chana la remarquait : « Dela », criait-elle. Dela tendait les bras : « Maman ? » Elle voulait courir vers elle et elle entendait ses propres paroles : « Maintenant je m'appelle Zofia, ma petite maman, et j'ai une autre maman. »

Tout cela était aussitôt étouffé par une musique de cirque. Ses nouveaux parents en costumes aux couleurs criardes entraient sur la piste en courant. Applaudissements. Ils s'inclinaient et s'apprêtaient pour leur numéro de gala. Avec un fouet servant d'ordinaire à stimuler les chevaux ils commencent à faire jaillir d'un grand seau des éclaboussures d'eau bénite. « Qu'il soit loué, *Spiritus sancti*, avec Dieu... » Ils bénissent tout ce qui est impur. Tout ce qui n'est pas à eux. Tout ce qui pue le juif. Des gouttes d'eau atteignent le papa et la maman. Le papa disparaît le premier. Les pigeons disparaissent. Et elle aussi disparaît. Ça ne fait pas mal.

Sous-lieutenant ingénieur Przedborski Szymon, n° 49178. Baraque 12a Woldenberg 2. *Offizierlager*. Elle a rangé les cartes sans enveloppes de son mari portant les tampons allemands de la *Kriegsgefangenenpost* comme des cartes à jouer. La première porte la date du 27 janvier 1940, la dernière du 3 juillet 1944. Quelques-unes en allemand. Autant par la forme que par le contenu elles rappellent une écriture de dessin industriel. Un graphisme monotone, pointu, concret, qui se tient avec fermeté sur terre et sur le papier. Il les envoyait à plusieurs destinataires et à diverses adresses. Il donnait à sa femme du « Chère madame » ou du « Cher monsieur ». Il informait de sa santé, du temps qu'il faisait, demandait si l'argent était bien arrivé. « Chez moi tout va bien », rapportait-il invariablement. Il n'y a pas grand-chose à lire entre les lignes.

A vrai dire, je suis peinée qu'il écrive de cette manière. Cela ne s'explique ni par la censure ni par le découragement de voir se succéder les mois et les années dans l'immobilité d'un espace clos. Je pense que ce n'est pas une explication. Je comprends les précautions et la nécessité de brouiller les traces. Mais les Polonais aussi se sont aimés pendant la guerre, on ne pourchassait pas la tendresse, la sollicitude n'était pas punie.

Ils s'étaient croisés à la gare de Koluszki le 30 août 1939. Le sous-lieutenant Przedborski rejoignait son unité ; Dela quittait la maison, à Leczyca, pour Varsovie. Ils n'avaient pas réussi à prendre congé. Pendant les cinq années qui ont suivi elle a dû chercher un soutien uniquement en elle-même. Il ne l'a accompagnée ni sur le chemin du mur ni lorsqu'elle l'a franchi, il n'était là ni quand d'autres l'ont aidée ni quand on lui a refusé de l'aide. Elle a pris seule toutes les décisions essentielles. Jusqu'à quel point son absence a-t-elle marqué le destin de Dela pendant l'occupation ?

Ma chère, mon aimée,

Je te remercie pour l'envoi. Il sent bon la maison et Tes mains. Il a ce parfum unique dont j'ai chaque jour et chaque nuit la nostalgie. Surtout la nuit. Je le cherche vainement alentour. C'est Ton parfum, mon aimée. Tu te rappelles cet endroit au bord de la Bzura où nous avions l'habitude de nous asseoir l'après-midi lorsque je rentrais de l'école polytechnique à la maison pour l'été ? Là-bas, tout était premier. Nôtre. Unique. Je bavarde avec Toi la nuit, lorsque personne n'entend.

C'est une lettre comme celle-là qu'elle attendait. Il ne lui a jamais écrit de lettre comme celle-là.

Il présentait régulièrement ses vœux d'anniversaire, le 2 juin.

Il lui restait deux timbres détachés d'une grande feuille. Ils présentent tous deux un portrait d'Adolf Hitler sur fond rouge : 24 Deutsches Reich. La meilleure preuve que cela n'a rien à voir avec le ghetto. Il était interdit d'utiliser des timbres « à l'effigie » dans le Quartier. Il n'était permis d'envoyer que ceux qui reproduisaient « une quelconque vue de bâtiment ou de paysage ».

Un petit agenda pour l'année 1941, sous une couverture orange sale décollée. Des notes au crayon ou à la plume de diverses couleurs, souvent biffées comme si ces questions étaient réglées. Adresses rue Sliska au n° 15, rue Panska 69/5, rue Dzielna 67. Des adresses qui traduisent une aide, un secours, la vie, ou qui ne sont que des étapes successives sur son chemin. Aujourd'hui elles ne disent rien, ne répondent à rien, il semble qu'elles ne valent pas d'avoir été notées. Je refuse d'admettre leur anonyme inutilité.

Par ailleurs, l'adresse du docteur Rosental à Istanbul. D'où vient-elle ? Pourquoi ? Une adresse dans le Bronx, à New York ? Et des numéros de téléphone de la famille et d'amis, surtout à Zoliborz. Tout cela prudemment codé. De longues colonnes de chiffres additionnés. Des comptes pour des colis envoyés à Leczyca au printemps 1942. Des notes concernant du lard. Elle a pris note de souliers d'été rue Madalinski, d'une rencontre dans un petit café avec G. Nouvelle étape de ce transit en temps de guerre. Le nom de Janina Kowalik, demoiselle de service à la Cité IV rue Krasinski. Figure importante. C'est chez elle, derrière un rideau, que s'était cachée la petite Halina à sa sortie du ghetto, c'est aussi par son intermédiaire que Dela obtenait l'argent de son mari en captivité. Quelques reçus – preuves de règlements avec mention du mois. Des sommes de 500 à 1 800 zlotys.

Réseau complexe de personnes engagées dans les transferts

d'argent. Qui payait, à qui et pourquoi ? Les Juifs payaient les Polonais. Ils payaient leur propre vie et le courage des autres. Ils payaient à des étrangers et à leurs parents.

Les sœurs de ma grand-mère et son frère artisan peintre, le seul qui ne voulait pas faire d'études, ont péri. Leurs parents, leurs oncles, leurs cousins ont péri. A Chelmno, non loin de Leczyca, ou à Treblinka. Ils n'ont pas de tombes. Ceux de l'annexe et ceux de l'appartement sur la rue ont péri. Seul Henryk a réussi à s'éteindre dans son lit avant la guerre. Ses frères et ses belles-sœurs ont péri. Leur mère a péri, Salomea Herman, la tête d'une lignée descendant des cohen, des saints.

Nulle trace dans le sac à main. De leur mort. De leur existence.

Ceux qui se mettaient en route n'avaient ni livre de prières ni livre en général sous la main. Or on voulait se souvenir de poèmes et de chansons patriotiques. Répéter des mots que les autres connaissaient réconfortait, entretenait l'esprit de résistance. Les chansons communes marquaient des cercles d'appartenance, constituaient des signes de reconnaissance de la Pologne patriotique, combattante. Sur une feuille de papier quadrillé arrachée à un cahier, ma grand-mère a recopié, au crayon à encre de couleur bleue, la chanson sur le cœur amoureux et le soldat. Prenant ce cœur amoureux en pitié, le soldat l'a emporté avec lui dans son sac à dos. Pour lui, la guerre n'était plus si terrible puisqu'il avait un autre cœur en réserve. « Cette chanson unique, c'est pour toi, jeune fille, que je la chante... » Une mélodie polonaise de soldat fort populaire. A-t-elle aussi dû l'apprendre, cette chanson-là, toute nouvelle pour elle ? Oui, certainement. Quelles chansons connaissait-elle ? Lesquelles avait-elle répétées avec ses sœurs au bord de la rivière ? Quelles prières ?

Avant la guerre elle apprenait à lire et à écrire aux enfants. En polonais. A l'école juive de Leczyca. Elle parlait de la nature et de l'amitié, elle parlait de *Grand Cœur*[1] de De Amicis et elle façonnait des figurines en pâte à modeler. Dans le ghetto de Varsovie aussi elle s'occupait de groupes scolaires. Sur sa *Kenkarte* orange au nom de Zofia Zmialowska, à la rubrique profession on a noté : vendeur. Sa carte de travail était datée de juillet 1942. Elle l'attendait du côté aryen. Elle n'avait jamais travaillé dans un magasin. Elle n'avait pas la bosse du commerce. Elle calculait à l'aide d'un crayon à encre humecté de salive, à la main, vérifiant le résultat à plusieurs reprises. Elle récitait joliment des poèmes de Tuwim[2] et de Pawlikowska-Jasnorzewska[3].

Elle ne savait pas cuisiner. Ce qui explique toutes ces recettes de desserts dans le sac à main. Vers la fin de la guerre elle s'occupait de composer des menus. Une pinte de fraises des bois triées, étuver avec une cuillerée de beurre, passer au tamis et refroidir. Elle résolvait maintenant elle-même les rébus de la cuisine et du four. Desserts à la fraise des bois et à la cerise, pâte brisée et pâte feuilletée, veau et raviolis au chou. Elle avait appris cela par cœur, comme les chansons de soldats (« D'une jeune poitrine s'est arraché, avec douleur et grand regret, et avec l'armée s'en est allé un cœur amoureux... ») et les noms des parents de son certificat du saint baptême.

Je n'ai jamais songé à sa peur. Sa peur ne m'a pas effleurée, ne m'a pas fait mal. Elle n'a jamais été exprimée par personne. Si Dela est en moi c'est en qualité de celle qui lutte, qui agit, qui court. Qui court en traversant la rue sans prendre garde au danger. Qui court jusqu'à ce que... Et pourtant elle a dû avoir peur. Avoir peur du brassard avec l'étoile de David, de la faim, des trains qui partent de l'Umschlagplatz. Sinon pour elle, c'est pour les autres qu'elle avait peur.

1. Voir la note page 29. (N.d.T.)
2. Voir la note page 335. (N.d.T.)
3. Maria Pawlikowska-Jasnorzewska (1894-1945) : sa poésie d'apparence facile est faussement frivole. Elle répond à des préoccupations philosophiques assez pessimistes. Maria Pawlikowska-Jasnorzewska a émigré en France pendant la guerre, puis en Grande-Bretagne où elle est morte. (N.d.T.)

Elle a noté une histoire de dessert au pain sur une petite feuille quadrillée avec un stylo à encre couleur de ciel chargé.

Faire sécher du gros pain, broyer et tamiser. En prendre quatre cuillères à soupe, des grandes cuillères d'un service de fête, ne pas lésiner. Sortir le sucre de l'armoire, il doit encore y avoir des réserves de sucre. En ajouter toute une timbale dans la terrine. Jadis le sucre était blanc, je m'en souviens, donc faire des meules blanc-brun. Ajouter sept jaunes d'œufs. Les poules continuent de pondre. Sept jaunes l'un après l'autre, sept coquilles ouvertes. Je ne me rappelle pas quand j'ai vu tant d'œufs pour la dernière fois. Battre les blancs en neige. Les battre. Et dans un mortier broyer des clous de girofle, comme pour le pain d'épice maison quand nous prenions place à la table ronde pour le goûter. Et encore cette saveur du rhum, et cette saveur du citron, la peau du citron blanchit les mains. Sucre vanillé. Mélange, mélange tout cela ensemble. Et encore une cuillère de beurre clarifié. Ajoute les blancs en neige avec précaution pour qu'ils ne retombent pas. Verse dans une casserole beurrée. Enfourne. Pour un quart d'heure.

Rythme précipité des lettres jetées sur le papier. Mots compressés mais nets. Je ne sais rien de la couleur de sa voix.

Sa fille, ma maman, la connaissait. Elle s'en souvient, jamais elle ne l'oubliera, mais elle est incapable de raconter. Elle se rappelle sa voix, chaleureuse, et sa certitude qu'auprès de sa mère il ne peut rien lui arriver. Sa maman a toujours été avec elle et elle est toujours revenue la chercher. Dans chaque logement hors du mur, dans chaque cave, chez les gens, des dames et de messieurs qui changeaient tout le temps. Elle était avec sa maman dans une pièce vide face au ghetto en flammes. Pour la première fois elle ne se cachait pas derrière un rideau. De la fenêtre au troisième étage elle a tout vu. A côté, sur la table, un bouillon brûlant avec des pâtes qu'une voisine bienveillante venait tout juste de leur apporter. La vapeur des deux assiettes fumantes embuait lentement la vitre. Dela ne pleurait pas.

Pension de madame Czaplicka, Otwock – souligné –, rue Pilsudski 17, pour madame Zmialowska. Timbre rouge foncé à l'effigie d'Hitler, 24 Deutsches Reich *Generalgouvernement*. Cachet postal rond. Été 1944. Enveloppes autrefois bleues, maintenant passées, gris-jaune, comme un manteau usé, assouplies par le temps et les manipulations. Adresses au crayon, d'une écriture enfantine. Ma maman de treize ans s'appelait alors Alisia Szwejlis et avait des tresses noires avec des cocardes bleu marine.

Elle écrivait juste après être arrivée chez des gens exceptionnellement bons, bien qu'étrangers. Elle écrivait que tout va bien pour elle et qu'elle joue avec la petite Hania, de deux ans plus jeune qu'elle, orpheline, qui habite chez sa grand-mère. Elle écrivait qu'ils étaient déjà allés à la confiserie avec l'oncle de Hania et à une représentation ravissante d'un petit théâtre pour les enfants. Hier elles ont participé à la messe de midi à l'église, mais elles n'iront à la procession que demain parce qu'aujourd'hui il pleut. Elle comparait la maison et son jardin à une autre qui leur était certainement connue, à toutes les deux, chez monsieur et madame Stanislaw. Seulement ici le jardin est plus grand et le logement tout entier élégant comme une bonbonnière. Pas la moindre trace de poussière.

Elle n'aurait pas cru pouvoir se trouver si bien chez des gens étrangers. Elle ne donnait pas l'adresse parce qu'elle devait repartir dans quelques jours.

Une semaine plus tard, sur une demi-feuille lignée arrachée à un cahier elle se rappelait Relin. Elle essayait de se souvenir des prés et des fleurs de là-bas. « Je garantis, écrivait-elle, que toutes les poules perdent leurs œufs. » Elle priait de saluer papa.

Combien de fois a-t-elle changé de maison et d'appartement ? Chez Hanusia, Zosia, Janka, Stasia, mamie, tantine, tata. Elle apprenait à attendre. Elle apprenait à ne pas se plaindre. Il lui semblait parfois que sa poupée de chiffon – qui n'était pas à elle, empruntée elle aussi, comme tout le reste – était sa petite fille à elle. « N'aie pas peur, n'aie pas peur », répétait-elle. Mais la poupée tremblait et pleurait. Elle lui promettait que lorsque la guerre serait finie jamais plus elle ne devrait avoir peur. Pour son anniversaire, en 1944, Halina reçut un album. Il a été perdu quelque part, comme la bague qui s'était révélée trop petite.

Le 7 juillet elle était grave. Et réellement inquiète de n'avoir pas de nouvelles de sa mère. Elle a employé des mots d'adulte et répété quelques fautes d'orthographe, le plus souvent : « Voillà », et : « Je me nouris ». C'étaient les vacances, elle n'apprenait donc pas beaucoup. Elle répétait son vocabulaire français. Avec ce même crayon, sur le même papier aujourd'hui jauni elle informait qu'elle avait grandi et grossi. Elle avait maintenant la tête propre parce que mamie avait aussitôt détruit toute la cochonnerie avec le cévadille. Qu'est-ce que c'est que ce cévadille ? Elle, elle le savait, les enfants de la guerre devaient le savoir. J'ai vérifié dans les dictionnaires parce que cela pourrait bien m'arriver à moi aussi. Lui ressemblerais-je alors ou me ressemblerais-je à moi ?

En fait c'est la cévadille, genre féminin – la graine du sabadilla, une plante. On faisait un usage externe de l'extrait de graines du sabadilla, ajouté à de l'eau et à de l'alcool, contre les maladies pédiculaires.

Elle recevait rarement des lettres. La dernière est du 11 juillet 1944.

Peu après, la petite Halina se rendit à Wilga, près de Garwolin, dans une colonie pour des orphelins organisée par la Coopérative varsovienne de Logement, cette même coopérative qui aidait les familles de ses employés d'avant la guerre. Elle y resta plus longtemps, plusieurs mois, car l'insurrection avait éclaté à Varsovie.

Ses camarades l'enviaient de pouvoir correspondre avec sa maman. « Elles, elles ne verront certainement plus jamais leurs parents », affirmait-elle dans une lettre. Elle racontait qu'elle était celle qui apprenait le mieux dans sa classe et qu'elle aidait Lila, plus âgée qu'elle. Que le chandail était très chaud et que ses culottes brûlaient, même. Le soutien-gorge était à sa taille. Elle avait dit à la surveillante qu'elle l'avait rendu, maintenant elle devait donc le lui cacher. Un soutien-gorge. Elle portait un soutien-gorge. Le chocolat était fameux.

« Ma très chère petite maman... » écrivait-elle. Elle écrivait qu'elle était en bonne santé et se sentait bien, ce qui était tout de même le plus important.

Et Dela composait des menus.

Dela a rendu visite à la petite Halina à la fin d'août. Elle est allée d'Otwock à Wilga en partie à pied, en partie en empruntant des véhicules militaires. La rive gauche de la Vistule était déjà libérée. Elle lui a apporté des bas chauds et du linge. Il lui fallait retourner au travail, elle a promis de la reprendre aussi vite qu'elle le pourrait.

Cinq jours plus tard, dans une lettre, la petite Halina lui racontait le partage des vêtements chauds – des chemises de nuit en flanelle (moi je n'en ai pas reçu parce que j'ai la mienne), des robes (celles qui n'en avaient pas en ont reçu, moi j'ai la rose), des bas (je n'en ai pas reçu non plus puisque tu m'en avais apporté). Mais elle s'est débrouillée autrement. Elle a échangé ses petits bas à côtes contre ceux qu'ont reçus les fillettes – marron, en fil d'Écosse, montant jusqu'à l'aine. Elle en aura maintenant de rechange. Elle a aussi reçu une grande robe de chambre chaude. Elle lui descend jusqu'aux chevilles. Elle l'a passée pour le petit déjeuner et le goûter. En robe de chambre il faisait plus chaud. On leur a promis pour bientôt du tissu dont elles feront des lacets pour tenir les bas.

L'habillement, c'est très important. « N'est-ce pas ? » – elle voulait s'en assurer. Et elle demandait une lettre, une lettre, une lettre.

Sa mère gardait le silence. Elle n'a pas répondu aux nouvelles données par sa fille le 15 octobre ni le 20. Tout ce long automne a passé sans un signe de sa part. Octobre a passé, trente et un jours, les parents ont commencé à reprendre les fillettes. En novembre, trente jours, elle avait de moins en moins de camarades. Décembre, mois de fête, a passé. On a certainement dressé un sapin pour les enfants et chanté des cantiques de Noël. Peut-être les premiers que la petite Halina ait entendus. Comme elle devait être inquiète. La nouvelle année, 1945, a commencé, la guerre était finie.

Une enveloppe d'octobre avec les observations de la petite est ouverte, bien que Dela n'ait plus lu ses lettres. A côté, un morceau de garniture de manchettes en dentelle, un petit morceau, pour de fins poignets. La lecture obligatoire de ma grand-mère : Alina Gniewkowska, *La cuisine contemporaine chez soi*, 4e édition.

Un sac pour les papiers aryens. Un sac rendu plus doux par les desserts polonais, Jésus-Christ qu'il était permis de prier et l'amour d'une petite fille. Le sac des grandes et des petites affaires qui la tenaient en vie.

Répétition

Au début, il y a une petite fille. Ma maman, qui ne se souvient pas.

Parfois nous faisons une répétition, une répétition intitulée : ce dont elle est sûre.

Elle est sûre du brassard, du brassard blanc avec une étoile de David bleue que sa maman devait porter sur le bras droit. Elle n'est pas sûre que ce soit sur le bras droit. Le brassard signifiait qu'on était un adulte. Ma maman a fêté son anniversaire dans le ghetto, une fois sûrement ; deux, elle n'est pas sûre, mais le brassard, elle ne l'a jamais porté.

Elle n'avait pas de poupée. Et elle n'a pas joué au mur. Elle ne se souvient pas d'avoir joué. Bien qu'au début elle n'était pas seule dans l'appartement, il y avait Adas et Marian, ses jeunes cousins, et ensuite le petit Henrys et Izio. Marys parlait d'un dieu, ou plus exactement de deux dieux. Elle l'a entendu expliquer qu'ils se tenaient bien plantés sur terre, qu'ils avaient de grandes chaussures et des pantalons et des barbes. Le dieu polonais avait aussi un visage, mais le dieu juif, meilleur, touchait le ciel. Le dieu juif, celui-là devait être le nôtre, le véritable.

Elle savait parler d'arbres verts, avec et sans aiguilles. De la forêt et des pommes de pin ; même de la mer, où elle était allée en vacances avec ses parents avant la guerre. Du môle à Sopot, c'est-à-dire de cet endroit où l'on se promène sur l'eau, comme le pont en bois au-dessus de la rue Chlodna[1]. On l'avait prise en photo avec un grand nounours à longs poils. La photo a disparu. Elle se souvient de peu de choses, mais il paraît qu'elle avait alors appris à nager.

Elle est certaine de se souvenir des prés, ils étaient juste derrière la maison du Petit-Rynek, pleins de boutons-d'or, de coquelicots, de bleuets. Derrière la prairie, de l'autre côté, il y avait la rivière Bzura, sa tante l'emmenait parfois au parc, sa maman lui a raconté qu'ils allaient là-bas, papa et elle, avant de se marier. Donc, elle connaissait la rivière et la prairie et les vaches et les chèvres. Avant la guerre, à Leczyca, les chèvres étaient blanches, l'entrepôt de grand-père Goldstein noir de charbon, et les pigeons blancs avec des ailes grises. Dans le ghetto tout semblait avoir été saupoudré de cendre.

A la maison, pour les fêtes il y avait toujours du bouillon. Dans le ghetto maman faisait constamment des pâtes. Et ensuite elle séchait les pâtes. Et ensuite elle les emballait dans des petits sacs en lin. Des pâtes. Avec des pâtes. A propos de pâtes. Elle en envoyait la plus grande partie à son père au camp ; le reste, elles le mangeaient elles-mêmes. « Je ne veux pas de pâtes. Ça se tortille comme un serpent. » Des chevaux blessés courent dans les rues. « Je ne veux pas de foie de cheval. J'ai peur de manger des entrailles. Maman. »

« Calme-toi. Tu préfères les petits poissons – c'est ainsi qu'elles appelaient ces petites choses bon marché à l'odeur épouvantable : des éperlans blonds, châtains –, tu préfères ces poissons ? » « Non, je préfère les makagigi. »

Elle avait appris ce mot et cette saveur dans le ghetto. Jamais auparavant elle n'en avait goûté, elle n'en a plus jamais goûté ensuite. Des bâtonnets de graine de pavot – ou quelque chose qui ressemble à de la graine de pavot, une mixture de graine de pavot, des brisures de graine de pavot avec quelque chose de

1. Une passerelle qui reliait le « petit ghetto » au « grand ghetto » en enjambant une rue « aryenne ». (N.d.T.)

sucré – grillés sur la pierre. Avec du sucre. « Pas du sucre. Du sucre dans le ghetto ? Qu'est-ce que tu racontes ? » Mais ça avait un goût sucré, sucré comme rien d'autre. Elle mangeait lentement, pour en avoir plus longtemps.

Dans le ghetto, au voisinage d'une boucherie, pour la première fois de sa vie elle avait vu une harpiste. Elle n'était pas sûre du nom de cet instrument doré évoquant une nacelle de conte de fées. Elle s'était arrêtée un instant bien qu'on lui eût donné l'ordre de ne pas s'arrêter en chemin entre ses leçons et la maison. La femme lui parut être une géante. Avec son chapeau ponceau à large bord et ses grandes mains blanches elle avait l'air d'un oiseau exotique dans la foule des silhouettes aux regards ternes.

Elle est sûre de ne pas avoir joué au mur.

Elle est sûre que les boîtes aux lettres, dans le ghetto, étaient jaunes.

Elle est sûre qu'on avait construit Treblinka pour les Juifs. Elle ne pouvait imaginer que ce fût pour elle.

Elle savait en quoi une « rafle » se différencie de la « faction ».

Elle était anémique. Elle était capable de décrire un bon. Un bon d'alimentation.

Elle ne sait pas quand elle oubliera tout cela.

Dans le ghetto, ils ont changé d'adresse à plusieurs reprises. Elle ne se souvient d'aucune. Ils ont été longtemps ensemble : sa mamie et sa maman, les tantes Bronka, Madzia, Liba, les enfants. Ils déménageaient d'une rue à une autre, d'un étage à un autre. Pas le temps de s'habituer, elle n'avait rien à elle. Il fallait être prêt à se mettre en route à chaque instant.

Encore un appartement, ouvert comme les précédents, éventré par les mains cupides des Allemands. Tiroirs des commodes et des armoires ouverts, portes des buffets et des penderies arrachées, des générations de photographies mélangées, piétinées, déchirées, des manteaux, des robes, des pantalons, des serviettes, des nappes, des chandeliers, des assiettes, des bougies... Salières, bouilloires, essuie-mains, factures, boutons.

Sur les photographies qui gisaient éparpillées sur les parquets autrefois cirés, couleur de miel ou de chêne, ils avaient des châles de prière propres et de longues barbes apprêtées pour la fête. Jamais elle n'avait vu tant de photos et tant de Juifs religieux. Seulement dans le ghetto. Mais ici les Allemands les installaient sur des tonneaux et leur coupaient la barbe avec des ciseaux en se tordant de rire. Ils leur donnaient aussi des coups de pied et les battaient.

Elle se souvient des yeux, des dizaines, des centaines, des milliers d'yeux qui la regardaient. De bas en haut, depuis ces photos piétinées, qui regardaient vers le plafond. Des yeux, des yeux vivants.

Elle a entendu dire que des trains remplis de gens partaient de l'Umschlagplatz vers les fours. Quand on a dix ans, difficile de croire qu'on ait pu imaginer un four pour t'y faire brûler.

Lorsqu'elle a entendu pour la première fois le mot « tribunaux » – dans les tribunaux, vers les tribunaux, par les tribunaux –, elle l'a associé au jour du Jugement que les Juifs célébraient à la synagogue. Même les Juifs assimilés, comme son père ou le père de son père, même eux ils allaient prier ce jour-là. Donc, le jour du Jugement. Le jour du châtiment.

Quelqu'un pouvait travailler au tribunal, avoir à faire au tribunal. Quelque chose à faire au tribunal, c'est-à-dire quelque chose à régler, sans doute pas des poursuites. On est poursuivi quand on fait quelque chose de mal, par exemple quand on vole. Dans les rues des enfants volent du pain, vous arrachent des paquets des mains, des chapardeurs, des petits enfants affamés, et ils l'engloutissent en un instant bien que, parfois, ce qu'ils ont pris ne soit pas du tout de la nourriture. Ça ressemble à un gâteau ou à une miche de pain mais ce peut être du savon ou une éponge. Ces enfants-là peuvent-ils avoir quelque chose à faire au tribunal ? Qui juge leur faute ? Elle était sûre que c'étaient les Allemands, ils ont maintenant l'autorité sur tout. Les Allemands nous ont enfermés dans le ghetto, personne ne pense plus désormais que c'est pour notre bien, mais chacun s'efforce encore de travailler. Le travail nous donne la vie. Ma petite maman aussi travaille, et l'oncle, et mon deuxième oncle qui dirige une menuiserie, seule mamie Jecia ne va pas au travail et ma Babunia non plus et je ne sais pas ce qui va leur arriver.

Leur dernier logement était rue Leszno, presque en face des tribunaux. Elle est sûre que le bâtiment des tribunaux avait quatre étages, trois identiques et le plus haut avec une corniche en retrait. Quand on regardait longtemps le mur les rectangles des briques rappelaient des carrés de chocolat. Des morceaux de mur plats, sucrés. Elle ne se rappelait pas le goût du chocolat. Elle tentait de se souvenir de tous ces petits canapés de charcuterie que préparait maman et qu'elle jetait en cachette dans les cabinets. Elle est sûre que ce qui lui est arrivé est une punition. Elle est sûre de ne plus jamais jeter même des croûtes de pain.

De la fenêtre elle voyait un aigle avec une couronne sur la tête, l'aigle polonais dont on lui avait appris à être fière. Il se détachait un peu du mur, il luisait de toute la blancheur de ses ailes déployées comme s'il voulait s'envoler quelque part. Les oiseaux ne volent pas au-dessus du ghetto, celui-là aussi s'est pétrifié. De loin on ne voit ni le bec ni la couronne, mais elle sait qu'ils existent, elle les a vus auparavant, avant la guerre.

Eh bien, elle est sûre d'être sortie du ghetto par les tribunaux. L'imposant édifice des tribunaux, rue Leszno, engloutissait les silhouettes qui y pénétraient, d'un côté comme de l'autre. Il avait l'air anonyme, comme toute administration, de par son mécanisme de haute nécessité. La confusion de ses couloirs se révéla être un labyrinthe salutaire. Elle voulait croire qu'on était en sécurité dans le ventre des tribunaux. Ce n'est qu'au-delà des portes que la lumière commençait à blesser les yeux d'un éclat particulier.

C'est à cela qu'on les reconnaissait.

Maman, la main, les chaussures usées fermées par une boucle. Sous ses pas, un plancher vert. Un plancher ne peut pas être vert. Du linoléum. Vert. Sous ses pas c'était vert. Rien de plus.

Des années plus tard elle s'est rappelé l'escalier. De grandes marches qu'il lui était difficile de gravir, elle faisait tout son possible, elle transpirait, tirée par la main, mais elles étaient toujours là et il en surgissait toujours de nouvelles. Elles repoussaient à mesure. Comme dans l'histoire de Cendrillon. Et comme dans l'histoire, il lui semblait qu'elle n'aurait pas le temps, que le charme allait passer à l'instant, que la vérité allait se faire jour, que le coq allait chanter et que tous apprendraient qui elle est. Elle ne perdit pas de pantoufle. Sa chaussure n'était pas enchantée. Et ils l'apprirent tous. Peu après.

Elle n'est pas sûre du moment où tout cela est arrivé. Était-ce après la première action dans le ghetto, peut-être en août 1942, ou déjà pendant l'insurrection, en avril de l'année suivante ? Parfois elle croit se souvenir de petits paniers avec des œufs que les gens portaient dans les rues, juste avant ou peu après. Quelqu'un lui avait expliqué qu'ils sont bénis et que le Christ est ressuscité. Elle est sûre et certaine qu'il a quitté sa tombe, parce qu'elle a fini par demander comment c'était arrivé, elle ne le croyait pas. Mais elle a très bien pu l'entendre ailleurs, peut-être lorsque les dames de Zoliborz lui apprenaient la prière et lui expliquaient comment se conduire à l'église et recevoir la communion. Elle s'appelait déjà Alisia alors, et elle savait qu'il y a des choses dont il n'est pas permis de se souvenir.

Il n'est pas permis de se souvenir de grand-père Jakub parce qu'il portait une calotte et priait en se balançant d'avant en arrière. Il n'est pas permis de se souvenir de grand-père Henryk, bien qu'il avait l'air d'un noble gentilhomme polonais avec ses moustaches relevées et qu'il lisait seulement des livres polonais. Il n'est pas permis de se souvenir de papa, auquel on disait avant la guerre « monsieur l'ingénieur », ni de maman. De maman qui courait autour de la table ronde dans la grande pièce donnant sur la cour, ici, à Zoliborz, et qui implorait : « Halusia, mange un petit morceau, Halusia... » C'est surtout de maman qu'il n'est pas permis de se souvenir.

Des chaises non plus. On a donné les chaises à garder à l'oncle Oles, à Saska Kepa, dès qu'elles ont déménagé, maman et elle, dans le ghetto. Les chaises et la table en chêne, et peut-être aussi le buffet de Gdansk. L'oncle Janek, le frère de grand-père Henryk, prenait habituellement place sur la chaise à garniture vert foncé. On l'appelait « le pédiatre », ce qui signifie qu'il soignait les enfants, et il incitait toujours maman à ne pas forcer la petite Halina à manger. Mais maman ne savait pas faire autrement : « Il ne faut pas qu'un enfant ait faim ! » L'oncle cherchait à la persuader : « Quand elle aura jeûné quelque temps tu n'auras plus de soucis, essaie, essaie une fois. » Il s'essuyait les tempes de la main droite et lissait ses cheveux sombres. « Il ne faut pas qu'un enfant ait faim », répétait maman et la discussion était close. L'oncle Janek portait toujours un costume élégant et un chapeau qu'il inclinait drôlement pour saluer. Il leur rendait visite en fiacre et il était généralement pressé.

Le 1er septembre 1939 elle n'est pas allée à l'école. Tout avait été préparé, la domestique Jozia avait amidonné sa collerette et repassé sa robe bleu marine. Ses bottines se trouvaient à côté du lit. Son père dormait encore dans sa chambre. Maman était revenue à Leczyca quelques jours plus tôt, ses élèves attendaient ses leçons. Lorsqu'elle rentra à Varsovie, le père de la petite Halina était déjà parti à la guerre.

Elle est sûre que les deux domestiques qui lui avaient permis de rester chez elles un certain temps, contre de l'argent, au rez-de-chaussée, celles-là mêmes qui avaient une niche-cuisine avec un rideau, s'appelaient Hela et Stasia et que l'une venait faire le ménage de monsieur et madame Rydygier. Elles faisaient des galettes aux pommes et elles appréciaient leur jour de sortie.

Elles allaient alors danser, ce qu'elles racontaient en riant. Hela avait rencontré là-bas un fiancé qui aimait la soupe salée. La petite Halina et sa maman passaient toujours derrière le rideau lorsque quelqu'un venait voir les jeunes filles. Elles y étaient à l'étroit et sa maman lui serrait tout le temps la main, comme elle l'avait fait elle-même auparavant avec le petit Izio dans le panier de linge sale. Le fiancé d'Hela voulut trouver la salière lui-même. Il essayait de tirer le rideau. Maman aussi, de l'autre côté.

Le lendemain, elles durent déménager.

Auparavant elles ne quittaient leur cachette qu'à la tombée de la nuit pour se promener dans la cour de la Cité IV. Elle se souvient du nom du concierge, Pawlowski, parce qu'il fallait se tenir sur ses gardes avec lui. Elles le cherchaient constamment du regard. Il apostrophait les gamins qui faisaient des bêtises, qui arrosaient les passants à pleins seaux, par exemple, le lundi de Pâques[1], ou bien il criait lorsqu'ils cassaient des branches et piétinaient l'herbe. Alors elle voulait de nouveau être invisible. Dela n'avait même pas de voilette masquant son visage. Et jamais elle ne s'est décoloré les cheveux. Pourquoi ? Elles marchaient avec précaution et seulement en rasant les murs, elles vérifiaient que la voie était libre, elles ne s'adressaient pas la parole. Elle savait qu'il ne pouvait les voir. Et il ne les vit pas.

« Je m'appelle Alisia. »

Je fais la révérence et je récite des petits poèmes sur les arbres, comme dans le ghetto.

« Ma maman s'occupait d'activités au RGO. Tu ne sais pas ? Le Conseil central de protection. »

« Ta maman n'était pas dans le ghetto, Alisia. Dans le ghetto on enfermait les Juifs. »

Certains enfants ne savaient pas ce que sont des bourgeons. Je savais expliquer. Pour les pommes de pin et la bruyère j'avais

1. La tradition veut qu'on se lance de l'eau ce jour-là... mais tout de même pas à pleins seaux. (N.d.T.)

des souvenirs de la forêt. Les pois fleurissent blanc. Les mauvaises herbes sont les plus abondantes. Certains n'avaient pas vu de plate-bande ni d'étang ni de cygne. Les cygnes sont des oiseaux difficiles à décrire. Tout comme les girafes.

Sur scène nous avons chanté la chanson du soleil – « Nul ne nous enlèvera le soleil. »

« Notre patronne a des chaussures en papier », il vaut mieux que tu chantes celle-là, c'est une chanson aryenne. Certainement aryenne, bien que grand-père Henryk la chantait, et ensuite mamie Jecia dans le ghetto, pour le petit de sa fille Frania, au téléphone. « Elle a des chaussures en papier » – Frania était de l'autre côté du mur et tout le monde se faisait beaucoup de souci en pensant que les Allemands la tueraient. Ils la tueraient parce qu'elle avait un mari polonais et qu'elle n'était pas allée derrière le mur comme l'ordre en avait été donné. C'est bien, qu'elle n'ait pas obéi. Grâce à elle, grâce à lui – comme disait Babunia : goy, ce goy –, grâce à ce goy nous sommes en vie. Tous ceux qui ont permis qu'on les sauve sont en vie. Pourquoi la patronne a-t-elle des chaussures en papier ? Halina n'avait pas réfléchi, alors, à cette chanson. Le patron était-il un pauvre cordonnier juif qui ne pouvait pas se permettre d'offrir des chaussures à sa femme ? Ils n'avaient pas de quoi s'acheter des chaussures mais ils voulaient danser. « Quand ces chaussures chaussera, avec le patron dansera. » Grand-père Henryk chantait joliment, mais il est mort et il ne dansera pas avec mamie Jecia. Maintenant, justement, il va danser en souliers de gala, noirs, vernis. Les grands-parents de l'annexe dansent aussi. Les violons jouent. Comme à la noce juive. Corrige. Comme à la noce. Comme à la noce à la campagne. Les violons peuvent passer pour un instrument aryen.

Le premier logement vide lui parut gigantesque. Le parquet grinçait à chaque mouvement, alors elle s'efforçait de rester tranquille et de se déplacer sans bruit, l'écho multipliait tout. Elle avait peur d'elle-même. Elle prenait peu de place. Des dames vinrent la voir, et ensuite ces mêmes dames décidèrent qu'elle irait maintenant à la cave. La cave se trouvait du côté opposé à la cour qu'elle connaissait. Tout cela sur le territoire de la cité de la Coopérative de Logement, rue Krasinski, d'où elle partait en fiacre avec ses parents, dans son meilleur manteau, pour aller chez sa tante rue Wilanowska.

Elle est sûre que la cave était sombre. Par la petite lucarne que fermait une planche filtrait une lumière mesquine, mais afin que personne ne la remarque elle ne pouvait approcher tout près. Dans la journée elle regardait des jambes par une fente. Des chaussures passaient sur le trottoir, à gauche et à droite, beaucoup de chaussures, et à chaque paire on pouvait adapter une histoire. De grands souliers à boucles, pareils à ceux que portaient les demoiselles de service, passaient et repassaient à plusieurs reprises dans un sens et dans l'autre. Peut-être allaient-ils au marché, ou bien dans une boutique, pour des emplettes, peut-être une visite à l'hôpital, ou bien à la bibliothèque, pour chercher de nouveaux livres. Des bottillons en feutre blancs, agrafés derrière par trois boucles, et d'autres en peau tachetée avec le poil. Il paraît que c'est un voisin de la Cité III qui les confectionnait. Elle l'a appris après la guerre. Des sandales et des souliers de garçons – les garçons couraient et sautaient, jouaient à chat, ou peut-être jouaient-ils au ballon sur la petite place voisine. Une fois il est tombé tout près d'elle, un instant elle a vu de près le cuir jaunâtre, écorché par endroits. Mais des mains se sont aussitôt tendues vers lui et, de nouveau, il ne s'est plus rien passé. Elle a vu un vélo. Quelqu'un battait un tapis, des coups sourds, monotones. Des patins à roulettes, fabrication personnelle, ont résonné. Un vendeur de journaux a traversé. Les grandes bottes du concierge et le balai d'osier déblayant les reliefs du chaos quotidien, feuilles, débris, déchets, restes de l'ordinaire.

Au bout de quelques jours elle a demandé quelque chose à lire à la dame qui lui apportait un petit pain et du lait. La bougie n'était pas grande et il fallait l'économiser, mais surtout la tenir à distance de l'entrée et de la fenêtre. Elle s'est fait une place près du charbon, sur une couverture sombre dont elle s'est en outre couvert la tête. Elle étouffait. Elle a lu *La Case de l'Oncle Tom*. Dans ce livre le soleil continuait de briller. Elle ne se rappelle pas grand-chose d'autre.

Un beau jour, au crépuscule, on l'a enlevée de là. Elle a marché avec une nouvelle dame dans les rues de son quartier, elle les connaissait peu, ils avaient brièvement habité là-bas, avec son père, avant la guerre. Dans l'appartement, sous une lampe jaune, maman attendait. « Maman, ne me laisse pas. » « Souviens-toi que je reviens toujours te chercher. »

Elle savait compter jusqu'à cent. Elle ne sait pas calculer le nombre de logements dans lesquels on l'a laissée. Sept, douze, vingt et quelques ? Elle ne sait pas. Elle n'a eu personne à qui parler pendant des journées entières.

Elle rêvait qu'elle faisait des paquets. Un rêve qu'elle continue de faire. Selon le livre des songes, faire des paquets c'est déménager, et déménager c'est tracas et confusion. Elle a onze ans et elle habite derrière le mur. Elle est seule et elle s'efforce d'emporter tout ce qui reste encore.

Elle ajoute de nouveaux objets qui se multiplient, gonflent, elle s'efforce de fermer le couvercle. Les valises débordent de vêtements, d'assiettes, de linge, de serviettes, de chaussettes. Elle veut tout prendre et ne peut tout caser. C'est la cohue, les souliers grognent, les stylos repoussent les crayons et maculent d'encre les draps blancs, le peigne expulse la brosse. Les jupes chassent les pantalons. Panique. Les tasses en faïence s'effritent sous la pression des casseroles, les bas de soie se recroquevillent au voisinage des culottes de futaine, les chapeaux et les ongles se tordent. Panique, panique avant la sélection. De nouvelles valises se présentent, de nouveaux wagons blanchis à la chaux, désinfectés au chlore, entrer, plus vite, plus vite. Il y en a de plus en plus. Et encore Peter Pan et Nastassia Philippovna, Lord

Jim, le Roi Lear et les Montaigus, et puis le favori de mamie Jecia, Meir Ezofowicz[1]. Poussez-vous, il faut une place pour lui. Un cri. Manque d'air.

Elle s'efforçait de prier : « Notre père qui es aux cieux. Que Ton nom soit béni. Que Ton règne arrive, je m'appelle Alicja Szwejlis, que Ta volonté soit faite, diminutif : Alisia, sur la terre comme au ciel. Donne-nous, penses-Tu que je peux dormir tranquillement avec ces papiers-là, notre pain quotidien, je suis aryenne, Tu entends, peu importe qu'il n'y ait pas de pain blanc quotidien, sur la terre comme, ma maman aussi a un nom polonais : Zmialowska Zofia, rappelle-Toi, amen. Bonne nuit. Amen. »

Nous ne sommes pas vrais. Je n'ai aucun document. Absolument aucun. La prière. Et voilà tout.

Maman et papa se sont mariés sous la *houppah*, il faut oublier ce mot ; maman avait dû emprunter une robe parce qu'elle n'avait pas les moyens d'en acheter une neuve. Elle l'avait empruntée à Bronka, la sœur de son futur mari, mon papa, Zamutek, qui s'était mariée avant, peut-être sous ce même baldaquin. Dela était l'aînée et ses parents en étaient fiers car elle avait fait l'École normale et elle enseignait à l'école de Leczyca. Moi, ce qui me plaisait le plus c'est que les autres enfants devaient l'écouter. Elle avait de longs cheveux noirs relevés en rouleau spécial. Mais maintenant c'est mauvais d'avoir des cheveux noirs luisants, c'est pourquoi les cheveux de ma maman ont perdu leur éclat. Maintenant ils ne rappellent plus le *hallah*[2]. Rien ne doit rappeler le *hallah*.

Ni les bougies dans les chandeliers en argent. Et sans doute n'est-il plus permis de mentionner les fêtes. Maintenant j'en

1. Le héros d'une sorte de conte poétique portant ce titre, de la romancière polonaise Eliza Orzeszkowa (1841-1910). Meir Ezofowicz est un jeune Juif qui se rebelle contre l'obscurantisme des siens et qui finira par être maudit et chassé de sa ville. (N.d.T.)

2. Un pain spécial de farine blanche, généralement tressé, que les Juifs confectionnent pour le chabbat et les fêtes. (N.d.T.)

connais d'autres : Noël, quand Jésus est né, et Pâques, quand il est ressuscité. Pour la fête de Pessah[1] il y avait une vaisselle spéciale à la maison, il y avait de la *matsah*[2] et on chantait *Dayyénou*[3]. Portes ouvertes, car on attend le prophète Élie. Arrête. Rappelle-toi plutôt le petit pot à café de grand-père Henryk, celui avec les portraits des empereurs. Ou bien les bonbonnes de soupe de betterave rouge dans la resserre.

« Et une médaille, tu n'as pas de médaille de la Vierge ? » « Je n'en ai pas. » « Loué soit-Il », en parole de bienvenue. « Quels petits yeux noirs vous avez, mademoiselle, absolument comme – excusez-moi, c'est sans aucune allusion –, comme une petite Juive... » Loué. Notre pain.

Elle se souvient d'avoir pleuré de bonheur lorsque, sur la route de Garwolin, avec les autres enfants, elle a accueilli les soldats soviétiques.

Elle est sûre que si sa mère avait vécu elle serait venue la chercher à Wilga. Elle est sûre que tout aurait alors pris un autre tour.

1. La Pâque juive. (N.d.T.)
2. Voir la note page 204. (N.d.T.)
3. Refrain d'un ancien hymne de grâces *(« Cela nous aurait suffi »)* apparu dès le IXe siècle et chanté pendant la Pâque juive. Allusion à la libération de l'esclavage en Égypte, une faveur du Très Haut qui « aurait suffi » pour qu'on le remercie. (N.d.T.)

Frania

Frania

Dans la famille on l'appelait Tante Frania ou bien Franuchna, bien qu'en réalité elle eût pour prénom Celina. On parlait toujours d'elle en baissant la voix, avec une sollicitude et un embarras inexpliqués. Je sentais qu'on lui avait fait du tort. D'aussi loin que je me souvienne j'ai entendu cette phrase : « Franuchna a gâché sa vie », mais j'ai été longtemps sans comprendre ce qu'elle voulait dire.

Frania, la sœur de mon grand-père Szymon, me semblait vieille.

Elle a toujours été comme un écho de ceux auprès de qui elle vivait. Dans des vêtements déjà portés par d'autres, en chaussures ayant connu d'autres propriétaires. Avec les problèmes des autres qu'il lui arrivait de résoudre comme les siens propres. Il n'y avait pas assez de place pour elle. Entre son mari et ses enfants, entre le déjeuner et le dîner, entre le ménage et la lessive. Nul ne prêtait attention à ses besoins ni à ses rêves. Avec le temps elle s'en était débarrassée comme d'inutiles réminiscences de jeunesse.

Je n'ai guère souvenir des visites de mon enfance chez l'oncle et la tante Majewski. Une entrée étroite, dans laquelle je me casais à grand-peine avec maman. Enlever le manteau, une sorte de danse entre le mur et l'armoire – et des armoires, il y en avait plusieurs –, l'obscurité ou bien seulement une impression d'obscurité. Un énorme miroir grisonnant. J'avais toujours peur que des silhouettes sortent de l'obscurité à ma rencontre. La sorcière du kilim de la salle à manger appartenait à une fable méchante, un garçon et une fille tendaient les mains vers une pomme empoisonnée.

L'oncle et deux tantes que je n'aimais pas embrasser nous attendaient. Il n'y avait personne pour jouer. Leurs fils étaient devenus grands. J'avais sur moi ma meilleure robe et maman racontait mes succès à l'école. Parce que l'éducation c'est le plus important.

Je ne me demandais pas pourquoi un seul oncle a deux épouses. C'était tout simplement comme ça. J'avais toujours su que la nôtre, vraiment la nôtre, c'était Frania. L'autre, Halina, je l'appelais « l'autre », mais seulement en cachette, pour moi. Bien que ce fût elle qui avait de belles robes, qui souriait avec douceur et parlait français. J'accueillais sagement les caresses et j'attendais qu'on puisse enfin ressortir.

Des années plus tard, Frania se montrait parfois dans notre appartement de la rue Kasprzak. Toujours lasse, avec plusieurs lourds filets qu'elle lâchait à peine et seulement pour un instant. Dès le seuil elle se précipitait sur le téléphone pour savoir comment ils se débrouillaient sans elle à la maison. Elle se sentait coupable d'avoir déjà trop longtemps profité de sa liberté non réglementaire. Elle m'appelait « fifille » et demandait quand j'allais me marier, car le plus important c'est de fonder une famille et d'avoir des enfants. Je n'avais hâte ni de l'une ni des autres. J'ajoutais à ses soucis. Elle savait garder le silence sur son propre compte. Elle s'animait un moment, lorsqu'elle donnait à ma maman la recette de la carpe en gelée. Elle rappelait qu'il ne faut pas laver le poisson à fond après l'avoir préparé, qu'il doit rester un peu de sang. « Tu comprends ? » demandait-elle en baissant la voix comme si elle partageait un secret. En pareilles occasions elle mentionnait Leczyca, mais je n'y prêtais pas attention. Je n'estimais pas que cela pût avoir un jour de l'importance.

Frania ne finissait pas son thé, elle était déjà dans l'entrée pour prendre congé. Avant de sortir elle vérifiait ses emplettes enveloppées dans un journal, arrangeait soigneusement les fanes des légumes, poireaux, céleris, carottes, chuchotait quelque chose aux pommes et aux prunes sur un ton d'excuse, vérifiait que le fromage blanc n'avait pas ramolli. A côté, couverts de papier gris, il y avait des livres de la salle de lecture du quartier. Elle aimait par-dessus tout les histoires d'amour heureuses. Elle fermait la porte derrière elle sans faire de bruit, emportant le sentiment confus de la nécessité de souffrir. Je ne l'accompagnais pas à l'arrêt d'autobus bien qu'un long trajet l'attendait avec son chargement, au-delà de la Vistule.

J'étais adulte lorsque, régulièrement, chaque année, j'ai commencé à leur rendre visite dans leur appartement de la rue Szczuczynska. La curiosité attisait l'obligation familiale. Je voulais pénétrer au cœur du secret de leur union. Ce fut long.

Ils invitaient généralement à midi juste. A cette heure-là ne se faisait pas encore sentir la lassitude d'être venus à bout d'une nouvelle journée. J'arrivais un peu plus tôt, ils étaient maladivement ponctuels, et lorsque je sonnais à la porte l'horloge viennoise de la salle à manger commençait tout juste son décompte le plus long.

C'est ainsi que je me les rappelle, selon le même cadrage qui se répète. L'horloge sonne triomphalement. Eux trois, assis à la table de chêne rectangulaire, se figent de plus en plus à mesure que s'affermit le son. Comme avant le début d'une représentation. Rideau.

Ils ont traversé ensemble plus d'un demi-siècle. Frania. Halina. Et Aleksander.

C'est lui le chef. De petite taille, il a une grande tête presque chauve et la peau du visage flasque, lâche. Lorsqu'il n'est pas d'accord avec quelque chose ces plis allongés s'agitent de côté, comme chez un vieux chien. Il chantonne en permanence dans sa barbe.

Ses yeux sont sans doute gris, mais ce n'est pas certain, il cherche rarement le contact avec le regard de son interlocuteur. Il n'a pas besoin de confirmation. Ces temps-ci il voit de plus en plus mal, ce qu'il ne supporte pas, jamais encore il n'a perdu le contrôle de quoi que ce soit. Courtois à l'excès, à l'ancienne mode, il tente cependant d'user du jargon de la jeunesse. Il pose les questions et y répond, aux siennes comme à celles des autres, pour lui et pour les autres. Aleksander Majewski, Oles, industriel avant la guerre, directeur après la guerre – monarque absolu.

A sa droite, telle une poupée de porcelaine, sa femme, Halina Schumacher. Joues rondes avec des traces asymétriques de rose, épaisses lunettes et perruque de guingois couleur de feuilles d'automne. Visage de portrait cubiste. Ou alors, mauvais maquillage. Difficile de croire que les hommes se retournaient dans la rue sur son passage avant la guerre. Fille d'un dermatologue connu de Lodz, elle a fait de brillantes études de droit et est devenue avocate. Elle a fait partie de ce qu'on appelle les sphères. A table, absente, mais peut-être irréelle. Somnolente. Figée dans une grimace de sourire.

Et l'autre femme, celle qui se trouve à sa gauche. Son épouse aussi. Elle a un visage doux, ridé, cerné de cheveux gris coiffés en un chignon lâche. Frania. Franuchna. Des yeux bleu pâle envahis de larmes. Les épaules lourdes. On dirait qu'elle approuve constamment : on ne peut plus rien changer et c'est bien ainsi. Car, au fond, ce pourrait être pire. Jadis elle avait des rêves. Ensuite on l'a désignée pour la mort. Elle n'a finalement pas appris que la vie est un service.

Sur la table, comme chaque année, des hors-d'œuvre froids, du rôti de veau, des concombres confits au sel, un gâteau sablé et une bouteille de cognac.

L'oncle Oles est bigame. C'est aussi un héros. Je l'aime bien. Il m'impressionne. Il évoque avec cette même verve, pendant des heures, aussi bien ses conquêtes érotiques que les Juifs qu'il a sauvés pendant l'occupation. Les unes et les autres sonnent tout aussi naturellement dans son histoire. S'il est fier de quelque chose c'est plutôt de sa propre virilité que de l'aide qu'il a apportée à ceux qui en avaient besoin. Il a sauvé plusieurs personnes, une dizaine peut-être, jamais il n'a attendu de récompense. La bienséance lui paraît être une composante manifeste de la nature humaine. Elle ne demande aucune justification. En outre, il a réussi quelque chose qui semble impossible : il a vécu des années avec deux femmes, sous le même toit.

Dans son testament il a demandé qu'on grave trois mots sur leur tombe commune : fidélité, sagesse, courage. Ce n'est que lorsqu'elles s'en sont allées qu'il a commencé à parler d'elles.

Frania, la sœur de mon grand-père, était le troisième enfant de Justyna et Henryk Przedborski. Et comme sa sœur aînée Bronka, elle avait les yeux bleus. Une Juive aux yeux bleus c'était le succès.

A Leczyca on disait d'elles : « Les jolies demoiselles Przedborski ». Elles avaient des cocardes dans les cheveux, elles jouaient du piano, elles savaient broder et cuisiner. Bronka aimait s'occuper de cuisine. Dans un cahier de recettes elle notait ses propres variations sur le thème du *tcholent*, du poisson en gelée, des canards et des poules farcies. Elle riait constamment. Frania a toujours été posée. Absorbée par la musique et ses propres pensées. Elle avait appris tôt à déchiffrer les partitions. Elle les lisait sans effort, comme des mots.

Encore enfant elle passait beaucoup de temps dans le bureau de son père, au pied des étagères en acajou de la bibliothèque. On l'y laissait et on la retrouvait généralement à la même place. Elle lisait ce qu'elle pouvait atteindre. Les plus gros volumes étaient en bas : encyclopédies, dictionnaires, atlas, histoire de Pologne. Pour les romans d'amour il lui faudrait grandir. Elle avait fait la connaissance d'Anna Karénine et de Madame Bovary avant même d'être *bat mitsvah* [1], avant d'avoir eu treize ans.

1. Devient *bat mitsvah* (« fille du commandement »), la jeune fille ayant atteint la majorité religieuse : douze ans et un jour selon la loi juive. (N.d.T.)

Elle n'était pas la plus douée mais elle voulait s'instruire. Comme ses sœurs et son frère aînés elle avait fini ses études au lycée polonais de Leczyca. Elle avait obtenu son baccalauréat en mai 1927 et c'est en religion qu'elle avait obtenu son unique 20/20. A l'école c'est le rabbin qui la lui enseignait – le curé l'enseignait aux catholiques, le pope orthodoxe était celui qui avait le moins d'élèves. Sur une photographie de cette époque Frania a les cheveux coupés à la mode avec une frange à la Pola Negri, et la détermination se lit sur son visage et dans son regard. Peut-être avait-elle déjà annoncé à ses parents qu'elle quittait la maison.

Elle étouffait dans cette petite ville à l'écart sur la Bzura. Le lointain l'attirait – au-delà de la prairie, de la rivière, de la ligne de la forêt. Le vaste monde. Elle en avait assez des concerts de l'orchestre des pompiers, des films du cinéma « Oaza », du rythme provincial des visites et des fêtes. Elle voulait apprendre, étudier l'histoire, devenir institutrice. Elle voulait respirer un autre air. Elle ne savait pas laquelle de ces aspirations était la plus forte, chacune suffisait à sa décision. Elle n'en avait pas peur. Elle était partie.

Jamais auparavant elle n'était allée dans la capitale, distante de plus de cent kilomètres, jamais elle n'était allée dans une grande ville. Elle avait passé ses dernières années à Leczyca chez sa grand-mère souffrant des yeux, à qui elle lisait à haute voix des romans publiés dans des quotidiens populaires. Maintenant, à Varsovie, elle logeait chez un frère de son père appelé oncle Janek. C'était un pédiatre connu, avec un appartement et un cabinet toujours rempli de patients dans l'une des rues les plus élégantes de la ville, la rue Marszalkowska. Elle commença dans la situation de la parente pauvre qui contemple avec dévotion les vitrines des magasins et les habitués des cafés, les palais des anciens magnats, les résidences des rois. Peu de Juifs habitaient au centre même de la ville, non loin de la gare centrale et de la philharmonie, bien que l'une des artères principales, s'étendant de la Vistule jusqu'aux barrières occidentales, portait le nom d'Allées de Jérusalem.

La majorité des Juifs de Varsovie s'étaient établis dans la partie nord de la capitale. Des gens à papillotes, en lévites, des marchands à l'étalage s'exclamant en yiddish, des colporteurs, des marchands de lacets, de peignes et de tiges de bottes emplissaient d'une foule exotique les rues et le labyrinthe des pavillons annexes. Ils avaient gardé le costume de la vieille foi et la fidélité aux traditions leur donnait un sentiment d'enracinement et de sécurité.

A côté, rues Nalewki, Leszno, Sienna, s'étaient installés des Juifs riches – industriels, propriétaires d'immeubles et d'usines, financiers. La moitié du commerce et de l'industrie de Varsovie se trouvait entre leurs mains. Dans le million d'habitants de la capitale polonaise, un habitant sur trois était juif. Un médecin privé sur deux, un avocat et un notaire sur trois avaient des ancêtres juifs.

L'oncle Janek était le cinquième fils, le plus jeune, de Markus Przedborski, propriétaire d'une maison de commerce à Kalisz et d'un domaine près de Leczyca. Il ne se servait pas de son prénom juif – Samuel Janas –, pas plus que son frère Henryk qu'on n'appelait pas non plus Enoch. Tous deux parlaient un polonais littéraire pur et, quant au physique, ils ne rappelaient pas le stéréotype du Juif. Janek était le seul des frères à avoir fait des études supérieures, à l'École supérieure de médecine de Kiev. Il prenait maintenant en charge le financement des études de sa nièce.

Il affichait sa polonité avec ostentation. Il plaçait des proverbes polonais dans la conversation, se référait à des exemples puisés dans l'histoire polonaise, récitait des fragments de poésie romantique. Comme s'il voulait nier son passé et son origine. Tante Maria, une cousine qui fréquentait beaucoup la maison de Janek, parlait avec mépris des Juifs orthodoxes de la rue Nalewki. Elle les appelait « les léviteux ». Elle faisait ses achats exclusivement dans les boutiques polonaises. Elle prenait plaisir à se rendre « aux eaux ».

Selon le recensement général de 1931, dix pour cent des Juifs déclaraient le polonais comme leur langue maternelle. Les masses juives vivaient dans une culture des siècles passés, mais une bonne part de l'intelligentsia juive obéissait à un processus progressif d'assimilation. Parfois – assez souvent – cela entraînait la réfutation de son propre héritage, un sentiment de gêne et de honte.

On disait des Przedborski varsoviens qu'ils faisaient partie de la société. Frania ne savait pas être aussi frivole et varsovienne qu'eux. Pas encore. Il y avait chez elle l'inquiétude d'une vie encore inaccomplie et l'excitation de l'aventure. Elle considérait l'assimilation comme une voie pour parvenir au but, pour acquérir une formation et conquérir l'indépendance. Elle n'en pressentait pas les pièges.

Les Juifs disent que changer d'adresse c'est changer de destin. Pour le moment, c'était son sentiment.

Elle fut admise à la faculté des lettres de l'université de Varsovie. Ses papiers d'avant-guerre, les preuves de la réalisation de son rêve, ont été conservés dans les archives de l'université. Lors de la prestation solennelle de serment à l'ouverture de l'année universitaire 1927/28, elle jura d'être assidue dans ses études et d'adopter à l'extérieur une conduite morale et digne.

Ses professeurs étaient les auteurs de livres de la bibliothèque de son père, les humanistes polonais les plus remarquables, des gloires à l'échelle européenne. Elle suivait leurs cours en philosophie et en culture. Elle étudiait l'histoire de la Pologne au Moyen Age et la géographie du monde classique. Elle était curieuse de l'Italie, en particulier de Venise et de Rome, deux villes où avaient été créés les premiers ghettos juifs, symboles d'emprisonnement mais aussi oasis où ils s'étaient volontairement retirés afin de cultiver leur propre particularisme religieux, conformément à la lettre du Talmud.

Elle a fait deux années d'histoire.

En Pologne, la crise économique mondiale et le grand krach boursier frappèrent à l'automne de 1929. Peu après le Nouvel

An 1930, l'oncle Janek la fit venir à son cabinet. Il regrettait, mais elle devait considérer ses études comme terminées. Il ne pouvait plus payer pour lui permettre de les poursuivre. De toute façon elle se marierait bientôt, elle aurait des enfants, elle se consacrerait à sa famille. A quoi bon dépenser inconsidérément de l'argent ?

J'ignore si elle protesta. Je ne pense pas qu'elle demanda de l'aide à ses parents ou à sa grand-mère. L'imprimerie de Leczyca était encore prospère, ils étaient toujours propriétaires de l'entrepôt de vins et d'eaux-de-vie. Ils avaient financé l'éducation du fils, Zamutek travaillait déjà. Mais une fille n'avait pas à étudier, on considérait sa formation comme un caprice. Elle savait qu'il lui fallait se débrouiller seule si elle voulait rester en ville.

A Varsovie comme partout dans le monde, de longues files d'attente se formaient pour la soupe gratuite, et pour chaque poste de travail libre il y avait des centaines de volontaires. Par un directeur de banque avec lequel il entretenait des relations amicales, l'oncle Janek lui trouva un poste d'employée de bureau à la firme « Drago », qui distribuait des produits pétroliers. Le chef de la firme était un homme jeune, dynamique et plein d'idées : Aleksander Majewski. Oles.

Pour le mariage d'un collègue de bureau elle avait mis son meilleur costume – un boléro à la mode et une jupe étroite descendant à mi-mollet avec une longue fente derrière. Elle avait noué ses cheveux, comme sa mère. Elle avait emprunté un collier de perles pour attirer la chance. C'était le 24 juin 1930, le jour de son anniversaire. Elle avait 23 ans.

Le hasard voulut qu'ils quittent la réception ensemble, Oles et elle. Ils avaient presque le même âge mais elle lui parut jeune, nettement plus jeune, comme si la vie s'ouvrait à peine devant elle. Avec son costume croisé et son borsalino clair, le chef lui rappelait les héros des romans qu'elle lisait à sa grand-mère. Lorsqu'elle lui dit que c'était son anniversaire il l'invita à prendre un verre de champagne au légendaire « Adria », le plus à la mode des établissements de Varsovie, avec jazz-band et parquet tournant.

C'était son premier dancing et son premier verre de champagne. Et son premier rendez-vous. Première déclaration d'amour. Et première nuit avec un homme.

Oles affirme que c'est alors qu'elle l'a choisi. Bien qu'il eût une épouse et de nombreuses aventures féminines, ce qu'il racontait volontiers. Il était en instance de divorce. Avec sa sincérité et sa ferveur elle lui parut naïve. Il n'accorda guère de poids à ses promesses : elle était prête à tout, elle n'aimerait jamais personne d'autre. Elle ne le voulait pas pour un instant, elle le voulait pour la vie entière.

Cette scène de leur première rencontre, je la revois souvent en imagination. Je souris à la vue de Frania d'une beauté et d'un bonheur si provocants, bien que j'aie du mal à la croire ainsi. Je la regarde donc une fois encore.

Pour Frania, Oles semblait être une variante accomplie de son père. Dans chacun de ses gestes et chacune de ses paroles il donnait à comprendre qu'il savait ce qu'il faisait et que tout devait réussir. Tous deux jouaient du violon, ils partageaient le même goût de la musique. Même les arias – les mêmes – qu'ils chantaient de la même façon, d'une voix profonde de ténor. La force d'Oles l'attirait comme si elle avait voulu s'y mesurer. Elle se sentait en sécurité près de lui, bien qu'elle continuât de lui dire « monsieur le directeur », également lorsqu'elle lui apportait des documents à signer et qu'elle fermait la porte de son bureau. Il était bienveillant et concentré. Il ne se trompait pas. Il parlait clair et avec conviction.

Elle ne demanda l'accord de personne. Elle n'estimait pas devoir le faire. Polonais ? Divorcé ? D'une autre confession ? Son homme. Elle avait choisi son destin, comme auparavant une nouvelle adresse. Dans la vie tout exigeait de la décision, et ensuite de la logique.

En apparence leur quotidien ne subit pas de changement. Au bureau ils se conformaient aux règles. Ils habitaient chacun de leur côté. Chacun tenait ses propres comptes et observait les principes de liberté qu'ils s'étaient donnés. Mais au souvenir de leurs nuits communes Oles, aujourd'hui presque centenaire, resplendit de l'éclat d'un amant de cinéma. Il raconte cette passion avec des mots que je ne puis employer. Frania devient alors pour un instant une parente de ces fameuses corruptrices au corps en matière inflammable.

Sa réputation de Casanova l'accompagnait. Elle devait le savoir. Peut-être estimait-elle que cela ne la concernait pas ? J'ignore quand elle a pris conscience qu'elle n'était pas la seule dans sa vie. J'ignore ce qu'elle a éprouvé en apprenant l'existence des autres. Oles prétend que c'est elle qui a exigé le récit de ses conquêtes. Il prétend aussi qu'unie à lui elle se sentait en sécurité et que ses nombreuses aventures n'ont rien changé entre eux.

Ils allaient ensemble au restaurant et au théâtre, aux concerts et aux revues. Il passaient beaucoup de temps à la Société varsovienne de canotage où les aristocrates polonais, l'intelligentsia, les employés d'ambassade venaient aux réceptions et au bal. Oles souligne volontiers que Celina Franciszka, comme il l'appelait – pas par son diminutif, Frania, comme à la maison –, passait partout pour une Polonaise. Il continue d'admirer sa beauté, son teint de pêche, ses yeux, sa poitrine. Elle lui semblait exotique, pas sémite. Aurait-il été aussi populaire dans un club de l'élite avec une tradition d'un demi-siècle si on avait découvert que Frania était juive ?

Il se souvenait des Juifs de son enfance. Il lui en faisait parfois le récit. Il était originaire de Mazovie, son grand-père était un paysan, son père avait fait des études secondaires. Là-bas il s'était passionné pour les idéaux socialistes, la légende de Ludwik

Warynski[1], lequel, recherché par l'okhrana[2] russe, s'était caché dans ces parages familiaux, non loin de Nasielsk. Les marchands juifs étaient une part indissociable du paysage de la campagne polonaise où Oles a passé son enfance. Sa mère, couturière, avait constamment besoin de quelque chose chez les Juifs, tantôt d'une aiguille pour la machine à coudre, tantôt d'ustensiles de ménage ou de coupons de tissu. Ils vendaient, ils achetaient, ils conseillaient. Souvent un vieux Juif à barbe grise se montrait dans la maison des Majewski. Avec sa petite casquette à visière il prenait place à table et refusait de goûter quoi que ce fût hormis du thé. Lorsque Oles, tout jeune encore, se blessa à une jambe qui s'infecta, c'est ce marchand juif, justement, qui lui sauva la vie. Il conduisit l'enfant qui avait de la fièvre chez l'assistant d'un médecin. Oles, qui aime trouver une justification à tout dans la vie, prétend que c'est alors, quand il avait dix ans, qu'il décida de toujours aider les Juifs dans le besoin.

Il emmenait Frania à la Grande Synagogue, rue Tlomackie, où des chantres de renommée mondiale, Sirota ou bien Kusewicki, se produisaient pendant les fêtes juives. Il adorait les chœurs, il chantait lui-même dans quelques-uns. Ils allaient se promener dans le quartier juif, rue Nalewki, au milieu d'une foule exotique. Elle n'aimait pas cela. Elle ne lisait pas les journaux juifs, elle n'appréciait pas le théâtre juif. Ils allaient rarement dans les cabarets, où régnait la parodie des Juifs. C'est plutôt Oles qui buvait de la Pejsachowka[3], et quand l'occasion se présentait il mangeait de la nourriture cacher. J'ignore si c'était par galanterie pour elle. Elle s'était déjà fort éloignée de ses propres sources. Son frère et sa sœur aînée habitaient Varsovie, mais Frania regardait le monde avec les yeux d'Oles.

1. Ludwik Warynski (1856-1889), l'un des fondateurs du mouvement ouvrier révolutionnaire polonais « Prolétariat », créé à l'image du mouvement russe *Narodnaïa Volia* (« La Volonté du peuple »), avec lequel un accord fut d'ailleurs conclu pour la prise du pouvoir en Russie et en Pologne. Arrêté, condamné aux travaux forcés en 1884, Warynski fut emprisonné à la forteresse de Schlüsselburg où il fut emporté par la tuberculose. (N.d.T.)

2. La police secrète tsariste. (N.d.T.)

3. Une vodka cacher, produite le plus souvent à partir de prunes. (N.d.T.)

Bronka habitait le quartier de Powisle. Son mari était Borys Kuszner, ingénieur, un des fils du dentiste de la place du Marché à Leczyca, elle le connaissait depuis l'enfance. Zamutek, ingénieur lui aussi, construisait les cités de la Coopérative varsovienne de Logement à Zoliborz où il avait un appartement de fonction. Il avait fait la connaissance de Dela, sa femme, dans la cour de la maison familiale. La plus jeune sœur de Frania, Madzia, avait épousé le frère de Borys Kuszner. Ils avaient déménagé de Leczyca sans pour autant quitter ces mêmes constellations que leur assignait la tradition. Chez Bronka le bouillon avait la même saveur qu'à la maison sur le Petit-Rynek.

La vie de la famille Przedborski avant la guerre est absente des récits d'Oles. Il mentionne parfois le thé dominical avec le gâteau et des tranches de halva, mais je n'ai pas le sentiment qu'il parle de gens qui lui sont proches.

En dépit de la crise, l'entreprise d'Oles, soutenue par des capitaux allemands, était florissante. Il parcourait le pays, passait plusieurs jours de la semaine à Lodz où il avait ouvert une agence de sa firme. Il était plein d'idées et d'enthousiasme et on considérait ses conceptions de la réclame comme novatrices. Avec le temps il ouvrit sa propre maison de commerce. Ses affaires marchaient parfaitement. Dans son bureau varsovien il employait plus de vingt personnes.

Oles avait sa propre garçonnière en ville ; celle-ci, une autre, il en changeait en fonction des nécessités. Frania avait déménagé de chez son oncle depuis longtemps déjà, elle louait une pièce indépendante. Quand Oles rentrait à Varsovie elle restait chez lui pour la nuit. Cela dura longtemps – les dîners, les séparations, les gares, le temps sans lui, l'attente et l'euphorie de ce qui leur était commun. Les années passaient, les anniversaires se succédaient, le vingt-cinquième, le vingt-huitième, le trentième. Les autres se mariaient et les autres avaient des enfants. Elle n'avait pas peur de rester vieille fille, elle ne réfléchissait pas en ces termes. Elle se sentait comblée comme jamais elle ne l'avait été auparavant.

Ils ne parlaient pas de mariage. Il ne se hâtait pas et elle ne le demandait pas. Est-ce qu'elle n'osait pas ? Longtemps il lui a suffi qu'ils soient ensemble.

Il était différent de son frère à elle, de ses beaux-frères, de ceux qu'elle avait connus étant enfant. Le dimanche il venait devant chez elle avec sa motocyclette anglaise noire qui pétaradait. Il filait à travers la ville et Frania se blottissait dans son dos contre sa veste en cuir. Il l'emmenait faire une descente en kayak. Elle était incapable d'imaginer Bronka un aviron à la main, Zamutek à vélo, ses beaux-frères sur une petite selle de motocyclette.

C'est ainsi que je la vois. Je ne comprends pas vraiment. Il y avait tout de même d'autres femmes, elle n'était pourtant pas le centre de son univers. Et cependant ils restaient ensemble. Enfin, au bout de sept ans, elle lui déclara qu'elle voulait un enfant de lui.

Elle avait alors trente ans, Oles deux ans de plus. C'était en 1937 – en Europe le climat de menace s'intensifiait mais la guerre ne semblait pas encore inévitable. Le monde sortait justement de plusieurs années de crise. Oles avait acheté une voiture, une Opel, un cabriolet. Il aimait la vitesse et le souffle de l'air sur son visage. Sa maison de commerce avait donné naissance à un réseau de multiples boutiques. Le temps était venu de fonder une famille. C'est lui, et pas elle, qui proposa le mariage.

Les unions mixtes polono-juives n'étaient pas fréquentes dans la Pologne de cette époque. Il n'y a que chez les communistes, ignorant la tradition par principe, que ces mariages semblaient naturels et n'appelaient pas de commentaire. Partout ailleurs il fallait compter sur une réaction malveillante de l'entourage, aussi bien de la part des Polonais que des Juifs.

Dans la Pologne de l'entre-deux-guerres il n'y avait pas de mariage civil. Avant de se présenter devant l'autel Frania devait se convertir.

Le baptême. Il me semble que le mot même devait susciter son opposition, même si elle ne l'avouait pas. Un sacrement chrétien. Bien qu'elle fût émancipée, révoltée et libre, cela ne pouvait lui être indifférent. La conversion exigeait un effort, l'étude du catéchisme durait longtemps, l'acte d'adhésion à une nouvelle communauté religieuse imposait de plonger dans un monde étranger, voire hostile. Elle avait médité cette décision, ce n'était pas seulement une impulsion.

Pour les Juifs, le baptême catholique était généralement l'expression d'une foi authentique et pas seulement un moyen de légaliser une situation personnelle. Les conversions non fondées sur une nécessité religieuse effective se faisaient chez les protestants ou au sein de l'Église orthodoxe. Oles et Frania choisirent l'Église orthodoxe, comme si de fauter sous une autre croix avait moins de poids. En outre, au regard de l'Église catholique Oles était toujours marié.

La paroisse orthodoxe métropolitaine dédiée à sainte Marie-Madeleine a une belle église dans le quartier de Praga, l'une des deux que Varsovie a conservées. Dans ses archives figure toujours l'enregistrement du baptême de Celina Franciszka, fille d'Enoch et Jachet Gitel née Herman, 30 ans, d'origine juive. Elle a obtenu une dispense de Son Excellence le Métropolite Dionizi. Elle a reçu le sacrement du saint baptême, la confirmation et la sainte communion en même temps que l'octroi d'un nouveau prénom, Zofia *(Sofija)*, le 28 janvier 1938 en présence du pope et de deux témoins.

J'ignore si elle croyait en Dieu.

En tant que paroissienne de confession orthodoxe cette fois, trois semaines plus tard, dans cette même église orthodoxe, elle a épousé Aleksander Majewski, divorcé. Elle était maintenant Celina, Franciszka, Zofia.

Elle n'a jamais raconté cela elle-même. Lui, il se souvenait des chœurs magnifiques, de la lumière voilée et des couronnes en or. Chacune des dix cloches fondues en Westphalie a sonné.

Les témoins étaient le frère d'Oles et une collègue de travail. Personne de la famille Przedborski ne se montra. Ni de Leczyca ni de Varsovie. La jeune mariée avait une mère et une grand-mère, deux sœurs et un frère, des oncles et une tante paternels, une tante et des oncles maternels, des cousins. Il n'y eut personne.

Qu'y a-t-il de honteux, et pour qui, dans le fait que Celina Franciszka, déjà plus si jeune, décide de paraître devant l'autel après huit ans d'union avec un homme ? Non sous la *houppah* que lui assignait sa naissance, non pas à la synagogue et en présence d'un rabbin. Non comme la fille de ses ancêtres mais comme une étrangère, une convertie, une renégate. Je comprends que cela ait pu chagriner sa grand-mère ; pour elle, un choix pareil était une transgression des commandements. Mais pour les autres ?

Cette même année eut également lieu une autre cérémonie. Henryk Przedborski, le père de Frania, mourut à l'automne. On ignore s'il est mort d'une crise cardiaque ou de la tuberculose. Les deux histoires ont cours dans la mémoire familiale. La seconde évoque l'image de draps mouillés dans la chambre du malade afin de soulager sa respiration. Au cimetière, la foule des pleureuses de la communauté. En revanche, il n'y a qu'une seule relation de l'enterrement. Personne, à part Oles, n'en a gardé le souvenir.

Dans la foule des personnes en deuil, des frères et sœurs du défunt, de la veuve, des enfants, des cousins de Lodz, de Kutno et de Varsovie, des Przedborski et des Herman qui leur étaient apparentés, des voisins et des relations, on remarqua un étranger. Quelqu'un avait attiré l'attention du rabbin sur le fait qu'un Polonais se trouvait parmi les gens en deuil. Oles affirme qu'on lui refusa l'accès au cimetière, de prendre part à l'enterrement de son beau-père. Il attendit derrière le portail.

L'histoire qu'Oles garde en mémoire peut-elle être vraie ? Henryk Przedborski avait siégé à plusieurs reprises au conseil municipal de Leczyca, il faisait beaucoup d'affaires avec les Polonais. Il appartenait à l'élite de Leczyca. Est-il possible que ses voisins, ses collègues de la municipalité, les gens qui l'avaient connu pendant des dizaines d'années ne se soient pas montrés à son enterrement ? Je ne connais pas d'exemple de Juif ou de non-Juif éconduit d'un enterrement. S'agissait-il d'autre chose ? Je l'ignore.

Ce jour-là, Frania était à Leczyca pour la dernière fois.

A trois

Frania, Zofia Majewska, était enceinte de quatre mois lorsque les troupes allemandes firent irruption dans Varsovie, en septembre 1939. De cinq mois lorsque les clôtures de barbelé apparurent pour la première fois en ville au débouché des rues juives. Peu après on imposa à tous les Juifs de plus de douze ans le port d'un brassard blanc avec l'étoile bleue de David. On marqua les entreprises magasins et les juifs. Elle était enceinte de sept mois lorsqu'on défendit aux Juifs de changer de lieu de résidence sans autorisation spéciale, et on leur interdit ensuite de prendre le train. On commençait aussi à parler de la création d'un ghetto.

Je ne sais pas ce qu'était sa peur. Je ne sais pas si elle se permit d'avoir peur. Elle portait dans son ventre un enfant auquel elle voulait donner le monde entier. Les cartes d'alimentation pour les Juifs étaient déjà différentes des cartes polonaises et en mars, en ce mois dont elle avait rêvé, alors qu'elle devait donner la vie et qu'elle la donna, des inscriptions apparurent dans les cafés de Varsovie interdisant aux Juifs d'entrer.

Les Juifs – comment les reconnaîtront-ils ? Elle ne s'était pas encore demandé, alors, ce qu'avoir une bonne apparence voulait dire. Elle était comme les autres, elle ne se distinguait en rien des Polonais. Du moins, à ce qu'il lui semblait. Elle analysa chaque partie de son visage, chacune isolément ne se présentait pas si mal. Tour à tour – lèvres trop pleines, comme enflées, nez bien fait, bien que légèrement trop grand, comme celui de sa mère, cheveux noirs, mais il y a des Polonaises aux cheveux noirs, les siens étaient luisants et touffus, seuls les yeux ne suscitaient aucune réserve. Des yeux bleus, comme des yeux polonais s'ils ne montrent pas trop de frayeur. Cela, elle savait faire. Pas de quoi avoir peur.

En juin, lorsque Paris tomba et qu'un camp fut mis en service à Auschwitz, au cœur de Varsovie on achevait la construction d'un mur. Un mur de trois mètres hérissé de verre brisé qui marquait la limite d'une « zone menacée d'épidémie ». Un ghetto qui fut clos en novembre 1940, où devaient aller tous les Juifs. Un quart de million de Varsoviens devaient changer de lieu de résidence, d'adresse – 140 000 Juifs et plus de cent mille Polonais.

Ils n'avaient pas encore pressenti ce qui se préparait. Certains se hâtèrent même pour occuper les meilleurs appartements. Les Przedborski, eux aussi, avaient vraiment foi dans le peuple de Beethoven. Ils étaient certains que la docilité serait récompensée par une vie peut-être plus difficile mais plus sûre. Ils voulaient être ensemble, tous, avec la grand-mère Salomea, ses enfants, ses petits-enfants et ses arrière-petits-enfants. Au total ils se retrouvaient à treize. En apparence, extérieurement, la vie suivait de nouveau normalement son cours, il y avait un hôpital, des cafés, des salles de lecture, même des théâtres et un orchestre symphonique.

Ils insistaient auprès de Frania pour qu'elle les accompagne. Sa mère, Dela, Bronka. Zamutek avait été emmené en captivité, le malheur était bien suffisant. Dans une situation pareille, comment peut-on se séparer ? Frania avait un petit Zbyszek, Bronka un petit Marys de trois ans, Dela la petite Halina de neuf ans déjà, qui aiderait à s'occuper des plus jeunes. Madzia, la plus jeune sœur de Frania, était arrivée du ghetto d'Ozorkow, son petit Henrys âgé d'un an dans les bras. La famille.

Frania ne se rendit pas dans le ghetto. Elle choisit le côté aryen, comme elle l'avait choisi une dizaine d'années auparavant lorsqu'elle était venue à Varsovie. Ce n'était pas un instinct de fuite. Elle avait un mari polonais à qui elle accordait une confiance sans bornes et dont les paroles, pour elle, signifiaient davantage que les conjurations de sa mère et de ses frère et sœurs, davantage que les mesures hitlériennes.

Je pense qu'elle a vécu les premiers mois comme si les ordres allemands ne la concernaient pas. Peut-être ne sentait-elle pas la menace, peut-être la perspective d'être enfermée l'effrayait-elle davantage que les embûches de la vie hors du mur. On n'en prenait pas conscience d'emblée. Mais pour Oles, le déménagement de Frania dans le ghetto n'entrait pas en ligne de compte.

L'immeuble de la rue Okrag, leur ancien logement, se trouvait dans le quartier allemand. Elle déménagea donc chez les parents d'Oles, dans le quartier de la Vieille-Ville ; lui, il resta dans l'une de ses garçonnières. Cette fois il justifiait la chose par des considérations de sécurité.

Pour voir ceux qui étaient enfermés dans le ghetto un laissez-passer était nécessaire. Les plus débrouillards arrangeaient cela avec un pot-de-vin aux sentinelles qui surveillaient le passage, le gendarme allemand et le policier bleu marine, polonais. Mais on pouvait entendre la voix de ses proches, bien qu'isolés par le mur, sans autorisation et sans difficulté. La liaison téléphonique avec le quartier juif fut maintenue presque jusqu'à la fin.

Frania téléphonait quotidiennement au ghetto à partir d'un appareil noir avec un écouteur en ébonite. « Comment vous sentez-vous, de quoi avez-vous besoin ? » Les premiers mois, il ne semblait pas y avoir lieu de s'inquiéter. Ils travaillaient, ils n'avaient pas faim. Ils croyaient vraiment que cela ne durerait pas longtemps. Au téléphone, la grand-mère chantait au petit

Zbyszek sa chanson sur la patronne. A quoi bon, et pour qui des souliers en papier ? Pour la mort.

Un hiver de guerre passa, un deuxième se présenta. Frania continuait de travailler au bureau de la rue Mazowiecka, les parents d'Oles s'occupaient du petit Zbyszek. La nuit tombait plus tôt. Il faisait presque sombre lorsque Frania ouvrit la porte à une femme inconnue.

Halina Schumacher, une avocate de Lodz, était conseillère juridique dans la firme d'Oles avant la guerre. Lorsque la guerre avait éclaté elle était restée avec sa mère, de plus en plus effrayée à l'idée de vivre du côté aryen. Comme beaucoup de Juifs de Lodz elles étaient venues à Varsovie.

Halina était débrouillarde. Chaque jour elle passait du côté aryen par le bâtiment des tribunaux pour ravitailler la maison et se renseigner sur les possibilités de vie hors du mur. Des gens comme elle, il y en avait de plus en plus. Ils avaient meilleure ou pire allure, plus ou moins de liens avec la culture et la langue polonaises. Le plus important était une adresse. Halina avait choisi celle d'Oles.

Qu'est-ce qui lui donnait le droit de croire qu'il l'aiderait ? Était-elle l'une de ces femmes auxquelles le directeur Majewski était attaché par des liens particuliers ? Lui le nie. Peut-être répétait-on parmi ses relations – or il connaissait beaucoup de monde – ses déclarations de solidarité avec les Juifs et ceux-ci les mettaient-ils à l'épreuve quand les autres possibilités avaient échoué ?

Le lendemain Oles l'engageait comme téléphoniste au bureau de la rue Mazowiecka.

Murs, barrières, chevaux de frise, fils barbelés, zone exposée au typhus, retranchée de la ville. Un quartier pour ceux dont les affiches allemandes disaient qu'il fallait en être dégoûté et les craindre. Des effigies odieuses de Juifs faisaient peur sur les murs de Varsovie. Nez crochus, doigts rapaces, cupides, poux, infection. Il était difficile de pénétrer dans le monde de ces gens, les pires, marqués de l'étoile jaune. Les *wachy* – les portes d'accès au ghetto – étaient étroitement surveillées. Peu nombreux étaient ceux qui rendaient visite à ce quartier fermé. Peu nombreux ceux qui en avaient l'envie ou la nécessité.

Frania se tenait à distance. Jamais elle ne pénétra dans le bâtiment des tribunaux, jamais elle ne se mêla à la foule des requérants pour passer de l'autre côté et rechercher les siens. Jamais elle ne prit le tramway qui traversait le ghetto mais sans s'y arrêter. Elle ne vit pas ce qu'il y avait derrière le mur, même par la fenêtre. Parfois, par téléphone, elle convenait avec sa sœur ou sa mère d'un endroit qu'elles pourraient voir, elles, depuis leur côté. Avec son landau, dans un parc, elle s'asseyait sur un banc près d'une fontaine. Elle attendait.

D'où pouvait-on voir le côté aryen derrière un mur de trois mètres ? Des étages supérieurs des immeubles, de quelques autres en s'approchant davantage, de la passerelle en bois au-dessus de la rue Chlodna. Il y avait toujours foule à franchir cette passerelle au débouché de la rue Zelazna. Avaient-ils tous tant d'affaires importantes à régler dans l'autre partie du ghetto ou voulaient-ils seulement regarder ? Je ne sais pas si le simple coup d'œil valait tant d'énergie. Cinquante marches à monter cela demandait un peu de temps, puis la traversée de toute la largeur de la rue et, de nouveau, cinquante marches à descendre. Il n'était pas permis de s'arrêter mais en marchant lentement, bien lentement, on pouvait voir et le clocher de l'église voisine et le Jardin de Saxe et des immeubles dans la rue Marszalkowska, et même un petit morceau de la Vistule. Le fleuve gris, comme rempli de vif-argent. Et des lambeaux de sable, comme autrefois, comme avant. A portée de main. Tout près. Au plus loin.

Non, de là-bas on n'aurait pas réussi à repérer un landau et la fontaine. Les sœurs de Frania devaient aller ailleurs pour voir de la verdure, quelques arbres, un jardin, pour la reconnaître, la distinguer parmi des dizaines d'autres femmes en promenade avec des enfants. Ce ne pouvait être le Jardin de Saxe, trop loin et, de surcroît, « seulement pour les Allemands ». Donc, le parc Krasinski, au voisinage de la rue Franciszkanska ; plan fixe avec landau, fontaine et banc, là où Frania attendait qu'on l'aperçoive depuis l'autre côté. Comment retrouver cette image du passé ?

Oles entrait dans le ghetto. En tant qu'entrepreneur en rapport avec des firmes allemandes, il possédait de meilleurs papiers que d'autres et il avait remis l'un de ses magasins à un fonctionnaire allemand de haut rang en échange de facilités commerciales et fiscales. Il était, comme toujours, vif et hardi. Il avait rapidement réussi à s'arranger pour avoir un laissez-passer permanent autorisant ses visites dans le quartier fermé. Le mur coupait un autre de ses magasins, un grand magasin avec dépôts et entrepôts sur la place Grzybowski.

Dans le ghetto Oles venait voir les Przedborski, d'abord rue Sienna puis à leurs adresses successives. Treize personnes, la famille tout entière, logeaient ensemble, ce qui leur procurait un sentiment de sécurité. Ils n'avaient pas faim, ils avaient assez pour le pétrole des lampes et le charbon des poêles. Un de ses beaux-frères était dentiste, un autre, ingénieur, travaillait dans un atelier dont la production profitait aux Allemands. Oles les incitait à fuir du côté aryen, il offrait aide et papiers. Il affirme aujourd'hui qu'il avait pressenti le sort qui attendait les Juifs. Il tentait de les mettre en garde, de leur faire peur, mais aucun des Przedborski ne voulait le croire. Sa belle-mère lui reprocha de vouloir perdre Frania en l'exposant au danger quotidien hors du mur.

Comment se fait-il que Varsovie qui, pour beaucoup d'entre eux, avait été leur havre avant la guerre, leur paraissait plus dangereuse que la réalité pourtant cruelle du ghetto ? Quand est-ce arrivé, à quel moment ? Cela signifie-t-il qu'avant la guerre non plus ils n'étaient pas chez eux là-bas ? De qui avaient-ils le plus peur, des Allemands ou des maîtres chanteurs ? Même avant l'extermination finale du ghetto il arrivait que des Juifs reviennent, abandonnant le côté aryen où ils étaient passés, épuisés par la tension constante, la nécessité de se cacher, la peur de la dénonciation.

Aujourd'hui encore Oles se souvient du couvercle de bouilloire en émail blanc qu'il avait acheté à une vieille femme dans le ghetto. Il le paya davantage qu'elle n'en demandait. Il lui dit même qu'il avait longtemps cherché un couvercle comme celui-là. Le lendemain il ne retrouva pas cette femme contre le mur. Il se demande parfois si elle a été en mesure, ce dernier soir, de se rassasier vraiment.

Avec le temps, ils prièrent Oles de cesser de venir les voir.

Le 15 octobre 1941 on placarda dans les rues de Varsovie un avis du gouverneur général Hans Frank sur la peine de mort encourue par les Juifs quittant leur quartier sans autorisation. Encouraient également la peine de mort ceux qui leur apportaient une aide quelconque. Les grandes lettres imprimées, *BEKANNTMACHUNG*[1], attiraient les regards des passants. Oles et Frania tombaient dessus à chaque pas.

Ils décidèrent – il décida : c'est lui, de plus en plus souvent, qui décidait pour eux deux – qu'il serait plus facile de cacher Frania et le petit Zbyszek si elle se faisait passer pour sa sœur. Il arrangea rapidement les papiers nécessaires. Mais Frania, Zofia Majewska, devait en outre rester célibataire avec un enfant naturel. Il régla donc le divorce dans cette même église orthodoxe où ils s'étaient mariés. Lorsqu'elle lui dit en plaisantant qu'il était de nouveau libre, il lui jura de ne jamais plus se marier.

Halina Schumacher travaillait toujours au bureau d'Oles. Son rôle dépassa bien vite ses fonctions de téléphoniste chargée du standard. Compétente et organisée, elle devint rapidement le bras droit du chef. Elle changea de coiffure et se décolora les cheveux. Elle avait quitté le ghetto après la mort de sa mère. Elle s'était installée chez Oles et Frania mais j'ignore qui des deux avait eu cette idée. Oles souligne aujourd'hui que Frania avait accepté sans réfléchir. Ils donnèrent à Halina les papiers de la première épouse d'Oles. Elles portaient le même prénom. Halina Schumacher, avocate de Lodz, devint Halina Majewska née Jakubiak, qu'Oles avait épousée à l'église Notre-Dame. Leur destinée devenait de plus en plus étroitement commune.

1. En allemand : « AVIS ». (N.d.T.)

Ma tante Frania, Oles l'appelait Zofia – le prénom qu'elle avait reçu par son baptême. Il arrivait à Frania de pleurer. A Zofia, jamais. Elle ne se plaignait pas non plus. Elle prenait soin de l'enfant, allait se promener avec lui, s'occupait des courses, exécutait ses tâches au bureau. Sans un mot de plainte. Aspergée d'eau bénite, Zofia s'efforçait de se comporter comme si la guerre n'avait pas jeté sur elle l'ombre de son origine. Zofia était plus forte, meilleure, l'incarnation aryenne d'elle-même, la Frania du Petit-Rynek de Leczyca. C'est que Zofia ne se distinguait pas de la Polonaise d'avant la guerre dans les bals et les réunions mondaines des hautes sphères. Il ne serait venu à l'esprit de personne d'associer Zofia aux rues Krochmalna ou Nalewki[1].

Oles mélange les années. Il a aidé des Juifs, il en a fait sortir beaucoup du ghetto, leur a procuré des papiers, organisé un refuge. Qui, quand, par quelles voies – il ne s'en souvient pas. Il ne sait pas s'il a d'abord fait sortir Bronka du ghetto, la sœur de Frania, ou si ce sont, auparavant, ses relations de Lodz qui lui ont demandé de l'aide. Une première, une deuxième, une cinquième. Il les a aidées. Il n'en parle pas, d'ailleurs il n'a aucune preuve, et puis il n'a jamais cherché à en obtenir. Il se tait donc.

Je sais de source sûre qu'il a fait sortir Bronka par le bâtiment des tribunaux. Ce ne fut pas facile – quelqu'un les avait remarqués, un autre fiacre les suivait. Il demanda au cocher de les conduire Allée Szucha, à la Gestapo. Ce n'est qu'au dernier moment, alors qu'on pouvait déjà reconnaître les insignes des sentinelles allemandes, que les maîtres chanteurs s'avouèrent vaincus.

Je sais aussi que c'est Oles qui a donné l'argent pour la rançon de ma grand-mère Dela. Je sais que c'est une amie d'Oles dans la clandestinité, agent de liaison de l'Armée de l'Intérieur, qui a

1. Les rues « juives » par excellence de Varsovie avant la guerre. (N.d.T.)

fait sortir le petit Marys, le fils de Bronka, par les tribunaux. Lui aussi, Oles l'a tiré de là.

Sans lui, le mari polonais de Celina Franciszka Przedborska, lui dont elle était tombée amoureuse et qu'elle avait épousé contre la volonté de sa famille, sans lui, sans Toi, mon oncle, il n'y aurait nulle trace de nous. Jamais je ne serais venue au monde parce que ma maman et sa maman, Dela, n'auraient pas quitté le ghetto. Et même si cela avait réussi grâce à l'aide des coopérateurs de Zoliborz, elles ne seraient pas sorties des mains des maîtres chanteurs ni, ensuite, de celles de la Gestapo. Ma grand-mère n'aurait pas reçu en cadeau du destin une dizaine de mois supplémentaires de vie.

Je suis au bout de cette chaîne. Grand-mère Dela, la petite Halina, la fuite par les tribunaux, les maîtres chanteurs, le fiacre, la Gestapo. Si tu avais alors hésité, si tu avais pris peur, si tu avais été fatigué ou momentanément absent, Dela et la petite Halina ne seraient pas sorties du bâtiment de l'Allée Szucha. Il n'y aurait pas eu de suite.

Dela aurait alors péri. La petite Halina n'aurait pas retrouvé son père, ne serait pas tombée amoureuse, n'aurait pas bâti un foyer, n'aurait pas donné naissance à une fille. Elle n'aurait pas eu matière à se souvenir. Elle n'aurait rien eu à oublier. Et moi je n'aurais jamais éprouvé la saveur de mon héritage. Je n'aurais pas connu les sœurs de mon grand-père car Bronka et son fils auraient péri à Treblinka ou derrière le mur, Frania et son enfant ne s'en seraient pas sortis du côté aryen. Je n'aurais pas retrouvé, des années plus tard, mon cousin Adas Herman, dévoué à sa famille polonaise, car on l'aurait gazé avec sa mère. Et d'autres, dont le destin n'est pas étroitement lié au mien.

Oles parle de tout cela sans donner dans le sensationnel, systématiquement, dans l'ordre. Où, quand, comment, ce qu'il fallait prévoir, les adresses, les documents, le logement, les déclarations de résidence, la nourriture. Un plan concret. Et un autre en réserve, au cas où le premier échouerait. L'aide aux Juifs exigeait une prudence redoublée, pas seulement par rapport aux Allemands. Aux Polonais aussi. L'argent était important mais les gens l'étaient bien davantage.

Avait-il peur ? Il était soldat de la clandestinité, or un conspirateur authentique ne parle pas de la peur. Il n'avait mis personne dans le secret de son activité. C'était plus sûr ainsi. Pendant l'occupation en Pologne on condamnait et on mettait à mort pour la possession d'une arme, d'un poste de radio, d'or et de faux papiers, pour avoir aidé des Juifs et pour contrebande – on risquait la mort pour tout. Il la prenait en compte dans ses calculs liés à la guerre.

Jamais je n'ai entendu de vantardise dans sa voix, ni de fierté. Ou alors seulement lorsqu'il racontait comment il avait réussi à duper les Allemands, à brouiller les pistes, à rouler les maîtres chanteurs, à déjouer les poursuites, à éviter la rafle. Lorsqu'on a arrêté Frania, Oles l'a tirée du poste de police. Il a fait une scène aux policiers. Il s'est présenté comme collaborateur du Reich. Dans ces cas-là son assurance imperturbable, son toupet, son arrogance étaient le seul espoir.

J'écoute un feuilleton d'aventures de guerre dont je sais, pourtant, qu'il porte un drame plus douloureux qu'une tragédie grecque.

Oles, Frania, Zbyszek leur tout jeune fils. Halina. Combien de scénarios semblables la guerre a-t-elle écrits ? Ce n'était pas un schéma absolument original mais je sais qu'il a été bien réel. Je chemine sur ces traces depuis l'enfance, d'abord inconsciemment, aujourd'hui avec la soif d'explorer les ornières du passé. J'ignore ce qu'était alors son jeune chef, bien de sa personne, pour Halina Schumacher à qui, plus que du travail, il donnait la sécurité et un toit. Oles avait ajourné la sentence de mort à laquelle on l'avait condamnée bien qu'il pût sembler que cette sentence était sans appel. Était-elle alors amoureuse de lui ?

Je ne sais pas. Mais Oles prétend que c'est elle, Halina, qui lui a dit vouloir un enfant de lui.

Ils ont déménagé de l'autre côté de la Vistule. Saska Kepa, rue Francuska, des villas, des jardins. Il n'y avait pas de ghetto de ce côté du fleuve. Ou plutôt : le ghetto était de l'autre côté. Les deux Majewska, l'épouse et la « sœur » d'Oles, logeaient dans un petit immeuble de la rue Szczuczynska. Comment les tâches étaient-elles partagées, et les chambres ?

Frania se taisait. Elle se tut pendant des mois, tout au long de la grossesse d'Halina. Auprès d'elle – troisième mois, cinquième, huitième –, juste à côté se développait l'enfant de son mari. Dans le ventre d'une autre femme. La plus longue grossesse qu'elle ait connue. Oles était bon pour elle. Elle le voyait moins, il disparaissait des jours et des nuits entiers, il circulait entre Varsovie et Lodz. En mai 1942 Halina donna naissance à un fils, Andrzej. Il était différent de Zbyszek, blond.

Le 22 juillet 1942 les premiers transports vers Treblinka quittaient l'Umschlagplatz.

Je ne sais pas si quelqu'un de ma famille s'est rendu compte qu'ils allaient à une mort certaine. Officiellement, on parlait de transfert vers l'est, pour le travail. D'abord on prit la plus jeune, Madzia, avec l'enfant et son mari dentiste qui gagnait bien sa vie dans le ghetto. Il resta jusqu'au bout ignorant de ce qui se passait. Ensuite partirent tous ceux qu'Oles n'avait pas réussi à sauver.

Après la Grande action, ce transport vers les chambres à gaz de plus de deux cent cinquante mille habitants du ghetto, à l'automne 1942 plus de vingt mille Juifs se cachaient à Varsovie. Il y eut trois fois autant de Polonais à les aider.

Il ne fallait pas acheter trop de nourriture, cela paraissait suspect. Il fallait fêter bruyamment l'anniversaire de Frania – Zofia, sa prétendue sœur Zofia – comme l'exigeait la coutume chrétienne, et inviter la moitié de l'immeuble. Bronka n'eut pas à réciter de poème lorsqu'elle sollicita un emploi de femme de ménage. Dela devait connaître le prix d'un ticket de tramway.

A la fin de 1942, dans les quatre centres d'extermination installés sur le sol polonais on avait assassiné plus de deux millions de Juifs.

L'odeur de la peur, j'y pense. Peut-être était-ce le plus important ? Plus important que le physique et la façon de vivre. Bronka, la sœur de mon grand-père, avait été baptisée du côté aryen dans des conditions rudimentaires, à la maison, avec quelques gouttes d'eau bénite. Une Polonaise de sa connaissance lui avait alors dit qu'elle ne sentait enfin plus le juif. Mais ce n'était pas vrai ; eux, ils sentaient le Juif. Avant et après. Et sa sœur, et sa mère, ses cousins, ses cousines, tous. Frania aussi, bien qu'elle eût été baptisée un peu plus tôt, par amour, et qu'il semblât qu'une peur pareille ne la gagnerait pas.

Cette odeur était déjà en eux auparavant, l'occupation l'avait seulement libérée et renforcée. Il fallait maintenant des facultés particulières pour s'en défaire. Ils sentaient la peur. La peur, c'est-à-dire le Juif.

Comment sentaient-ils le danger, là-bas, de l'autre côté de la Vistule ? Lorsque je me trouve aujourd'hui devant la maison où vit toujours Oles, j'ai l'impression que le quartier de Saska Kepa a préservé son âme de petite ville de province, où le temps s'écoule autrement et où les gens sont plus proches les uns des autres. Il y a encore quelques années, Saska Kepa me paraissait dater d'avant-guerre – produits maraîchers, atelier de maroquinerie, manucure. Bibliothèque privée de prêt.

Toute sa vie ma tante Frania a fui la solitude dans le monde des livres. Elle lisait avidement des romans, des récits historiques, des romans policiers. De l'appartement de la rue Szczuczynska elle se rendait en voisine à la bibliothèque de prêt, elle furetait dans les fiches du catalogue. Pendant les trois premières années de guerre elle a téléphoné au ghetto en se servant de l'appareil accroché au mur.

Est-ce que quelqu'un écoutait ses conversations ? Avait-elle effectivement un aussi bon physique que l'imagine Oles ? Quand je regarde sa photo de l'époque du baccalauréat, en corsage alors à la mode avec le col marin, cette photo conservée dans les archives de l'université de Varsovie, son charme correspond à l'information qui figure à côté : « De confession mosaïque. » Sur une photo de l'occupation elle a des lèvres pleines et des cheveux foncés, ondulés. Elle est triste.

On l'a dénoncée à l'automne 1942. Elles rentraient de villégiature, Halina et elle. Elles marchaient avec assurance, selon leur convention le rideau tiré de la fenêtre de la salle à manger signifiait qu'il n'y avait aucun danger. Juste à la porte, le concierge leur fit rebrousser chemin en les avertissant que les Allemands étaient en haut.

Ils étaient venus pour Zofia Majewska, l'épouse d'Aleksander. Pour Frania.

Oles niait. Sa femme était Halina et non Zofia. Il leur montra le certificat de mariage qu'ils voulurent voir à la lumière. Ils tirèrent le rideau. Le signal. Il s'attendait à ce qu'elles rentrent à tout moment.

Oles, Aleksander Majewski, et son épouse devraient se présenter le lendemain au siège de la Gestapo, Allée Szucha, avec le document requis. Il fallait vérifier la dénonciation.

« On savait bien que Frania ne survivrait pas à la confrontation, me dit Oles. Mais c'est Halina, d'elle-même, de sa propre initiative, qui m'a proposé de m'accompagner Allée Szucha. Comme étant mon épouse. »

La nuit même ils ont aménagé une cachette dans la grande armoire de l'entrée. Frania s'y est glissée dès qu'ils ont fermé la porte. Ils vont s'en sortir, il faut qu'ils s'en sortent, ils ne peuvent pas la laisser seule. Il s'agit des enfants, de ses fils à lui. Elle n'a pas prié. Sans doute ne savait-elle déjà plus prier. En outre, comment aurait-elle pu prier le dieu juif alors qu'elle était en guerre avec lui depuis des années. Comment aurait-elle pu souhaiter sa protection alors qu'elle l'avait renié tant de fois. Elle avait épousé un Polonais, elle s'était convertie, elle avait renié son héritage. Et maintenant elle se cachait uniquement pour sauver sa propre peau.

Cela ne dura pas plus de deux heures. Des pas, un bruissement, le grincement du parquet. Ils rentraient tous les deux. Frania ne les regarda pas en face lorsqu'elle lui dit : « Halina, jamais je n'oublierai cela de ta part. ».

Halina lui avait sauvé la vie. Frania était sa débitrice. Elle devait le rester. Pour le reste de sa vie. A jamais.

Peut-être Halina lui a-t-elle sauvé la vie. Pourquoi : « Peut-être » ? Il faudrait écrire : « Elle lui a sauvé la vie. Mais auparavant elle était tombée enceinte de son homme. »

Ils ne rirent pas, ils ne pleurèrent pas de joie. Le soulagement avait un goût amer.

Je ne sais pas combien de temps au juste Frania a passé dans sa cachette. Combien d'heures, de jours, de mois. Je ne sais pas s'il faut compter en années ou en saisons ou à l'aune des nuits blanches. Elle y entrait lorsque quelqu'un leur rendait visite ou frappait à la porte. De plus en plus souvent. Elle était comme privée de volonté et par là même d'aptitude à décider de quoi que ce soit. Dans un mauvais rêve, étranger. Zbyszek était petit lorsqu'il avait fallu lui apprendre à être loin d'elle. La mère d'Oles s'occupait de lui. Il ne cessait de pleurer lorsque quelqu'un d'autre le berçait.

Elle était assise sur une planche fixée à l'arrière de l'armoire, la plus grande, à trois portes, avec un miroir ovale. Des trous avaient été percés dans le contreplaqué, des ouvertures rondes, pas bien grandes – elle y engageait ses doigts fatigués par l'inactivité. Obscurité. Il ne pouvait être question de lecture, de raccommodage, de crochet. Tuer le temps, chasser les images tenaces. Tenaces comme le jour et la nuit, l'heure de midi et le crépuscule, les mêmes, en foule, collant les unes aux autres, se collant à elle. Son père répétant sur un ton monotone : « Fifille, fais attention à toi, attention à ta mère », le fils en pleurs, Salomea Herman dans un grand lit, immobile, les cerises sur la lampe de la salle à manger rue Poznanska, les fruits y sont toujours rouges et luisants. Et un instant plus tard, de nouveau, tout se brouillait, sa grand-mère reprenait péniblement son souffle par la bouche de son père, son petit garçon, son petit

Zbyszek chantait la chanson de la patronne, il ne savait pas pleurer mais il savait parler : « Ne t'en fais pas, Fifille, tout ira bien », répétait-il en la prenant dans ses bras.

Mais elle était pourtant juive elle aussi. L'autre. L'autre dans la pièce claire. L'autre, avec son mari.

Elles étaient toutes deux rue Szczuczynska, deux mères juives. Mais l'une d'elles était bien plus favorisée que l'autre. L'une était au secret dans la cachette. Pourquoi elle ? Son physique la désignait-il vraiment à ce point ? Était-elle donc si non-aryenne, et si c'était eux qui l'en avaient persuadée ? Elle pensait parfois – je sais qu'elle a dû le penser, assise dans sa cachette dans le couloir – que c'est eux qui avaient dû imaginer cela pour avoir davantage de temps à eux. De temps et de tranquillité. Peut-être ennuyait-elle Oles, le lassait-elle, les dérangeait-elle. Pourtant il continuait de lui rendre visite la nuit. Elle aussi. Elle distrayait Andrzej, s'imaginant que c'était Zbyszek. Il était moins capricieux.

Qu'entendait-elle ? De quoi son temps était-il fait – de bruits de pas : chaussures, boitillements, course, sauts ? Palpitation de la cage d'escalier, palpitation perceptible ; des années plus tard elle aurait été capable d'en parler. Ouverture de la porte, échos de l'accueil et des adieux, échos de refrains, échos de colère ou de joie, et même parfois de mélodies s'infiltrant sous la porte. Des bribes de chants de Noël au moment des fêtes, de chansons de marche de l'été de sa maturité, de celle d'un soldat avec un cœur dans son sac à dos.

Des vêtements étaient suspendus dans l'armoire. Des robes. Une robe bleue en cretonne qu'elle passait le soir des descentes en kayak, après toute une journée sur l'eau. Il l'appelait alors « Psiapsia », au tout début.

Avec de la dentelle, généreusement plissée, achetée pour remplacer celle qui avait brûlé sur elle en forêt, près de Czorsztyn, quand un brûleur à gaz avait explosé et qu'on avait cru qu'elle mourrait des suites de ses brûlures. Depuis, elle ne se déshabillait plus que dans l'obscurité. Et elle avait cessé, pour la première fois, de se regarder dans un miroir. Elle cessa pour la deuxième fois de regarder le miroir au cours de la deuxième année de la guerre.

Le dernier été ils étaient allés de nouveau sur le lac, cette fois mari et femme, robe verte, à moto. Celle aux coquelicots, froissée dans les près des environs de Naroc où elle était enfin tombée enceinte.

Elle explorait le renflement du bois, une planche, du bois, des nœuds, du pin, du frêne, quel est ce bois, des partitions, elles ont l'air si faciles, mais les doigts se sont déshabitués. Des noms de luthiers, son père les lui avait appris, pas des Italiens mais des Polonais. Elle ne peut se souvenir d'un seul. Elle suivait du doigt, avec les doigts, les rues de Leczyca, puis la rivière et les prés, les rues, les ruisseaux, la saleté, ne pas évoquer ces odeurs-là.

Le Petit-Rynek. Elle dessinait un rectangle avec l'index, encore une fois, mauvaises proportions, ensuite elle frappait du bout des doigts, marquant les pavés en pierre des champs. Ensuite la maison en forme de « L », qui prenait des allures de « U » anguleux, le simple dessin de la rangée de pavillons annexes donnant sur la cour. Avec les doigts de la main droite elle montait aussi les marches, tac, tac, tac, premier étage, elle se rappelait le rythme des arias des opéras populaires, son père les chantait en se rendant aux séances à l'hôtel de ville, son père et ensuite son frère. Son frère et son père, le violon les unissait, rien d'autre. Ils ne raffolaient pas l'un de l'autre. Un frère ombrageux, bien de sa personne. Elle avait eu une mère quelques mois de plus que lui.

Il s'avéra que le dénonciateur était le propriétaire de la bibliothèque du quartier. Oles vérifia ses soupçons une fois encore. Puis il veilla personnellement à l'exécution de la sentence prononcée par la résistance pour « activité portant atteinte au peuple polonais ». Les autorités clandestines avaient commencé tardivement à punir le chantage exercé contre les Juifs. Les statistiques font défaut. A partir de l'été 1943 on exécuta peut-être vingt des quatre mille maîtres chanteurs varsoviens.

Frania s'installa dans la chambre donnant sur la rue. J'ignore dans quelles circonstances on résolut de fermer la porte coulissante de l'enfilade. Elle y avait son divan et le kilim venu de Leczyca. Il est toujours là. Tout y est représenté comme dans le conte : le grand chêne et le hibou, la sorcière qui cherche à séduire les enfants avec une pomme vermeille, le goût du mal et la promesse d'une conclusion heureuse. Oles continuait de lui rendre visite la nuit. Mais peut-être le kilim s'est-il retrouvé là par hasard, comme le miroir de l'armoire de sa mère. De Leczyca il était arrivé rue Okrag, et de là à Kepa, ils n'avaient pas voulu l'emmener dans le ghetto. Un miroir ne paraissait pas nécessaire. Ils n'avaient pas la force de se regarder en face.

Des uns, ils ne savaient rien ; des autres, ils ne voulaient rien savoir. Ils avaient perdu le contact. Ils ignoraient quel sort était le leur. Il y avait des nouvelles que Frania était incapable d'accepter. De sa mère, de sa grand-mère, de sa sœur. Elles, elles venaient de province ; mais les autres, élégants, instruits, riches, polonais ? L'oncle Janek et son nez polonais. Tant de gens. Ce même four pour tous ?

Le docteur Przedborski, Samuel Janas comme on l'a noté dans les documents de l'occupation, est resté dans le ghetto jusqu'à l'évacuation de l'orphelinat de Korczak. Il a consigné ce qu'il a vécu dans des cahiers à carreaux. Les cahiers ont survécu, pas lui. Ils sont dans les archives de l'Institut juif d'histoire à Varsovie, et avec eux la relation du sort qui fut le sien dans le ghetto. Une narration interrompue. On ignore où il s'est caché à partir de l'été 1942 et pendant toute l'année suivante. En juillet 1943 il s'est présenté de lui-même à l'hôtel Polski, rue Dluga, où les Allemands avaient tendu un piège aux Juifs qui se cachaient à Varsovie en les appâtant avec une promesse d'émigration en Amérique du Sud contre une somme considérable. Presque tous ont péri à Auschwitz.

Il faut fermer la porte. Mais ces bruits-là lui parvenaient même à travers la porte close. Difficile à définir. Deux personnes dans l'obscurité, s'efforçant de faire cela le plus doucement possible. Cela pouvait-il ne pas faire de mal, être reçu comme sous anesthésie, comme dans l'engourdissement d'une torpeur prolongée ? Se prolonger comme dans un état de détachement de soi-même, moi et pas moi, sans rien ressentir. C'est ce qui se passait en elle, y vivait, s'y lovait, en permanence et toujours recommencé. Combien de fois ? Se bouchait-elle les oreilles avec ses mains ? Respiration précipitée. La leur, la sienne.

Qu'entendait Halina ?

Frania n'approchait pas de la fenêtre. Elle parlait de moins en moins. Et puis le ghetto a brûlé. C'était Pâques et les gens allaient à l'église. La mère d'Oles est venue à la maison avec un petit panier d'œufs bénis. Elle a prié pour la résurrection de Jésus-Christ. Aucun des trois ne lui a tenu compagnie.

Qu'est-ce qui rendait leur quotidien le plus douloureux ? Leur présence mutuelle, la lutte constante contre son propre corps et contre la peur ? Dans la cuisine et la salle de bains. Le jour et la nuit. Souvent Oles n'était pas là, il sortait le matin, rentrait à la nuit tombée, il avait réglé des problèmes, participé à quelque chose, organisé. Elles ne posaient pas de questions. C'est la nécessité de s'occuper des enfants, de les nourrir, de jouer, de les coucher qui décidait du rythme de leurs journées. Elles faisaient l'expérience des sourires de service. Attendrissements de nouveau authentiques. Activités indispensables. Elles additionnaient les mois d'abattement et l'espoir que cela s'achèverait un jour. En rêvaient-elles, et comment ? Frania voulait voyager, visiter des pays lointains. J'ignore au côté de qui elle voyait son avenir. Cet instant où Halina était apparue pour la première fois sur le seuil de leur appartement semblait remonter à des temps lointains.

Son mariage avec Oles appartenait à une autre biographie. Maintenant ils étaient tous deux à ses côtés, elle leur était reconnaissante à tous deux d'être en vie.

Oles les avait choisies toutes deux et sauvées. Elles, elles l'avaient choisi par amour, ne sachant pas qu'il leur apporterait le salut. Frania avait été la première, Halina l'avait suivie de peu. La guerre avait tout brisé l'année suivante. Le cinquième hiver s'annonçait. Dans la cour, les enfants avaient fait un bonhomme de neige.

Lorsque Oles rejoignit l'insurrection, pour la première fois de leur vie commune Frania et Halina restèrent vraiment seules. Elles savaient qu'il leur fallait subir. Attendre, survivre, vaincre. Elles vendirent un peu de soupe chaude au bazar, un rien du peu qu'elles possédaient encore. Les garçons jouaient sous le regard de la belle-mère.

Saska Kepa sortit sans trop de mal des bombardements. Criblé d'éclats et les fenêtres brisées, leur immeuble était resté debout. Ils avaient un toit. Oles revint de sa captivité allemande à la fin de janvier 1945.

Au milieu de la pièce il y avait un petit poêle bancal qui fumait. Ils buvaient de l'eau bouillie. Ils étaient sauvés.

Quatre-vingt-dix-huit pour cent des Juifs de Varsovie avaient péri.

Un juste

J'ai commencé trop tard à aimer Franuchna. Alors qu'elle s'éteignait déjà. Jamais je n'ai rien osé lui demander vraiment, même pas sur la guerre mais sur la famille, la maison et les raisons pour lesquelles elle avait tant voulu s'affranchir de là-bas, quitter Leczyca.

Elle vivait comme si elle n'avait pas de passé.

Je ne croyais pas vraiment aux récits d'Oles. Je ne pouvais croire que Frania avait elle-même mis en scène son propre destin. Révoltée, fière, indépendante. Comme jeune fille et comme femme mûre, comme épouse, mère, amante, jusqu'au déclenchement de la guerre et tout au long de celle-ci. Qu'est-ce qui a fait qu'elle est ensuite devenue l'incarnation de la victime ? Qu'est devenu son appétit du monde, d'amour, de connaissance ? Pourquoi, de sa propre volonté, a-t-elle partagé son homme avec une autre femme ? A mes yeux elle était une victime. Elle suscitait la tendresse avec une ombre de pitié, jamais l'admiration.

La guerre finie, Frania aussi s'est fait enregistrer au Comité central des Juifs polonais. Bronka et Szymon firent de même. J'ignore qui en eut l'idée mais presque tous les Juifs rescapés se firent enregistrer. Ce fut l'unique fois où Frania reconnut officiellement qui elle était. Jamais plus elle ne se déclara juive. Elle écrivit aussi dans les documents qu'elle était célibataire, officialisant ainsi la séparation de son mari arrangée pendant la guerre. A la rubrique « méthode utilisée pour survivre », elle a écrit : « Côté aryen ».

Elle n'avait pas d'autre adresse.

Elle devait être très lasse. J'ignore ce qu'il y avait en elle de l'euphorie de l'après-guerre et de la conscience d'avoir à reprendre sa vie au tout début. Je pense qu'elle se sentit libérée de la nécessité de combattre. Jamais plus elle n'a tenu le rôle principal.

Dès 1945 Oles et Halina, sans Frania, ont commencé à se rendre de plus en plus souvent à Lodz. C'est là-bas qu'ils s'étaient connus avant la guerre, là-bas qu'Oles menait ses affaires, là-bas qu'Halina avait ouvert son étude. Il fallait qu'elle reprenne son ancien appartement de la rue Piotrkowska, la rue principale de la ville relativement épargnée. Là-bas ils pouvaient être ensemble, à deux, sans témoin silencieux omniprésent. Ils apparaissaient comme un couple, bien qu'officiellement ils n'étaient pas mariés. Oles prétend qu'il ne voulait pas violer la promesse faite à Zofia. Les papiers de guerre faisaient foi.

Avec le temps, ils étaient de plus en plus à Lodz. Halina Schumacher, devenue Halina Majewska, avait reconstitué la clientèle de son cabinet. Ils revenaient à Varsovie, vers les enfants qu'ils laissaient à Frania, le dimanche et les jours fériés.

A la rubrique « formation », Aleksander Majewski, promu intellectuel, a indiqué avec une certaine fierté subversive : « Quatre classes au lycée. » Il se targuait de son origine paysanne, ce qui, dans la Pologne d'après-guerre, était bien vu. Mais ses privilèges s'arrêtaient là. Hostile au communisme, il ne s'est jamais inscrit au Parti. Et pourtant il ne manœuvrait pas si mal. Vif d'esprit et plein d'idées, il a testé beaucoup de postes et de métiers. Il avait de l'expérience dans le domaine du transport et de la vente des carburants liquides, il a aussi travaillé comme conseiller économique. Souvent il aidait Halina à préparer la documentation des affaires dont elle était chargée, et même ses plaidoiries.

Je pense que c'est lui qui prenait toutes les décisions. Lui qui savait ce qui serait le mieux pour eux, ensemble et chacun de son côté. A Halina il réservait le domaine public, le tribunal, le salon, le rôle de représentation, à Frania c'étaient la maison et les enfants. Au début Frania a travaillé dans une institution d'État. Zamutek, leur frère, les avait engagées, elle et Bronka, au Bureau de la Reconstruction de la capitale (BOS). Mais Oles était entrepreneur dans l'âme. Dans la maison où ils habitaient il avait loué un local supplémentaire et y avait installé des machines à tricoter laissées par les Allemands. La firme « AMA » – les initiales d'Aleksander Majewski – fabriquait des chandails pour lesquels, dans Varsovie avide et mal chauffée, il y avait toujours un débouché. Il fallait une personne de confiance pour surveiller la firme : Frania. Elle quitta le Bureau de la Reconstruction, elle quitta son frère et sa sœur comme elle était partie vingt ans plus tôt, puis pendant la guerre. « Heureusement que ma petite maman n'a pas vécu cela », soupirait Bronka lorsque Frania passait en coup de vent. Zamutek gardait le silence. Il gardait presque toujours le silence.

J'ai entendu dire que Frania était de nouveau tombée enceinte après la guerre. Mais c'est Halina qui a donné son troisième enfant à Oles, en 1947. Ils ont appelé ce fils Piotr.

Et pourtant ils ont su être une famille heureuse. J'ai vu beaucoup de photos de leurs vacances en commun, eux trois et les trois garçons, au bord de la mer, sur les lacs, en montagne. Seule Frania se rendait aux réunions scolaires. Elle intervenait comme mère des trois enfants. J'ignore comment ils s'adressaient à elle lorsqu'ils étaient enfants mais c'est à elle qu'ils tendaient les bras et sur son épaule qu'ils venaient pleurer pour un genou écorché.

Elle ne sourit sur aucune photo. Elle a un visage sombre, surtout comparée à Halina qui sourit toujours. L'autre s'était débarrassée de la guerre. Je vois cela comme un acte très concret, comme l'oiseau qui s'ébroue pour chasser l'eau de ses ailes ou sortir d'un cauchemar. C'est ainsi que je vois Halina. Je me souviens d'elle comme de quelqu'un de différent de Frania, qui sent bon, qui a la parole facile. Et pourtant étrangère.

Chez Frania la guerre s'était déposée tout en noir. Un poids dont elle était incapable de se défaire. Elle tentait parfois un sourire. Il ne convenait pas. Comme si elle connaissait toutes les raisons qui font que la joie n'est pas de mise.

Frania avait de l'oreille. Elle jouait joliment du piano. A la maison, sur le Petit-Rynek, des concertos, des sonates, des valses. Des nocturnes. Dans l'appartement de Saska Kepa, il n'y avait pas de piano. A la place, Oles lui avait fait cadeau d'un accordéon. L'accordéon avait cent vingt basses et Frania savait merveilleusement trouver celle qui convenait et jouer à la demande, se fiant à son oreille, toutes sortes de mélodies. Elle chantait avec une voix d'alto. Elle connaissait par cœur beaucoup d'airs qui remontaient à l'époque où elle se produisait avec son frère à Leczyca. Peut-être avait-elle eu du talent ? Tout ce qu'elle avait eu avait passé. Talent, rêves, amour. Pendant les fêtes de Noël ils s'asseyaient ensemble près du sapin et chantaient Noël accompagnés à l'accordéon.

Oles faisait régner ordre et discipline à la maison. Les moins bienveillants de la famille appelaient cela du dressage. Jamais il n'élevait la voix et jamais il n'avait à répéter quelque chose deux fois. Il gouvernait à la maison, il ne cherchait même pas à donner l'image d'un démocrate. Il élevait ses fils d'une main ferme. Les enfants l'écoutaient. « Papa, est-ce qu'on peut faire du thé ? » Il avait dressé ses enfants et, plus tard, ses petits-enfants.

« Grand-père, est-ce que je peux prendre le vélo ? » Cela devait tourner à leur avantage.

Il décidait de l'endroit où ils iraient en vacances et de la station où ils prendraient de l'essence, du fait qu'ils étaient suffisamment malades ou pas pour appeler le médecin, de boire le café dans des tasses ou dans des verres, des questions à régler, comment et où. Rien n'échappait à son contrôle.

Ils avaient décidé, en plein accord et tous les trois, comme toujours, que Frania ne raffolait pas des mondanités. Ils ne l'obligeaient donc pas à prendre part à toutes ces visites et ces réceptions. Elle restait à la maison, avec les enfants. Ils avaient estimé qu'elle n'aimait pas exagérément s'habiller. C'était donc bien assez qu'Halina mette les jolies robes venues des cousins américains. Elle, ils l'appelaient « Lala » ; Frania, c'était « Psiapsia », c'est-à-dire celle qui fait cuire des œufs à la coque et débarrasse la table.

Jamais elle ne s'est plainte. Ou bien elle ne voulait pas se révolter ou alors elle considérait qu'il n'y avait pas lieu ?

Elle ne luttait plus avec son destin. Dans l'ombre c'était plus sûr. Elle voulait s'inscrire dans la durée, s'acquitter de ses tâches au quotidien. Regarder par la fenêtre comment la vie fait mûrir les autres.

Pendant ce temps Halina s'épanouissait dans l'activité professionnelle et sociale. Elle luttait pour les droits des femmes, battues, exploitées, humiliées. Elle avait organisé une assistance juridique gratuite dans le cadre de la Ligue des Femmes, elle donnait des conseils pour sortir de l'oppression, rédigeait des recours en appel. Ceux qui se souviennent d'elle au tribunal affirment qu'elle représentait l'art du barreau à un niveau élevé.

Il s'agit d'un écheveau de loyauté. A l'époque d'Hitler il a aidé ses deux femmes, il les a protégées et il était prêt à tout pour leur sauver la vie. Après la guerre, en tant qu'ancien soldat de l'Armée de l'Intérieur, il a été lui-même exposé au danger.

Nombre de ces soldats ont passé un certain temps dans les prisons de la Pologne Populaire. Oles garde le souvenir de cette menace. Peut-être est-ce pour cela qu'il les provoquait et les agaçait – par son anticommunisme sans fard, son caractère taquin, sa science infuse. Il raillait l'engagement idéologique du frère de Frania, Szymon, de sa sœur Bronka et de son beau-frère Danek. Pour accompagner les collations qui les réunissaient il choisissait à dessein des plaisanteries antisoviétiques et des citations compromettantes de la presse du Parti. Il employait le terme « sauvages » pour parler des Premiers secrétaires exposés à la tribune et mentionnés sur les banderoles, ceux auxquels les Przedborski avaient juré fidélité et qu'ils avaient promis de servir pour le bien de la patrie populaire. Il rassasiait ses invités de railleries et ne mâchait pas ses mots. Ses beaux-frères – Szymon et Danek, le mari de Bronka – étaient incapables de dissimuler leur aversion pour Oles.

Il ne croit toujours pas aux rapports désintéressés entre les gens. Ce dont témoignent ses proches. Il continue de répéter que rien n'est gratuit. Si quelqu'un donne quelque chose c'est qu'il y trouve son intérêt. Il pesait les pommes que lui apportait sa bru. Il lui demandait combien il lui devait. Tout cadeau avait un prix. Et ses fils l'ont appris aussi. Seul existe l'échange d'intérêts. Ce sont les règles du jeu qu'il imposait. Quatre kilos de pommes valaient un paquet de café. Que valent cinq kilos de tomates ? Il notait tout ou le faisait noter. Rien n'était gratuit.

Comment accorder cela avec ses largesses pendant l'occupation ? Ce qu'il a fait pour les autres, impossible de le calculer en aucune monnaie.

Et pourtant Oles n'était pas le chouchou de la famille Przedborski. Ceux à qui il avait sauvé la vie ont suivi leur voie. Ils n'ont pas célébré la chose entre eux, et quand ils se voyaient ils ne mentionnaient jamais la période de l'occupation. Comme s'ils n'éprouvaient aucune reconnaissance, plutôt une sorte de chagrin pour la vie gâchée de Frania.

Faisons le compte. Les Przedborski : Frania, sa sœur Bronka

avec le petit Marys au type sémite étourdissant. Dela et la petite Halina, ma maman. Et par conséquent, indirectement, moi. Le petit Adas Herman. Le docteur Stupaj, apparenté.

En dehors d'eux, aucun des Przedborski n'a survécu, à l'exception de Szymon – Zamutek –, officier polonais. A l'oflag.

Ils se sont souvenus qu'il avait gardé l'ensemble des meubles de la salle à manger de Dela. Szymon le lui a rappelé.

Ils le voyaient dans le costume du despote. Il ne suscitait pas de sentiments amicaux. Ils n'avaient pour lui ni chaleur ni admiration, ni reconnaissance. Peut-être n'était-ce pas le cas mais c'est ainsi que j'ai déchiffré leurs gestes, leurs paroles, leur comportement. Avaient-ils oublié ce qu'il avait fait pour eux ? Et pourquoi s'étaient-ils autorisés à l'oublier ? Peut-être le souvenir avait-il quelque chose d'humiliant ? Ils voyaient en lui le spoliateur de leur sœur, de leur parente, de notre Frania, ils se solidarisaient en secret avec son sort, sans remarquer à quel point ils s'étaient eux-mêmes empêtrés, ils étaient dépendants de son mari polonais. Depuis longtemps, depuis des années, comme tout au long de l'époque la plus pénible.

Ils ont effacé en eux tout sentiment de reconnaissance pour leur salut. Et c'est lui qui le leur a permis en ne revenant pas sur l'occupation, sur le ghetto, sur Hitler. Ils se sont comportés comme si cela ne les concernait pas. Ils ne voulaient pas être concernés. Et lui, par son silence, leur a donné son accord. A eux comme à lui-même.

Oles ne pouvait pas être un héros dans cette famille. Il ne pouvait l'être, surtout parce que la stabilité de cette famille, juive bien que polonaise, reposait sur le refus de cette identité et de cette histoire vieille de plusieurs siècles. On a accepté le salut des mains d'Oles, et au bout de quelque temps on a considéré cela comme normal. Offert. N'exigeant pas d'éternels remerciements.

Aleksander Majewski n'a pas la médaille du Juste parmi les Nations qu'on décerne en Israël à ceux qui ont sauvé des Juifs.

Et il n'en veut pas. Il affirme qu'il ne pouvait se conduire autrement. Et qu'en outre il s'agissait de proches. Pourquoi ne l'avons-nous pas décoré de notre médaille familiale de la tendresse et du respect ? Pourquoi gardons-nous le silence sur ce qu'il a fait ?

Oles a toujours compté sur lui-même. Il pérorait sur les canailles et les voyous qui gouvernaient le pays. Ainsi, il lui était plus facile de vivre, sans désillusions. Avec le temps il a enclos un bout de terrain dans ses contrées familiales et érigé une cabane en bois. Il ne s'agissait pas d'une maisonnette pour les vacances d'été, mais d'une cachette en cas de malheur, de famine ou de guerre. Il prenait la menace au sérieux et faisait son possible pour que les autres s'en souviennent eux aussi.

Mars 1968 [1] a confirmé ses conceptions politiques, aussi bien en ce qui concerne la perversité de l'autorité au pouvoir que la portée des slogans antisémites.

Après les événements de mars, Frania a perdu sa sœur. Marys, son épouse et leur jeune enfant ont émigré au Danemark. Bronka et son mari les ont suivis.

Alors Oles, qui n'avait jamais parlé d'amour et, à ce qu'il prétend, n'avait jamais été amoureux, n'a pas accepté la séparation. Il ne voulait laisser partir aucune de ces deux femmes. Ils s'étaient enracinés les uns dans les autres, ils ne s'imaginaient pas d'autre vie, ils ne savaient plus être seuls chacun de son côté. Ils réglaient tout de concert, des courses à la chambre à coucher. J'entends sa voix, je l'entends dire cela des années après la mort de ses deux femmes. Il a passé soixante-trois ans avec Frania, Halina a partagé un demi-siècle avec eux. Ils étaient habitués les uns aux autres.

1. Les autorités ayant retiré de l'affiche d'un théâtre de Varsovie *Les Aïeux*, d'Adam Mickiewicz, un chef-d'œuvre de la littérature polonaise, la protestation des étudiants de la capitale entraîna des manifestations de soutien dans toutes les villes universitaires du pays. Le pouvoir les réprima sévèrement et s'en prit aux intellectuels avant de déclencher une violente campagne antisémite. (N.d.T.)

Cela suffit-il pour vivre ? S'habituer ? Toujours à trois, jamais isolés, rarement isolés, tout ce qu'il y a de plus rarement. Vacances en commun, d'abord en Pologne, au bord de la mer, photos de Frania quelque part à Leba ou à Ustka, comme un phoque sur le sable. Plus tard, lorsqu'on a enfin pu voyager, ils ont parcouru l'Europe en voiture. Ils ont visité dix-sept pays, Oles au volant, Frania sur le siège avant avec la carte, Halina derrière. De monument en monument, par le Colisée, le Pont des Soupirs, le Louvre et les théâtres antiques, de tente en tente, de gîtes en campings par les champs de lavande et la Côte d'Azur, toujours à trois et, entre eux, rien que de la prévenance. De la prévenance. Cela sonne comme une injure. A trois, pendant plus d'un demi-siècle. Triangle magique.

Frania ne se rendait seule que chez sa sœur à Copenhague. C'étaient là les deux uniques semaines dans l'année qu'elle passait à part. Pas plus de cent jours au total, la dernière fois en 1978. Le premier voyage en avion a réveillé l'ancienne inquiétude. Elle était de nouveau un objet, elle passait de main en main, douaniers, fonctionnaires, militaires, questions, documents, encore et encore, incompréhensible, confus. Une pause dans le ciel vu de près comme jamais encore. Elle était impatiente de s'asseoir de nouveau avec eux, rassemblés à la table de la cuisine. Cette table était plus petite qu'à la maison, plus petite qu'à Varsovie, mais le thé avait la même saveur. Mais lorsque Bronka lui avait proposé de s'installer là-bas elle n'avait même pas voulu en parler.

Elle avait regagné l'entrée familière, retrouvé le hachoir et le four. Le temps avait passé, on ne pouvait plus rien changer. Elle était revenue de tout.

Elle avait essayé de s'en aller. Une fois. Ses petits-enfants étaient déjà venus au monde. Elle avait déménagé dans une garçonnière qui appartenait à la famille depuis un certain temps. Au bout de quinze jours Oles l'avait ramenée à la maison.

Pourquoi ai-je encore des doutes sur ce triangle ? Parce que je les ai vus tous les trois à table. Parce qu'il m'a semblé que les yeux de Frania disaient autre chose que ce qu'on m'ordonnait de croire – à leur bonheur commun et à leur harmonie. J'avais l'impression que quelqu'un gouvernait la destinée de Frania. Comme si elle était ici avec nous mais se trouvait en réalité ailleurs. Elle portait son corps à grand-peine, la lassitude ralentissait ses mouvements. Toujours accueillante, elle faisait effort pour le service, approchant les plats avec précaution sans un sourire, comme en s'excusant.

Je sais qu'elle se réjouissait de nous voir, mais je sentais son soulagement lorsqu'elle prenait congé de nous sur le pas de la porte. Au calme, c'était moins pénible. La pièce donnant sur la rue était si peu sûre. C'est là que se trouvait la petite tapisserie avec la sorcière du Petit-Rynek qu'elle avait fui.

Je n'essaie pas d'imaginer comment c'était lorsqu'elles restaient seules. Ensemble. Plus tard, déjà, la vie ayant passé, alors qu'on avait décoré Halina pour ses services au barreau et que Frania faisait, pour leurs petits-enfants, des galettes aux pommes qu'elle saupoudrait allègrement de sucre en poudre. Comment elles se supportaient pendant ces heures vides sous le même toit, comment elles ne se supportaient pas. Comment leur présence réciproque les agaçait, et le souvenir, et l'absence de souvenir.

Au lit, à la fenêtre, à table. Elles connaissaient par cœur leurs propres bruits. A travers le mur. Derrière le mur. Elles avaient partagé tant d'odeurs et tant d'espèces de douleur. Qui lavait leurs draps ? Elles se lavaient dans cette même petite salle de bains sans lavabo, de plus en plus lentement, de plus en plus impuissantes.

La poussière et le temps envahissaient les pièces, elles avaient de moins en moins de place et tant de personnes, encore, sur les photos. Toutes deux avec les enfants, la famille, ce qui concernait la famille, tant de versions d'été et d'hiver. Les enfants ça compte, adultes, pères de leurs propres enfants, le reste n'est que décor et accessoires de théâtre. De moins en moins nécessaire.

Dans la chambre de Frania, une photo de Bronka. Le téléphone pour appeler le ghetto, le téléphone pour appeler

Copenhague. Où appeler encore ? Bronka a tout de même survécu, elle a été sauvée. Et voilà qu'elle s'est éloignée encore une fois, au-delà de l'océan, parce que son fils s'est installé aux États-Unis avec sa famille, avec son petit-fils adoré. Il le fallait. Frania lui a dit de ne pas aller si loin, un nouveau changement à cet âge, un autre air, des problèmes de langue.

Il y a encore cet après-midi où Bronka ne s'est pas réveillée. Pour Frania le monde a pris fin lorsqu'elle s'en est allée. Elle n'avait plus personne. Elle a pleuré. Et puis elle s'est tue. Presque complètement.

Jusqu'à ce qu'enfin Halina commence à perdre la mémoire, lentement, pas d'un seul coup. D'abord elle a oublié ce qu'elle venait de dire et elle a posé plusieurs fois la même question, ensuite sa langue a fourché et elle se trompait. Elle cherchait l'expression juste, elle se raccrochait à des lambeaux du passé. Elle priait Frania de changer son jour de sortie puisqu'elle n'avait pas fini de lui faire la lecture. Déjà, elle avait perdu la vue. Ils lui mettaient encore sa perruque et l'installaient à table. Enfin les mots ont commencé à s'écarter de leur sens, elle disait du samovar que c'était un nénuphar et un emprunt devenait un shampooing. Elle restait assise sur sa literie à volants et gazouillait comme une petite fille capricieuse. Frania la nourrissait à la petite cuillère.

Frania est morte à l'hôpital, le 9 mars 1993, sous le nom de Zofia Majewska. Seule, quand tout le monde était sorti. On l'a enterrée dans le caveau familial des Majewski à Varsovie.

J'étais en voyage. Dans une lettre maman m'a écrit que Franuchna, enfin, au bout de soixante ans, allait pouvoir être seule. A-t-elle eu le temps de se reposer ? Cela n'a duré qu'un instant.

Halina est morte quelques années plus tard. On a déposé son corps sous cette même dalle.

Leur mari presque centenaire est toujours de ce monde. A la Saint-Sylvestre il boit du champagne à leur mémoire. Il attend en paix l'appel de la Voie lactée. Il ne voit pratiquement plus rien mais il sait qu'il arrivera toujours à les retrouver. Il est certain qu'elles l'attendent.

Marys

Marys

Marys, Marian Marzynski, était le plus proche cousin de ma maman.

Beaucoup de choses les unissaient. Pendant des années je ne me suis pas rendu compte à quel point. Aujourd'hui ils sont assurément les derniers témoins de ce monde qui leur est commun. Le temps cicatrise.

Le fils unique et bien-aimé de tante Bronka a bénéficié, dès le début, de droits particuliers dans la famille. La légende familiale affirme qu'on lui permettait de s'asseoir sur son pot de chambre au milieu de la table alors que les invités rassemblés autour buvaient leur thé. C'était avant la guerre.

Marys est resté insupportable après aussi, mais on lui en voulait rarement. J'avais compris que si on lui pardonnait plus qu'aux autres c'est qu'il y avait une raison. Il parlait beaucoup et fort, gesticulait d'abondance. Il pouvait piocher les raisins dans le gâteau, manger dans le plat avec les mains, se lever de table au milieu du repas. Semer la pagaille, se ruer sur sa mère pour la couvrir de baisers, la prendre dans ses bras sans rime ni raison et, l'instant d'après, raconter à tout le monde que l'élastique de sa culotte l'avait lâchée en pleine rue. Ce n'est que lorsque le tissu rose était tombé sur ses chevilles et avait commencé à gêner ses mouvements qu'elle avait compris ce qui se passait. Il racontait cette histoire avec délectation et en observait l'effet.

Il était partout. Il savait ce qui se passait dans le jardin et qui lisait quoi dans les toilettes. Il adorait provoquer. Il s'intéressait à la chambre de ses parents et aux détails intimes de la vie de la ménagère. Il était toujours en quête de nourriture, voilà pourquoi c'est dans la cuisine qu'il se sentait le mieux, près du réfrigérateur. D'un doigt plein de salive il ramassait les miettes sur la nappe. Aucune présence ne l'intimidait. Il criait à sa mère : « Bronuchna, tu as encore oublié tes dents ! »

Marys était déjà journaliste à l'époque, il avait une aptitude particulière à poser des questions qui jetaient la consternation. Je ne sais pas si j'en avais davantage honte que je ne le craignais. Je préférais ne pas être l'objet de son attention. Quand il se lançait dans ses plaisanteries j'étais incapable d'en venir à bout.

Je l'ai vu à la télévision lorsqu'il animait « Le Tournoi des Villes », une émission populaire dans laquelle les maires de divers villages exposaient les avantages locaux, rivalisaient en buvant de la bière ou au tire à la corde. Il voyageait beaucoup à l'étranger. Il revenait avec une nouvelle Coccinelle, une veste en chamois – la rue Gornoslaska embaumait les parfums et le cognac français. Il apparaissait de nouveau à la télévision, racontait, gesticulait, prenait Bronka par les épaules, pinçait la petite Halina, ma maman, répandait le chaos alentour.

C'est le souvenir que j'en ai gardé, j'avais dix ans, ils habitaient une petite maison rue Gornoslaska.

Ma maman aimait Marys, de six ans plus jeune qu'elle, comme un frère.

Elle l'aimait bien qu'il fût difficile à supporter car il était insolent, raisonneur, il savait tout mieux que personne. Et puis il l'observait à la dérobée, la singeait, se moquait. Il faisait des grimaces lorsqu'elle se regardait dans la glace, plaisantait devant ses amies, forçait la porte de la salle de bains. Elle l'aimait parce qu'il était le fils de sa tante la plus chère, parce qu'il se souvenait de sa maman à elle, parce qu'ils avaient été enfermés ensemble dans le ghetto, dans un panier de linge sale.

Ils avaient passé beaucoup de temps l'un avec l'autre dans des logements successifs derrière le mur. La petite Halina était l'aînée des enfants. Il lui fallait s'en occuper. Marys était le plus indocile. Il se fâchait et trépignait de ses petits pieds. Il appelait Bronka à l'aide. Il avait cinq ans et s'endormait encore en la tenant par l'oreille. Dans la journée il s'agitait, il chantait, il courait. Elle tentait de lui expliquer que son père était rentré du travail après la relève de nuit, qu'il aurait voulu se reposer et qu'en outre c'était dangereux, que les Allemands pouvaient venir. Il n'en faisait qu'à sa tête.

Mais pendant cette rafle rue Leszno, il s'est calmé. Comme s'il avait brusquement compris quelque chose lui aussi. Ils ne pouvaient se caser dans ce panier, un panier d'osier avec des draps sales, des serviettes, des vêtements. Ils étaient quatre, quatre enfants sous un tas de chiffons. On leur a donné du lait chaud. Où une mère avait-elle pris du lait ? Mais peut-être en ont-ils seulement rêvé ? Cris dans la cour. Vite, il faut se dépêcher. « On n'aura pas peur », déclara la petite Halina au nom de tous, « on n'étouffera pas », décida-t-elle. Le plus jeune, Henrys, le jeune fils de tante Madzia, la saisit par les tresses, Izio, de la tante Cena, se serra contre elle, lui pressant l'épaule, Marys grimpa le dernier. Il n'avait pas tenté de s'échapper. Personne ne toussa, personne n'éternua, personne ne bougea. A ce moment-là, encore, ils furent tous sauvés.

La petite Halina s'en souvient. Marys prétend qu'il n'était plus dans le ghetto.

C'est bien d'avoir quelqu'un qui se rappelle une maman défunte et un papa, comme Marys se souvient de Dela Goldstein et la petite Halina de Borys Kuszner, d'une grand-mère conduite à l'Umschlagplatz et dont on ne sait plus si elle a réellement existé. Des tantes, des oncles, des cousines. C'est un grand privilège que d'avoir des témoins de son propre destin.

Ils étaient tous deux, l'un pour l'autre, ces témoins.

Ils se sont séparés dans le ghetto et n'ont rien su l'un de l'autre pendant des années. C'est alors, rue Podwale, que Marys, du haut du balcon, a crié aux enfants dans la cour : « Je ne peux pas jouer avec vous, parce que je suis juif et qu'on me cache ici. » Sa tante a presque failli le payer de sa vie.

Il reconnaît que quelque chose de ce genre a bien eu lieu, mais à une autre adresse. Il criait qu'il voulait aller dans le ghetto. Il avait cinq ans et ses parents lui manquaient. On avait cherché à le confier à plusieurs personnes qu'il ne connaissait pas, mais elles l'avaient toujours rendu.

Il a passé le reste de la guerre dans l'orphelinat d'un couvent. Il a longtemps considéré que la foi l'avait protégé. Il s'en était remis à la protection de Dieu, du Dieu polonais, différent du dieu juif qui était le sien et qui atteignait le ciel. Mais il savait que le salut pouvait lui être assuré par l'appartenance au Dieu polonais. Cela avait commencé par le simulacre de la prière et s'était achevé par le sentiment d'une authentique appartenance. Le prêtre en soutane était devenu et son père et sa mère. Et la proximité de la soutane se révéla le plus sûr abri, à six ans, que Marys eût connu.

Il ne se rappelait aucun des éléments religieux de la maison d'avant-guerre. Dans le ghetto non plus il n'a pas été en contact avec les rituels juifs. Personne ne priait, personne n'allait à la synagogue. Ils formaient une société fermée, une dizaine de personnes, la famille. En majorité des intellectuels, coupés de la liturgie depuis longtemps, la jeune génération, fils et filles de conseillers municipaux de Leczyca. Le père de Marys, Borys Kuszner, communiste, était un athéiste combattant. Avant la guerre, à Leczyca, il avait réussi à s'opposer à sa famille – il n'avait pas laissé circoncire son fils unique. Les Przedborski n'appartenaient pas non plus à la majorité religieuse des Juifs de Leczyca. Leurs enfants s'étaient échappés à Varsovie et à Lodz. Progressistes et assimilés, ils n'avaient pas grand-chose à voir avec l'orthodoxie. Ils cultivaient la judéité exclusivement comme tradition des valeurs familiales.

Mais Marys savait qu'il était juif, il s'en souvenait. Il savait aussi que la judéité était son plus grand secret. Quelque chose qu'il fallait cacher. En cela il ne se distinguait pas de la petite Halina et des autres enfants juifs de la guerre. Il jouait à cache-cache. Il jouait sa vie.

Il n'est pas permis d'être juif, il faut être polonais. Il était devenu polonais. Il avait été recueilli par le Dieu polonais. Là-bas il avait chaleur et sécurité. La soutane le protégeait, l'autel le protégeait, et le fait que Dieu est intangible. Les Allemands ne pouvaient l'atteindre. Ni le monde. Il lui semblait que c'était la grâce.

Et la guerre prit alors fin.

Elle vint le chercher au cours de l'hiver 1945. Une vieille femme décharnée, un fichu sur la tête. Elle était venue à pied de Varsovie, des dizaines de kilomètres. Elle ressemblait à une marchande du bazar ou à la paysanne qui apportait la viande ou les œufs. Il ne se souvenait pas d'elle. « Revenez une autre fois, madame, lui dit-il, alors on parlera ; maintenant je ne peux rien dire. » C'était l'heure des exercices spirituels.

Il ne voulait pas croire qu'elle disait vrai, qu'elle était sa mère.

La petite Halina se laissa convaincre plus vite par son père dont elle avait peur.

Bronka vint trois fois. La dernière fois, elle se fit accompagner par sa sœur, Frania devait être la preuve que sa famille existait. Szymon avait eu recours à des arguments semblables à l'égard de la petite Halina. Peut-être s'étaient-ils concertés ? Cela devait se passer à la même époque. « Te souviens-tu de tante Frania ? » demanda Bronka à son fils. Il se rappelait qu'il avait eu une jolie tante. La jolie tante Frania ! Cette dame n'était même pas un peu jolie. Elle se tenait à l'écart, maigre, peureuse, un fichu noué sous le cou.

Cette visite perturbait sa tranquillité. Elle troublait, interrompait quelque chose, son recueillement peut-être, l'ordre. Elles venaient trop tard. Il est vraisemblable que six mois plus tôt tout aurait encore paru différent. Mais maintenant il ne voulait aller nulle part, c'est ici qu'il avait son église, sa foi, sa place familière. Sa maison.

Il n'en voulait pas d'autre.

C'est cet enfant de huit ans que Bronka ramena rue Gornoslaska. Elle lui promit un sapin pour Noël et qu'il pourrait servir la messe. Elle lui aurait promis n'importe quoi, pourvu seulement qu'elle pût le récupérer.

La guerre lui avait pris sa mère et sa grand-mère, sa plus jeune sœur et sa famille, tantes, oncles et cousins. Elle lui avait pris son mari, sans qui le monde entier s'était effondré. Elle avait voulu se jeter par la fenêtre, après avoir quitté le ghetto, lorsqu'elle comprit qu'il avait péri. Elle n'avait pas pu. Quelque chose lui commandait de vivre. Pour son fils. Elle le regardait et elle voyait Borys. Il lui ressemblait tant, depuis le début : spontanéité, avec des yeux comme du charbon et ses cheveux sombres, bouclés. Curieux de tout.

En ma présence et avec moi Bronka n'a jamais parlé de Borys. J'ai vécu des années sans savoir que Marys avait un autre père. Plus tard j'ai tendu l'oreille aux récits familiaux sur le grand amour de l'aînée des sœurs Przedborski pour le fils du dentiste Kuszner, l'ami de la maison. Dans cette famille c'est l'unique couple si spontanément accepté par tous. C'est que Bronka était si jolie et Borys si doué, c'est que depuis l'instant où elle était venue au cabinet de son père et qu'il lui avait ouvert la porte ils ne s'étaient plus vraiment quittés. C'est que lorsqu'ils se promenaient dans les Allées en se donnant la main, elle encore avec des cocardes dans les cheveux, lui avec la faluche de l'école polytechnique de Varsovie, il n'y avait pas de plus beau couple. Idéalement assorti par la beauté, le milieu, les sentiments, pas comme Zamutek avec la misérable Dela, ou bien Frania avec Oles – ici, au Petit-Rynek, on baissait la voix : polonais, divorcé ; il ne convenait même pas qu'on la mentionne. Bronka avait épousé Borys juste après avoir passé son baccalauréat, peu après le jeune Kuszner avait fini ses études à la faculté de mécanique de l'école polytechnique, à Varsovie, et tous deux s'étaient fixés dans la capitale. Ils s'étaient installés rue Wilanowska, pas loin du parc de Lazienki. Tout allait bien pour eux. Lorsque leur fils vint au monde, en 1937, ils ne pensaient pas à la guerre.

Ils allèrent dans le ghetto ensemble, avec l'enfant. Ce sage Borys, Borys l'ingénieur qui savait tant de choses sur le travail du bois et les scies circulaires, sur le journalisme et le commerce, lui aussi s'était laissé enfermer avec les autres ? Il dirigeait une menuiserie. Je ne sais pas comment il se fait qu'au bout d'une dizaine de mois il se retrouva dans un transport pour Treblinka. Pourquoi, malgré un travail qui lui garantissait la vie sauve, l'avaient-ils conduit si vite à l'Umschlagplatz ? Un adulte, un homme fort, qui pouvait encore servir ? Combien de temps le voyage dura-t-il avant qu'ils parviennent, son frère et lui, à percer un trou au fond du wagon ? Une heure, deux ? Ils sautèrent près de Deblin. Ils gagnèrent la forêt.

A cette époque-là, Bronka avait encore un but. Un policier juif la fit sortir du ghetto contre de l'argent. Elle se racheta elle-même, alors et plus tard, avec des couronnes en or qu'elle avait reçues de son beau-père au début de la guerre. Dès qu'elle eut enfin mis l'enfant en sécurité chez des parents, sur-le-champ elle partit à la recherche de Borys. Nul ne sait plus comment elle le retrouva. Ils étaient dans une meule de foin à côté de la guérite d'un garde-barrière. Tout près, vraiment tout près. Elle ne put s'en empêcher, elle s'y rendit plusieurs fois. La dernière fois qu'elle s'éloigna de lui elle ne pouvait savoir que c'était la dernière, jamais elle ne se serait permis de le penser. Du train à bord duquel elle s'éloignait elle entendit des détonations près de la forêt. Les gens dirent que des Ukrainiens étaient à l'affût depuis longtemps. Borys ne se manifesta jamais plus.

Marys ne l'a pas su aussitôt. Il ne se souvient pas comment et quand sa mère le lui a dit, une information sèche pour que ce soit moins douloureux. Sa mère pleurait souvent. Il savait qu'il ne faut pas poser de question sur la guerre. La petite Halina aussi le savait. Elle n'a rien demandé à son père concernant sa mère. Elle avait saisi une conversation à laquelle elle avait réagi par des pleurs et la panique. Jamais plus elle n'osa y revenir.

Il fallait vivre. Il fallait se protéger. Et les protéger eux, les parents, ceux qui avaient réussi à en réchapper pour eux.

Ce même hiver 1945 où Bronka avait retrouvé Marys, son frère était revenu de Woldenberg un peu plus tôt. Il était rentré accompagné d'un camarade de camp, Danek Marzynski, qu'ils connaissaient d'avant la guerre. Danek avait perdu sa femme et son jeune fils dans le ghetto, il n'avait pas où aller. Il resta. Ils habitèrent quelques mois rue Gornoslaska, dans une baraque de chantier sur un terrain où l'on édifiait des chalets finlandais, au voisinage de l'hôpital Ujazdowski.

Zamutek était celui dont Marys se souvenait le mieux – le frère de sa mère, un tyran. De haute taille, en uniforme et avec des lunettes, il parlait fort, criait souvent et lui donnait ses consignes. Ce qu'il ne fallait pas toucher, ce qu'il fallait prendre, que faire et quand. Dès le début il y eut cette scène avec le lait que Marys avait pris sans permission et bu comme s'il était le sien. Zamutek l'avait frappé au visage. Bronka voulut déménager sur-le-champ.

Il y avait aussi la petite Halina dont les nattes avaient poussé et que Marys aimait taquiner. Elle poussait alors des cris et lui la singeait. Il y avait Marysia, employée au bureau de Zamutek. Lui avec sa maman. Et Danek dont il devenait jaloux parce qu'avec Bronka, presque d'emblée, il était devenu protecteur et affectueux.

Pour Bronka, veuve solitaire avec un enfant dont il était difficile d'avoir raison, son frère Szymon et Danek constituaient un appui et la garantie qu'elle ne fléchirait pas. Ni l'un ni l'autre n'avaient connu la peur dans le ghetto et du côté aryen, leurs épreuves du temps de l'occupation ne leur avaient pas apporté la même souffrance qu'à elle. Ils étaient blessés et se sentaient humiliés mais personne ne les avait frappés pendant leurs cinq années de captivité, ils avaient vécu dans des conditions convenables, ils avaient reçu des colis de la Croix-Rouge. Ils avaient même cultivé des petits jardins. Pour elle, ces rescapés en uniforme de l'armée polonaise étaient comme des preux chevaliers apportant l'espoir sur leurs destriers. C'est eux qui devaient être forts pour elle, qui devaient les aider, elle et ses semblables, à croire... à quoi ? A l'avenir, au sens de la continuité. A la paix, à l'égalité, à la fraternité ? A un monde qui saurait cicatriser les blessures ? Malgré les pertes.

Je pense que la présence de l'enfant la contraignait à recommencer à vivre. C'était aussi un devoir envers ceux qui avaient péri.

Szymon, son frère, commença à travailler au Bureau de Reconstruction de la capitale où il fit travailler Danek, ingénieur lui aussi. Danek Marzynski supervisa la construction des chalets finlandais en bois dans le secteur de Jazdow, envoyés à la ville par le gouvernement d'Union soviétique. Il s'en vit bientôt affecter un, le sixième de la Cité I. Il y emménagea avec Bronka et le fils de celle-ci. Il prit rapidement sa décision, il l'aimait et il voulait bâtir une vie nouvelle, comme il bâtissait de nouveaux édifices sur les décombres de Varsovie. Szymon s'installa non loin de là avec la petite Halina, dans un immeuble rescapé rue Koszykowa. Il était tous les jours rue Gornoslaska, tout comme Frania, inséparable de Bronka. Après la libération ils ne se quittaient pas. Et ils parlaient de la guerre le plus rarement possible.

Le lien de la petite Halina avec Bronka fut sans doute la plus importante de ses attaches familiales. Elle l'aimait non seulement en tant que sœur de son père, mais aussi en tant qu'amie de sa mère avec qui Bronka avait grandi dans la même cour de Leczyca. C'est Bronka, bien que plus jeune mais mariée plus tôt, qui avait prêté sa robe à Dela pour son mariage avec Zamutek. Bronka connaissait les parents de Dela et la sœur de celle-ci, le colombier du vieux Goldstein et la friandise de cette maison : le pois écossé. Bronka se rappelait la naissance de la petite Halina et l'accoucheuse qui l'avait mise au monde. Elle l'emmenait en promenade dans son landau à capote. Elle l'avait vue grandir.

Ma maman avait conservé toutes ces images en mémoire, chaudes et sucrées comme le thé rue Gornoslaska. Elle s'y raccrochait chaque fois qu'elle avait besoin de réconfort. Elle ne voulait pas se rappeler les autres. Pourtant Bronka avait dû être aussi le témoin d'autres scènes – l'appauvrissement des Herman, la mort du père, la vente forcée de l'imprimerie. Quand Halina était encore toute petite, un voyou avait jeté une pierre dans son landau en criant : « Pour le marmot juif ! » La pierre était tombée sur le petit plaid, elle n'avait pas touché la tête. Mais ce n'étaient pas des souvenirs comme ceux-là qui leur tenaient compagnie à la table de la cuisine. Près de Bronka, en dépit de tout, la petite Halina ne se sentait pas orpheline.

Bronka avait tenu le dépôt de pain des ouvriers de l'Entreprise de Construction de la capitale. Ensuite elle avait travaillé comme comptable au bureau affecté à la construction des chalets finlandais, et enfin au service Cadres. Bientôt ses voisins de la rue Gornoslaska cuisaient leurs cakes et leurs babas selon ses recettes. Bronka avait quarante ans et éprouvait elle-même la nécessité d'un soutien, mais elle trouvait une consolation dans l'aide aux autres. Dans l'accomplissement des tâches courantes, infimes, pas à pas. Elle savait s'ouvrir au monde, totalement à l'opposé de son frère qui claquait la porte derrière lui. Elle connaissait chacun dans le voisinage et chacun la connaissait. Elle s'intéressait à leurs enfants et à leurs chiens, à leurs maladies, à leur haie vive, à leurs buissons de groseilliers. Son optimisme inné l'avait sauvée, cette lumière rare qui n'est donnée qu'à quelques-uns.

Elle se faisait du souci pour son fils et se demandait comment elle l'élèverait sans son père, mais le quotidien lui soufflait la solution et chassait les nuages. Elle avait Danek tout près d'elle, et il rêvait d'une famille.

Sur son bureau il rangeait les crayons selon leur taille. Il déchirait son ticket de tramway s'il n'avait pas eu le temps de le poinçonner dans le wagon. Il voyait le monde en noir et en blanc. Quel que fût l'objet de son engagement, il était difficile de le surpasser en enthousiasme. Ingénieur, solide, responsable, positif – une véritable annonce matrimoniale. Scout juif à Pabianice avant la guerre et ensuite membre du Parti communiste juif Poale-Sion-Gauche, Danek pouvait veiller sur la loyauté idéologique de la famille. Est-ce sous son influence que Bronka s'inscrivit au Parti ? Après des années de peur ils avaient trouvé l'équilibre dans leur présence mutuelle.

Bientôt ils se marièrent et, en 1948, Danek Marzynski adopta Marys et lui donna son nom. En vertu de la loi et des règlements ils devinrent la famille Marzynski. Pendant des années je ne lui ai pas connu d'autre nom. Longtemps Marys n'a pas dit « papa » à Danek. J'ignore s'il l'a jamais appelé ainsi.

Il l'appelait « monsieur Mannerek », de l'allemand *mann* – homme. Puisque c'était un homme si convenable. Certes, il n'appréciait pas que Danek dorme avec sa mère et il les épiait souvent dans leur chambre, mais il reconnaissait le statut de Marzynski à la maison et ne se rebellait pas. Monsieur Mannerek s'efforçait de faire de Marys un homme. Il avait des méthodes radicales.

Avant tout, il convenait d'extirper le catholicisme du gamin, deuxièmement de l'instruire de sa judéité. De lui expliquer qui il est. Il parlait avec force, insistant sur chaque terme important. Il se moquait de la religion.

Par un concours de circonstances Marys qui, après son retour à Varsovie, avait servi la messe un certain temps, laissa un jour tomber la burette de vin près de l'autel. Il se sentit démasqué. Il reçut cela comme un signe et ne participa jamais plus à une cérémonie religieuse.

Il cessa de suivre les cours de religion à l'école. Danek lui avait conseillé de quitter la classe lorsque le prêtre apparaissait, mais Marys n'avoua jamais qu'il était juif à aucun de ses camarades. Il déclara que ses parents ne lui permettaient pas de suivre le cours de religion, il le dit sur le ton de celui qui ne sait pas pourquoi.

Danek déployait beaucoup d'énergie pour le familiariser avec le mot « juif ». Il le faisait publiquement et devant témoins. Il s'arrêtait dans la rue, près d'un carrefour ou des magasins, à proximité d'un café ou d'un parc, or ils habitaient au cœur de la ville, et il se mettait à lancer à son fils adoptif en élevant la voix, très fort, trop fort : « De toute façon, tout le monde sait bien que tu n'es qu'un banal petit jjjuif... » Il traînait sur le « j » en grondant, avec une sonorité grinçante qui blessait, qui rappelait les signes distinctifs, l'étoile de David, le brassard, le ghetto.

Bronka ignorait tout de cette thérapie.

Daniel Marzynski avait passé toute la guerre dans un oflag où l'on jouait aux cartes et au football, il n'avait vu de ses yeux ni le ghetto ni l'assassinat des Juifs. Parfois on aurait dit qu'il arrivait d'une autre planète. Il avait perdu les plus proches des siens dans le ghetto mais il ne saisissait toujours pas vraiment pourquoi Bronka et Frania pouvaient éclater brusquement en sanglots, sans raison évidente. Il tentait de les guérir elles aussi, tout comme Marys, par une thérapie de choc.

Après la guerre ils n'avaient pas voulu quitter la Pologne. Ils étaient revenus chez eux. Et ils étaient restés seulement là où il y avait un cimetière juif. Neuf Juifs sur dix vivant en Pologne avant la guerre avaient péri. Mais personne ne peut vivre dans un cimetière, surtout après pareil cataclysme. Le monde de la vie était un monde polonais.

C'est le souvenir qu'en garde Marys. Les Polonais, c'était la vie ; les Juifs, c'était la mort. Les Juifs n'étaient associés à rien d'autre qu'à la mort. Le mot « juif », même lorsqu'on se l'adressait à soi-même, était maudit.

Au fond d'eux-mêmes ils étaient juifs. Ils devaient se rappeler qui ils étaient, qui ils avaient perdu, quelle était leur famille. Ils devaient se souvenir et méditer. Non sur la saveur de la prière mais sur la saveur de la communauté. Et aussi grâce aux *séders*[1] laïques qui rassemblaient la famille et permettaient de se rappeler l'histoire familiale. Dénués d'éléments religieux, comme avant. Ils n'évoquaient pas ces Juifs qui étaient sortis d'Égypte mais ceux qui vivaient à Leczyca. Ils établissaient leur propre *Haggadah*[2] privée, civile. Ils répétaient pour eux-mêmes ce qu'avait dit Babusia (Jecia) et ce qu'avait dit Babunia (Salomea Herman), qui jouait le *Boléro* de Waks au piano (Bronka), qui accompagnait au violon (Zamutek), toutes les histoires qui se déroulaient au 9 du Petit-Rynek à Leczyca et à l'imprimerie et dans l'entrepôt de vins et d'eaux-de-vie rue Poznanska. Ils évoquaient le grand-père qui lisait dans les cabinets, la dégustation des tokays et des *Pejsachowki* qu'ils humaient au lieu de les boire, et la manière dont ils feignaient la célébration du chabbat devant les voisins. Ce qu'on appelait des *bube-majses*[3]. Voilà de quoi ils devaient se souvenir.

Dans cette maison, ils pensaient d'eux-mêmes : « Nous, les Juifs », et ils avaient de la peine pour ceux des leurs qui avaient rompu avec la famille au nom d'une vie nouvelle. Ils en parlaient car ils les avaient perdus, en somme, pour la seconde fois. Ainsi la sœur de Borys Kuszner, dont la famille polonaise avait caché la fille si bien intoxiquée par l'antisémitisme que la fillette ne voulait pas connaître sa mère. La fillette croyait très fort que les Juifs puent et elle avait peur que quelqu'un apprenne qui elle était. Ainsi Adas dont la petite Halina gardait le souvenir depuis le ghetto, lui aussi perdu pour sa famille depuis qu'il fréquentait les Polonais et qu'il avait renié les siens.

---

1. La cérémonie familiale du premier soir de la Pâque juive. Un rite qui commémore la sortie d'Égypte et la délivrance de l'esclavage. (N.d.T.)

2. En hébreu, ce terme utilisé pour la célébration privée de la Pâque juive signifie « narration ». Il trouve son origine dans l'Écriture : *« En ce jour-là tu expliqueras à ton fils, en disant : c'est à cause de ce que m'a fait l'Éternel quand je sortais d'Égypte... »* (Exode 13.8). (N.d.T.)

3. Des histoires de famille réconfortantes. (N.d.T.)

Mais lorsqu'ils se séparaient, lorsqu'ils se manifestaient au-dehors, ces mêmes Juifs devaient être des Polonais pleins d'enthousiasme, bâtissant une nouvelle prospérité dans un pays nouveau. Monolithique, sans équivoque, homogène. Ils devaient être comme les autres, comme tout le monde. La société devait oublier leur judéité. Mais eux ne voulaient pas l'oublier. Ils voulaient seulement pouvoir s'y consacrer à titre privé. Derrière les portes closes. Parmi les leurs. « Tu comprends ? » devait demander Marys, car c'est souvent ainsi qu'il finissait les phrases à la maison, « tu comprends ? ». Je m'efforce de comprendre.

Je ne connaissais pas le mot *amchu*, j'ignorais d'où il venait et à quoi il convenait de l'associer. Il paraît qu'il était en usage à la maison, rue Gornoslaska, juste après la guerre. *Amchu* signifiait « des nôtres », c'est-à-dire juif, c'est-à-dire à nous. *Amchu* comme signe personnel de reconnaissance. Quelque chose que tu sais, toi, et que je comprends, moi. *Amchu ? Amchu.* Marys se souvient. Était-ce un phénomène répandu, et dans quels milieux ?

« Il y a de la farine en vente.

— Quel genre de farine ?

— *Amchu*, la nôtre, produite par des Juifs. »

« Qui est le directeur ? Est-ce que c'est *amchu*, là-bas, est-ce qu'il y a un *amchu* dans l'établissement ?

— Oui, je vais lui téléphoner. »

« Écoute, appelle la directrice du magasin de textile, c'est une *amchu*. Et dis-lui que tu es *amchu*, elle t'arrangera ça. »

Jamais je n'ai entendu ce mot dans la bouche de mon grand-père. Dans la bouche de personne. Alors ce mystérieux « réseau amchu » n'est peut-être que pure fantaisie ?

Danek commençait sa journée par *Trybuna Ludu*, « La Tribune du Peuple », le quotidien du Parti rédigé dans la langue des brochures de propagande. Ceux qu'il considérait comme des ennemis idéologiques, il les appelait des « nabots de la réaction ». D'Oles, le beau-frère de sa femme, ce même Oles qui l'avait arrachée aux mains des Allemands, il disait que c'était un perturbateur. Un perturbateur et la pire des opprobres. Pour l'intelligentsia juive, pour Danek, pour Szymon cette guerre n'avait pas été seulement une guerre contre les Allemands mais aussi une guerre pour changer l'ordre social. Ils avaient peur de l'antisémitisme d'avant-guerre, des années trente, qu'on donne la parole aux éléments nationalistes, fascistes, à ceux du Parti national-démocrate. Ils ne voulaient pas de la domination de l'Église.

Le salut pouvait venir d'une nouvelle idéologie, d'une foi si forte qu'elle nierait toute discrimination. Nous sommes comme les autres. C'est ce que permettait le communisme. Le communisme qui aidait à oublier la judéité. L'effaçait, la désavouait, l'annulait. En échange il donnait l'espoir. Il ne s'intéressait pas à la généalogie, il demandait ce que nous allions bâtir ensemble. Il confirmait la nécessité d'assimilation et lui conférait une nouvelle dimension.

La convention du nouvel ordre social prescrivait l'absence de différence entre les gens. Et dès lors, peu importe que tu sois Ukrainien, Juif ou Biélorusse. Ce devait être la Pologne d'une seule nationalité. La Pologne de la concorde, la Pologne des hommes et des femmes, des gens égaux.

Ils voulaient croire à l'utopie. Ils y ont cru. Mon grand-père et Danek, bien que leurs destinées d'avant-guerre fussent différentes, ont inoculé le communisme à leurs familles. Comme étant la meilleure foi.

Il y eut beaucoup de gens comme eux. Ils réveillaient à nouveau le stéréotype de la « judéocommune ». On s'en est servi comme élément de la propagande antisémite. Cercle vicieux.

Dans la Pologne d'après-guerre les Juifs assimilés ne se disaient pas juifs. Ils n'utilisaient pas ce terme, comme s'il était honteux ou inconvenant. Et quand d'autres les définissaient de la sorte ils se sentaient presque victimes d'une dénonciation.

Comme elle devait être profonde, en eux, la marque de la souillure innée. La guerre avait-elle été son seul support ?

Non, il est impossible qu'ils se soient sentis exclusivement polonais, que la judéité, quelle qu'en fût la définition, même dépouillée de la religion et de la tradition, n'ait eu aucune signification pour eux. On ne se laisse pas amputer de ses parents et de ses grands-parents sans conséquences pour sa propre biographie. Ils se sentaient atteints et dégradés lorsque quelqu'un, quelqu'un du dehors, quelqu'un d'étranger, un Polonais, des Polonais les désignaient du doigt comme Juifs.

Lorsque survint l'année 1968, le sixième chalet de la rue Gornoslaska fut emballé en quelques semaines. On démonta tout ce qui avait jusque-là composé une vie et on le rangea dans des caisses. On acheta du plaqué et des tapis avant de partir. Bronka tomba malade de chagrin. Elle ne voulait pas quitter le pays. Mais son seul fils devait partir avec son petit-fils, elle ne pouvait rester seule.

Des pots en argile pour le lait caillé, ventrus, rugueux, couleur de brique déteinte, firent leur apparition chez nous à la fin de 1969. En même temps que des couverts un peu usés, une écumoire et des pelles à cake – des gâteaux que maman ne savait pas faire mais que Bronka, à Jazdow, réussissait fort bien. La Gare de Gdansk, on parlait tout le temps de la Gare de Gdansk mais il ne s'agissait pas d'aller à la mer. Ils remplissaient des caisses. Je ne comprenais pas ce qui se passait. Pourquoi ces caisses et pourquoi ces tapis, ils mettaient la maison dans des cartons et elle était de moins en moins là. Ils ne touchaient pas au jardin.

Je ne croyais pas que ce fût possible. Comment était-ce possible, et pourquoi ? Je ne pouvais croire qu'ils s'en iraient. Ce qu'ils n'emportaient pas, ils le distribuaient. Aujourd'hui encore certains ustensiles me rappellent Bronka. Ils disparurent tous. Et elle, et Danek et le vieux basset Tymek, et Grazyna avec Marys, même le petit Bartek qui était venu au monde peu de temps auparavant.

Je ne savais pas pourquoi ils partaient. Et s'ils devaient partir. Et qu'ils devaient partir.

Marys partit, bien que ce fût lui qui avait vaincu les Allemands et qu'il se trouvait parmi les vainqueurs. Et pourtant il voulait être avec les Polonais, pas avec les Juifs – qui avaient été exterminés. Et il l'avait été. Jusqu'à ce qu'on lui rappelle que ce n'était pas sa place.

Marys était mon contraire. Il était tout ce que je n'étais pas. Et ce que je ne voulais pas être.

Il incarnait ce dont j'avais honte. Ce que j'ai défini bien des années plus tard comme étant un extrait de judéité. Comment appeler cela ? Le culot ?

Des échos nous sont parvenus après leur départ. Lointains.

Au début des années soixante-dix je suis allée à Copenhague avec maman. Je ne me rappelle rien du voyage, sinon les boutiques de pornographie et le fait que Danek avait cessé de croire au communisme et parlait de « notre reine », ayant à l'esprit la reine du Danemark. Ils allaient dans de grands supermarchés, loin, pour des yaourts aux fruits ou du poulet, un lieu différent pour chaque chose afin d'économiser quelques sous. Je me souviens que des vieilles dames venaient chez eux pour jouer aux cartes. Je me mis à appeler Bronka « Grand-Maman », sans vraiment savoir pourquoi. Donc, Grand-Maman entreprit de cuire des croissants craquants aux raisins, des délices que j'ai retrouvés des années plus tard dans les boulangeries juives de Brooklyn. Mais personne à l'époque ne parlait des Juifs, aussi ne savais-je toujours pas pourquoi ils étaient partis. Ou peut-être ne voulais-je pas le savoir.

Marys et sa famille étaient déjà en Amérique.

L'Amérique me semblait être le bout du monde. Être en Amérique signifiait presque ne pas être du tout.

Quand Bronka avait disparu de Jazdow, du chalet finlandais, elle avait cessé d'exister. Après cette visite à Copenhague elle avait encore été présente un instant. L'Amérique me la prit complètement.

Le télégramme annonçant sa mort a brisé Szymon.

D'Amérique nous arrivaient parfois d'énormes paquets fatigués par un voyage de plusieurs semaines en bateau, des cartons remplis de la plus étrange garde-robe qu'il m'ait été donné de voir. Des chemises de nuit céladon avec de la dentelle de nylon, des manteaux et des vestes aux cols râpés, des chemisettes en coton, en général légèrement déchirées ou alors tachées d'une goutte de peinture à l'huile, des pulls avec des mailles tirées, des gants arc-en-ciel pas toujours appariés, des chaussures de tailles diverses, des jupes coupées autrement que chez nous. Nous nous sentions, maman et moi, comme des Cendrillon comblées – je ne sais pas si nous étions plus heureuses que déconcertées. Nous faisions notre usage quotidien de quelques pièces de ce carnaval de fripes inopiné. Souvent elles vivaient avec nous une nouvelle vie de parents pauvres.

Marys est venu en visite en Pologne, des années plus tard, avec sa propre équipe de cinéma. Ce devait être en 1981 ; Solidarnosc, un souffle de liberté. Je me souviens de n'avoir pas cru, jusqu'au bout, que je le verrais. Il m'avait jusqu'alors paru irréel. Par un beau jour d'été il a frappé à la porte de notre appartement, rue Kasprzak, il a fait irruption sur le balcon avec une caméra et des opérateurs et il a commencé à tourner, posant ces questions d'autrefois où lingerie, tripes et philosophie voisinaient sans entraves. Tout s'est passé très vite, si vite que je n'ai pas eu le temps de réfléchir, de préparer, de formuler. Et il n'était déjà plus là. Il utilisait la surprise comme méthode journalistique. Elle l'aidait à établir sa propre réalité documentaire dont il était le principal héros.

Il était parti. Je soufflais. Et il me semblait de nouveau être en sécurité. Il était loin. Nos mondes n'avaient aucun point de contact. Il ne pouvait le dire à personne, il ne pouvait me trahir.

Je ne m'étais pas rendu compte qu'il tournait alors, effectivement, un film. « Retour en Pologne », *Return to Poland*, un film sur lui, sur sa famille, et donc aussi sur la mienne, sur sa famille juive et la mienne – comment et pourquoi il avait quitté la Pologne.

Quelque part je devais tout de même le savoir. Car enfin je suis dans ce film, je parle, je ris, on voit mon visage. Et son visage. Mais en même temps j'avais instantanément effacé cela en moi, caché, oublié. Je ne voulais pas être sa famille. Sa famille – celle de Marys ou celle de Bronka ? Qui ne voulais-je pas être, avec qui ne pas être liée, enlacée, associée ? Et pourquoi ? Mon père s'exprimait avec antipathie à son sujet, il le considérait comme un arriviste agressif. Il se rappelait que Marys s'était efforcé de briser ses liens avec Halina. Cela pouvait-il avoir une signification ?

Au cours des années qui ont suivi j'ai eu peur de la venue de Marys. Même plus tard, quand je me suis rendue en Amérique pour la première fois et que j'ai constaté combien c'était plus près qu'il n'y paraissait. Et pas seulement plus proche au plan géographique. Plus proche aussi de moi – peut-être plus proche des lieux que je connaissais.

A New York j'ai commencé à respirer autrement. Pourtant « là-bas », c'était toujours « là-bas », loin de Varsovie, de la Pologne où j'étais polonaise.

La dernière fois, c'est à Paris que j'ai été prise de panique à cause de Marys. Il n'y a pas si longtemps, quelques années. J'avais appris qu'il s'y trouvait, qu'il interviendrait dans cette même conférence au Sénat où j'allais prendre la parole. Il s'agissait de la question polono-juive. J'ai de nouveau eu peur. Peur, c'est peu dire – c'était de l'hystérie pure.

Alors une amie m'a demandé : « De quoi peux-tu bien avoir peur ? Qu'est-ce qui peut bien arriver, que veux-tu qu'il fasse ? »

Je ne voulais pas qu'il le révèle. Qu'il le dise à tous. Mon secret.

Mars

Mars

Je ne me souviens pas de mars 1968. Je ne le différencie pas des autres mois de mars. La Journée des Femmes, des œillets pour la maîtresse à l'école, des assemblées solennelles. Quand on a onze ou douze ans le temps se comporte autrement, comme s'il était infini, sans limites.

Il n'y a pas encore de passé et l'avenir se mesure à l'emploi du temps associé aux leçons, aux rencontres près du portique pour battre les tapis, à la sortie scolaire à la montagne. Ce qui est important ce sont les débuts d'année et les vacances. Même s'il annonçait le printemps, mars m'importait toujours moins que mai, le mois des foires aux livres, de la Course de la Paix et de mon anniversaire.

Ce printemps-là, mais peut-être déjà le printemps précédent, chez nous, rue Kasprzak, on se mit soudain à écouter une radio occidentale. Maman et Maciek passaient beaucoup de temps près du récepteur crachotant, s'efforçant de comprendre quelque chose qui, à observer leurs visages, me paraissait bien difficile à saisir. Quand je réfléchis bien, je parviens à puiser le mot « sionistes » dans ma mémoire.

A la maison on ne parlait pas de politique et fort peu de la vie quotidienne du pays dans lequel j'habitais. Je n'ai appris que bien plus tard tout ce qui se passait alors. Au printemps 1968, une vague de protestation et de manifestations a déferlé à travers la Pologne : les étudiants exigeaient un relâchement de la muselière que le pouvoir communiste tenait de plus en plus serrée. La milice intervint brutalement. Le calme morne du quotidien fut troublé par l'explosion des grenades lacrymogènes et le hurlement des canons à eau.

Tout cela se passait dans le centre de Varsovie, à quelques arrêts de tramway de notre appartement rue Kasprzak. Je n'étais au courant de rien. Étroitement tenue en laisse par la censure communiste, la presse varsovienne se taisait. Ma mère se taisait aussi.

Ce qui devait bientôt changer le destin de notre famille commença quelques jours plus tard. Les autorités avaient trouvé et l'explication et les responsables du déclenchement des troubles : c'étaient les Juifs. Les journaux, la radio et la télévision les accusèrent quotidiennement, bruyamment, nommément. C'étaient les Juifs, partisans du sionisme impérialiste d'Israël, qui devaient perturber la tranquillité et le bonheur du peuple polonais pour de vils objectifs connus d'eux seuls. Le rituel communiste ne se permettait pas l'usage public du mot « juif », on l'avait donc remplacé par le mot « sioniste ».

Dans les bureaux et les universités, dans les rédactions et les usines, dans les instituts scientifiques et les studios de cinéma, dans les réunions du Parti et ses conclaves convoqués spécialement, on appelait les Juifs par leurs noms et, leur ayant reproché leur hostilité au communisme et leur hostilité à la Pologne, on les chassait de leur travail et du Parti communiste.

A la télévision on diffusait des flashes évoquant des meetings où des foules brandissant des banderoles manifestaient contre la politique criminelle d'Israël et exigeaient le départ des Juifs de Pologne. Bien que les frontières du pays communiste fussent hermétiquement closes, les autorités facilitèrent d'exceptionnelle manière l'émigration des Juifs vers Israël, à la condition qu'ils abandonnent la citoyenneté polonaise. Mes amis qui n'ont aucun souvenir de la guerre racontent aujourd'hui que la terreur qu'ils ont alors éprouvée et l'intimidation dont ils étaient l'objet ne se peuvent comparer à rien.

Je ne me rappelle pas que le rythme des jours, des semaines, des mois ait été perturbé. Et je ne sais pas quand on m'a dit que Bronka partait pour Copenhague avec sa famille. Je n'ai pas demandé pourquoi, bien que chacun, à ma place, l'aurait fait. Je déclamais des poèmes sur Varsovie, je rentrais de l'école, j'apprenais mes leçons. Le plus important c'était la tâche quotidienne, les plus importants c'étaient les gens heureux. Comme si de rien n'était, comme si c'était effectivement l'essentiel dans cette situation où ma famille juive, tous ensemble et chacun de son côté, vivait ses journées les plus éprouvantes de l'après-guerre.

Plus de vingt ans s'étaient alors écoulés depuis la fin de la guerre. Assez pour savoir qui on est, pour quoi et pour qui on travaille. Les familles Przedborski et Marzynski avaient un sol ferme sous leurs pas, un sol de construction, de reconstruction, de réalisations et de plans. La vie semblait avoir finalement la forme et le sens qui leur importaient. Ils avaient élevé leurs enfants, Halina travaillait dans la presse, Marys à la télévision, le fils de Frania avait achevé ses études, les deux plus jeunes poursuivaient les leurs. Aucun signe de menace, de nulle part.

Le sentiment de sécurité venait aussi du fait qu'on ne les appelait pas « juifs ». Du moins, il n'était pas permis de le faire publiquement.

La campagne antijuive de mars 1968 toucha presque tous les Juifs restés en Pologne. On les priva de leur travail, de leur fonction, de leur appartenance au Parti. En règle générale ils furent tellement surpris qu'ils ne surent pas se défendre. Et comment se défendre contre des accusations de sionisme et de trahison du caractère polonais au profit de sympathies pro-israéliennes ? Comment démontrer ce dont leur vie tout entière, jusque-là, apportait la preuve ?

Peu importe que je ne me souvienne pas. Et de quoi. Je lisais *Swierszczyk*, « Le Petit Grillon », un petit journal pour les enfants, et je jouais avec une marionnette au petit nez en pomme de terre. Ce qui importait c'est que ma maman recommençait à avoir peur.

Ce devait être le cas, bien qu'elle n'en disait rien alors et n'en dise rien aujourd'hui. Elle se comportait comme si rien ne se passait ou comme si cela ne la touchait pas. Elle était polonaise. Elle voulait protéger son enfant. Elle la préservait. La fillette aux yeux bleus n'avait rien de commun avec les Juifs. Ne pouvait rien avoir de commun.

Quelque part au fond d'elle-même elle trouvait la confirmation du fait que son choix de garder le silence était fondé. Car il est très facile de te stigmatiser de nouveau, de te montrer du doigt, il suffit que l'occasion se présente.

Il faut être blanc dans une réalité qui accepte les blancs, qui se compose de blancs, qui méprise une autre couleur. Il faut oublier en soi tout ce qui a un lien avec le noir, fût-ce avec une ombre.

Elle joua de nouveau, pour moi, un rôle qui exigeait de la force et du tempérament. Elle claqua la porte sur le monde environnant. Elle décida que la traque antijuive ne la concernait pas.

Elle veillait toujours au respect des heures de sommeil. Je devais être au lit à un moment convenu, lorsqu'elle venait m'embrasser pour me souhaiter bonne nuit. Quoi qu'il pût arriver ensuite, cela se passait derrière la porte close de ma chambre qui laissait parfois filtrer la lumière. A cette époque-là ce fut différent. Je ne suis pas en mesure d'établir si cela dura quelques nuits ou davantage.

Maciek et elle étaient assis dans ma chambre, dans l'obscurité, penchés sur mon grand poste de radio avec tourne-disques. Lui dans le fauteuil, elle sur la petite chaise en bois peint avec des fruits rouges et or que mon père m'avait rapportée de Moscou. Les petites bandes vertes du voyant de la radio tremblaient. De la boîte, à côté d'une voix confuse s'échappaient des bourdonnements et des craquements auxquels venaient s'ajouter des bribes de mélodies qui étouffaient tout. Je ne démêlais pas les paroles, bien qu'il me semblât qu'on parlait de guerre. Je sentais qu'il se passait quelque chose d'important car personne ne me prêtait plus attention.

Je n'ai pas souvenir, pour ces années-là, d'autres moments d'inquiétude vague comme celle-là.

Je sais aujourd'hui qu'ils écoutaient « La Voix de l'Amérique » ou « Europe Libre », des radios alors considérées comme hostiles et par conséquent brouillées en permanence. Ils suivaient le conflit israélo-arabe, essayant de comprendre comment il évoluait réellement et quel serait l'avenir du monde, et de saisir comment on réagissait à cette guerre dans le pays. Ils suivaient les étapes successives de la campagne antijuive en Pologne. Ma maman, Szymon avec Zena et Danek avec Bronka. Marys, et peut-être même Frania, bien qu'habituellement c'étaient les instructions d'Oles qui l'informaient de ce qu'elle devait penser. Pour lui il ne se passait rien de nouveau sous le soleil. Il s'était attendu à cela.

Les autres ne s'y attendaient pas.

Alors, en mars, pour la première fois ils prenaient conscience de ce qu'ils étaient dans ce pays. En écoutant le leader du Parti communiste avec lequel ils s'étaient identifiés, ils sentaient le sol se dérober sous leurs pieds.

Des quatre frère et sœurs Przedborski, les enfants de Justyna et Henryk, trois avaient survécu à la guerre, un cas peu fréquent chez les Juifs polonais. Le frère et les deux sœurs avaient reconstruit leurs familles. Zamutek avec une nouvelle épouse, Bronka avec un nouveau mari, Frania selon l'arrangement datant de la guerre. Ils avaient échangé le Petit-Rynek de Leczyca contre trois adresses varsoviennes.

J'ignore jusqu'à quel point la guerre leur paraissait lointaine vingt ans plus tard. Se réveillaient-ils la nuit en criant ? De quelle manière leurs biographies de l'occupation étaient-elles encore vivantes en eux et quelles formes donnaient-elles à leurs choix ? De quelle manière changeaient-elles les couleurs du quotidien ?

Sans la guerre, ils auraient été des êtres différents.

Son écho se prolongeait. Dans chaque symptôme d'hostilité, réelle ou supposée, dans chaque incident antisémite de l'après-guerre. Que faire quand on te frappe ? Comment réagir ? Et quand on ne te frappe pas, qu'on te crache seulement au visage ?

Tout cela paraissait inconcevable. On violait soudain toutes les règles en vigueur. On invalidait les fondements de la vie sociale qu'on avait jusqu'alors respectés. On ne frappait pas, on n'avait pas recours à la contrainte physique mais les paroles blessaient tout aussi douloureusement.

Szymon, 64 ans

Mon grand-père fit ce qu'il savait le mieux faire dans ces moments-là – il se mit au lit. Il avait derrière lui un passé de bâtisseur de la Pologne Populaire, de travailleur dévoué au service du pays. Devant lui – des plans pour de nouveaux desseins. Il ne comprenait pas ce qui se passait. On l'avait chassé de son bureau et du Parti. On lui avait enlevé sens et prérogatives. Pourquoi ?

« Pourquoi ? » répétait-il à sa femme. Et au mur, car il s'était couché tourné contre le mur. Il parlait peu. Il tentait d'analyser. De trouver une explication logique. Qui les encourageait, pourquoi trouvait-il soudain des papiers sous ses essuie-glace : « Moshé en Israël ! » ? Moshé ? De quel Moshé s'agissait-il donc ? Peut-être Samuel, Szmulek, Zamutek – bien qu'il n'eût pas répandu au-dehors ce prénom qui lui venait de son enfance. Il était bon pour le rebut. Comme tout être né de mère juive, d'une mère bien-aimée.

Il aurait pourtant dû être comme les autres. Et il était comme les autres. Il avait fui sa propre judéité dans l'habit du communiste. Mais quel communiste était-il, il n'était même pas un communiste convenable : pas de passé clandestin, pas d'Espagne, pas de prison. Un valet stalinien. Son beau-frère avait raison. Il n'y avait ni de quoi s'offusquer ni de quoi se plaindre. Ils l'avaient démasqué. La patrie des Moshé est ailleurs, ici ils sont étrangers, ici ils sont comme un ulcère. Les cadres devraient être nationaux, polonais.

Au début il voulait encore se manifester en haut lieu, en appeler au Comité de la voïvodie ou même au Comité Central. Avant de comprendre que tout venait de là-bas. L'exemple venait d'en haut. Et les instructions. « Nous condamnons la politique agressive et aventuriste de l'État d'Israël » – il se souvenait de ces slogans lancés avec d'autres sur l'héroïque peuple vietnamien luttant contre les impérialistes américains. Mais il ne s'agissait plus, maintenant, des agresseurs israéliens ni du front anti-impérialiste, il s'agissait du sionisme mondial calomniant l'État polonais. A la Saint-Sylvestre, à la télévision, ils avaient regardé le cabaret du Nouvel An. Soudain l'écran s'était mis à grouiller de marionnettes au nez crochu. Pendant un long moment elles avaient rampé comme de la vermine sur un vaste globe terrestre. Il avait oublié ?

Il cessa de sortir de chez lui. Il allait seulement chercher des petits pains et le journal, le matin. Bien qu'il eût mieux valu qu'il ne lise pas *Trybuna Ludu*, son journal, l'organe du Parti, était à la tête de toute cette campagne dans la presse. Il rentrait et s'allongeait sur le divan. Il sortait plus rarement depuis qu'il avait trouvé des traces d'excréments sur la poignée. La main droite dans une matière poisseuse, puante. Dégoût. Effroi. Qui ? Pourquoi ? Mais peut-être avait-il rêvé ? Pourquoi auraient-ils fait une chose pareille ?

Lorsque d'autres s'en allèrent, des collègues, des camarades du Parti, un instant il pensa partir lui aussi. Israël ? Mais tout de même, c'était un sionisme bourgeois, il avait lui-même signé des protestations récemment. Avant que tout cela n'arrive.

Un divan rue Pulawska. Non, vraiment, il ne voulait pas

d'autre endroit. Ce lit, ils ne le lui enlèveront pas, il peut rester allongé ici. Si vous ne le voulez pas, je ne jouerai pas des coudes. A la tribune et dans les assemblées, sur les tapis et pour des prérogatives. Mais Moshé n'ira pas en Israël. Moshé est d'ici.

Et c'est ainsi qu'il est resté. Seul. Tourné vers le mur.

Bronka, 62 ans. Danek, 64 ans

Bronka était différente de son frère. Chaleureuse, aimée de tous. J'ignore de quoi ils parlaient entre eux et comment. Zamutek écoutait-il seulement ? Je ne me souviens pas d'avoir prêté l'oreille à leurs conversations. Danek, le mari de Bronka, le père adoptif de Marys, en remontrait toujours à tout le monde. Il savait mieux que tous et toute objection le faisait rougir. Peu importait qu'il parle de la voie tracée par les idéaux du Parti ou de l'industrie onze fois plus développée que dans la Pologne d'avant-guerre. Qu'a-t-il expliqué alors, en mars et les mois suivants, à Bronka ? « Ma petite Bronka... tu comprends ? » Elle ne comprenait pas.

On l'avait démis de son poste de directeur de l'Établissement de Résistance des Matériaux de l'Institut technique du Bâtiment et on l'avait chassé du Parti pour manque de considération à l'égard des employés sous ses ordres. Ils savaient qu'il avait appartenu au Poalej-Sion-Gauche avant la guerre. Ils ne voulaient pas savoir qu'il s'agissait d'une organisation communiste juive. Sioniste. Il n'y a pas de place pour lui dans nos rangs.

Il ne pouvait imaginer que là-bas, quelque part, passé certaine frontière, loin, dans une autre langue et en d'autres temps, que là-bas quoi que ce fût l'attendait encore. Il ne voulait pas d'un autre lieu. Sur ces divans bas, inconfortables, que sa bru architecte avait installés dans toutes les pièces et dont il était si difficile de se relever, il était chez lui. Chaque matin il allait chercher le journal avec son basset Tymek près du bâtiment du Parlement, la kiosquière lui mettait ses hebdomadaires de côté, il rencontrait des voisins. Il était inscrit dans ce quotidien-là.

Dans la petite maison de la rue Gornoslaska c'est Marys qui était maintenant le plus important. C'est lui qui convainquait, lui qui incitait et qui expliquait. Il avait soudain commencé à comprendre davantage que ses parents, comme si, en l'espace d'un instant, ils avaient vieilli et perdu de leur influence. Sans lui ces deux-là n'auraient plus franchi leur seuil. Pommiers et cerisiers fleurissaient dans le jardin pour les galettes, les raviolis, la compote. Les invités attendaient pour la canasta et le thé. Il fallait réparer le parasol, installer les chaises à l'ombre. Sarcler les fleurs et les arroser. Après le défilé du 1er Mai la saison commençait au jardin. A la fin de 1967 un petit-fils leur était né, qu'il dorme paisiblement au grand air. Ici, tout leur appartenait.

Y renoncer ? Au nom de quoi ? Pourquoi ? Et à quel prix ?

Bronka n'a jamais pris cette décision. Jamais, de sa propre volonté, elle ne se serait séparée de sa sœur et de son frère, de leurs enfants, de tout ce qui leur était commun. Du souvenir des parents et de la proximité de Leczyca. Peu importait qu'ils n'y aillent pas, Leczyca était à portée de main, à la distance du souvenir. Elle avait déjà plié bagage dans sa vie, pour le ghetto, et elle était déjà repartie de rien, après la guerre. On l'avait déjà forcée à être quelqu'un d'autre. Zamutek ne se sent pas bien, il exige des soins. Et elle n'est pas elle-même au mieux de sa forme. Et puis elle ne connaît aucune langue, elle n'apprendra rien. Que peut-on encore apprendre à son âge ? Ils s'en sortiront, ils s'en sont déjà souvent sortis. Personne ne les chassera de chez eux. Elle n'envahit pas de logement, il n'y a pas de délai pour remettre les fourrures. Il n'y a rien d'obligatoire.

Marys en décida autrement. Il partirait, lui, avec femme et enfant. Pas question de laisser ses parents. Le Danemark les accueillera. Les Danois leur proposent une aide financière pour commencer. Ils sont prêts à accueillir les Juifs chassés de Pologne.

Copenhague, la capitale d'Andersen, pourquoi auraient-ils brusquement envie de parler la langue des contes ? Et quel conte, celui du cœur de glace ? Jamais ils n'ont habité dans un port, au milieu des monuments de la renaissance hollandaise, au voisinage du jardin d'attractions de Tivoli. Ils n'auraient pas imaginé cela dans leurs cauchemars. Comment l'auraient-ils pu ?

Bronka ne savait pas vivre sans la Pologne et ne le voulait pas. Mais elle n'aurait pas survécu à la séparation d'avec son fils et son petit-fils. Elle choisit la meilleure des deux impossibilités. Ils partirent.

Frania, 61 ans

Elle regardait par la fenêtre, comme lorsqu'il y avait le ghetto de l'autre côté de la Vistule. Ce même air cristallin du début du printemps. Elle se sentait vieille et lasse. Elle ne savait pas elle-même où elle pourrait bien aller. Chez les siens, avec les siens, derrière le mur ? Son mari le lui avait interdit, grâce à quoi elle avait survécu avec son fils. A l'étranger, dans l'inconnu, pour un nouvel exil ? Trop tard. Comme alors, trente ans plus tôt, elle savait qu'elle resterait du côté polonais.

Elle ne s'était pas éloignée d'Oles bien qu'Halina fût restée avec eux en qualité de suppléante ou de remplaçante, ils avaient vécu à trois sous le même toit, avec trois fils. Pourquoi devrait-elle fuir maintenant ? Dès lors qu'elle ne s'était pas résolue à entamer une nouvelle vie après la guerre, parce que les enfants ont besoin d'un père et de protection, parce qu'il faut bien que quelqu'un fasse les courses et la cuisine, or personne ne savait les faire comme elle, parce que laver, repriser, repasser, parce que les leçons, les sandwiches, les coqueluches, les scarlatines, parce que les vélos, les chaussons de gymnastique, les skis, les dictées et tout cela sur ses épaules, dès lors qu'elle n'avait pas fui à cette époque-là pourquoi devrait-elle avoir peur maintenant d'un quelconque soufflet politique ? Elle avait déjà oublié combien la honte est cuisante.

En outre, personne ne savait qui elle était. Qui elles étaient l'une et l'autre. Elles vivaient dans le secret. Halina aussi, madame l'avocate du Cabinet n° 20. Zofia Majewska et Halina Majewska. Et les enfants, les enfants en particulier. Aucun d'eux ne savait que ces deux mères étaient des Juives. Question d'instinct d'autoconservation, comme l'expliquait Oles. Il démontrait qu'elles n'étaient juives qu'à demi, il les orientait donc vers le monde de la clarté, le côté polonais. Mais Frania se rappelait constamment les paroles de sa mère sur les enfants nés de mères juives. Ils sont nôtres. Donc constamment menacés. C'est pourquoi il ne fallait pas le quitter, lui, Oles, Polonais, leur défenseur, le père de trois fils non circoncis. Il était le garant de leur sécurité. Peu importait que la guerre eût pris fin, il faut toujours être sur ses gardes. C'était bien la meilleure preuve qu'il avait raison. De nouveau. Comme toujours.

Il ne se passait rien qu'on n'avait pu prévoir, qu'Oles n'avait annoncé. Dans la campagne antisémite du printemps 1968 il trouvait la confirmation de ses théories politiques.

Les bolcheviques, les « sauvages » – c'est ainsi qu'il les appelait – qui avaient occupé la Pologne après la guerre avaient profité des Juifs pour édifier l'ordre nouveau. Il s'exprimait clairement, sur un ton ne supportant pas d'objection. « Ton frère était à ce point stupide qu'il n'a pas été capable de s'en apercevoir ou ne l'a pas voulu. Au nom d'un idéal d'égalité et de justice auquel les Juifs persécutés ont cru avec plus de ferveur que les Polonais, on leur a donné du travail et des situations. Des situations élevées. C'est pourquoi je ne voulais pas que nos enfants se vantent de leurs mères juives à l'école. Je savais bien quel était l'état d'esprit. » Frania avait parfois l'impression qu'il la traitait comme une oie blanche sortie tout droit du Vieux Testament, il utilisait parfois cette expression lorsqu'il plaisantait, et seulement à son adresse. « Psiapsiunia, il faut tout de même bien que tu comprennes l'absurdité de cette situation ! Des Juifs directeurs, chefs, des voitures, le téléphone, des voyages professionnels, et il faudrait que mes enfants se démasquent ? »

Il lui expliquait cela comme il expliquait tout le reste, le monde entier. Elle l'acceptait sans aucune objection. Tout comme elle lui épluchait sa pomme, sans un mot, et lui mettait chaque morceau dans la bouche, l'un après l'autre, tout comme elle rongeait les os qu'elle avait pris dans son assiette. Elle n'avait pas besoin d'autres preuves de sa part pour justifier ses raisons.

Elle ne voulait pas fuir. Du reste, où aurait-elle pu fuir ? Elle ne connaissait pas de monde où l'on pût être soi-même.

Halina, 37 ans

Elle travaillait alors comme rédactrice au service Culture du *Dziennik Ludowy*, le « Quotidien populaire », l'organe de ZSL, le Parti paysan. Elle habitait ce même appartement de deux pièces dans la Cité Kasprzak où elle s'était installée en quittant la maison de son père. Elle veillait à maintenir de bons rapports avec les voisins, la couturière et le serrurier du quatrième étage, l'ingénieur du troisième, l'institutrice du rez-de-chaussée. Pour eux elle était restée la femme du commentateur de la Course de la Paix, le rédacteur Tuszynski, bien qu'ils n'étaient plus ensemble depuis quelques années.

A part Halina il n'y avait aucun Juif à la rédaction. Peut-être est-ce la raison pour laquelle elle dit aujourd'hui que rien, à cette époque-là, ne l'a touchée directement. Au *Dziennik Ludowy* on n'a pas organisé de réunions au cours desquelles on aurait dénoncé des gens à partir d'une liste toute prête, on n'a pas signé de résolutions condamnant les sionistes. C'est peut-être pour cette raison.

De mars, elle se rappelle quelques événements à la rédaction. Un collègue plus âgé qu'elle se réjouissant bruyamment de voir enfin les Juifs se faire frotter le museau. Et Zofia Stanowska, son chef au service Culture, fidèle communiste, clandestine en forêt pendant la guerre, dans un détachement de la résistance. Son mari était un Juif à qui elle avait sauvé la vie. En mars 1968 elle rendit ostensiblement sa carte du Parti, un geste courageux qu'ils furent peu nombreux, alors, à oser.

Halina avait l'impression que tout cela ne la concernait pas. Quel Israël, quels déserts, quelles lignes de front, quels Arabes ? Qu'avait-elle de commun avec les Palestiniens et leur terre, leurs sables, leurs palmiers ? Elle aurait eu du mal à les trouver sur la carte. Quel sionisme ? Un palmier à la place des saules et des bouleaux ?

Cela se passait en dehors d'elle. Les manifestations et les grèves étudiantes, les répressions de la censure, les banderoles « Les sionistes en Israël » au défilé du 1er Mai. Dans les couloirs des collègues chuchotaient dans son dos et tournaient la tête lorsqu'elle passait. L'auteur de certains articles sur ces gens de provenance étrangère qui devraient déguerpir de Pologne lui tapotait l'épaule avec un clin d'œil. Comme pour lui faire comprendre qu'il lui fallait agir ainsi mais qu'ils savaient fort bien l'un et l'autre ce qu'il en était réellement.

Elle n'entra pas dans ce jeu, ne discuta pas, n'exprima aucun point de vue. Comme s'il ne s'agissait pas d'elle. Ses collègues se souviennent d'elle comme d'un mur. Elle n'avait pas l'air d'être effrayée, plutôt absente, isolée des autres. Derrière une vitre où on ne pouvait l'atteindre.

A-t-elle jamais pensé : nous, les Juifs ? Je ne crois pas. Elle pouvait penser : nous, la famille, les Przedborski, le père, la mère, puis les collègues du groupe – journalisme, études de lettres. Elle n'a pas cherché parmi eux ceux qui avaient vécu les mêmes épreuves. Elle n'a pas pensé que tel ou tel professeur avait eu un père rabbin ou qu'il était originaire d'une petite bourgade juive. Et que, de ce fait, il l'avait distinguée, elle, ou sa collègue Joanna, ou Wera. Aucune de ses amies n'était juive. Aucune ne médisait des Juifs.

Elle n'a jamais songé à émigrer. Elle avait peur du changement, elle avait peur d'aller vers l'inconnu. On ne l'a pas congédiée. On ne l'a pas privée de ses sources de revenu. Les contrariétés se situaient au niveau du buffet et d'une comptable forte en gueule, du regard en biais de celui qui distribuait les dépêches et d'un certain embarras au milieu des gens. La question dans les regards, savent-ils, reconnaissent-ils, quelle sera leur réaction. Qui l'appellera « juive » et dans quelles circonstances ? Dans la rue, à l'imprimerie, au kiosque, chez le marchand de légumes, au cinéma ? J'ignore à quel point elle le redoutait. Avec qui en a-t-elle parlé ? Pas avec ses amies, peut-être avec son père ? En quoi se sentait-elle menacée ? Quelle était la couleur de cette peur, s'y reflétait-il un écho de la frayeur du temps de guerre ou faisait-elle mal autrement ?

Marys, 31 ans

Il semblait être au sommet de sa carrière. Il avait une excellente situation à la Télévision polonaise, comme journaliste et comme auteur d'une émission de divertissement populaire. Il voyageait à l'étranger, d'où il avait ramené des manières et des vêtements occidentaux ainsi qu'un rien d'air frais différent. Il aimait sa femme, Polonaise, architecte douée qui venait justement de lui donner un fils, Bartek. Ses parents étaient en bonne santé. Il débordait d'idées. Le monde lui était grand ouvert.

Mars lui fit prendre conscience de la fragilité des bases de son destin. Il apparaissait soudain que chacun pouvait lui dire : « Toi, le Juif ! » – et c'était une insulte. On pouvait impunément le confondre, le traiter de vulgaire juivaillon qui cherche à cacher qui il est. Il se sentait bien faible.

A la télévision quelqu'un dit à quelqu'un, et quelqu'un le lui répéta, que s'ils le pouvaient ils l'écraseraient comme une mouche contre un mur. Il n'en crut rien. Il ne pensa même pas avoir mal entendu, il savait ce qui se passait, il lisait la presse. Mais il ignora plus ou moins le fait. Il continuait à travailler.

Ils dirent aussi qu'ils l'aimaient et que c'est pourquoi ils ne se sépareraient pas de lui sur-le-champ, comme pour d'autres. Pour lui, le monde ne s'était pas écroulé. Sa femme, Grazyna, considéra que c'était une raison suffisante pour s'en aller immédiatement.

Il y avait longtemps qu'elle voulait s'en aller. Elle faisait partie de ces Polonais qui rêvaient d'émigrer. Pour elle c'était la solution, une chance de se libérer de cette cage pour gagner l'Ouest tant désiré. La possibilité de s'affranchir d'un système qu'elle ne supportait pas, qui la tenait en captivité et l'irritait dans chacune de ses émanations. Elle n'aimait ni les gens ni la façon de vivre, ni les relations ni les arrangements, ni les rapports maladifs. L'absence de sourire, le gâchis, le mensonge.

Marys lui donnait raison. Il ne voulait pas vivre plus longtemps dans le mensonge et ses propres succès lui semblaient ridicules. Un nom, une situation, des possibilités. Il n'arrivait pas à comprendre pourquoi il s'était si longtemps permis d'accepter cela, d'évoluer à la périphérie, de ne pas effleurer ce qui le touchait au plus profond, ce qui constituait la substance même de ce qu'il était.

Sa femme insistait, poussée plus que lui sans doute par sa fierté blessée. Plus assurée que lui, aussi, que l'avenir et les vraies chances étaient ailleurs. Mais c'est Marys qui devait convaincre ses parents, vaincre leurs doutes et leur résistance et leur désespoir. Son fils, Bartek, devait-il lui aussi passer sa vie dans le mensonge et la peur ? C'est ce qu'il expliquait à Bronka, lui retournant son propre argument – c'est l'enfant le plus important.

Se sont-ils jamais retrouvés à trois, Szymon, Bronka et Frania, pour débattre de ce qu'il convenait de faire ? Quand et comment Bronka a-t-elle informé son frère et sa sœur qu'ils avaient résolu de quitter la Pologne ? Szymon ne participait déjà plus, alors, aux rencontres familiales. On disait avec compassion qu'il souffrait de mélancolie. Il n'a pas eu un mot sur le départ de Bronka, comme sur tout le reste de ce qui s'est passé après mars 1968. Boycottage. Invalidation par le silence. Mise à mort. Marys a entendu Szymon dire à Danek qu'en Occident ils allaient se mettre au service du renseignement américain. Il a dit la même chose à Halina. Il exigeait d'elle qu'elle rompe tout lien avec sa tante quittant la Pologne, avec le reste de la famille de Leczyca ayant réussi à échapper à l'extermination. Bronka préféra ne pas discuter avec son frère. Elle n'aimait pas contredire qui que ce soit, lui en particulier.

Marys et Grazyna prirent leur décision finale à l'été 1969. Les autorités polonaises avaient fait savoir que les privilèges spéciaux d'émigration pour les Juifs désirant quitter la Pologne allaient être annulés. Bien que la tapageuse campagne antijuive dans les médias eût déjà été mise en veilleuse en 1968, la nouvelle de l'arrêt de l'émigration provoqua une nouvelle vague, la plus importante, de demandes d'autorisation de sortie. Marys partit le premier, à l'automne 1969, avec sa Coccinelle Volkswagen, avec ses bagages et son vieux basset effrayé. Bronka et Danek prirent le train à la Gare de Gdansk où les amis polonais des émigrants juifs se rassemblèrent en un dernier, symbolique et inoubliable geste d'adieu.

Halina ne vint pas à la gare.

Aujourd'hui elle dit que c'est Szymon qui le lui avait interdit. Il lui avait également interdit d'héberger la femme de Marys, Grazyna, qui restait encore une semaine à Varsovie avec le petit Bartek. Leur appartement avait déjà été liquidé, leurs biens emballés ou vendus. Le chapitre polonais était clos, le suivant pas encore ouvert.

Quelques jours avant le départ, billet d'avion en poche. Quelques jours, un lundi, un mardi, un mercredi, et ainsi de suite jusqu'à la fin, au total sept jours et nuits, sept fois vingt-quatre, pas tout à fait cent soixante-dix heures, dont la moitié de sommeil. Un mois de novembre humide, venteux, qui s'étire, on peut ne pas bouger de la maison. De quoi ma maman avait-elle peur alors ? Quel danger pouvait bien la menacer ? Qu'y avait-il donc encore et toujours dans l'air polonais, dans l'atmosphère automnale du Varsovie de 1969, bien après mars, après la vague principale de haine et de panique, qu'y avait-il donc qui ne leur permettait pas d'offrir l'hospitalité à Grazyna et à Bartek ?

A quoi ne voulait-elle pas être confrontée ? Aux services secrets pistant efficacement les Juifs ? Ou bien aux Juifs émigrant de Pologne ? Elle redoutait certainement que quelqu'un fasse le rapprochement entre elle et eux, la mette au même rang qu'eux. Elle ne le voulait ni pour elle-même ni pour moi. Elle craignait la contrariété, le désagrément. Il n'y avait pas de menace physique. Mais elle était tout de même de mauvaise origine et la police polonaise omnisciente ne l'avait certainement pas négligée dans ses listes. Donc, elle ne savait pas de quoi elle avait peur. Elle avait peur. Tout simplement.

M'est-il permis d'en juger ? Maman voulait être polonaise. D'emblée, dès que la guerre avait pris fin. Elle esquiva les situations la mettant dans la nécessité de se définir. S'il le fallait, elle choisissait toujours la polonité. Hostie comprise. Elle dit que c'était pour moi. Je ne sais pas. Pour elle aussi. Ainsi s'est construit son autoportrait. Pas seulement aux yeux des autres, à ses propres yeux également.

Szymon n'a jamais revu sa sœur Bronka. Il n'a maintenu aucun contact avec elle. Il n'a pas correspondu. Il ne voulait pas la connaître. Pour avoir trahi son pays elle fut rayée de la famille Przedborski par mon grand-père.

Conséquence des événements aujourd'hui définis comme « Mars 1968 », la majorité des Juifs qui s'y trouvaient encore quittèrent la Pologne. Un tiers étaient des gens ayant reçu une formation supérieure : professeurs de l'enseignement supérieur, scientifiques, intellectuels, étudiants. La nationalité polonaise avait été retirée aux émigrants. Au bureau des passeports ils avaient obtenu un document de voyage autorisant le trajet dans un seul sens, sans droit de retour. On leur avait donné un mois pour quitter le territoire. On considéra généralement que les « événements de mars » avaient mis un terme à la présence millénaire des Juifs sur le sol polonais.

Une partie des Juifs polonais étaient restés.

Une dizaine de milliers de Juifs qui ont quitté la Pologne après mars 1968 sont partis de la Gare de Gdansk, à Varsovie, pour Vienne et Copenhague, et de là pour Israël et l'Amérique. Des fenêtres des trains qui les emmenaient à l'Ouest ils virent pour la dernière fois ce qui leur était le plus familier. Aujourd'hui les trains spéciaux qui partent de la Gare de Gdansk vont à Rostov et à Voronej.

Trente ans plus tard, en 1998, on y a dévoilé une plaque commémorative portant une inscription due à la plume de l'écrivain Henryk Grynberg : « Ici, ils ont laissé d'eux-mêmes plus qu'ils n'avaient. » Il arrive que la plaque soit barbouillée de peinture et qu'apparaissent, à côté, des inscriptions antisémites. Le mot « sioniste » n'y figure pas. Aujourd'hui on peut de nouveau écrire « juif ».

Bogdan 68

Au milieu des années soixante mon père a saisi le vent dans ses voiles. Il s'est marié pour la seconde fois, il est devenu père d'une deuxième fille, il s'est mis au travail avec une énergie redoublée. Il a beaucoup voyagé. Pas comme d'autres, en Roumanie ou en Bulgarie, mais à l'Ouest, le vrai, au-delà du Rideau de fer. Il n'a pas eu besoin d'attendre la visite des Rolling Stones à Varsovie pour se sentir citoyen du monde. Il n'était pas concerné par la succession des crises de l'approvisionnement en viande, les augmentations de prix et les récriminations dans les files d'attente. Il se conduisait comme un homme qui sait qui il est. Plus que jamais la radio était devenue sa maison.

Quelqu'un a entendu mon père, au printemps 1968, dans un couloir de la radio, dire : « C'est bien qu'ils s'en aillent », et il parlait fort, trop fort. Quelqu'un l'a entendu dire : « Enfin ». Et qu'il n'y a plus moyen de s'en défaire, et qu'il est grand temps.

Qu'ils avaient assez fait de mal. Qu'ils avaient fait des ravages. Qu'ils avaient bien assez gouverné et joué les petits maîtres.

Ira, qui avait aussi entendu cela et qui l'avait toujours défendu car ils avaient passé plus de dix ans dans des bureaux voisins de la rédaction sportive, l'enferma alors dans la pièce et lui fit la leçon. Elle ne mâcha pas ses mots. Elle ne pouvait comprendre ce qui lui arrivait. Elle le renvoya à son épouse juive, son ex-épouse mais un grand amour, à la vie qu'il avait voulu partager avec elle, à l'enfant qui les unissait. Elle ne comprenait pas comment il pouvait parler ainsi et encore moins qu'il pût penser de la sorte. Et à tout hasard, pour son bien, par souci de décence, elle lui ordonna de se taire à l'avenir. « Ferme-la, dit-elle, ne gueule pas comme ça dans les couloirs parce que la moitié de la radio va te siffler. »

Il s'était toujours exposé, en outre il se laissait facilement influencer. Quelque chose flottait dans l'air. Un courant secret, une force intérieure qui libérait des sentiments cachés de rancœur, d'aversion, de mépris dirigés contre les plus faibles. Ceux auxquels il pensait lui avaient toujours paru indûment privilégiés.

En mars 1967 il avait adhéré au Parti. L'organisation condamnait la politique agressive et aventuriste de l'État d'Israël. Il avait lui-même eu des collègues à la radio exprimant haut et fort la joie que suscitaient en eux les victoires de l'armée israélienne dans la guerre des Six Jours. Lui-même avait entendu l'un d'entre eux parler de la victoire de « notre armée ». « Comment cela, putain, nos troupes ? » Il enrageait. De quels Polonais s'agit-il dès lors qu'ils s'identifient aux succès militaires des Juifs ?

Kazik Zybert était un collègue très proche de mes parents, depuis l'époque où ils étaient étudiants. A la radio il était responsable au quotidien d'une émission populaire d'actualités et de commentaire.

C'était sans doute vers la fin du printemps 1968. Le rédacteur en chef le fit appeler et lui demanda s'il était vrai que pendant la guerre israélo-arabe, un an plus tôt, il était allé à l'ambassade d'Israël remettre l'expression de sa reconnaissance pour l'armée israélienne entre les mains de l'épouse de l'ambassadeur. Kazik pensa d'abord qu'il s'agissait d'une blague de ses collègues. Il nia, mais le rédacteur en chef lui déclara qu'il ne pouvait être chargé plus longtemps de l'émission. Kazik protesta, il considérait que cette accusation était une provocation. « Y croyez-vous vraiment ? » demanda-t-il à son chef. « Cela n'a aucune importance », répondit le rédacteur en chef.

Dans les studios varsoviens de la Radio polonaise, où travaillaient beaucoup de Juifs, la traque dura longtemps. Kazik, qui se sentait tout autant polonais que juif, ne voulait pas croire que cela pût arriver dans son pays.

La répression contre les Juifs membres du Parti était généralement à double détente. On accusait d'abord certains d'entre eux dans les réunions du Parti et ensuite on les chassait de leur travail en expliquant qu'un homme qui a perdu la confiance de l'organisation ne peut assumer des fonctions de responsabilité. Dans le cas de Kazik ce fut le contraire. La réunion du Parti eut lieu après qu'on lui eut retiré son émission. Ses amis lui firent savoir que le verdict était tombé d'en haut. Il devait être écarté quoi qu'il dise.

Lorsque Kazik, des années plus tard, racontait l'histoire de ces journées-là, ce dont il se souvenait le mieux c'était justement des amis. Ces mêmes amis qui lui tapaient dans le dos avant la réunion et l'assuraient que tout irait bien. Ces mêmes amis avec lesquels il jouait au volley-ball sur la place derrière le bâtiment de la radio et qu'il rencontrait le samedi pour fêter un anniversaire.

Ils étaient certainement une centaine dans la salle. Ils se levaient à tour de rôle. Pour de brèves déclarations sans recherche, mensongères, selon plusieurs schémas. Elles le présentaient comme un réactionnaire et un rétrograde, une tumeur étrangère sur le sol polonais. Des paroles qui frappaient comme des pierres.

J'aurais voulu que ce récit soit imaginaire. Je sais qu'il ne l'est pas. Je l'aurais voulu.

Ils ne l'accusèrent pas tous. Comme il le disait des années plus tard, il se trouva quelques courageux. Mais mon père ne fut pas de ceux-là.

Mon père était un camarade d'études de Kazik avec qui il avait participé aux récoltes et au ramassage des doryphores dans les champs, ils avaient passé leurs examens de marxisme ensemble et marché, ensuite, le long du fleuve en serrant contre eux leurs petites amies – de mon père, Kazik se souvenait avec une netteté particulière. Il n'était pas le seul dans cette affaire, il y en eut beaucoup d'autres à intervenir, mais c'est justement lui qui frappa le plus violemment Kazik : il doutait de sa polonité. Il déclara que Kazik avait perdu son cœur polonais.

Pourquoi a-t-il dit cela – s'il l'a dit ? Parce qu'il venait de s'inscrire au Parti et qu'il lui semblait que cela sonnerait de manière appropriée ? Je ne le crois pas. Parce que l'enthousiasme de Kazik pour l'armée israélienne l'irritait ? Mais peut-être mon père manifestait-il seulement son aversion pour le stalinisme et ses adeptes zélés. EUX, ils savent toujours où se fourrer, ils changent d'opinion en fonction des nécessités, alors, de toute façon, ça ne lui fera aucun tort. Il ne s'est rien passé, ils l'ont juste un peu mouché.

Voudrais-je l'excuser par un manque de maturité, la fougue, un sentiment d'injustice brusquement ressurgi ?

Mieux vaudrait n'avoir pas à l'excuser du tout.

Kazik s'est souvenu de la réunion du printemps 1968 tout aussi bien que mon père se souvenait d'une autre réunion, seize ans plus tôt, à l'université de Varsovie. Là-bas on avait stigmatisé un ennemi du peuple, ici on lâchait les chiens contre un Juif. Maintenant comme alors on avait recours aux mêmes méthodes, on usait de la calomnie et du mensonge. Là-bas on éliminait le caractère étranger au plan idéologique – caractère réel ou supposé –, ici le caractère étranger au plan national, c'est-à-dire l'origine impropre. Mon père raconte que ses accusateurs les plus ardents, des années auparavant, avaient été des Juifs. Une occasion de revanche s'est-elle présentée à lui en 1968 ?

Non, ce serait trop simple.

J'essaie d'imaginer ce qui se passe. Ce qui se passe lorsque, subitement, tout le monde se retourne contre toi pour la seule raison qu'il convient maintenant d'attaquer ceux qui ont les yeux noirs et ceux qui ont les cheveux foncés. Le signalement est interchangeable. Demain cela peut arriver aux blonds qui ont les yeux verts. Le mécanisme reste le même. On attaque parce qu'il le faut, parce qu'il convient de, parce que ça peut servir. La justification c'est l'idée, sa propre indignation, les complexes, le besoin d'exister, l'intérêt.

Il était encore jeune alors, impulsif et impétueux. Il parlait plus vite qu'il ne réfléchissait. Devrais-je le défendre, lui appliquer un tarif réduit, tenter de comprendre quelque chose qui, pour moi, reste inconcevable ? Distinguer ce qu'il pense de la manière dont il le dit ? Ses amis essaient, au nom d'une vieille amitié. Ils sont même sûrs qu'il n'y a pas de haine chez lui, juste de l'emportement attisé par la vigueur du langage. Cela se renforce au fil des ans.

Où passe la frontière entre la véracité de ses opinions, de son obsession des Juifs, et la langue avec laquelle il en parle ? Je l'ignore.

Maman m'assure qu'il n'était pas ainsi lorsqu'ils étaient mariés.

D'aussi loin que je me souvienne il a prononcé des tirades de ce genre. Jamais dirigées contre moi, comme si elles ne me concernaient pas. Comme si mon cœur était façonné dans le sable des rives de la Vistule. Quel âge avais-je lorsque cela a commencé ? Douze ans ? Dix ? Encore moins ?

Ma maman l'a quitté quand j'avais six ans. Lui non plus ne m'a jamais dit qu'elle était juive.

Comment relier tout cela ? Car il avait tout de même une

épouse juive que lui, sa famille, eux tous avaient accueillie comme l'une des leurs. Il continue d'assurer que dans son ménage le problème juif n'existait pas. Ils n'en parlaient pas. Il l'aimait et ne se demandait pas qui elle était. Est-ce plus tard, lorsqu'elle s'est tournée vers un autre, que tout s'est rassemblé pour lui dans une sorte d'ensemble ?

Mon père ne voyait-il donc pas, alors, avec qui il formait les rangs ? Il venait d'une tradition ouvrière proche du PPS, le Parti socialiste polonais, il n'y avait nulle trace de déviation antisémite dans la famille. Il est athée, il ne parle pas au mieux de l'Église. Il n'a aucun lien avec les héritiers du père Trzeciak[1] ni avec l'église de la rue Zagorna diffusant des publications antisémites. Alors, comment est-il possible que ce soit justement lui, le premier garçon de sa famille à avoir fait des études, le plus jeune enfant de la Pologne Populaire, qui ait été contaminé par quelque chose dont n'avaient souffert ni sa grand-mère analphabète, ni son grand-père cheminot, ni ses parents, ni ses oncles, ni ses tantes ? Comment se serait-il comporté comme étudiant si on avait fait asseoir Halina avec les autres étudiants juifs, à part, du côté gauche de la salle ?

Je crois, je crois absolument qu'il se serait assis avec elle. Alors d'où vient donc tout cela ? Où en est-il aujourd'hui avec son sentiment d'un rejet pour la nouveauté et les nouveaux, avec ses griefs sur l'acquis sous-estimé et pourtant si riche de l'existence ? Son amertume est dirigée contre les élites du pouvoir dans lequel – comme toujours – les Polonais d'origine juive jouent leur rôle.

Lorsque, voici quelques années, dans l'émission de télévision « L'heure de sincérité », on a interrogé mon père sur sa mélodie préférée, il a mentionné « Si j'étais riche », de la comédie musicale juive *Un violon sur le toit*.

1. Par ses propos et ses publications, Stanislaw Trzeciak fut l'un des leaders de l'antisémitisme, à la veille de la guerre, à Varsovie. Marek Edelman, l'un des principaux responsable de l'insurrection du ghetto, affirme que c'est de son église, place du Théâtre, que partirent la plupart des pogromes dans la capitale. (N.d.T.)

Adresses

La frontière entre octobre et novembre s'estompe. A la jonction de l'automne avec l'hiver, la fête des tombes. Non pas des morts, qui sont avec moi, mais des tombes, justement. Il faut les nettoyer et les frotter pour les vivants. Afin qu'ils voient qu'elles ne sont pas abandonnées. Une coutume polonaise avec laquelle nous sommes familiarisés depuis des années. Je m'y soumets, le nettoyage apaise, nous évoluons dans l'odeur suave des bougies allumées, dans une colonne d'air vacillant, comme collés à une odeur de brûlé. Les enfants de leurs défunts. Nous fouillons la terre de nos mains, comme dans un bac à sable. Nous disposons des chrysanthèmes et des branches de sapin. Nous jouons ensemble. Tous Saints.

Les tombes submergées par le temps ne cessent de parler.

Qu'ils ne soient pas là ne fait aucun doute pour moi. Vêtus de pierre, ils sont pétrifiés dans ces monuments qui masquent la vérité. Ils sont de moins en moins là, de plus en plus en moi. Finalement, seulement présents en nous – s'ils sont présents.

Visite à mon grand-père, avec Zena. Cimetière de Wolka.
Visite à mamie, avec maman. Cimetière d'Otwock.
Visite à Frania, toute seule. Cimetière de Brodno.
A Lodz. Repos éternel.

Ceux qui restent. Zena et Oles.

Zena respire de plus en plus difficilement. Elle dort mal et souvent, lorsqu'elle se réveille, elle ne sait pas où elle est. Il lui semble parfois qu'elle est dans la tombe, parfois elle ne peut croire que ç'ait été si simple. Elle redresse les épaules en souplesse, tend les bras, elle ne sent pas le froid. Elle respire. Pas encore. A tout moment. Elle ne me demande plus de ne pas écrire ce livre. Elle le tait – comme on tait une douleur.

Oles ne quitte pas la maison. Il se retranche derrière plusieurs serrures, il ne se laissera ni attaquer ni duper. Il y a des années qu'il n'a pas mis ses borsalinos poussiéreux. Ils s'empilent sur une étagère dans l'entrée. Il répète : « Ne touche pas à ce thème-là. Tu n'as pas idée de l'antisémitisme polonais. Rappelle-toi, répète-t-il, ce n'est peut-être pas un antisémitisme actif, peut-être pas en activité, mais il suffit de gratter ne serait-ce qu'un peu, il reprend vie aussitôt. » Je le contredis, peut-être plus par taquinerie que par conviction : « Si c'est le cas, mon oncle, si c'est ce que tu penses, alors peut-être fallait-il quitter ce pays ? » « Ce pays ? – Il devient songeur. – Peut-être bien la planète entière. C'est pareil partout dans le monde. Prends garde, c'est une manière d'adieu, le livre est comme la parole à la tribune, tu ne sais jamais dans quelles mains il va tomber. »

J'avais déjà entendu ce genre de mise en garde, également de la part de ceux qui ne veulent toujours pas sortir de l'ombre.

Maman est effrayée. Mon père demande de peser équitablement les raisons des uns et des autres.

Et seul Marys, à Boston, a grande hâte de lire mon interprétation de l'histoire familiale. Mirka, une amie des Przedborski à l'époque de Leczyca, téléphone de Tel-Aviv et demande si elle vivra jusqu'à sa publication.

Leur départ les a libérés de cette peur.

Ce livre n'a pas de fin puisque l'histoire se poursuit. Il n'a pas non plus de fin parce que je ne veux pas faire le choix d'un héritage unique. Les deux – le polonais et le juif – vivent en moi. Tous deux me font ce que je suis. Même s'ils s'opposent et s'accusent l'un l'autre – j'appartiens aux deux. Et que cela reste ainsi.

J'ai écrit ce livre sur bien des tables. Loin de la maison, de la Pologne, de Varsovie c'était plus facile. J'ai toujours eu près de moi une *mezouzah* en argent rapportée de mon premier voyage à Jérusalem. Un petit récipient rectangulaire avec un rouleau de papier sur lequel est noté, à la main, un fragment de la Torah. Je ne savais pas le lire mais je voulais l'avoir près de moi. De même, je ne savais pas lire, comprendre et apprivoiser mon passé.

C'était un apprentissage identique. Déchiffrer les lettres, les mots, le sens, les liens réciproques, les relations.

C'est seulement avec l'accès au passé familial, la mémoire apprivoisée, que m'a été donné le sol sous mes pas. J'ai un support.

Je n'ai plus peur. Je sais qui je suis.

Je resterai à Varsovie. Là où sont des traces de *mezouzah* je peux enfoncer des clous, accrocher le signe de mon appartenance à la porte de ma maison polonaise. Je suis d'ici et j'y resterai.

Dans cette multiplicité d'adresses j'en ai choisi une. L'adresse polonaise.

Comment est-ce possible après tout cela ? Comment est-ce possible après les épreuves vécues par ma famille juive ?

Tant que je les ai gardées pour moi, enfermées au secret, j'en ai eu peur. J'avais peur d'être ici et peur pour moi. Je n'ai plus peur. Avec ce que je sais de moi-même je n'ai plus à fuir. Nul ne me bannira de nulle part. Nul n'est en mesure de me bannir car je sais qui je suis.

Il n'y a pas de dernier mot puisque la vie continue. Et toute interruption sera fortuite. Je puis citer une patiente du dispensaire qui, hier, pendant une demi-heure d'exercices de rééducation d'une main, s'est lamentée sur les Juifs dans une langue d'un tel raffinement ordurier qu'à en juger par sa seule apparence j'aurais parié qu'elle ignorait ce genre de vocabulaire. J'en aurais juré si je ne l'avais entendue. Malheureusement, du lit voisin j'ai tout entendu. Rage et honte. Je ne sais ce qui l'emporte.

Pourtant, quelques jours auparavant, à Bruxelles, lorsqu'il m'avait été donné de répondre aux accusations touchant à l'antisémitisme polonais, j'avais défendu les Polonais. J'ai expliqué qu'il y avait beaucoup de changements là-bas et qu'on ne pouvait pas ne pas voir ce qu'il y avait de bien. Il y a soixante ans que la guerre a pris fin et il nous faut nous en libérer. Ils m'ont demandé comment il était possible que des Juifs continuent d'habiter en Pologne. Ils le peuvent, ils y habitent, c'est aussi leur pays.

Je peux aussi parler d'Ewa, mon amie, Polonaise, d'une famille catholique fidèle aux traditions d'indépendance, qui lutte avec abnégation pour la construction d'un musée de l'Histoire des Juifs polonais à Varsovie, car elle croit réellement au pouvoir de la vérité et à la force du dialogue. Son dévouement à l'idée d'un patrimoine fusionnel polono-juif résulte du sentiment qu'elle a d'une perte. On a privé les Juifs de droits, de dignité, d'existence et de patrie. C'est au nom de cette patrie qu'elle les revendique. Car on a aussi enlevé les Juifs à la Pologne.

Dès lors qu'il y a des gens comme eux dans mon pays cela vaut la peine d'y vivre et il le faut.

C'est cette même Pologne. La Pologne de Jedwabne et des débats à ce propos plus d'un demi-siècle plus tard, la Pologne de cette grange où l'on a assassiné ses voisins sans le moindre scrupule et de bien d'autres lieux où l'on a partagé son pain avec eux. Ces lieux-ci ont-ils été moins nombreux ? Sans doute, tout comme l'héroïsme à travers le monde.

Il m'arrive plus fréquemment qu'avant de devoir défendre la Pologne contre moi-même.

Le sens de l'ordre commande d'agencer le temps. L'année serait un chaos impossible si on ne l'organisait pas en jours, en semaines, en mois et ensuite en saisons, si on ne la fractionnait pas en fonction de ce que nous soufflent les étoiles. Pendant des années je n'ai connu qu'un seul calendrier. De Noël à Pâques, un seul jeu de fêtes. Il était garant de la stabilité du monde.

C'étaient là les signes d'une tradition, pas de la foi. La foi, dans l'enfance, je ne l'ai pas reçue. Je ne me souviens pas que Dieu m'ait jamais effleurée, ni devant l'autel ni devant la croix. Les pieds du Christ bénis par des milliers de mains avaient une peau unie, douloureuse, mais je n'éprouvais rien en la touchant. Rien de ce que j'aurais dû éprouver. Ni émotion ni reconnaissance, ni besoin de revenir. L'aspect communautaire de cette cérémonie ne me concernait pas. Elle ne purifiait pas, ne soulageait pas, ne redonnait aucune force. Ce n'était pas pour moi qu'il avait souffert. Je ne comprenais ni ne sentais la symbolique de la croix. La langue de la liturgie chrétienne m'est étrangère.

Pourquoi ai-je cédé à l'illusion, plus tard, que j'avais la musique des *kleizmorim*[1] dans le sang ?

Avant mon premier voyage à New York, en 1991, le rituel juif m'était encore bien plus étranger. J'avais lu des choses sur Roch ha-chanah et la corne de bélier – le chofar – dans laquelle on souffle pour accueillir le Nouvel An, mais je ne connaissais pas le goût de cendre du Grand Pardon, je n'avais pas eu en main la toupie de *Hanoukkah* et le *Séder* n'évoquait ni les herbes amères ni le prophète Élie. Mon expérience juive, je la mesurais à petits pas à travers les pages de la prose d'Isaac Singer.

La réalité de New York se révéla plus riche. A Broadway, dans Lower East Side, à Williamsburg, on pouvait tout toucher de ses propres mains. Les *beygelekh*[2], la Torah, les lettres hébraïques, Woody Allen et Barbra Streisand. Je commençais à

1. Les musiciens juifs qui jouaient dans les mariages et participaient aux processions de la communauté. (N.d.T.)

2. Des longuets de pain en forme de beignets. (N.d.T.)

apprendre, à étudier la kabbale, à suivre des cours d'hébreu et à lire des auteurs ayant leurs racines dans de petites bourgades d'Europe orientale.

Je fis tout cela dans l'ivresse d'éventualités auxquelles je ne m'attendais pas, mais en secret cependant. Comme une cousine de province intimidée, remplie de peur et de l'appréhension qu'on lui reproche d'emblée son nez de travers, son accent, l'odeur d'ail et les fautes dont est coupable ou innocente la juiverie internationale. Pour être égal aux autres il faut oublier le juif en soi – c'est à cela que se résumait ce que je savais de ma propre vie jusque-là. Et il en fut longtemps ainsi. En Pologne il n'était permis d'être juif qu'en cachette. J'observais avec méfiance les avocats, les psychiatres, les éditeurs, les professeurs, les producteurs de cinéma new-yorkais. Ils ne doutaient ni de ce qu'ils sont ni de l'endroit où l'on est « chez soi ». Ils n'avaient pas seulement fondé des familles mais encore un brillant milieu de l'intelligentsia locale.

Peut-être est-ce ce qui me manquait le plus en Pologne. Une certaine couche sociale avait disparu. La guerre l'avait anéantie, ces gens avaient cessé d'exister. Ceux qui avaient été sauvés s'en étaient allés peu à peu, les jeunes avaient découvert et appréciaient d'autres valeurs.

Il s'écoula beaucoup de temps avant que je découvre en moi des gisements de fierté. Je connaissais mieux la honte. Et lorsque le vieil Adam Kaufman, Juif de Lodz, m'accueillit lors de ma première visite en m'informant que nous étions apparentés, je feignis de ne pas comprendre ce qu'il disait. Je ne me pénétrai nullement de ses paroles, j'invalidai les faits d'un geste enfantin. Ils ne me concernaient pas. Ils n'avaient plus la moindre existence. Pas seulement pour moi, en général, objectivement.

Mais monsieur Adam ne cessait de partager sa découverte avec ses hôtes. Des foules de Polonais lui rendaient visite, d'Américains, de Juifs, de boursiers venus du pays, des journalistes, des camarades de son fils. Il écoutait leurs histoires, racontait les siennes. La polonité de son âme juive, la prison pour le communisme, la famille Przedborski qui lui avait donné son épouse bien-aimée. Je considérais qu'il en parlait résolument trop fort. Je me sentais démasquée contre ma propre volonté.

Moi-même, sur ce sujet, je gardais le silence.

Je retrouvais en moi des échos de la réaction de ma maman qui avait refusé de rencontrer Michael Kaufman, le fils d'Adam, correspondant du *New York Times*, lorsqu'il était venu en Pologne en 1981. Elle ne voulait rien avoir de commun avec lui. Elle ne voulait pas en entendre parler. Était-ce cette même peur qui, en 1969, ne lui avait pas permis d'héberger sa cousine pour une nuit ? Et pendant la guerre ?

Et qu'aurait été cette peur s'il lui était arrivé, dans le jeu de l'occupation, d'être Polonaise et d'être mise devant la nécessité du choix ? Si une fillette du ghetto avait frappé à sa porte, une petite fille apeurée avec des yeux noirs, l'aurait-elle cachée ?

Je sais de quoi et pourquoi elle avait peur. Je ne puis accepter sa frayeur. Je ne pouvais plus la supporter en moi. La Pologne en était pleine, c'est pourquoi j'avais fui. A New York j'ai senti pour la première fois qu'il ne faut pas avoir peur.

Ce fut un processus qu'il m'est difficile de décrire avec le recul du temps. Et la peur, et la honte et l'impossibilité de confesser la vérité.

J'ai trop longtemps vécu dans une réalité schizophrène, parmi ceux qui savaient et ceux qui ne savaient pas. La question juive représentait un seuil que franchissaient ceux que je connaissais ou sur lequel ils butaient. Comme s'ils avaient passé un examen sans le savoir. Les élus restaient des amis. J'ai beaucoup parlé avec des Justes parmi les Nations. Je me sentais en sécurité auprès d'eux. D'ailleurs, dans mes conversations avec les gens je n'ai jamais pu me défaire de cette idée : m'auraient-ils cachée, m'auraient-ils dissimulée ? Jamais je n'ai posé la question à personne. Cela n'a jamais été le but d'aucune relation. Une phrase du chef de l'insurrection du ghetto de Varsovie, Marek Edelman, me vient souvent à l'esprit : il n'avait pas d'adresse du côté aryen.

Peu à peu j'ai commencé à sortir de ma cachette. Mais à la question de savoir si je suis juive, je suis encore restée longtemps sans répondre par l'affirmative. Aux dîners du chabbat j'étais polonaise, je ne pouvais faire autrement, bien que je sache qu'il aurait été plus facile dans une maison *cacher*, religieuse, d'accueillir la fille d'une Juive de Leczyca. Ma bouche était murée, c'était plus fort que moi. Ailleurs je lisais des fragments de la *Haggadah* en polonais, ce qui ajoutait une saveur particulière au dîner de *Pessah*.

Je m'intéressais au judaïsme, je me rendais dans les quartiers juifs orthodoxes de Brooklyn, j'achetais ma nourriture dans les boulangeries et les cantines juives. J'écoutais la musique des *kleizmorim* dans Lower East Side, pleine d'ombres d'immigrants juifs. Je rattrapais mon retard. Mais l'aveu ne franchissait pas ma gorge. Il ne s'agissait pas d'eux, il s'agissait de moi. Avec le temps je cessai de répondre négativement. Juive ? Polonaise ? Je disais que c'était difficile et qu'il me fallait écrire à ce sujet.

J'ai beaucoup voyagé. J'ai partagé la fierté des Israéliens des kibboutzim, des déserts irrigués et des orangeraies. Dans chaque maison israélienne je voyais le miroir de Leczyca, et dans leur pays – l'éventualité d'une patrie. Mais c'est à New York que je revenais le plus volontiers, où chacun était étranger et où chacun était chez soi. Ceux qui m'intéressaient le plus se disaient Juifs américains. La plupart étaient assimilés, avec une authentique double identité. Si l'histoire avait tourné autrement ils auraient pu habiter des rues polonaises, vivre dans la réalité des rives de la Vistule. Avec eux je trouvais facilement l'entente et une langue commune. Nous avions le même sens de l'humour et les mêmes préoccupations. Je leur posais des dizaines de questions. Je déclinais le mot « identité » à tous les cas, je le savourais et le retournais en tous sens. Être juif, se sentir juif – ce que c'est, ce que cela signifie. Et si on ne le sait pas, si on n'a pas grandi dans une maison orthodoxe ? Quels sont les signes d'appartenance ? Peut-on se libérer de la mémoire de l'Holocauste, est-ce permis ? Comment vivre en s'identifiant aux victimes ? Je ne disais toujours pas qu'il s'agissait de moi, mais cela devenait évident.

J'avais le sentiment d'un grand dédoublement. J'étais de leur bord – moi, fille d'une Juive. Et j'étais du bord opposé – moi, fille d'un Polonais. Parfois cela devenait confus, quel « moi » faisait face à ce nouvel interlocuteur, de quel côté était le mur ?

Je ne me suis pas rendu compte d'emblée de l'ambiguïté de mon rôle dans ces rencontres. Bien des fois j'ai d'abord accompagné des confessions en tant que Polonaise. Pour beaucoup de gens la Pologne incarnait le lieu le plus horrible. J'étais donc une parente de ceux qui avaient dénoncé les Juifs et détourné la tête, les avaient livrés aux mains des Allemands ou avaient fermé leur porte. Ils m'associaient plus souvent avec ces Polonais-là qu'avec ceux qui ont aujourd'hui un arbre dans l'Allée des Justes à Yad Vashem, à Jérusalem. Parfois ils refusaient de parler polonais. Il m'arrivait de défendre les Polonais contre les Juifs. Lorsque je sentais que c'était mon devoir. Parfois il me semblait que je n'en avais pas le droit. Je prenais sur moi le sentiment polonais de la faute. En même temps je savais que j'étais véritablement quelqu'un d'autre.

A New York, à Boston, à Washington et ensuite à Toronto, j'ai fait la connaissance de gens qui avaient vécu la guerre étant enfants. Au fil des années ils avaient formé comme une famille, ils se sont appelés l'Association des Enfants de l'Holocauste. Ils continuent de vivre ce qui a marqué leur enfance et qui ne s'est jamais enfoncé dans le passé. Auprès d'eux j'ai vu que la simultanéité du temps est possible. Devant moi se tenaient des médecins, des avocats, des femmes d'affaires – fillettes et garçonnets dans des armoires, sous des lits, témoins de l'assassinat de leurs mères, de leurs sœurs, de leurs frères. Jamais ce qui fut ne se cicatrisera, ne s'apaisera. J'ai aussi fait la connaissance de leurs enfants, la deuxième génération, la mienne, semblablement contaminée par l'écho du passé.

New York restera désormais pour moi une ville juive. Ma ville juive où, pour la première fois, j'ai cessé d'avoir peur de moi-même. Et de celle que je suis.

Pendant quelque temps j'ai cherché du côté de la religion. J'ai essayé les prières du vendredi dans diverses synagogues, les unes plus orthodoxes les autres moins, les dîners et les bénédictions du chabbat. Je me pliais à l'essayage d'une tradition de plusieurs générations qu'on m'avait ravie et je m'efforçais d'en édifier la force en moi.

A New York les foules s'étirent sur les bords de l'Hudson, moi avec elles. Juifs en toques de renard, en chapeaux, en redingotes et capotes luisantes, femmes endimanchées avec des perruques. Des familles avec des vieillards en fauteuils et des petites troupes d'enfants. Purification du nouvel an, le *tachlikh* ; les miettes de pain sont les signes du péché, il faut se débarrasser des péchés, les noyer dans l'eau avec la prière requise.

J'entre dans tout cela comme dans un tableau, comme dans une toile de maître du XIXe siècle. Moi, agnostique, en jeans, en patins à roulettes. Avec nostalgie.

Le Dieu juif ne donne pas d'absolution. Il n'y a pas de remise des péchés après chaque confession. Fardeaux du judaïsme, cailloux. Comme ceux qu'on porte au cimetière, en guise de fleurs, sur nos tombes. L'une et l'autre de mes grand-mères gisent sous la croix. L'une du fait de sa naissance, l'autre du fait de la peur. *Baroukh ata Adonaï.*

Beaucoup de choses ont changé en Pologne au cours des quinze années écoulées. Après la chute du communisme la thématique juive, jusque-là demeurée taboue, a commencé à être largement discutée, et dans certains milieux elle est même populaire. Nombre d'initiatives ont vu le jour dans le but de rappeler le souvenir des Juifs polonais au bout de presque un demi-siècle de silence et de poursuivre leurs traditions. La Fondation Lauder, dont le but était la reconnaissance de la vie juive en Pologne, a commencé à agir. La communauté confessionnelle juive, qui réunit aussi des jeunes, est active. Des livres paraissent, des conférences et des rencontres ont lieu. Mais près de la moitié des abonnés au mensuel juif *Midrasz*[1] ne souhaitent pas que le cachet de la revue apparaisse sur l'enveloppe que le facteur glisse dans leur boîte. De même les Enfants de l'Holocauste, aujourd'hui âgés de soixante-dix et quelques années, adhèrent souvent à l'association en cachette de leurs amis et de leur famille. Il n'y a que dans mon pays – à côté de l'aide téléphonique aux alcooliques anonymes et aux malades du sida – qu'existe une ligne confidentielle juive, tenue par le président du Dialogue judéochrétien pour ceux qui ne peuvent venir à bout de leur judéité. Le poignard de l'antisémitisme est facilement tiré pour peu que quelqu'un se prête à l'attaque. On peut s'en convaincre en suivant les groupes de discussion sur internet ou tout simplement les commentaires de la presse quotidienne.

Mon milieu, le milieu de mes amis et des gens dont je suis proche, a changé. Il s'y trouve de plus en plus de Juifs, à New York, à Toronto, à Jérusalem, ou de Polonais d'origine juive, ici, en Pologne. Autour de moi des Polonais sont aussi contaminés par la judéité – historiens des Juifs ou de l'Holocauste, militants sociaux, sociologues, journalistes. Nous nous retrouvons plus souvent devant le monument du ghetto de Varsovie pour des solennités d'anniversaire, pour célébrer une *bar mitsvah*, et au cimetière juif.

En amour aussi j'ai trouvé cet enchevêtrement. Henryk est l'un de ces étudiants qui ont quitté la Pologne après 1968. Il n'y a pas eu d'instant plus dramatique dans sa vie. Par moi, aujourd'hui, il est de nouveau plus proche de la Pologne. Le passeport canadien n'a pas fait de lui un Canadien, il est resté Juif polonais. Bien qu'il ait passé la majeure partie de sa vie à l'étranger, il a plus de livres polonais qu'anglais dans sa bibliothèque. Nos destinées se reflètent l'une l'autre et nos deux maisons des deux côtés de l'océan présentent des variantes de ce qui aurait pu nous arriver.

1. En hébreu, *Midrach* (« Interprétation »), commentaire rabbinique de la Bible. (N.d.T.)

Une nouvelle année s'achève, l'hiver commence, la neige calfeutre les fenêtres. Je suis assise au bureau dans mon appartement de Zoliborz, tout près des maisons de la Coopérative varsovienne de Logement qu'a construites mon grand-père. Non loin de la cave de la Cité IV où maman a passé son douzième anniversaire. Je songe à ce que sera mon quotidien sans ce livre. Sans son fardeau, sans la nécessité de préserver le secret. Sans avoir constamment à répondre à des questions. Loin de la guerre. De la frayeur. Des papiers aryens.

Le sapin de Noël. Depuis qu'ayant lu le passage du livre sur les fêtes dans notre maison, maman a cessé d'acheter le sapin, je me suis sentie héritière d'une tradition. D'une tradition qui n'était pas la nôtre, que j'ai mise en doute et qui, pourtant, quelque part, était profondément la mienne. La mienne, car transmise dans mon enfance et qui sent bon l'enfance. Et Andersen. Je choisis un grand arbre, je vérifie que les branches sont bien fournies et que le tronc est robuste, je le hume, j'en fais le tour et puis je l'installe à la place d'honneur au salon.

J'habille le sapin de souvenirs. Saint Nicolas qui n'avait jamais de temps à me consacrer et laissait toujours les paquets sur le paillasson, mamie dont je suspends toujours quelques étoiles à la cime bien qu'elles aient depuis longtemps cessé d'être blanches, grand-père qui m'épluchait des noix, les présentait sur sa grande main sèche et se lamentait de m'entendre chanter faux les cantiques de Noël. Les boules rappellent l'époque de mes premiers patins à glace et de mon premier vélo, maman dans ses robes de la Saint-Sylvestre, mon père radieux car il voulait changer le monde, elles évoquent un mystère qui se joue lorsqu'on a quelques années.

Je fais un rêve. Je ne sais s'il faut l'appeler rêve ou vœu. Je voudrais les avoir tous pour un instant dans la même pièce. Je voudrais les voir apparaître tous. Tous ceux que je n'ai pas eus, que je n'ai pas connus, qu'on m'a pris avant que j'aie pu les connaître ou qu'on a tus pour que je ne sache pas. Qu'ils viennent maintenant à moi. Mamie Jecia avec Henryk, sa mère Salomea Herman avec son mari typographe mort jeune, ses enfants, leurs enfants. Les frères de leur père, les sœurs, les grand-mères, tous, tous ensemble, pour une grande rencontre. Qu'ils sortent du silence, du néant, de l'inexistence. De la fumée, de la tombe, de l'oubli. Je vous invite. Chez moi. Dans ma chambre d'enfant où vous n'êtes jamais venus. Où vous manquiez. Dans cet espace vide, dans ce silence. Là où vous m'avez tant manqué alors même que j'ignorais votre existence.

Me voici et j'attends.

Ma famille

LA FAMILLE DE MON PÈRE

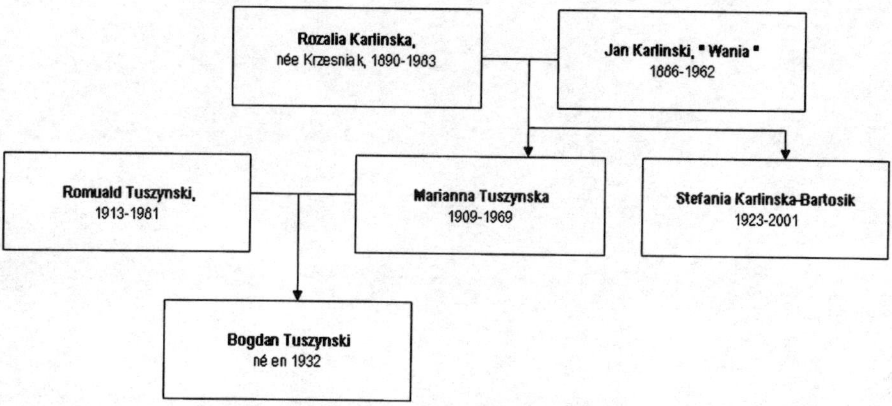

JAN KARLINSKI, « Wania », 1886-1962. Mon arrière-grand-père. Cheminot, garde-frein et contrôleur des Chemins de fer Varsovie-Vienne. Époux de Rozalia Krzesniak, mon arrière-grand-mère. Il est mort à Lodz.

ROZALIA KARLINSKA, née Krzesniak, 1890-1983. Fille d'Agnieszka et Jozef Krzesniak. Mon arrière-grand-mère. Elle a donné naissance à douze enfants dont cinq sont parvenus à l'âge adulte. Elle est morte à Lodz.

MARIANNA TUSZYNSKA, 1909-1969. Ma mamie Mania, fille aînée de Jan et Rozalia Karlinski. Mère de mon père et de mon oncle Wlodek. Elle est morte à Varsovie.

STEFANIA KARLINSKA-BARTOSIK, 1923-2001. Sœur de ma mamie Mania, fille de Jan et Rozalia Karlinski. Elle est morte à Lodz.

ROMUALD TUSZYNSKI, 1913-1981. Mon grand-père. Fils de Walerian Tuszynski et Maria Paulina née Hausman. Employé des chemins de fer. Il est mort à Lodz.

BOGDAN TUSZYNSKI, né en 1932. Mon père, fils de Marianna et Romuald Tuszynski, journaliste sportif, historien du sport.

LA FAMILLE DE MA MÈRE

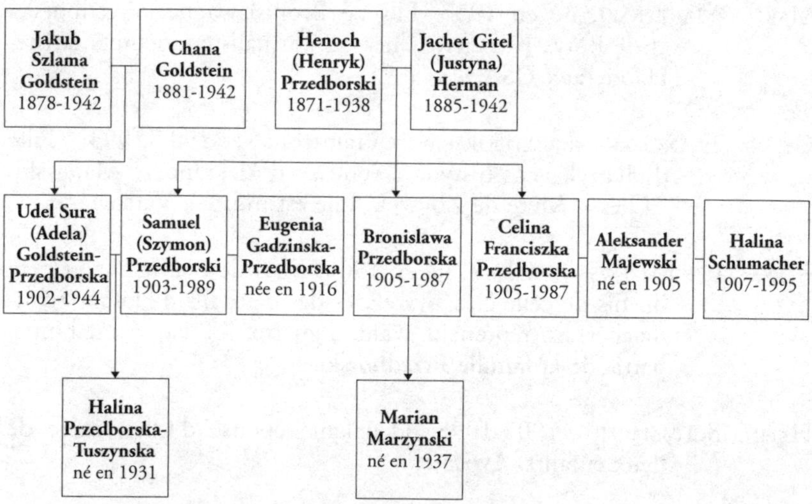

HENOCH (HENRYK) PRZEDBORSKI, le « Bel Henio », 1871-1938. Mon arrière-grand-père. Conseiller municipal de Leczyca. Époux de Jachet Gitel (Justyna) Herman. Père de quatre enfants. Il est mort à Lodz.

JACHET GITEL (JUSTYNA) HERMAN, « mamie Jecia », 1885-1942. Mon arrière-grand-mère. Fille de Samuel et Sura Ruchli (Salomea) Herman. Elle a péri avec sa mère à Treblinka.

SAMUEL (SZYMON) PRZEDBORSKI, « Zamutek », 1903-1989. Fils d'Henryk Przedborski et Justyna Herman. Mon grand-père. Ingénieur, diplômé de l'école polytechnique de Varsovie. Officier de l'Armée polonaise, soldat de la campagne de septembre, prisonnier à Woldenberg. Il est mort à Varsovie.

EUGENIA GADZINSKA-PRZEDBORSKA, « Zena », née en 1916. Employée de l'État. Deuxième épouse de Szymon Przedborski, mon grand-père.

BRONISLAWA PRZEDBORSKA, « Tante Bronka », 1905-1987. Fille d'Henryk et Justyna, épouse de Borys (« Bolek ») Kuszner et Daniel Marzynski. Mère de Marys. Elle est morte aux USA.

MARIAN MARZYNSKI, né en 1937. Fils de Bronislawa née Przedborska et de Borys Kuszner. Cinéaste, journaliste, documentariste. Habite aux USA.

CELINA FRANCISZKA PRZEDBORSKA, « Franuchna », 1907-1993. Fille d'Henryk et Justyna, épouse d'Aleksander Majewski, « Oles ». Mère de Zbyszek. Elle est morte à Varsovie.

ALEKSANDER MAJEWSKI, « Oles », né en 1905. Mari de Franuchna et père du fils de celle-ci, Zbyszek, et des deux fils d'Halina Schumacher. Entrepreneur avant la guerre. Il a sauvé une bonne partie de la famille Przedborski.

HALINA SCHUMACHER, 1907-1995. Deuxième épouse d'Oles, mère de deux enfants. Avocate.

JAKUB SZLAMA GOLDSTEIN, 1878-1942. Mon arrière-grand-père. Propriétaire d'un entrepôt de matériaux de chauffage. Père de six enfants. Tous, à l'exception de Dela, ont péri dans le ghetto de Leczyca ou à Chelmno-sur-le-Ner.

CHANA GOLDSTEIN, 1881-1942. Mon arrière-grand-mère. Épouse de Jakub, mère de six enfants. Elle a péri dans le ghetto de Leczyca ou à Chelmno-sur-le-Ner.

UDEL SURA (ADELA) GOLDSTEIN-PRZEDBORSKA, « Dela », 1902-1944. Ma grand-mère. Épouse de Zamutek, mère de la petite Halina, ma maman. Institutrice. Elle a péri à Otwock.

HALINA PRZEDBORSKA-TUSZYNSKA, née en 1931. Ma maman, fille de Samuel Przedborski et de Dela Goldstein. Journaliste.

Remerciements

J'ai travaillé à ce livre pendant quatre ans. En me consacrant à ceux qui me sont les plus proches j'évoluais pour la première fois sur un terrain qui m'était inconnu, qui différait de l'élaboration des biographies d'autrui.

Les héros de mes livres précédents appartenaient au passé, ce qui m'autorisait à les regarder à l'abri de la barrière du temps. Leurs biographies étaient closes et mes ingérences dans leurs destinées ne touchaient pas directement des personnes vivantes. Je n'ai rencontré personne qui pût se souvenir de Maria Wisnowska, actrice fin de siècle, et le Nobel juif Isaac Bashevis Singer était mort quelques mois avant mon arrivée en Amérique. J'ai connu Irena Krzywicka, l'écrivain varsovienne, mais je n'ai commencé à travailler sur sa biographie qu'après sa mort.

Ce livre sur ma famille représentait un autre défi. J'ai lu des biographies familiales américaines, mais il y a peu d'exemples de ce genre dans les lettres polonaises. Se mesurer à un secret familial exigeait par conséquent que je prenne mes propres décisions sans aucune référence à l'expérience d'autrui. Écrire sur mes proches, ceux qui étaient derrière le mur, ceux des photographies, ceux des cimetières, m'obligeait à répondre pour moi-même à la question fondamentale des frontières qu'il ne faut pas franchir. Qu'est-ce qui constitue une trahison, et quand ? Au nom de quoi est-il permis de faire souffrir ?

Les réponses à ces questions sont généralement contradictoires et il m'a été parfois pénible de m'y résigner.

Mes parents étaient les plus importants. Ils savaient depuis le début que ce devait être un livre abordant des questions sur lesquelles ils avaient gardé le secret pendant de nombreuses années face à leur seule enfant commune. Dans d'innombrables conversations j'ai contraint maman et mon père à une difficile et éprouvante découverte des étendues de la mémoire qu'ils s'étaient efforcés de dissimuler en eux-mêmes. Et pourtant, ils n'ont refusé de répondre à aucune de mes questions. Leur franchise m'a aidée à écrire ce qui, pour moi aussi, était difficile à raconter.

Le tableau de ma famille a été complété par les relations des derniers parents vivants que j'ai connus dans mon enfance – Stefa Karlinska-Bartosik, Aleksander Majewski, Marian Marzynski et Eugenia Przedborska. Outre les récits familiaux, ils ont apporté à ce livre nombre de détails et d'images conservés dans leur riche et généreuse mémoire.

Je suis redevable de souvenirs précieux aux amis et relations de ma famille. Roma Bojmart, Irena Kiepuszewska, Hanna Lewandowska, Barbara et Daniel Lulinski, Ewa Ostrowska, Cezary Papiernik, Witold Stankowski, Marianna Zybert. Mirka Chwat, de Tel-Aviv, est la seule qui se souvienne encore de mon arrière-grand-mère. Le journaliste new-yorkais Michael Kaufman, mon cousin récemment découvert, a partagé avec moi ce qu'il sait de la branche de Lodz de la famille Przedborski.

J'ai travaillé en bien des lieux à ce livre dont je rassemblais les fragments dans des conversations sans fin avec des amis disséminés à travers le monde. Je dois des remerciements à tous. A New York : Fela et Joasia Dobroszycki, Phillis Levin, David Margolick, Monika et Wiktor Markowicz, Shana et David Roskies, Susan Stone. En Israël : Aviva Blum et Romek Waks, Linka et Wladek Kornblum, Wila et Michal Orbach, Gina et Kazik Rotem, Marysia et Bronek Thau. A Paris : Maria Brandys, Jean-Yves Erhel, Malgosia et Marc Goldberg, Irena Milewska, Antoine Perraud. A Toronto : Paula Draper, Judit Szapor et Ewa Stachniak, bienveillante lectrice de la première version de ce livre.

Le dernier lien, sans doute, avec le monde de mes ancêtres a été maître Ludwik Seidenman, de New York, homme de grande sagesse et de grande noblesse, mon mentor et ami. Je suis profondément attristée qu'il n'ait lu que des fragments du texte – il s'en est allé avant que j'aie eu le temps d'achever l'ensemble.

Carol Mann, mon agente américaine, Victoria Wilson, rédactrice de la maison d'édition Alfred Knopf, les écrivains Paul Auster et Richard Lourie ont cru très tôt à la portée universelle de cette histoire de l'enchevêtrement des destinées polono-juives. Ils m'ont aidée de leurs conseils, de leur savoir et de leur expérience dans le monde littéraire de New York.

Les fondations Rockefeller, Ledig-Rowohlt, ainsi que la MacDowel Colony ont rendu possible mon travail d'écriture dans leurs centres de création. Je leur suis également reconnaissante pour les liens d'amitié avec des écrivains que j'ai connus là-bas et qui ont porté sur mon projet un regard extérieur au cercle fermé polono-juif : Chris Hirte, Patricia Duncker, Fenton Johnson et Guillermo Martinez.

En Pologne, aux prises avec mes propres dilemmes rendus inévitables par la découverte de secrets familiaux, j'ai cherché un soutien particulier. Stanislaw Beres, Barbara Engelking-Boni, Konstanty Gebert, Jerzy Jarzebski, Stanislaw Krajewski, Tomasz Pietrasiewicz et Janina Sacharewicz m'ont offert leur amitié et leur aide. Les remarques perspicaces d'Irena Majchrzak m'ont aidée à percevoir davantage de choses que je n'en avais vu jusque-là. Les souvenirs de mon amie d'enfance Agnieszka Lulinska ont enrichi et complété les miens.

Pour le temps qu'elles m'ont consacré et nos conversations, je remercie également la famille Sadomski, de Relin, où ma grand-mère s'est cachée pendant la guerre, ainsi que la famille Jozwiak, de Kuchary, l'ancien domaine de mon arrière-grand-père. Pourtant, jamais je n'aurais reconstitué l'histoire de mes ancêtres juifs sans l'aide immense et désintéressée de Miroslaw Pisarkiewicz, dont j'ai fait la connaissance lors de ma première visite à Leczyca, la localité où est née ma mère. C'est à lui que je suis redevable de l'essentiel des documents d'archives des familles Przedborski et Herman.

La forme de ce livre s'est aussi esquissée dans des conversations quotidiennes avec mon amie Ewa Junczyk-Ziomecka, l'animatrice dévouée du projet de Musée d'Histoire des Juifs polonais à Varsovie. Mieux que beaucoup d'autres elle comprend la complexité des questions que je me suis efforcée de démêler.

Le plus proche a été Henryk Dasko, le compagnon de ma vie. Il n'a pas douté un instant, depuis le début, que j'allais écrire un livre important et nécessaire.

Table

Composition et mise en page

NORD COMPO
multimédia

Cet ouvrage a été achevé d'imprimer en décembre 2006
dans les ateliers de Normandie Roto Impression s.a.s.
61250 Lonrai (Orne)
N° d'impression : 06-3164

N° d'édition : 14679
Première édition dépôt légal : septembre 2006
Nouveau tirage dépôt légal : décembre 2006

Imprimé en France